$V_{2594.}$
Sd.1.

23083

HISTOIRE

ET

TACTIQUE DES TROIS ARMES,

ET PLUS PARTICULIÈREMENT

DE L'ARTILLERIE DE CAMPAGNE.

IMPRIMERIE DE BACHELIER,
Rue du Jardinet, 12.

HISTOIRE
ET
TACTIQUE DES TROIS ARMES,

ET PLUS PARTICULIÈREMENT

DE L'ARTILLERIE DE CAMPAGNE;

Par Ild. FAVÉ,

Capitaine d'Artillerie,

AUTEUR D'UN OUVRAGE INTITULÉ : NOUVEAU SYSTÈME DE DÉFENSE DES PLACES FORTES.

.... Il ajoutait que l'Artillerie faisait aujourd'hui la véritable destinée des armées et des peuples ; qu'on se battait à coups de canon comme à coups de poing, et qu'en bataille, comme à un siége, l'art consistait à présent à faire converger un grand nombre de feux sur un même point ; que, la mêlée une fois établie, celui qui avait l'adresse de faire arriver subitement et à l'insu de l'ennemi sur un de ses points une masse inopinée d'Artillerie, était sûr de l'emporter.

MÉMORIAL DE SAINTE-HÉLÈNE.

PARIS,

BACHELIER, IMPRIMEUR-LIBRAIRE

DE L'ÉCOLE POLYTECHNIQUE, DU BUREAU DES LONGITUDES,

Quai des Augustins, 55.

1845.

AVANT-PROPOS.

Cet ouvrage a été écrit à l'occasion d'une question relative à l'histoire et à la tactique de l'Artillerie sur les champs de bataille mise au concours par le Comité de l'Artillerie.

En étudiant cette question, je me suis senti entraîné par la nécessité de ne pas isoler l'Artillerie, et de suivre en même temps les progrès des diverses parties de l'art de la guerre; il m'a semblé que pour apprécier, dans chacune des actions auxquelles l'Artillerie prenait part, son effet et son influence, il fallait pouvoir apprécier de même l'effet et l'influence de chacune des deux autres armes. Je crois que cette marche était la bonne; car en la suivant, j'ai pu voir que si, pendant certaines périodes, l'Artillerie perdait de son importance quoiqu'elle fît des progrès assez notables, cela tenait à ce que les progrès des deux autres armes pendant ce même temps avaient été plus rapides. J'ai donc entrepris, en suivant l'Artillerie pas à pas, d'écrire succinctement l'histoire des deux autres armes et de signaler en passant tous les progrès notables des diverses branches de l'art de la guerre, non-seulement chez nous, mais aussi chez les autres nations auxquelles nous avons souvent emprunté leurs innovations.

Pour remplir cette tâche, il fallait surtout de l'impartialité: sentiments d'amour pour le pays où je suis né, sentiments de préférence pour l'arme dans laquelle je sers, j'ai tout mis de côté pour ne voir que l'art, la vérité, et constater le progrès partout où je l'ai rencontré.

La plupart des actions de guerre sont si rapides, si compliquées, si confuses, qu'il n'est pas étonnant que les récits en soient peu précis ou inexacts. Indépendamment de cette difficulté qu'ont rencontrée tous ceux qui ont écrit des histoires de guerres, chaque nation, omettant les circonstances qui lui sont défavorables, a altéré la vérité pour raconter les événements à son avantage. Un sentiment honorable de patriotisme en a été flatté et a dans chaque pays répandu et accrédité l'erreur. Si l'on joint à cela que les historiens qui ont écrit les relations d'événements militaires antérieurs à leur époque, les ont systématisés et travestis à la moderne, faute de s'être assez pénétrés de la nature intime de tous les éléments qui composaient une armée à l'époque dont ils parlaient, on comprendra qu'une histoire de l'art de la guerre est une œuvre de la plus grande difficulté, qui exigerait le travail de la vie entière d'un homme. Avant d'écrire l'histoire de l'art, il faudrait refaire le mieux possible les relations des événements.

Je n'avais à ma disposition ni les documents ni le temps qui auraient été nécessaires à l'exécution d'une pareille œuvre; aussi personne ne peut-il être plus convaincu que je ne le suis de l'imperfection de cet ouvrage.

L'étude que j'ai faite, quelque incomplète qu'elle soit, m'a cependant fait entrevoir des résultats généraux qu'il peut être utile de faire connaître.

Presque toutes les nations de l'Europe sont successivement arrivées à la suprématie dans l'art de la guerre. Les Anglais du temps d'Édouard III, les Français du temps de Charles VII et de Charles VIII, les Suisses du temps de François Ier, les Espagnols du temps de Ferdinand et de Charles-Quint, les Hollandais pendant les guerres de l'indépendance, les Suédois du temps de Gustave-Adolphe, les Prussiens du temps de Frédéric, les Français de la République et de l'Empire, ont été successivement les premiers soldats du monde, supérieurs à leurs adversaires en patience et en énergie. En examinant attentivement les causes de ces faits quand on les a constatés pendant une certaine période et non pas dans des cas particuliers, ou sous les ordres d'un seul général, on trouve toujours que la nation qui a la supériorité, l'a acquise par des progrès particuliers dans quelque branche de l'art de la guerre. Tantôt c'est une seule arme, comme l'Artillerie de Charles VIII ou l'infanterie des Suisses, dont le progrès donne la supériorité; tantôt c'est un progrès de manœuvres, comme cela eut lieu pour deux armes sous Frédéric; tantôt c'est un progrès général de manœuvres et d'organisation, comme pour les Français de la République; mais toujours on trouve pour cause de supériorité un changement important que, la plupart du temps, les adversaires battus imitent, et qui rétablit l'égalité quand il n'arrive pas que le vainqueur présomptueux, oubliant que le progrès, le travail seuls l'ont rendu supérieur à ses adversaires, et croyant tout devoir à son courage, se laisse devancer dans quelques parties de l'art si difficile et si compliqué de la guerre, et tombe à son tour dans l'infériorité.

Ce n'est donc point, du moins pour l'ordinaire, une valeur instinctive plus grande qui donne la victoire; c'est l'art, le résultat du travail de l'esprit appliqué aux armées, qui d'abord la produit; ensuite, la victoire élève l'âme, inspire la confiance et l'intrépidité qui rendent plus faciles de nouvelles victoires; et Français, Prussien ou Anglais, le soldat devient un héros.

Il est, je crois, facile de démontrer que la plupart des grands conquérants ont ainsi acquis la supériorité sur leurs ennemis, et qu'ils la durent surtout à ce qu'ils dirigeaient une machine perfectionnée, soit par eux, soit par leurs prédécesseurs; et qu'avec cette machine, ils pouvaient exécuter des mouvements, tenter des entreprises qui étaient inexécutables pour leur adversaire quelque habile qu'il fût.

Nous touchons à notre but, qui était de montrer la nécessité pour une nation de travailler sans cesse à l'art de la guerre.

De toutes les nations actuelles de l'Europe, la France est probablement celle dont les soldats ont habituellement déployé le plus brillant courage, celle qui a eu le plus fréquemment des succès éclatants; mais nous ne devons pas oublier que c'est aussi celle qui a presque toujours vu succéder à ses conquêtes les plus désastreux revers. Avec le caractère que notre nation a jusqu'à présent déployé, les longues paix, surtout quand elles succèdent à une époque de supériorité militaire, sont particulièrement dangereuses.

Ce sont là précisément les circonstances de cette longue période de paix que nous traversons maintenant; car, quoique la victoire ait dans les dernières campagnes abandonné nos drapeaux, les débris de notre vieille armée succombant sous le nombre n'en avaient pas moins conservé cette supériorité qui les avait rendus si longtemps la terreur de l'Europe.

Il en résulte que la nation, que l'armée, confiantes dans ces glorieux souvenirs, ne font pas autant d'efforts qu'elles le pourraient pour faire avancer les diverses branches de l'art de la guerre.

Au milieu de l'ère nouvelle dans laquelle nous marchons avec succès, les merveilles de l'industrie ne doivent pas nous éblouir assez pour nous empêcher d'écouter les leçons du passé.

Les républiques italiennes au moyen âge, si avancées dans l'industrie et les arts, la Hollande, si riche par son commerce, au temps de Jean de Witt, ont vu finir ou diminuer leur prospérité pour avoir abandonné l'art de la guerre en voulant consacrer toutes leurs forces à augmenter leurs richesses. On sait ce qu'est devenue l'Italie; la Hollande ne fut sauvée que par la diversion étrangère, et elle paya son indépendance nationale au prix de sa liberté politique.

Les mêmes choses ne peuvent-elles plus se produire?

Sans doute l'industrie et les arts enrichissent, honorent un pays, et la France doit faire des efforts pour acquérir avec la supériorité industrielle la gloire si pure de guider les nations dans la voie de la civilisation en répandant ses bienfaits sur l'humanité. Mais les peuples ne peuvent, pas plus que les individus, s'abandonner entièrement à leurs penchants: ne pas cultiver l'art de la guerre, ne pas s'y maintenir au premier rang, c'est pour une nation risquer son existence.

Sous le régime féodal des anciens temps de notre monarchie, l'état militaire était de beaucoup le premier; les commandements dans l'armée formaient des priviléges; ils étaient en même temps un devoir et un honneur.

Sous la monarchie absolue qui succéda au régime féodal, les grades dans l'armée furent exclusivement réservés aux nobles; les gentilshommes étaient seuls considérés comme possédant le sentiment d'honneur qui devait inspirer le courage nécessaire pour remplir dignement ces fonctions de dévouement. Les guerres de notre Révolution vinrent démontrer que, pour les Français du moins, le courage et l'élévation des sentiments n'appartiennent plus à la noblesse seule; le tiers état d'alors, se jetant dans l'armée, y remplit tous les grades, et porta notre gloire militaire plus haut qu'elle n'avait jamais atteint. L'expérience prouva que les vertus militaires sont, chez nous, l'apanage de toutes les classes, et le tiers état gagna sur les champs de bataille ses titres de noblesse.

Notre nation est encore aujourd'hui ce qu'elle était alors; mais la paix qui règne depuis si longtemps a introduit des conditions nouvelles, et l'on peut dès à présent observer l'effet produit sur l'armée par les institutions démocratiques, maintenant que la carrière militaire n'est plus environnée du prestige de la gloire ou des honneurs.

Les soldats passent peu de temps sous les drapeaux, ils attendent avec impatience la fin d'un temps de contrainte pour retourner dans leur famille, tout prêts cependant à sacrifier leur santé ou leur vie si la patrie en a besoin. Mais il est à craindre que ces soldats, dont un grand nombre n'ont à un instant quelconque passé que très-peu de temps sous les drapeaux, ne composent une armée peu redoutable dans les premiers moments de la guerre.

Les sous-officiers ayant, comme les soldats, la faculté de rentrer promptement dans leurs foyers, en profitent presque tous plutôt que de conserver une position pénible dans une carrière peu brillante; il en résulte que trop souvent, les hommes chargés de former les recrues au métier des armes y sont eux-mêmes peu habiles.

Pour les officiers qui, dans tous les temps antérieurs, formaient l'élite de la nation, tourmentés d'un désir d'avancement qui naît pour tous de la possibilité d'arriver aux premiers grades, retenus dans les grades inférieurs par les lois même de l'égalité, perdant tous les jours de plus en plus de ce prestige et de cette considération qui embellissaient autrefois leur position, ils jettent pour la plupart un œil d'envie sur les autres professions qu'ils regrettent de n'avoir pas embrassées.

C'est qu'en effet, de plus en plus, à mesure que le prestige, le préjugé, si l'on veut, qui entourait la carrière militaire disparaît, que l'instabilité, les risques, la privation du bonheur domestique ne sont plus récompensés par cet honneur et cette considération qui les faisaient endurer avec patience, les gens capables, les esprits actifs et entreprenants s'en éloignent, et à la prochaine guerre déjà, pour la première fois depuis que la France existe, ce ne sera plus tout à fait l'élite de ses enfants qui dirigera ses soldats contre l'ennemi.

C'est ainsi qu'il peut arriver que notre nation, se laissant entraîner dans la carrière des arts et de l'industrie, fasse moins de progrès que les nations voisines dans l'art de la guerre, et leur devienne inférieure sous ce rapport. Car, remarquons-le, les causes qui, chez nous, font abandonner la carrière des armes, n'agissent pas, à beaucoup près, autant chez les nations rivales.

M. de Tocqueville, dans ses admirables études sur la démocratie, a développé son influence sur l'armée, et je ne puis faire mieux que de citer ses paroles (1):

« Le nombre toujours croissant des propriétaires
» amis de la paix, le développement de la richesse
» mobilière que la guerre dévore si rapidement; cette
» mansuétude des mœurs, cette mollesse de cœur,
» cette disposition à la pitié que l'égalité inspire,
» cette froideur de raison qui rend peu sensible aux
» poétiques et violentes émotions qui naissent parmi
» les armes; toutes ces causes s'unissent pour éteindre
» dre l'esprit militaire. »

« Lorsque l'esprit militaire (2) abandonne un peu-

---

(1) *De la Démocratie en Amérique*, tome IV, page 205.
(2) Tome IV, page 206.

» ple, la carrière militaire cesse aussitôt d'être hono-
» rée, et les hommes de guerre tombent au dernier
» rang des fonctionnaires publics. On les estime peu
» et on ne les comprend plus. Il arrive alors le con-
» traire de ce qui se voit dans les siècles aristocra-
» tiques. Ce ne sont plus les principaux citoyens qui
» entrent dans l'armée, mais les moindres. On ne se
» livre à l'ambition militaire que quand nulle autre
» n'est permise. Ceci forme un cercle vicieux d'où on
» a de la peine à sortir. L'élite de la nation évite la
» carrière militaire, parce que cette carrière n'est pas
» honorée; et elle n'est pas honorée, parce que l'élite
» de la nation n'y entre plus....

» De plus, comme les citoyens les plus riches, les
» plus capables, n'entrent guère dans la carrière mili-
» taire, il arrive que l'armée, dans son ensemble,
» finit par faire une petite nation à part, où l'intelli-
» gence est moins étendue, et les habitudes plus gros-
» sières que dans la grande. »

Voici comment M. de Tocqueville arrive à ce résultat : que les armées démocratiques sont plus faibles
que les autres armées en entrant en campagne, et
plus redoutables quand la guerre se prolonge (1):

« J'ai montré comment, dans les armées démo-
» cratiques, en temps de paix, les lenteurs de l'avan-
» cement sont extrêmes. Les officiers supportent d'a-
» bord cet état de choses avec impatience; ils s'agitent,
» s'inquiètent et se désespèrent; mais à la longue, la

---

(1) *De la Démocratie en Amérique*, tome IV, page 210.

» plupart d'entre eux se résignent. Ceux qui ont le
» plus d'ambition et de ressources sortent de l'armée;
» les autres, proportionnant enfin leurs goûts et leurs
» désirs à la médiocrité de leur sort, finissent par
» considérer l'état militaire sous un aspect civil. Ce
» qu'ils en prisent le plus, c'est l'aisance et la stabilité
» qui l'accompagnent; sur l'assurance de cette petite
» fortune, ils fondent toute l'image de leur avenir, et
» ils ne demandent qu'à pouvoir en jouir paisible-
» ment.

» Ainsi, non-seulement une longue paix remplit de
» vieux officiers les armées démocratiques, mais elle
» donne souvent des instincts de vieillards à ceux
» même qui y sont dans la vigueur de l'âge.

» J'ai fait voir également comment, chez les nations
» démocratiques, en temps de paix, la carrière mili-
» taire était peu honorée et mal suivie.

» Cette défaveur publique est un poids très-lourd
» qui pèse sur l'esprit de l'armée. Les âmes en sont
» comme pliées, et quand enfin la guerre arrive, elles
» ne sauraient reprendre en un instant leur élasticité
» et leur vigueur....

» Je pense donc qu'un peuple démocratique qui
» entreprend une guerre après une longue paix, ris-
» que beaucoup plus qu'un autre d'être vaincu; mais
» il ne doit pas se laisser aisément abattre par les
» revers; car les chances de son armée s'accroissent
» par la durée même de la guerre.

» Lorsque la guerre, en se prolongeant, a enfin
» arraché tous les citoyens à leurs travaux paisibles
» et fait échouer leurs petites entreprises, il arrive

» que les mêmes passions qui leur faisaient attacher
» tant de prix à la paix se tournent vers les armes. La
» guerre, après avoir détruit toutes les industries,
» devient elle-même la grande et unique industrie, et
» c'est vers elle seule que se dirigent alors de toutes
» parts les ardents et ambitieux désirs que l'égalité a
» fait naître. C'est pourquoi ces mêmes nations démo-
» cratiques qu'on a tant de peine à entraîner sur les
» champs de bataille, y font quelquefois des choses
» prodigieuses quand on est enfin parvenu à leur
» mettre les armes à la main.

» A mesure que la guerre attire de plus en plus
» vers l'armée tous les regards, qu'on lui voit créer en
» peu de temps de grandes réputations et de grandes
» fortunes, l'élite de la nation prend la carrière des
» armes : tous les esprits naturellement entreprenants,
» fiers et guerriers, que produit non plus seulement
» l'aristocratie, mais le pays entier, sont entraînés de
» ce côté. »

Les causes indiquées par M. de Tocqueville, pour que les armées démocratiques reprennent pendant la guerre la supériorité, sont affaiblies par celles qui tendent chez ces nations à désorganiser le gouvernement dans les revers. L'exemple des grands effets produits par les armées de la République peut d'ailleurs ici induire dans une grave erreur. Jusqu'à présent, l'opinion générale a attribué à l'enthousiasme du patriotisme seul nos victoires pendant la Révolution. Sans doute cet enthousiasme a grossi nos armées et a rempli leurs cadres d'hommes instruits, intelligents et braves, mais cela n'aurait pas suffi, et une autre cause puissante a concouru à nous donner la supériorité. C'est que pendant la longue paix qui avait précédé ces guerres, les esprits avaient beaucoup travaillé chez nous à l'art militaire, et lui avaient fait faire des progrès remarquables que la Révolution put réaliser rapidement. L'armée française, quand elle se présenta devant l'ennemi, était une machine non expérimentée, mais supérieure à celles qui lui étaient opposées.

Cette période de l'histoire militaire, plus facile à étudier parce qu'elle est plus près de nous, est peut-être celle qui peut le mieux prouver que *ce sont les travaux de la paix qui donnent la victoire sur les champs de bataille.*

Une autre considération importante, qui doit empêcher de se fier sur la durée de la guerre pour y reprendre la supériorité, se tire de la situation actuelle de l'art de la guerre.

Aujourd'hui la mobilité des troupes, la multiplicité et encore la mobilité de l'Artillerie, ôtent la possibilité de résister passivement, comme le faisaient Vallenstein ou Turenne, par les moyens actuellement connus de la défense. Dans l'impuissance de résister aux coups de l'attaque, la défense est obligée de saisir le moment où l'attaquant se découvre, pour prendre elle-même l'offensive; et quoi qu'il arrive, la question est beaucoup plus promptement décidée et la conquête plus rapide qu'elle ne l'était il y a cent ans. Ce résultat, qu'on ne s'y trompe pas, ne tient pas à ce que les armées sont plus nombreuses qu'autrefois, mais à ce que tous leurs éléments sont plus mobiles et leurs armes plus redoutables; seulement la mobilité des éléments de l'armée permet de les réunir en plus grand nombre sans que la machine devienne trop lourde et trop difficile à faire mouvoir avec ordre.

C'est là ce qui fait qu'aujourd'hui la perte d'une bataille est bien plus importante qu'autrefois, et peut suffire pour décider la perte d'un État.

Chez une nation comme la nôtre, où l'opinion du plus grand nombre a une influence légale qui décide la marche du gouvernement, il est bien plus important que partout ailleurs de dire à tous la vérité; car la flatterie est bien plus dangereuse. Chez une nation démocratique, le courage ne doit pas venir de l'oubli, mais de la connaissance du danger.

La supériorité militaire que nous avions dans les dernières guerres ne nous assure point que nous l'aurons encore dans la première guerre à venir; dans celle-ci, les conséquences des revers peuvent être plus terribles et plus promptes que par le passé.

Sans doute il ne faut jamais qu'un peuple se décourage et renonce à la victoire et à la lutte; mais il ne faut pas non plus croire qu'en cas de revers il suffirait d'introduire dans l'armée un certain nombre d'hommes plus braves et plus énergiques pour décider la victoire. Pour l'obtenir, il faut cultiver, perfectionner l'art de la guerre. Le courage seul ne suffit pas pour vaincre.

Voilà les vérités que je voudrais dire à la France si ma voix n'était pas trop faible pour s'en faire entendre.

Si nos hommes d'État en étaient bien pénétrés, ils pourraient, je crois, améliorer notre situation militaire.

Il ne peut pas être question de rendre aux militaires le pouvoir ou les priviléges des siècles passés; l'armée étant la dépense la plus lourde du budget de l'État, il ne peut pas non plus être question de rendre la position des militaires avantageuse en augmentant beaucoup leur solde. Mais ce que l'on peut faire, c'est d'organiser les diverses carrières publiques en vue de l'armée, de manière que la carrière militaire, qui demande tant d'abnégation, ne soit pas désormais, pour l'officier ou le sous-officier, plus désavantageuse que ne le sont les autres carrières pour les fonctionnaires de l'État.

Il semble qu'aujourd'hui, en France, on ne cherche qu'à s'éloigner de ce but. C'est ainsi que dans l'armée même, les emplois particuliers, ceux que l'on peut appeler des non combattants, sont les mieux rétribués. Il a été organisé depuis peu, pour l'administration de l'armée, un corps considérable, celui de l'intendance militaire; ce corps a été placé dans des conditions de solde et d'avancement beaucoup plus avantageuses que celles des officiers qui conduisent la troupe au combat.

Après avoir coordonné avec l'organisation de l'armée, celle des autres services, il faudrait réserver aux soldats, aux sous-officiers et aux officiers tous les emplois civils qu'ils seraient susceptibles de remplir, faire du passage dans les rangs de l'armée une condition indispensable pour arriver à un grand nombre d'emplois, en offrant ainsi à ceux des militaires qui le désireraient, les moyens de finir leur carrière dans une position stable et tranquille, pour y jouir de toutes les douceurs de la vie de famille; on ôterait à leur position ce qu'elle a de plus pénible, on accélérerait un peu l'avancement de tous et on attirerait dans l'armée un plus grand nombre d'hommes d'un mérite éminent.

Dans les armées démocratiques, l'ambition est plus ardente que dans les autres; il faut pendant la paix donner le travail pour aliment à cette ambition, en lui laissant une grande part dans l'avancement. C'est là le moyen d'être utile au pays.

Chose étrange! dans un pays où tous les arts, toutes les sciences, toutes les industries même ont une foule d'institutions pour constater et exciter le progrès, la science militaire seule n'a point d'institutions analogues qui l'encouragent.

Joindre à une de nos académies une section pour les arts et les sciences militaires, me semblerait un moyen efficace d'encouragement, une source de progrès pour l'art qui, dans un pays, protége tous les autres et reste toujours l'indispensable sauvegarde de la civilisation.

Revenons, après cette longue digression, à l'exposé rapide de ce qui est contenu dans cet ouvrage.

Quand après avoir, autant que je l'ai pu, suivi en même temps les progrès des diverses branches de l'art de la guerre, je suis arrivé à notre époque, j'ai dû examiner toutes les circonstances des actions de guerre avec plus d'attention. La prochaine guerre sera probablement peu différente de celles qui sont si près de nous, et les résultats des combats que nous aurons à livrer peuvent dépendre de l'instruction que nous aurons tirée des hauts faits ou des fautes de nos pères. Il s'agissait donc de déduire de l'histoire des enseignements sur la manière de faire usage de l'Artillerie sur les champs de bataille. Mais ici la même difficulté s'est encore présentée. Au milieu de tous les ouvrages qui ont été écrits sur nos dernières guerres, on manque de documents, de détails pour la tactique. En y réfléchissant, on le comprend aisément: la plupart des auteurs qui écrivent sur l'histoire de la guerre, s'attachent à faire comprendre et à juger les combinaisons des généraux, bien plus qu'à donner des détails de combats qui demanderaient des recherches très-minutieuses, une étude très-consciencieuse et très-détaillée du terrain, et qui n'intéresseraient qu'un petit nombre de lecteurs. Aussi, quand après avoir constaté quelques grands et nouveaux effets produits par l'Artillerie dans les principales batailles, on veut pénétrer plus avant dans l'étude de sa tactique, on manque presque toujours des détails qui seraient nécessaires.

Après avoir tiré des documents que j'avais à ma disposition, surtout des ouvrages si clairs et si détaillés du maréchal Saint-Cyr, tout le parti que j'ai pu; après avoir soumis à l'analyse les faits de guerre auxquels l'Artillerie avait pris part, j'ai été amené à penser qu'il y a une instruction réelle à retirer d'une juste critique appliquée à l'appréciation des combinaisons employées; mais tant de causes variables influent le plus souvent sur la détermination à prendre, qu'il n'est que bien rarement possible d'en conclure de véritables règles applicables à un grand nombre de cas.

Parmi le petit nombre de celles que l'on en peut déduire, la plupart sont de simple bon sens et déjà connues.

En se pénétrant davantage du sujet, on comprend que cette étude ne peut conduire à des règles fixes. La tactique est un art, ce n'est pas une science. Les combinaisons possibles avec un nombre de troupes déterminé sur un terrain donné sont déjà illimitées; à plus forte raison le seront-elles quand le problème sera plus général et que la quantité, la nature, les proportions des armes que l'on a à sa disposition et de celles que l'on doit combattre, sont indéterminées, et que le terrain sur lequel on agit est aussi soumis à des milliers d'accidents.

J'ai vu que pour avoir un traité de tactique sur l'Artillerie, il ne pouvait me suffire de rassembler, en les résumant, les observations auxquelles les faits avaient donné lieu; la plupart de ces observations, s'appliquant à des circonstances particulières, ne peuvent pas se généraliser, s'exprimer par un principe ou une règle, sans constituer une erreur. D'ailleurs le nombre des faits bien rapportés par les historiens est trop petit pour qu'on puisse en tirer une doctrine.

Un certain nombre même des principes connus seraient restés en dehors de ce résumé.

L'espoir d'arriver à un résultat plus utile m'a fait entreprendre une œuvre plus difficile. J'ai essayé de créer une théorie de la tactique; il m'a semblé qu'il n'y avait pas de raison pour qu'en se pénétrant bien de la nature intime de chaque arme, ce sujet ne fût pas accessible au raisonnement. Je ne me suis pas dissimulé combien il était facile de tomber dans l'erreur, seulement je ne me suis pas proposé d'arriver à des règles précises, mais de développer des idées qui pussent étendre les combinaisons et éclairer la pratique.

Je ne voulais traiter que la tactique de l'Artillerie; mais là, plus encore que dans l'étude historique, il est indispensable d'avoir égard à la nature, à la tactique des armes qui la soutiennent et de celles qu'elle combat.

Pour arriver à mon but, j'ai décomposé la question générale de la tactique. Après avoir étudié la nature intime de chacune des trois armes, ses propriétés, ses qualités et ses défauts, je considère l'Artillerie d'abord relativement au terrain seul, comme si, circonstance qui se présente bien rarement, elle ne devait avoir égard qu'à cette considération.

C'est à peu près la seule partie de la tactique de l'Artillerie qui ait été traitée jusqu'à présent, et encore d'une manière bien incomplète.

Faisant ensuite abstraction du terrain, je suppose que l'Artillerie se trouve, comme cela arrive souvent, avec de l'infanterie seulement; il est évident que sa conduite ne devra pas être la même que si elle est, soit avec de la cavalerie, soit seule, soit avec les deux autres armes, et que l'étude et la réflexion peuvent faire ressortir les différences.

Je suppose encore que l'Artillerie, accompagnée d'infanterie, ait à combattre soit une seule des trois armes, soit toutes les trois ensemble, soit leurs combinaisons deux à deux. Je fais ressortir dans chaque cas le but souvent différent que l'Artillerie doit se proposer dans le combat, et ce qui restreint ou étend ses combinaisons.

Après avoir achevé ce que j'ai trouvé à dire de l'Artillerie combinée avec l'infanterie, je la suppose réunie avec la cavalerie, ou bien avec l'infanterie et la cavalerie, et enfin seule sans le secours d'aucune arme; en faisant, pour chaque cas, varier la nature des armes qu'elle peut avoir à combattre.

Je termine enfin par l'étude de l'Artillerie dans l'attaque et la défense des retranchements, et dans les batailles.

Il était difficile de ne pas s'égarer en voulant ainsi tracer une voie nouvelle sur un terrain où personne n'avait encore mis le pied. Heureusement, après avoir parcouru toute la route, j'ai pu, en revenant sur mes pas, vérifier si elle passait par les points de repère qui devaient me servir à vérifier son tracé. J'ai reconnu avec joie que dans l'essai théorique je retrouvais tous les résultats que l'étude des actions de guerre m'avait fournis.

C'est là ce qui m'a donné la confiance de livrer cette seconde partie de mon travail à la publicité.

Quelques-unes des notes qui terminent l'ouvrage sont relatives à l'Artillerie seule; elles ont pour but l'amélioration de ses manœuvres et de son organisation, et ne peuvent intéresser que les officiers de l'arme; mais en plaçant ainsi ces idées à la fin de l'ouvrage qui les prépare, j'ai pu les exposer en peu de mots. La dernière note contient des détails historiques sur l'emploi des tirailleurs.

HISTOIRE
ET
TACTIQUE DES TROIS ARMES,

ET PLUS PARTICULIÈREMENT

DE L'ARTILLERIE DE CAMPAGNE.

CHAPITRE PREMIER.
DEPUIS L'INVENTION DE LA POUDRE JUSQU'À LA MORT DE HENRI IV.

La poudre à canon qui a eu une si grande influence non-seulement sur le sort des empires, mais sur la civilisation, et qui, assurant la supériorité à l'intelligence sur la force matérielle, a fait faire à l'homme un si grand pas vers l'égalité, est-elle le produit du hasard? quelle est son origine? Voilà des questions qui, pour être traitées complétement, exigeraient de longues controverses (1), et dont nous ne pouvons ici qu'énoncer la solution.

La poudre à canon a été le produit du développement naturel de l'art des compositions incendiaires dont nous allons dire l'histoire en peu de mots. Les hommes, dès qu'ils se firent la guerre, cherchèrent à se nuire par le moyen du feu; l'emploi, pour la défense des villes, des huiles bouillantes et de la poix fondue, remonte à la plus haute antiquité. On chercha à lancer des substances incendiaires et l'on mélangea celles qui présentent une combus-

---

(1) Au moment de mettre sous presse, nous venons de terminer un long travail sur ce sujet.

tion vive; en y joignant des gommes ou des poix, on formait des mastics qui s'attachaient à l'objet sur lequel ils tombaient. Des pelotes formées d'étoupes trempées dans les compositions, furent attachées aux flèches et aux dards qui prirent alors les noms de *malléoles* et de *falariques*; des pots à feu furent lancés habituellement à la main et quelquefois par des machines. Les auteurs grecs et latins de l'antiquité, Thucydide, Énéas, Ammien-Marcellin, parlent de ces projectiles incendiaires; ils leur attribuent la propriété d'être inextinguibles par l'eau, et de ne pouvoir être éteints que par le sable ou le vinaigre. Il serait trop long d'expliquer les causes et l'origine de cette croyance; disons seulement que pour juger les impressions et les idées des hommes qui vivaient dans les siècles passés, il faut d'abord se placer à leur point de vue. Cette branche de l'art de la guerre, sans tomber entièrement en désuétude, resta fort longtemps sans faire en Europe de progrès notables; il n'en était pas de même dans l'Asie et l'Afrique, où cet art, déjà pratiqué à l'époque de l'invasion d'Alexandre, était favorisé par des climats brûlants.

D'après le témoignage des historiens du Bas-Empire, ce fut vers l'an 673 de notre ère que Callinique, architecte d'Héliopolis, fit connaître aux Grecs le feu grégeois. Grâce à cette découverte, la flotte des Arabes qui menaçaient Constantinople fut incendiée et détruite.

Callinique avait appris dans l'Asie la nature des compositions incendiaires qu'il apporta aux Grecs. Il donna divers moyens de faire usage de ces compositions, dont plusieurs contenaient du salpêtre. Les Grecs durent à cet art de nombreuses victoires navales; leur feu était une arme terrible dans la guerre maritime, à une époque où les navires étaient obligés de s'approcher fort près pour se combattre. Nos ancêtres, dont ce feu frappa vivement l'imagination, l'appelèrent *feu grégeois*; ce qui signifiait seulement feu grec, car les Grecs étaient alors nommés les Grégeois.

L'empereur Léon, dans ses *Institutions militaires*, s'exprime ainsi en traitant des combats sur mer : « Vous mettrez sur le devant de la proue un tube couvert d'airain pour lancer des feux sur les ennemis. Au-dessus du tube on fera une plate-forme de charpente entourée d'un parapet et de madriers; on y placera des soldats pour combattre et lancer des traits...... Nous tenons tant des anciens que des modernes divers expédients pour détruire les vaisseaux ennemis ou nuire aux équipages. Tels sont ces feux préparés dans des tubes d'où ils partent avec un bruit de tonnerre et une fumée enflammée qui va brûler les vaisseaux. » Dans un autre passage, le même auteur dit encore : « On se servira aussi de petits tubes à main que les soldats portent derrière leurs boucliers, et que nous faisons fabriquer nous-mêmes : ils renferment un feu préparé qu'on lance aux visages des ennemis. »

Les Grecs ne négligèrent aucun moyen de rendre plus effrayant pour leurs ennemis ce feu mystérieux.

Anne Comnène raconte que l'empereur Alexis, son père, étant engagé dans une guerre contre les Pisans, et sachant combien ils étaient habiles dans la guerre maritime, plaça, sur la proue de chaque navire, des têtes d'animaux sauvages avec la gueule béante; il les fit dorer, afin de rendre leur aspect plus terrible, et fit préparer le feu qui devait être lancé contre l'ennemi à travers leurs gueules, de telle sorte que les lions et les autres animaux parussent le vomir.

Les Grecs furent vainqueurs. Pendant le combat, *ce qui répandait principalement la terreur parmi les Pisans, était le feu lancé dont ils ne connaissaient ni l'usage ni la nature; car ils n'étaient pas habitués à un feu qui, au lieu de se porter en haut, était lancé dans une direction quelconque, comme le voulait celui qui le faisait partir.*

Un autre empereur, ayant à combattre les Russes, fit placer des machines propres à lancer le feu grégeois, non-seulement à la proue, suivant la coutume, mais encore à la poupe et sur les deux côtés du navire; et les Russes, effrayés *à l'aspect de ce feu magique,* se précipitèrent dans la mer pour échapper à son atteinte.

Ce qui fit faire à l'art des compositions incendiaires un pas immense, ce fut la découverte et l'emploi du salpêtre. La propriété distinctive de cette substance, c'est qu'elle fuse quand elle est en contact avec des charbons ardents. En Chine, où le salpêtre se trouve à la surface du sol, les habitants, remarquant ce phénomène, mélangèrent le salpêtre avec des substances inflammables et produisirent des combustions difficiles à éteindre qui frappèrent d'autant plus vivement les imaginations, que, par un excès de généralisation que l'on trouve toujours comme principe des erreurs de ces temps éloignés, la propriété d'être inextinguible ne fut pas seulement attribuée à ces compositions, mais à tous les embrasements qu'elles produisaient. Non-seulement ces compositions purent, sans s'éteindre, traverser l'air avec de grandes vitesses, mais on vit avec admiration qu'elles pouvaient elles-mêmes produire le mouvement.

L'état actuel des connaissances chimiques nous permet de reconnaître et d'expliquer le progrès que l'art des feux de guerre avait fait par l'introduction du salpêtre. Le nitrate de potasse, quand il se décompose, fournit une grande quantité d'oxygène, et cet oxygène sert à la combustion des autres substances qui ne sont plus obligées de le prendre à l'air extérieur: c'est ce qui fait que les compositions salpêtrées, dont la combustion a lieu à l'intérieur, et non plus seulement à la surface, sont très-difficiles à éteindre.

Les Grecs firent de leurs compositions un grand secret d'État, et l'on a généralement cru ce secret perdu; mais ils ne furent pas seuls à le posséder, car les Arabes allèrent prendre l'art des compositions incendiaires dans l'Asie, à la source où Callinique l'avait puisé; ils en firent usage dans leurs guerres contre les chrétiens, et plusieurs chroniqueurs en font mention. Le sire de Joinville, qui accompagna saint Louis dans son expédition sur les bords du Nil, nous a laissé beaucoup de détails à ce sujet; il nous a très-naïvement raconté la frayeur incroyable dont les croisés étaient saisis quand ils apercevaient ce *feu grégeois*.

Les Français travaillaient à faire un passage sur une des branches du Nil; les Turcs, placés sur l'autre rive, cherchaient à s'y opposer :.... « Un soir (1) avint que les Turcs
» amenerent ung engin qu'ils appelloient la perriere, ung
» terrible engin à mal faire : et le misdrent vis à vis des
» chaz chateils (tours en bois) que messire Gaultier de
» Curel et moy guettions de nuyt. Par lequel engin ils
» nous gettoient le feu gregeois à planté, qui estoit la plus
» orrible chose, que oncques jamais je veisse. Quant le bon
» chevalier messire Gaultier mon compagnon vit ce feu, il
» s'escria.....; et tantoust que les Turcs getterent le premier
» coup du feu, nous nous mismes acoudez et à genoulz ainsi
» que le preudoms nous avoit enseigné; et cheut le feu de
» cette premiere foiz entre nos deux chaz chateils, en une
» place qui estoit devant, laquelle avoient faite nos gens
» pour estouper le fleuve, et incontinant fut estaint le feu
» par un homme que nous avions propre à ce faire. La ma-
» niere du feu gregeois estoit telle, qu'il venoit bien devant
» aussi gros que ung tonneau, et de longueur la queue en
» duroit bien comme d'une demye-canne de quatre pans. Il
» fesoit tel bruit à venir, qu'il sembloit que ce fust fouldre
» qui cheust du ciel, et me sembloit d'un grant dragon vol-
» lant par l'air, et gettoit si grant clarté, qu'il fesoit aussi

---

(1) Joinville, *Histoire du roy saint Loys*. Paris, 1668, page 39.

» cler dedans nostre ost comme le jour, tant y avoit grant
» flamme de feu. Trois foiz cette nuytée nous getterent ledit
» feu gregeois o ladite perriere et quatre foiz avec l'arba-
» lestre à tour, et toutes les foiz que nostre bon roy saint
» Loys oyoit qu'ils nous gettoient ainsi ce feu, il se gettoit
» à terre et tendoit ses mains la face levée au ciel, et crioit à
» haute voix à Nostre Seigneur, et disoit en pleurant à grant
» larmes : « *Beau sire Dieu Jesus-Christ, garde-moy et toute*
» *ma gent,* et croy-moy que ses bonnes prieres et oraisons
» nous eurent bon mestier.... » L'une des foiz que les
» Turcs getterent le feu, il cheut de cousté le chaz chateil,
» que les gens de monseigneur de Corcenay gardoient et
» fust en la rive du fleuve qui estoit là devant, et s'en
» venoit droit à eulx, tout ardant ; et tantoust veez cy venir
» courant vers moy un chevalier de cette compaignie, qui
» s'en venoit criant : Aidez-nous, sire, ou nous sommes
» tous ars. Car veez cy comme une grant haie de feu gre-
» geois, que les sarrazins nous ont traict, qui vient droit
» à nostre chastel. Tantoust courismes là, dont besoing
» leur fust. Car ainsi que disoit le chevalier, ainsi estoit-il,
» et estaignismes le feu à grant ahan et malaise. »

Chez les Arabes, au xiiie siècle, les compositions incendiaires formaient un art très-compliqué; le feu était devenu le moyen principal de guerre. Les artifices incendiaires étaient attachés aux lances, aux flèches, aux boucliers; ils étaient lancés avec toutes les machines. Les Arabes faisaient usage de compositions formées de salpêtre, soufre et charbon à peu près dans toutes les proportions imaginables (1); pourtant chez eux ces compositions ne faisaient que brûler vivement ou *fuser* et ne détonaient pas. Quelle en était

---

(1) C'est ce qui est attesté par un manuscrit arabe du xiiie siècle, jusqu'à présent inconnu, et qu'un savant orientaliste, M. Reynaud, membre de l'Institut, a eu l'extrême obligeance de nous traduire par dévouement pour la science.

donc la cause? C'est que le salpêtre qu'ils employaient n'était pas assez purifié pour que la détonation eût lieu; la combustion n'était pas assez prompte pour produire habituellement le bruit que nous appelons explosion.

Le salpêtre ne se trouve dans la nature que mélangé avec des substances dont il est difficile de le séparer, et il a fallu que les préparations chimiques fissent de notables progrès pour que le salpêtre devînt assez pur pour produire l'explosion. On retrouve, au reste, les traces de tous les progrès successifs de la purification du salpêtre.

La propriété détonante de la poudre vint donc pour ainsi dire toute seule, sans que personne la cherchât, par le fait d'un salpêtre plus pur introduit dans les compositions incendiaires. Comment l'esprit humain passa-t-il de la connaissance de l'explosion à l'idée de faire usage de cette force nouvelle pour lancer des projectiles? On retrouve pour les premières, les plus anciennes préparations de la poudre à canon, des préparations à l'aide du feu, c'est-à-dire qu'il est prescrit de faire fondre ensemble, pour les bien mélanger, du salpêtre, du soufre et du charbon. Ces préparations sont si dangereuses, que leur emploi a certainement précédé et amené la connaissance de la force de l'explosion et l'idée de l'employer pour lancer des projectiles. Ainsi se trouve vérifiée, dans un de ses éléments essentiels, la tradition qui rapporte qu'un alchimiste nommé Schwartz, ayant mélangé du salpêtre, du soufre et du charbon dans un mortier qu'il recouvrit d'une pierre, une étincelle qui vola par hasard, mit le feu à la composition, et fit voler la pierre, par son explosion, à une distance considérable. Il n'était pas même besoin d'étincelle pour produire l'explosion, la chaleur du feu y suffisait. On voit que si le hasard a été pour quelque chose dans la découverte de la poudre à canon, il est loin d'avoir tout fait, comme on l'a généralement cru jusqu'à présent. La création de la force même de la poudre a été le résultat du travail de l'esprit humain appliqué pendant plusieurs siècles à l'art des incendiaires. L'homme est arrivé ainsi à un résultat tout autre que celui qu'il cherchait; en voulant augmenter de plus en plus la vivacité de la combustion, il a créé une force inattendue qui a bientôt dépassé celles qu'il employait à la guerre et qui a presque fait oublier l'art même d'où elle était sortie en diminuant beaucoup ses applications.

Nous devons dire que les pays situés à l'occident de l'Europe restèrent étrangers à l'art des feux de guerre jusqu'à l'emploi de la poudre à canon. L'opinion générale attribuait à un pouvoir infernal cet art effrayant, et la loi de l'Église défendait d'en faire usage. Un moine anglais, d'un génie hardi, Roger Bacon, niait que cet art fût le produit de la magie, et conseillait aux chrétiens de s'y appliquer pour s'en servir contre les infidèles; mais une longue et dure captivité lui fit expier le tort d'avoir devancé son siècle et d'avoir cherché à le diriger vers l'avenir qu'il entrevoyait.

Il ne faudrait pas croire qu'au moment où l'on commença à faire usage de la poudre à canon, cette poudre eut une explosion aussi vive que celle dont nous faisons usage aujourd'hui, il s'en fallait de beaucoup; car l'art de la purification du salpêtre n'a pas cessé de faire, depuis cette époque, des progrès dont l'influence est restée presque inaperçue. La poudre de ces premiers temps, n'ayant qu'une explosion lente, n'aurait pas pu imprimer à de petites balles comme celles de nos fusils actuels, une vitesse suffisante pour percer les armures. De là l'obligation d'employer de gros projectiles.

L'Artillerie à feu (1) paraît avoir été mise en usage dans les siéges (2) au commencement du xiv° siècle. C'est du moins

---

(1) Le mot Artillerie était déjà appliqué à toutes les machines de guerre avant l'invention de la poudre.
(2) Piobert, *Traité d'Artillerie,* page 107.

à cette époque que l'histoire constate ses effets. On a longtemps (1) cru à tort que les Italiens n'en avaient pas encore fait usage, lorsque le célèbre Carlo Zeno, commandant pour les Vénitiens, se servit de deux pièces de canon dans un combat qu'il livra aux Génois sous les murs de Chiozza. A cette époque de chevalerie, où les guerriers bardés de fer combattaient corps à corps, l'imagination s'effraya de la puissance de cette force nouvelle à laquelle aucune armure ne pouvait résister. Le deuxième concile général de Latran, dont les décisions faisaient loi pour toute la chrétienté, avait, en 1140, défendu l'emploi des machines de guerre contre les hommes comme trop meurtrières; il n'est donc pas étonnant qu'à l'occasion de cette affaire de Chiozza, toute l'Italie se soit récriée contre ce qu'elle appelait une contravention manifeste aux lois de la bonne guerre.

Casimir Siemienowicz (2) rapporte que les Allemands obligeaient ceux qui s'appliquaient à l'Artillerie de promettre par serment, « qu'ils ne prépareraient jamais aucuns
» feux d'artifice sautant, voltigeant, ni choquant quoi ou
» qui que ce fût; que de nuit ils ne tireraient point de ca-
» non; qu'ils ne cacheraient point de feux clandestins en
» aucuns lieux secrets, et surtout qu'ils ne construiraient
» aucuns globes empoisonnés, ni autre sorte d'invention où
» il entrerait du poison; outre cela, qu'ils ne s'en servi-
» raient jamais pour la ruine ou la destruction des hommes,
» estimant ces actions autant injustes qu'elles sont indignes
» d'un homme de cœur et d'un véritable soldat. »

Les nouvelles machines étaient bien loin cependant d'être aussi redoutables qu'on le supposait; leur imperfection et le danger de leur service, bien plus que tous ces serments,

---

(1) Servan, *Histoire des guerres des Français en Italie*, tome I, page 517.
(2) *Du grand art de l'Artillerie.*

limitèrent dans ces premiers temps l'emploi de l'Artillerie.

À cette époque, la métallurgie était peu avancée, et on ne savait guère couler les métaux ; aussi les premières pièces furent-elles grossièrement faites. On prenait de fortes lames de fer que l'on plaçait en rond, on les serrait avec de forts anneaux ou cercles en fer, on formait ainsi une espèce de tonneau que l'on chargeait d'une poudre *grosse et malpropre*, comme elle était dans les commencements (1). On n'avait aucune donnée pour régler la quantité de poudre ; le projectile grossièrement taillé était en pierre, et il arrivait fort souvent que la pièce ne résistait pas à l'explosion, et faisait courir moins de danger à l'ennemi, qu'à ceux qui la servaient ou qui en étaient proches. Ces pièces étaient montées sur des plates-formes auxquelles elles furent liées d'abord avec des cordes, ensuite avec des bandes de fer. Ces plates-formes étaient mobiles par le moyen de quatre roulettes qui les supportaient. On avait ainsi le moyen de diriger la pièce dans un sens, mais elle ne pouvait se mouvoir dans le sens vertical et restait toujours pointée sous le même angle.

L'art ne devait pas s'arrêter là ; on parvint à perfectionner la poudre et à fondre les pièces. Cette découverte fit faire un grand pas à l'Artillerie ; en coulant les bouches à feu d'une seule pièce, on put leur donner plus de solidité avec moins d'épaisseur, et régulariser les diamètres des projectiles que l'on fit en fonte. On donna alors à l'âme la forme cylindrique régulière et on abandonna tout à fait la forme conique qu'on lui donnait de préférence auparavant.

Les pièces en fer fondu éclataient souvent, on essaya d'autres métaux. On fit des pièces en cuivre, mais ce métal

---

(1) Diego Ufano, *Traité de l'Artillerie.*

trop malléable résistait peu au tir. Après des essais de toute espèce, on arriva à une combinaison de cuivre et d'étain qui donna plus de solidité (1).

Les premières pièces en fer fondu furent placées sur des espèces de plates-formes sans roulettes. On joignit à la plate-forme deux montants et une traverse mobile sur laquelle s'appuyait la volée de la pièce. Ce système permettait de faire varier l'inclinaison de la pièce. Il fallut un grand nombre d'années pour arriver aux perfectionnements dont nous venons de parler; on s'en étonnera peu si l'on songe que chaque essai devait être un danger pour celui qui le tentait.

Sous Charles VII, l'Artillerie française prit une grande extension; elle était dirigée par un homme que son mérite éleva à la position la plus éminente et qui devint célèbre dans les guerres de cette époque; c'est le fameux Jean Bureau, trésorier de France, qui commandait l'Artillerie conjointement avec son frère Gaspard Bureau. Ces deux hommes doivent partager avec les Dunois, les Lahire, les Saintrailles, le gloire immortelle d'avoir délivré la patrie de la domination anglaise.

Les siéges faits en très-grand nombre par les Français étaient dirigés par les frères Bureau; ils perfectionnèrent les travaux d'approche et donnèrent à l'Artillerie française une supériorité qui décourageait la défense et rendait la résistance de courte durée (2).

---

(1) Diego Ufano, *Traité de l'Artillerie*.

« (2) ... Pareillement estoit grosse la provision que le roy avoit mise en
» son Artillerie pour le faict de la guerre et de sa garde où il avoit le plus
» grand nombre de grosses bombardes, gros canons, veuglaires, serpen-
» tines, crapaudines, couleuvrines et ribaudequins, qu'il n'est pas de mé-
» moire qu'homme eust jamais veu roy chrestien avoir si nombreuse
» Artillerie tout à la fois, ny si bien garnie de poudres, manteaux,
» et de toutes autres choses pour faire des approches et prendre villes

Louis XI eut, à l'exemple de son père, une Artillerie considérable. Sous son règne, on fondit douze pièces du calibre de 45, qui furent célèbres sous le nom des *douze Pairs de France*; une de ces pièces fut prise à la bataille de Montlhéri.

Le tir des pièces était très-difficile à diriger; on fit des efforts pour rendre le pointage plus facile, et l'on imagina de joindre aux pièces des tourillons qui, servant seuls de points d'appui, permissent de faire tourner la pièce pour varier son inclinaison. On donna des roues au système qui soutenait la pièce, et on l'appela *affût*. C'est à la fin du règne de Louis XI, ou au commencement de celui de Charles VIII, qu'on doit faire remonter cette importante invention. Les Mémoires du temps nous montrent Charles VIII et ses courtisans s'exerçant à diriger ces nouvelles machines dans un camp où l'armée fut réunie après la campagne d'Italie (1). Avant de parler de cette campagne célèbre, nous devons jeter un coup d'œil sur l'état où se trouvait l'art de la guerre un peu avant cette époque.

État de l'art de la guerre dans les XIVe *et* XVe *siècles.*— Au moment où le XIVe siècle s'ouvrit, la société était péni-

---

» et chasteaux, ny qui eust plus grande quantité de charrois pour les
» mener, ny conducteurs plus expérimentés qu'il en avoit. Lesquels con-
» ducteurs estoient payez et soudoyez de jour en jour; et furent gouver-
» neurs d'icelle Artillerie maistre Jean Bureau, trésorier de France, et
» Gaspard Bureau, son frère, maistre de ladite Artillerie, lesquels du-
» rant toutes ces guerres en ont souffert de grandes peines et se sont trou-
» vez en beaucoup de périls, car ils y ont beaucoup fait leurs diligences
» et sy sont bien acquittez de leur devoir avec satisfaction de tous. Au
» reste, c'estoit chose merveilleuse à voir les boulevarts, approchemens,
» fossez, tranchées et mines que les dessus dits trouvoient et fesoient faire
» devant toutes les villes et chasteaux qui furent assiegez durant icelle
» guerre. » Extrait de Godefroy (*les Historiens de Charles VII*, page 216).

(1) Godefroy, *Histoire de Charles VIII*, édition du Louvre, page 173. — M. de Ségur, *Histoire de Charles VIII*.

blement en travail d'une nouvelle organisation. Partout les liens de la vassalité se détendaient; l'indiscipline des grands vassaux à l'égard des rois, l'indiscipline des serfs à l'égard de leurs seigneurs, amenaient des guerres ou des révoltes qui faisaient couler le sang de tous côtés.

La discipline est indispensable aux armées, et celles de la France à cette époque ne nous offrent qu'un triste spectacle; tout y est dans une horrible confusion et l'art est tout à coup retourné vers l'enfance. Cette organisation féodale faite pour la guerre, et qui avait produit auparavant de grands résultats, est devenue impuissante; chaque seigneur marche encore avec ses vassaux, mais il n'y a plus d'ordre, soit dans la marche, soit dans le combat. Les grands vassaux ont encore les arrière-vassaux sous leurs bannières; mais ceux-ci, mal obéis de leurs serfs, n'ont pas plus d'obéissance pour leurs chefs. Les princes, à qui le roi donnait le commandement de l'armée, ou ceux qui, sous le titre de connétable ou de maréchal, ont des fonctions générales, se donnent beaucoup de peine, surtout pour former l'ordre de bataille, mais leurs ordres sont presque toujours méprisés. Un pareil état de choses ne peut produire que des revers.

A la bataille de Crécy (1346) (1), on voit le roi d'Angleterre, placé avec sa petite armée dans une situation très-critique, choisir une excellente position défensive, enfermer en arrière ses bagages dans un retranchement, et ranger son armée en bon ordre avec les archers sur les ailes. L'armée française s'avance précipitamment en masses confuses; les premiers arrivés commencent l'attaque, malgré tous les ordres du roi. Les archers anglais mettent en fuite les archers génois qui avaient été engagés les premiers; la fuite des archers génois augmente le désordre; les troupes

---

(1) Daniel, *Histoire de France*, tome III, page 628.

qui arrivent les chargent au lieu de faciliter leur retraite; les flèches des archers anglais sont dirigées avec une force et une adresse extraordinaires sur les chevaux qui tombent blessés ou tués, et les chevaliers, enfermés dans leurs lourdes armures, restent à la merci des archers qui les tuent avec des maillets de plomb. Les chevaliers anglais saisissent le moment favorable, ils chargent et font un carnage horrible des Français à qui leur indiscipline fait ainsi perdre une des batailles les plus sanglantes et les plus honteuses (1).

Le perfectionnement apporté par les Anglais dans la fabrication et l'usage de leurs arcs produisit un changement important dans la tactique des chevaliers qui mirent pendant fort longtemps pied à terre pour combattre dans les batailles (2).

La bravoure, la force et surtout l'habileté de du Guesclin lui donnent un grand ascendant sur ses compagnons d'armes dont il sait se faire obéir; il remporte de belles victoires et chasse les Anglais de la France. Nous ne voulons pas dire que les succès de du Guesclin aient été produits par la discipline seule des troupes, mais que ce grand capitaine profitait de l'obéissance conquise par l'ascendant de son génie pour perfectionner l'art de la guerre, beaucoup plus avancé à cette époque qu'on ne le suppose généralement. Le cadre dans lequel nous devons nous renfermer ne nous permet pas d'entrer, à ce sujet, dans de grands détails; nous dirons

---

(1) La question de savoir si les Anglais avaient du canon à la bataille de Crécy exige une trop longue controverse pour être traitée ici. Nous dirons seulement qu'il est peu probable que l'effet de leurs canons, s'ils en avaient, ait été bien grand, et que leur feu ait gagné la bataille, puisque Froissard et d'autres chroniqueurs n'en ont pas parlé. Si ces canons avaient donné la victoire aux Anglais, ils n'en auraient pas négligé l'usage dans les batailles suivantes où on ne les voit pas paraître.

(2) Daniel, *Histoire de France*, tome IV et VI.

seulement, à l'appui de notre assertion, et pour montrer qu'il ne faut pas regarder du Guesclin seulement comme le plus hardi batailleur de son époque, qu'à la bataille d'Auray, livrée en 1364 entre les deux prétendants qui se disputaient la possession du duché de Bretagne, on voit du Guesclin ranger son armée en trois *batailles* (1) avec une *arrière-garde*; son adversaire, le fameux Jean Chandos, remarquant cette habile disposition, rangea la sienne dans le même ordre, et il dut à cette imitation la victoire qui fut décidée par cette *arrière-garde* qui était ce que nous appellerions aujourd'hui une forte réserve. Cette idée de conserver des troupes fraîches pour la fin de l'action ne reparut que longtemps après. Ce ne fut pas la seule innovation introduite par du Guesclin; il chercha aussi le moyen de garantir son armée des terribles effets produits par la supériorité des archers anglais qui combattaient dans le parti opposé. Froissard nous l'expose en ces termes : « Car les François estoient aussi serrez et aussi joincts que » on ne put mie jetter une pomme qu'elle ne chéist sur un » bassinet, ou sur une lance; et portoit chascun homme » d'armes son glaive droit devant lui. »

Peu de temps après la mort de Charles V, qui suivit de près celle de du Guesclin, l'anarchie devient en France plus grande que jamais; les Anglais, par l'adresse de leurs archers, par la discipline de leurs armées, par l'habileté de leurs chefs, acquièrent une grande supériorité, et la France, divisée, est à deux doigts de sa perte. L'indiscipline des Français leur fait encore perdre les batailles de Poitiers et d'Azincourt; enfin l'excès d'abaissement de la France relève l'énergie nationale, et Orléans est sauvé.

Les grandes cités qui avaient conquis une individualité

---

(1) *Les Chroniques de Froissard.* — Buchon, in-8°, Paris, 1837, tome I, page 491.

puissante donnèrent une attention particulière à l'Artillerie, et perfectionnèrent l'emploi de ces machines qui promettaient d'assurer leur indépendance.

On employa assez souvent alors des bouches à feu dans les batailles ; la plus remarquable, sous ce rapport, est la bataille des Harengs, qui fut livrée, entre les Français et les Anglais, le 12 février 1429 pendant le siége d'Orléans (1).

Dunois et Lahire, sortis d'Orléans, avaient rejoint l'armée du comte de Clermont, leurs troupes réunies marchèrent à Rouvray de Saint-Denis pour s'opposer au passage d'un convoi se dirigeant de Paris à l'armée anglaise qui assiégeait Orléans. Lahire, Dunois et le connétable d'Écosse, qui étaient à l'avant-garde, aperçurent les premiers le convoi. Le comte de Clermont leur fit dire à plusieurs reprises d'attendre, pour attaquer, que le corps d'armée fût arrivé. On était convenu à l'avance que nul ne descendrait des chevaux, sinon les archers et gens de trait. Les Anglais firent un retranchement à *l'aide de leurs chariots et de pieux aigus en manière de barrière, ne laissant qu'une seule issue longue et étroite en avant.* Ils étaient en si petit nombre, que leur défaite paraissait assurée.

Les archers français repoussèrent facilement ceux des archers anglais qui étaient hors du retranchement, et le canon des Français tirait avec une grande efficacité (2); *beaucoup d'Anglais et de marchands de Paris succombaient;* mais le connétable d'Écosse, voyant que les Anglais ne sortaient pas de leur retranchement, ne put plus contenir son impatience; il mit pied à terre avec les siens et fut imité par Lahire, Dunois et leurs gens d'armes. Les Anglais, heureux de n'avoir à combattre qu'une faible partie de leurs adver-

---

(1) *Histoire du siége d'Orléans par les Anglais*, Orléans, 1611. — *Historiens de Charles VII*, par Godefroy, page 503.

(2) Daniel, *Histoire de France*, tome IV.

saires, sortent de leurs retranchements, chargent les Français et les mettent dans une complète déroute. Le comte de Clermont, furieux de ce qu'on avait violé ses ordres et les conventions, marcha vers Orléans sans attaquer les Anglais qui étaient dans tout le désordre d'une poursuite acharnée.

C'est ainsi que les Français essuient une défaite complète pour n'avoir pas su attendre l'effet de leur canon; victimes encore une fois de leur ardeur impuissante, parce qu'elle ne sait pas se soumettre à l'empire de la réflexion.

Un vieux manuscrit (1), écrit sous les règnes de Charles VI et de Charles VII, nous donne, sur l'art de la guerre à cette époque, des renseignements précieux. Nous en citerons textuellement un extrait pour ne pas en altérer la naïveté et l'énergie.

La manière selon l'usance du temps pñt (présent) de arrangier ost (armée) en champ pour combattre.

« Comme Végèce mette plusieurs exemples et manieres
» d'arrangier ost en bataille, si comme dit sera cy-après,
» lesquelles peut-estre sont en aucunes manieres différentes
» des ordonnances du temps présent; la cause est par aven-
» ture pour ce que communément se combattoient adonc
» les gens plus à cheval qu'à pied, et autre si comme il ne
» soit quelconque chose es ordres des humains qui par
» espace de temps ne se mue et change, me semble bon
» toucher en brief aucunement en plus entendibles termes
» des ordonnances communes du temps présent, si que
» comme assez est sçu de ceux qui armes exercent. C'est à
» sçavoir faire son avant-garde de longue étendue de gens
» d'armes arrangées ornement serrés ensemble, et que l'un
» ne passe l'autre, les meilleurs et les plus élus au premier

---

(1) Manuscrit 7076 de la Bibliothèque royale.

» front; les maréchaux avec eux emprès les étendarts et
» bannieres et fait-on esles aux costés, devant esquelles est
» le trait, tant cannonniers comme arbalestiers et archiers
» semblablement arrangiés. Après la premiere bataille que
» l'on dit avant-garde, vient la grosse bataille où toute la
» force des gens d'armes est mise arrangées tous par les
» ordres de leurs chevetains, leurs bannieres et enseignes
» levées. Sont par plusieurs tous les uns après les autres
» omnement mis, car fait le connestable crier sous paine
» du chief que nul ne se desroutte, et dient aucuns que se
» quantité de gent commune y a que on doit d'icelle gent
» efforcier les esles des cotés par beaux rens par derriere le
» trait, et que commis soient à bons chevetains; et aussi les
» mettre au devant de la grosse bataille si que se fuir veuil-
» lent que les gendarmes de après les en gardessent.

» Au milieu de cette grosse bataille est mis le prince de
» l'ost, la principale banniere devant soy en laquelle est le
» regard de la bataille, et pour ce est baillie à garder et
» tenir à l'un des meilleurs et principaux dudit ost. En-
» viron sont des meilleurs et des éprouvés hommes d'armes
» pour la seureté tant du prince comme de la banniere.
» Après, suivant cette grosse bataille, vient la tierce que
» l'on dit arriere-garde, laquelle est ordonnée, et par der-
» riere icelle sont les varlets des chevaux qui aident les
» autres se besoing est, et ils sont bons et les chevaux de
» les maistres là tiennent et si font estache que par derriere
» on ne viengne envahir la bataille; de laquelle chose se
» assez y a gens d'armes, et son se doubte que par là venis-
» sent les ennemis y ceux qui seurement veuillent com-
» battre, et sages sont en armes font une autre bataille qui
» le dos a tourné vers les dites batailles, toute preste de re-
» cevoir ceulx qui viendront avant. Et avec ces dites choses
» communément sont ordonnés quantité de gens d'armes
» duits du mestier, montés sur bons destriers ou coursiers

» tout prets à costé pour venir à course des chevaux rompre
» et desrengier la bataille des ennemis quand à l'assembler
» seront, et par ce est souvent effois la bataille gaignée de
» la partie de ceux qui s'en sçeuvent le mieux aydier, et
» conseillent aucuns experts d'armes, quoique cette die ma-
» niere d'arrengier ost si soit la plus commune, que quand
» il avient que l'on n'a une trop grant quantité de gens
» de commune, mais plus de bonnes gens d'armes, que toute
» l'assemblée soit mise en une seule bataille sans avant-
» garde ne arriere-garde, fors les esles devant si que dit est.
» Et dient que plus seurement on si combat, et cette ma-
» niere fut tenue en la bataille de Rosbeck où le roy de
» France, Charles le sixieme de ce nom, qui pour lors
» régnoit, eut victoire contre quarante mille Flamens... »

Après avoir parlé de divers ordres de bataille d'après Végèce, l'auteur ajoute :

« Et est à sçavoir que mesme en cettui temps se aidayent
» en les batailles de plusieurs manieres d'engins et cautelles
» pour rompre les batailles, si que ici est dit devant des
» buefs atout feu souls les queues chassiés vers la partie
» adverse, et mesmement usoient des adoncques de aucques
» semblables engins de ceulx que l'on nomme au temps
» présent ribaudequins ; car tout ainsi estoient-ils sur roes
» un homme dedans, si comme en un petit chastel qui tout
» estoit de fer, et troioit de canon ou d'arbalestre, et avoit
» à chacun costé un archier et fers agus par devant comme
» lances, et à force de gens ou de chevaux les fesoient
» plusieurs d'un front aller heurter en l'assemblée des
» ennemis. »

C'est à Charles VII (1) que sont dues les institutions fondamentales des armées françaises, les sauvegardes de l'indépendance nationale ; nous voulons parler de la création

---

(1) Daniel, *Histoire de la Milice française.*

des francs archers et des compagnies d'ordonnance. Ces institutions donnèrent plus de force au pouvoir central qui ne fut plus entièrement livré à la merci des seigneurs féodaux, dont le roi ne pouvait pas auparavant réprimer les déprédations, les querelles et les révoltes.

Pour composer les francs archers, chaque paroisse dut fournir et entretenir, par chaque cinquantaine de feux, un homme choisi parmi les anciens soldats, d'une conduite et d'une bravoure éprouvées. Chaque franc archer jouit pour les impôts de certains priviléges. C'est ainsi que Charles VII jeta les fondements d'une redoutable infanterie. On lui donna la hallebarde et la pique, qui plus tard furent remplacées par l'arquebuse et la longue épée.

Charles VII s'occupa aussi de la cavalerie qu'il organisa en compagnies d'ordonnance, et, sauf les augmentations, ces compagnies restèrent sur le même pied jusqu'à Louis XIII qui les forma en régiments. Les historiens ne comptent dans ces compagnies que les gens d'armes. Dans les nombres qu'ils donnent, ne sont point compris le page, le valet, les deux archers et le coutillier attachés à chaque homme d'armes.

Les gens d'armes se mettaient en bataille sur un seul rang, gardant assez d'intervalle de l'un à l'autre pour le maniement de la lance; mais ils ne conservaient presque jamais cet ordre pendant le combat, chacun agissant alors pour son propre compte.

Les Suisses étaient déjà aguerris par les guerres qu'ils soutenaient contre les ducs d'Autriche pour leur indépendance, lorsque Charles le Téméraire pénétra dans leur pays. Ce prince croyait n'avoir aucune peine à châtier des paysans; mais les Suisses, qui combattaient à pied, avaient appris à se former en rangs serrés sur un ordre profond : s'avançant ainsi avec intrépidité, ils résistèrent à toutes les charges des gens d'armes, s'emparèrent des pièces et défirent en plusieurs rencontres la meilleure armée de l'époque. Le butin qu'ils firent inspira à tout le pays, avec l'esprit militaire, un désir de richesses qui lui était jusqu'alors étranger; ils formèrent des corps d'infanterie qui se mirent à la solde de tous les princes qui voulurent les payer.

L'Allemagne, divisée en un très-grand nombre d'États, était ravagée par des guerres continuelles; beaucoup d'habitants, préférant le rôle d'oppresseurs à celui d'opprimés, embrassaient le métier des armes. C'est ainsi que se recrutait une infanterie mercenaire connue sous le nom de *lansquenets*.

Les généraux, manquant souvent d'argent pour payer leurs troupes, étaient dans l'obligation de les autoriser au pillage. Pendant les siéges surtout, il n'y avait, la plupart du temps, aucun autre moyen de faire continuer les travaux que de promettre aux soldats le pillage de la place. Il en résulta, dans toutes les guerres de cette époque, un caractère d'atrocité qui a disparu quand les généraux ont pu se faire mieux obéir, et que les armées sont devenues plus nationales.

Les Espagnols, qui, après avoir chassé les Maures, arrivèrent au plus beau temps de leur puissance, avaient souvent à la fois des troupes combattant en France, dans les Pays-Bas, en Italie et en Allemagne. Ils excellaient dans l'art des fortifications et des siéges. Leur infanterie, connue sous le nom de bandes espagnoles, acquit une réputation bien méritée, et la conserva jusqu'à la bataille de Rocroy, où la destruction de ces bandes affaiblit le moral de leur armée qui ne s'en releva plus.

Ces infanteries suisse, allemande et espagnole, étaient alors les seules qui joignissent à une grande valeur l'art de se mouvoir dans l'ordre de leur formation. C'est à peu près à cela que se bornaient leurs manœuvres dans les combats.

Lors de la création des francs archers, Charles VII n'avait pas séparé les quarante-huit mille hommes que cela devait fournir en corps différents. On donnait à un capitaine, tantôt cinq cents hommes, tantôt mille, tantôt deux mille à commander. François Ier les divisa en légions de six mille hommes. Il fut assigné à chaque légion une province qui dut la recruter; les légions furent divisées en six compagnies de mille hommes chacune. Il y avait dans cette organisation un progrès qui se serait fait sentir en campagne; mais les guerres qui suivirent ayant plus souvent pour but de satisfaire l'ambition de nos rois que de défendre la patrie, les levées d'aventuriers restèrent en usage. Les troupes ainsi formées étaient moins dispendieuses, plus tôt prêtes et firent oublier les légions. C'est un peu après l'époque où l'on commença à faire usage de l'Artillerie dans les combats, que l'on reprit l'habitude de remuer la terre pour fortifier les camps.

Charles VIII. — Lorsque Charles VIII résolut de pénétrer en Italie pour faire valoir ses droits à la couronne de Naples, il compta principalement sur son Artillerie, que les perfectionnements récemment introduits en France rendaient plus redoutable (1). Un grand nombre de villes firent présent au roi de pièces qu'elles avaient fait fondre, et il eut dans son armée un train d'Artillerie comme on n'en avait pas vu jusqu'alors. Cette armée, qui n'était que de douze mille hommes d'infanterie et dix mille six cents chevaux, avait, suivant Mézerai, cent quarante grosses pièces et un très-grand nombre de petites. Près de douze mille artilleurs, ouvriers ou soldats du train, étaient attachés à ce matériel.

Les Italiens étaient alors peu belliqueux; l'industrie, le commerce, la culture des sciences et des arts leur avaient fait négliger le métier des armes. A l'approche des Français,

---

(1) Ségur, *Histoire de Charles VIII.*

les imaginations, frappées de terreur, ne songèrent qu'à conjurer l'orage en accordant tout ce que l'on demandait. Les écrivains du temps ont fidèlement rendu l'impression de terreur que leur inspira la vue de ces machines d'une construction qui leur était inconnue. Machiavel dit que chez les Italiens l'Artillerie était traînée par des bœufs, et qu'elle tirait toujours sous le même angle. Il décrit avec beaucoup de détails la manière dont nos canons étaient placés sur leurs affûts, et s'y *balançaient* pour pouvoir être dirigés sous divers angles. Les plus grosses pièces avaient quatre roues, les autres n'en avaient que deux.

Guichardin (1) dit qu'en Italie on se servait, dans les siéges, de pièces dont les plus grosses étaient appelées bombardes. Il y en avait en fer et en bronze, mais si prodigieusement grosses, qu'on ne pouvait les conduire qu'avec beaucoup de lenteur et de difficultés, tant à cause de leur poids qu'à cause du peu d'adresse des conducteurs et de la grossièreté des machines dont ils se servaient. On était très-embarrassé quand il fallait dresser des batteries; et, quand elles étaient placées, il y avait un si grand intervalle d'un camp à un autre, l'on était si longtemps à recharger ces bombardes, qu'elles rendaient fort peu de service, et que les assiégés avaient presque toujours le loisir de réparer les murailles et de se fortifier en arrière.

Les Français (2) avaient une Artillerie plus légère et dont les pièces, qu'ils appelaient canons, étaient toutes de bronze. Au lieu de boulets de pierre dont on se servait auparavant, ils en avaient de bien moins gros qui étaient en fonte. C'étaient des chevaux et non des bœufs, comme en Italie, qui traînaient cette Artillerie. Les gens qu'on em-

---

(1) *Histoire des guerres d'Italie.*
(2) Servan, *Histoire des guerres des Français en Italie*, tome I, page 262.
— Guichardin, *Histoire des guerres d'Italie.*

ployait à la conduire étaient si agiles et se servaient d'instruments si légers, qu'elle allait presque aussi vite que le reste de l'armée. Ils disposaient les batteries avec une promptitude incroyable, et il y avait très-peu de distance d'un coup à l'autre; les décharges étaient si fréquentes et si fortes, qu'elles faisaient en très-peu de temps ce qu'on ne faisait auparavant en Italie qu'en plusieurs jours; enfin cette machine plus infernale qu'humaine était aussi utile dans les combats que dans les siéges. Ils se servaient dans l'occasion de ces canons dont nous avons parlé, et d'autres pièces plus petites que l'on conduisait avec la même dextérité et la même vitesse à proportion de leur pesanteur.

Charles VIII, grâce à la terreur inspirée par son Artillerie, traversa toute l'Italie sans rencontrer d'obstacles, et arriva dans le royaume de Naples où l'ennemi ne crut pas pouvoir résister en rase campagne. Quelques places seulement osèrent se défendre; elles furent assiégées et prises. Le roi, maître de tout le pays, laissa une portion de son armée et de son Artillerie dans les places conquises, et se mit en marche avec le reste pour revenir en France. Cette longue marche ne s'effectua qu'avec beaucoup de peine et de dangers; les populations insurgées massacraient tous les traînards; l'Artillerie surtout eut beaucoup de périls et de fatigues à supporter, et ne put surmonter les difficultés des chemins que grâce au zèle des Allemands et des Suisses que Charles avait dans son armée. Ces troupes avaient dans les marches et dans les combats la garde de l'Artillerie, c'était le poste d'honneur: ils s'en montrèrent dignes en s'attelant eux-mêmes aux pièces pour les aider à monter dans les gorges de l'Apennin, près desquelles un autre danger attendait les Français. Plusieurs puissances, jalouses des succès de Charles VIII, ayant réuni des forces très-supérieures aux siennes, se portèrent sur sa route pour lui barrer le passage.

Bataille de Fornoue (7 juillet 1495). — Nous allons laisser parler un écrivain du temps (1) : « Or est à sçavoir » que apres que la bataille fut ordonnée et l'Artillerie mise » en son train, on commença à marcher en tel ordre et » maniere que le cas le requéroit contre les ennemis, les- » quels estoient desja partis de leur camp et marchoient en » semblable ordre pour nous venir combattre ; estant ar- » rivez en place qui leur estoit avantageuse pour faire ce » qu'ils avoient entrepris, ils commencerent à lâcher une » grosse piece d'Artillerie vers le quartier de nostre avant- » garde, et venoit ce coup du costé où estoient les sommiers » dont plusieurs furent blessez, mais ce ne fut pas grande » chose ; et au regard de la dite avant-garde elle ne fut en » rien décampée pour cause de la dite Artillerie des enne- » mis, car toujours elle passoit outre. Peu après quelque » nombre de grands coups d'Artillerie tirez par les ennemis » incontinent que les maistres canonniers du roy purent » distinguer de l'œil icelle Artillerie ; ils ajusterent un gros » canon avec une grosse boule de fonte en telle maniere, » que du deuxieme coup qu'il tira, cette boule rompit en » plus de mille pieces les canons qui ainsi fort tiroient » contre les François, et, de plus, un de leurs principaux » canonniers y fut tué. Et tant continuerent les dits ca- » nonniers françois à tirer si impétueusement, que les autres » furent enfin contraints de se retirer autre part. »

Pendant ce combat d'Artillerie, les coureurs des deux partis en vinrent aux mains. Les Italiens avaient formé un corps considérable destiné particulièrement à attaquer le point où se trouvait le roi. Ce corps, composé de l'élite des troupes italiennes, chargea à l'improviste avec beaucoup de valeur et d'ensemble ; mais les Français résistèrent au choc et attaquèrent en flanc cette troupe isolée qui fut

---

(1) *Histoire de Charles VIII*, par Godefroy. Paris, 1661.

mise en déroute; sa défaite entraîna celle du reste de l'armée. L'Artillerie ne paraît jouer dans cette bataille qu'un rôle assez insignifiant, et nullement proportionné à l'importance que l'on y attachait, ni aux peines que l'on avait prises pour la conduire. Le courage paraît avoir eu plus de part que l'art au succès. Les Français, plus aguerris et plus braves, repoussèrent leurs ennemis (1). Au reste, il tombait pendant l'action une pluie violente, très-défavorable aux armes à feu à une époque où la poudre était portée à découvert à la pièce.

Dans cette campagne, les armes à feu appartenaient exclusivement à l'Artillerie, qui avait des pièces de tous les calibres, depuis le plus grand jusqu'au plus petit. On appelait pièces de campagne de petites pièces portées sur deux roues, ou pointées seulement au moyen d'un chevalet et d'une fourchette. Ce furent ces dernières qui furent plus tard changées en arquebuses. Il paraît même que les Suisses avaient un assez grand nombre de ces armes qu'ils tiraient en les appuyant sur l'épaule d'un soldat.

Peu de temps après cette expédition, les Espagnols ayant enlevé à Charles VIII le royaume de Naples, vinrent faire une irruption dans le Languedoc. L'armée française les repoussa, et l'histoire constate que ce résultat fut dû à la supériorité de l'Artillerie française.

Nous sommes entrés dans tous les détails relatifs à l'Artillerie de cette époque pour faire voir quels résultats eurent pour nos armes deux découvertes en apparence aussi simples que semblent l'être l'idée d'employer (2) des projectiles en métal fondu, et celle de donner aux pièces des tourillons qui leur servent de point d'appui sur leurs affûts, et permettent de les pointer sans difficulté. Mais il faut remar-

---

(1) Ségur, *Histoire de Charles VIII.*
(2) Vanoccio Birinsuccio, *La Pyrotechnie.* Paris, 1572, page 131.

quer que ces perfectionnements dépendaient de l'art de travailler les métaux et de couler les boulets et les pièces; ils exigeaient par conséquent des progrès qui n'ont pu s'effectuer que par un travail opiniâtre.

Louis XII, François Ier. — Sous les successeurs de Charles VIII, l'Artillerie ne fut plus employée en aussi énorme quantité dans une armée, mais elle continua à jouer un rôle important. Les adversaires des Français eurent pendant quelque temps à souffrir d'une infériorité marquée qui leur fit faire des efforts pour perfectionner leur matériel.

Bataille de Ravenne (1512) (1). — Gaston de Foix, duc de Nemours, qui commandait l'armée française en Italie, après avoir vainement cherché l'occasion de combattre l'armée espagnole, alla mettre le siége devant Ravenne, persuadé que les ennemis, et surtout le pape, ne laisseraient pas prendre cette place sans la secourir, et que c'était l'unique moyen de les obliger à la bataille. Déjà la brèche était faite, et les défenseurs avaient eu à repousser un assaut terrible, quand l'armée de secours, venant de Forli et ayant passé le Ronco quelques milles plus bas, fut aperçue par les Français; il est probable que dans ce premier moment les Espagnols auraient pu entrer dans la place par le bois de la Pinète, qui était entre la mer et la cité; ils n'osèrent pas le tenter, et l'armée française retira son canon pour faire face à cette armée qui s'arrêta à trois milles de Ravenne, à un lieu appelé alors le Moulinache (2), où les Espagnols se hâtèrent de se fortifier. Ils employèrent le reste du jour et la nuit suivante à faire devant leur logis un fossé aussi large et aussi profond que la brièveté du temps le leur

---

(1) Guichardin, *Histoire des guerres d'Italie.* — Servan, *Histoire des guerres des Français en Italie,* tomo I, page 469.

(2) Nous n'avons pas retrouvé ce lieu sur les anciennes cartes de l'Italie, mais on peut voir, sur le plan que nous donnons, la mention d'un monument qui dut être érigé sur le champ de bataille.

permit. Le chevalier Bayard, envoyé en reconnaissance, rendit compte de la position des Espagnols; le duc de Nemours assembla un conseil de guerre dans lequel il fut décidé qu'on irait de suite attaquer les ennemis dans leur logis. On fit pendant la nuit jeter un pont sur le Ronco et on aplanit de toutes parts les abords de la rivière. Le matin du jour de Pâques, à l'aube du jour, les lansquenets passèrent par-dessus le pont, et le reste des troupes traversa le fleuve à gué, à l'exception de mille hommes de pied qui restèrent à la garde du camp près de la rivière de Montone, et de quatre cents lances de l'arrière-garde commandées par Yves d'Allègre.

L'armée française, aussitôt qu'elle eut passé la rivière, se rangea en bataille dans l'ordre suivant, la droite appuyée à la rivière.

Ordre de bataille de l'armée française à la bataille de Ravenne.

AVANT-GARDE du duc de Ferrare avec l'Artillerie en devant.		CORPS DE BATAILLE.		ARRIÈRE-GARDE.
700 lances.	lansquenets.	8000 hommes de pied gascons et picards.	5000 hommes de pied italiens.	3000 archers et chevau-légers.
		En réserve, la Palisse, avec 600 lances.		

L'avant-garde, menée par le duc de Ferrare, appuyait sa droite à la rive droite de la rivière; M. de la Palisse, avec six cents lances, marchait derrière l'armée; Yves d'Allègre, avec quatre cents gendarmes, resta sur le Ronco pour s'opposer aux sorties de la garnison de Ravenne.

Ordre de bataille de l'armée espagnole à la bataille de Ravenne.

800 hommes d'armes de Fabrice Colonne.	6 000 hommes de pied.	600 lances.	4 000 hommes de pied.	400 hommes d'armes de Carvagial.	4 000 hommes de pied.	Chevau-légers du marquis de Pescaire.
En réserve, Pierre de Navarre, avec 500 hommes de pied choisis.						

« L'Artillerie espagnole étoit mise à la tête des hommes
» d'armes, et Pierre de Navarre avoit mis sur le fossé, au
» devant des gens de pied, trente chariots qui ressembloient
» à ceux des anciens, garnis de faulx, lesdits chariots char-
» gez de même Artillerie avec un fort long épieu sur icelles
» pour soutenir plus aisément l'assaut des François ; et en
» cette ordonnance, ils se tenoyent fermes au dedans de
» l'enclos du fossé, attendant que l'armée ennemie vint
» pour les assaillir. »

Le vice-roi Raymond de Cardoune, qui commandait l'armée espagnole, avait pris le parti de rester dans ses retranchements d'après l'avis de Pierre de Navarre, et malgré la vive opposition de Fabrice Colonne, qui voulait que l'on attaquât les Français au moment où ils passeraient le Ronco.

L'armée française s'avançait dans son ordre de bataille, qui, au lieu d'être en ligne droite, se courbait aux deux ailes de manière à former presque une demi-lune. Elle arriva ainsi à deux cents brasses près du fossé ; mais en voyant que l'armée espagnole ne bougeait pas, l'armée française s'arrêta, et alors l'une et l'autre armée demeurèrent immobiles durant plus de deux heures, pendant lesquelles il fut tiré de part et d'autre une infinité de coups d'Artillerie. Pierre de Navarre avait placé son canon en lieux très-favorables, et les gens de pied français eurent beaucoup à souffrir, car ils y perdirent plus de deux mille hommes. C'est alors qu'une idée heureuse, que les Italiens attribuent au duc de Ferrare, et les Français à Yves d'Allègre, donna la victoire à l'armée française. Nous avons vu que l'armée française avait la forme d'un croissant; on fit venir des derrières de l'armée quelques couleuvrines; ces pièces, placées en avant des archers et chevau-légers qui formaient la pointe de l'aile gauche, prirent en flanc la ligne espagnole. Pierre de Navarre retira ses gens de pied dans des lieux bas où il les fit mettre ventre à terre, et ils eurent peu à souffrir de ce feu; mais la cavalerie fit de grandes pertes, et plus de trois cents hommes d'armes furent emportés.

Fabrice Colonne envoyait messager sur messager au vice-roi pour qu'il donnât l'ordre de sortir des retranchements, mais Pierre de Navarre s'y opposait. A la fin, Fabrice donna l'ordre à ses gens d'armes de passer le fossé, et Pierre de Navarre fut contraint de le faire soutenir par ses gens de pied. Ceux-ci s'étant relevés attaquèrent les lansquenets qui s'étaient déjà approchés d'eux. Alors les troupes se mêlèrent de toutes parts : la cavalerie de l'armée combinée qui n'avait jamais été égale à celle des Français, ayant eu beaucoup à souffrir de l'Artillerie, fut bientôt battue et mise en fuite. Mais il n'en fut pas de même de l'infanterie espagnole qui, bien qu'abandonnée par la cavalerie, n'en continua pas moins à combattre avec une hardiesse et une assurance incroyables.

« Car combien que du commencement et de la premiere
» rencontre avec les lansquenets, elle eust esté aucune-
» ment esbranlée pour la ferme ordonnance des piques ;
» toutes fois s'estant depuis approchée à la longueur des
» espées, et plusieurs Espagnols couverts de leurs escus
» s'estant fourrez avec les poignards entre les jambes des
» lansquenets, ils estoyent avec une grande furie presque
» parvenus jusques au milieu de leur esquadron. »

La cavalerie française, après avoir mis en fuite celle des

Espagnols, tourna ses efforts contre leur infanterie qui fut en grande partie taillée en pièces. C'est en chargeant avec une ardeur impétueuse un gros d'infanterie espagnole qui se retirait encore en bon ordre, que Gaston de Foix fut tué. Pierre de Navarre, après avoir fait des prodiges de valeur sans vouloir quitter le champ de bataille, fut fait prisonnier. Le fruit de cette victoire fut non-seulement la prise du bagage et de l'Artillerie des ennemis, mais encore la conquête de Ravenne et de beaucoup d'autres places qui se rendirent au vainqueur.

Il n'est pas nécessaire de faire remarquer l'importance du mouvement de l'Artillerie qui vint se placer de manière à prendre d'enfilade les retranchements espagnols. C'est l'origine et la cause du succès des Français. L'Artillerie qu'ils avaient dans leur armée leur était en grande partie fournie par le duc de Ferrare, très-renommé alors par la supériorité de son matériel. Si c'est réellement ce prince qui eut l'idée d'amener quelques pièces à l'extrémité de l'aile gauche, on peut dire qu'on lui doit le gain de cette bataille.

Nous devons aussi rendre justice à l'habileté, au courage et aux bonnes dispositions de Pierre de Navarre qui aurait probablement rendu inutiles tous les efforts des Français si Fabrice Colonne avait su endurer avec sang-froid le feu de l'Artillerie française. C'est à la suite de cette bataille que Pierre de Navarre, tombé dans la disgrâce du roi d'Espagne qui refusa de le racheter, entra dans l'armée française.

Bataille de Novare (1513). — Après avoir inutilement tenté d'emporter la ville de Novare défendue par les Suisses, les Français, apprenant qu'un corps de troupes était en marche pour secourir la place, se retirèrent dans un camp à quelque distance. Un capitaine des Suisses, nommé Motin, homme ardent et résolu, les décida à marcher immédiatement à l'attaque du camp que les Français n'avaient pas cru avoir besoin de fortifier.

Vers minuit, les Suisses sortirent de Novare au nombre de dix mille hommes qui furent ordonnés de telle sorte qu'il y en avait sept mille pour assaillir l'Artillerie, autour de laquelle les lansquenets étaient logés, le reste se devait planter avec les piques hautes vis-à-vis des hommes d'armes pour couvrir l'attaque. Les Français, avertis par les sentinelles de la venue des ennemis, en furent un peu surpris, et les ténèbres de la nuit augmentèrent bien la crainte et la confusion. Toutefois, l'armée se mit en bataille. Déjà l'Artillerie tirait avec un très-grand bruit contre les Suisses qui venaient pour l'assaillir, et les endommageait fort, jonchant la place de nombre d'entre eux ; ce qu'on connaissait plus par les cris et hurlements des hommes que par la vue qui était encore empêchée par la nuit. Les Suisses, avec une hardiesse merveilleuse, et sans rompre pour cela leur ordonnance, s'avançaient au plus grand pas vers l'Artillerie ; quand ils y furent parvenus, ils heurtèrent contre les lansquenets. Les deux infanteries rivales combattirent avec une rage qui tenait à la haine qui les animait l'une contre l'autre. Finalement, en une si grande hardiesse et vaillance de ceux qui combattaient, le courage des Suisses l'emporta, et ayant victorieusement gagné l'Artillerie, ils la tournèrent contre les lansquenets qu'ils mirent en déroute. Les gens de pied français et gascons furent pour la plupart tués en fuyant. La gendarmerie française, gênée par l'obscurité et par la nature marécageuse du terrain, ne combattit presque pas et effectua presque sans pertes une retraite peu honorable. L'abandon de l'Italie par les Français fut la suite de cette bataille.

Bataille de Marignan (8 septembre 1515) (1). — Sans se laisser décourager par les revers que Louis XII avait es-

---

(1) Servan, tome II, page 65. — *Mémoires* de Martin du Bellay, tome I, page 72. — *Histoire de François Ier*, par Gaillard, tome I, page 243.

suyés en Italie, François Ier y marcha avec son armée. Les Suisses étaient encore en guerre avec nous. Le roi s'entretenait avec Alviano au moment où le connétable de Bourbon le fit prévenir que l'on voyait les Suisses s'avancer en ordre de bataille. Alviano court aussitôt vers Lodi pour hâter la marche de l'armée vénitienne; le roi s'arme et se met à la tête de ses troupes, qui voient arriver avec transport le moment de laver l'affront reçu à Novare. Le connétable range l'armée en bataille; il confie aux lansquenets la garde de l'Artillerie placée au centre, en arrière d'un fossé qui doit la protéger contre la furie des Suisses, et met sa cavalerie sur la droite et la gauche du corps de bataille.

Les Suisses s'avançaient avec un silence farouche vers l'Artillerie afin de s'en emparer pour la tourner contre les Français, comme à Novare, ou pour la mettre hors de service. Ils négligèrent la cavalerie des deux ailes, et marchèrent sous le feu de l'Artillerie avec une vigueur peu commune. Le connétable fit porter les lansquenets en avant du fossé pour mieux défendre les pièces; mais ceux-ci, quand ils se voient seuls exposés aux coups des Suisses, craignent d'être sacrifiés, et reculent en gardant leurs rangs. Heureusement, le connétable, qui vit ce mouvement et en pénétra la cause, voulut, en les désabusant, leur inspirer une émulation utile. Il fit avancer les bandes noires, le roi à leur tête, pour la défense de l'Artillerie dont les Suisses commençaient déjà à s'emparer; en même temps il fit ébranler la cavalerie pour charger. Dès lors, un dépit magnanime s'empare des lansquenets : ils rougissent de leur erreur et volent pour la réparer. Déjà ils ont prévenu les bandes noires et repris leur premier poste; celles-ci, de leur côté, veulent justifier le choix qu'on a fait d'elles; une ardeur jalouse anime les deux corps, et les Suisses sont pressés de toutes parts sans être ébranlés : ils résistent, ils attaquent avec la même vigueur; ici l'ennemi est défait, là il est vainqueur.

Le connétable, le maréchal de Chabannes, d'Imbercourt-Teligny et quelques autres capitaines s'acharnaient, avec leurs compagnies de gendarmes, à entamer un gros bataillon suisse qui repoussait toutes leurs attaques. Après avoir épuisé toutes les ressources de la valeur, ils sont rejetés sur l'infanterie, près d'être accablés; le roi, à la tête de deux cents hommes d'armes, prend le flanc du bataillon suisse, l'arrête, le pénètre, et le force enfin à mettre bas les armes et à demander quartier.

Bientôt l'approche de la nuit, jointe à un tourbillon de poussière qui s'éleva entre les deux armées, empêcha les combattants de se reconnaître, ayant les uns et les autres des écharpes et des croix blanches. Après avoir vaincu le bataillon suisse, le roi, courant à de nouveaux périls, rencontra un bataillon d'environ huit mille hommes, qu'il prend pour des lansquenets; mais à peine a-t-on crié : France! qu'on est assailli d'une multitude de coups de piques; on y répond par des prodiges de valeur, qui donnent le temps au roi de rallier cinq à six mille lansquenets, et au connétable de ramener à la charge l'infanterie française avec une partie de la gendarmerie. Tandis que le connétable enfonce, d'un côté, le bataillon suisse, le roi, maître de l'Artillerie déjà plusieurs fois prise et reprise, après s'être fait jour à coups de canon, passe au travers des ennemis qui, ayant reculé et perdu beaucoup de terrain, se divisent en pelotons et renouvellent le combat sur plusieurs points. Le roi revient à l'Artillerie où était alors le fort de la bataille : les Suisses continuaient d'y porter toutes leurs forces. Cependant on avait déjà combattu depuis trois heures après midi jusqu'à onze heures et demie, et l'ardeur des combattants, loin de se ralentir, semblait encore augmenter. Enfin la lune leur déroba entièrement sa lumière, et la profondeur de l'obscurité les força à suspendre leurs coups, sans leur faire penser à se retirer de part ni d'autre, chacun restant sur le terrain qu'il occupait : la gendarmerie, à cheval, l'infanterie, sous les armes; Suisses, Français, lansquenets, Milanais, mêlés et confondus les uns avec les autres, aucun n'osant se faire connaître de son voisin. Le prince de Talmont était enfermé entre deux bataillons suisses; Bonnivet croyait soutenir les deux mille Gascons commandés par Navarre; mais leur ardeur les avait emportés jusqu'au milieu du corps de bataille des Suisses, et Bonnivet était enveloppé de toutes parts.

A la pointe du jour on observe une espèce de trêve tacite; chacun court se ranger sous son drapeau et se prépare à un nouveau combat. Beaucoup de Français, qui avaient cru le roi mort, se rassemblent autour de lui avec de grands transports de joie. Cependant le combat recommence, et les Suisses reviennent avec tant d'impétuosité à la charge, qu'ils obligent les lansquenets et les bandes noires à reculer plus de cent pas; mais le connétable vient les soutenir avec sa gendarmerie, et les Suisses ne peuvent réussir à les enfoncer.

Pendant ce temps, Galiot de Genouillac, grand maître de l'Artillerie, renversant continuellement des files entières d'ennemis, ouvrait des routes faciles à travers les bataillons les plus épais; le roi profitait de ces avantages avec tant de vivacité, que la victoire, après quatre heures de combat, se décida enfin pour les Français. Les Suisses, en se retirant, emportèrent sur leurs épaules les pièces légères d'Artillerie dont ils s'étaient servis pendant la bataille.

Parmi les héros qui s'illustrèrent à Marignan, celui qui, après le connétable, eut le plus de part à la victoire, fut Galiot de Genouillac, grand maître de l'Artillerie, qui tira un si grand parti de l'arme qui était sous ses ordres, que le roi lui attribuait le gain de la bataille.

Servan, à qui nous avons emprunté en partie la relation un peu confuse de cette bataille, ajoute les réflexions suivantes : « C'est encore ici, comme le disait assez plaisamment un officier fort instruit, une bataille à coups de poing. On ne voit qu'une mêlée d'hommes qui n'ont chacun d'autre but que de profiter de leurs forces pour atterrer leurs adversaires. Néanmoins il reste plus de vingt mille hommes sur le champ de bataille, et pour effectuer ce carnage, plus de quatre-vingt mille se battent pendant plus de douze heures, sans méthode, sans art, ne cherchant qu'à s'entr'égorger. La science avait cependant fait quelques pas; l'infanterie n'était plus, comme auparavant, un ramas de paysans sans formation, sans discipline, sans instruction ; elle était mieux armée, mieux dressée aux évolutions militaires ; on avait de l'Artillerie. On commençait donc à avoir des hommes à pied et des armes à feu; mais le génie militaire n'avait pas encore animé quelques hommes privilégiés pour leur inspirer la manière d'employer utilement ces différents moyens : si l'on avait les matériaux de la science, ils étaient tellement informes que l'art était dans le chaos.

» Ainsi, au lieu de distribuer l'Artillerie de bataille, de lui faire occuper des positions, de lui donner par là les moyens de prendre d'écharpe ou à revers ces lourdes masses de l'infanterie suisse, de les arrêter, de les ouvrir, de les effrayer, de faciliter leur déroute, on réunit sur un seul point, au centre, toutes les bouches à feu, et on les prive par là des effets terribles qu'elles auraient dû produire. »

Nous avons rapporté cette bataille avec détails, parce qu'elle fait bien voir à quel degré d'efficacité l'Artillerie était arrivée plus de cent cinquante ans après son invention.

Le général Servan blâme la manière dont cette Artillerie était placée ; c'est celle qui était alors généralement usitée, et qui le fut longtemps encore. Nous croyons ce blâme injuste, et du nombre de ceux que les critiques prodiguent, sans s'apercevoir qu'ils substituent les circonstances actuelles à celles qu'ils ont à examiner.

Si les bouches à feu réunies au centre sont insuffisantes, malgré la concentration de leur feu, pour empêcher une infanterie profonde qui s'avance lentement d'arriver jusqu'à elles ; si elles sont trop lourdes, trop difficiles à remuer pour pouvoir faire un mouvement en arrière qui les dérobe à l'ennemi, à plus forte raison celui-ci s'emparerait-il facilement de l'Artillerie si elle était répartie sur tout le front ou placée aux ailes. Au centre elle a l'avantage d'attirer l'attaque de l'ennemi sur le point le plus fort, puisque c'est contre elle qu'il dirige tous ses efforts.

Chaque pièce, à cette époque, laissait beaucoup d'intervalle d'un coup à un autre ; mille incidents auxquels l'expérience n'avait pas encore appris à remédier, venaient de plus entraver un feu déjà si lent. De là venait, pour les troupes chargées de défendre les pièces, la nécessité de se porter en avant d'elles, de combattre l'ennemi corps à corps pour qu'il ne pût pas s'en emparer avant qu'elles eussent eu le temps de recharger.

Les gendarmes, organisés en compagnies, commencent à agir avec ensemble et à substituer l'effort collectif à l'effort plus individuel des chevaliers. L'infanterie suisse, en se formant en masses profondes, est arrivée à un degré de courage et d'énergie qui rappelle les beaux temps de l'infanterie grecque et des immortelles phalanges. Quoi de plus beau que de voir, à cette bataille de Marignan, l'infanterie suisse s'avancer en silence et en bon ordre sur le centre de l'armée française, sans s'inquiéter de cette nombreuse gendarmerie, la plus brave de l'Europe, qui déborde ses flancs, arriver ainsi sur la bouche des pièces dont elle essuie le feu, faire reculer un moment l'infanterie française et allemande qui les garde, et, entourée, attaquée de toutes parts, résister pendant deux jours sans reculer d'un pas, aux efforts des trois armes, et se retirer encore en bon ordre lorsque la fatigue du combat l'y contraint! Certes, s'il est facile de critiquer les généraux qui commandaient les troupes suisses, il est impossible de refuser aux soldats l'admiration qu'ils méritent. L'infanterie suisse avait déjà, depuis son apparition sur le théâtre de la guerre, modifié l'art militaire en montrant ce que peut l'infanterie. Elle avait déjà remporté de nombreuses victoires, mais aucune ne lui fait plus d'honneur que la perte de la bataille de Marignan.

Bataille de la Bicoque (1522) (1). — Dans la campagne que firent les Français en Italie, en 1522, ils avaient avec eux un corps de Suisses qui formait la moitié de leur armée. Les troupes n'avaient pas reçu de solde depuis longtemps, et les Suisses menacèrent de retourner dans leur pays si la guerre traînait encore en longueur. Lautrec leur fit de nombreuses représentations, en leur disant que la position des Espagnols était inattaquable. Les Suisses, pour dernière réponse, lui dirent : Monsieur, ou argent, ou congé, ou combat. Lautrec se décida, bien qu'avec peu d'espoir de succès, à marcher pour combattre les Espagnols campés dans une position très-forte à la Bicoque.

Montmorency se mit à pied à l'avant-garde et au premier rang avec l'Artillerie; à la tête de huit mille Suisses, Lautrec, le maréchal de Chabannes et le bâtard de Savoie, étaient au corps de bataille, composé de la plus grande partie de la gendarmerie, de quelques bataillons suisses, et du reste des gens de pied; le duc d'Urbin commandait l'arrière-garde, où étaient les troupes vénitiennes; Pierre de

---

(1) Daniel, *Histoire de France*, tome V, page 480. — Guichardin, livre XIV.

Navarre fut chargé de conduire les pionniers pour aplanir les avenues du camp ennemi, et le maréchal de Foix, avec trois cents hommes d'armes, et quelques bataillons français et italiens, devait, après avoir pris un grand tour par derrière l'armée, venir se poster sur le chemin de la Bicoque à Milan, et s'avancer de là jusqu'à un pont de pierre par où l'on entrait dans le camp des ennemis.

L'armée marcha dès le grand matin. Montmorency arriva à un chemin creux fort près des retranchements où il était couvert de l'Artillerie, et s'arrêta pour donner le temps à son canon, qui était resté un peu en arrière, de le joindre, et pour attendre que le maréchal de Foix fût proche du poste qu'il devait attaquer, afin de commencer les deux assauts en même temps ; mais les Suisses le contraignirent de continuer sa marche ; quelques remontrances qu'il pût leur faire sur la nécessité qu'il y avait de répondre par son canon au feu de celui des ennemis, et de ruiner un peu leurs défenses avant que d'en venir aux mains ; ils n'écoutèrent rien, et il fallut, malgré lui, qu'il les menât sans différer d'un moment. Dès qu'ils parurent à la portée du canon, à découvert depuis les pieds jusqu'à la tête, on leur fit des salves si terribles, que plus de mille Suisses en furent emportés. Ils soutinrent ce feu avec une intrépidité surprenante, et se jetèrent à corps perdu dans le fossé ; mais, regardant de tous côtés par où ils pourraient grimper sur les retranchements, ils les trouvèrent si escarpés et si hauts, qu'à peine pouvaient-ils y atteindre du bout de leurs piques.

Ce fut là qu'il se fit un effroyable carnage par le canon et par les arquebuses des ennemis, dont pas un coup n'était perdu dans cette multitude de soldats qui, quelques efforts qu'ils pussent faire, ne pouvaient atteindre jusqu'à ceux qui les massacraient. Il périt bien trois mille Suisses à cette attaque. Ceux qui restaient consentirent à s'éloigner hors de la portée du canon ; leur retraite se fit sans désordre.

Durant ce temps-là, le maréchal de Foix attaqua le pont de pierre, le força avec ses gendarmes, et se rendit maître de l'entrée du retranchement. Lautrec, voyant ce succès, envoya aux Suisses pour en détacher quelques bataillons afin de soutenir le maréchal et de le suivre dans le camp ennemi. Mais, rebutés de l'énorme perte qu'ils avaient faite, les Suisses refusèrent de marcher. Le maréchal de Foix, accablé par des forces supérieures qui grossissaient à tous moments, fut repoussé, et presque tous ses gens d'armes furent taillés en pièces; cependant il fit ferme à l'extrémité du pont, malgré le grand feu des ennemis; et, après avoir eu son cheval tué sous lui, fit sa retraite en bon ordre au petit pas, sans que les ennemis osassent le suivre au delà du pont.

Le mauvais succès de cette affaire força les Français à repasser les monts en abandonnant l'Italie. On voit ici l'effet de l'art contre le plus indomptable courage. Malgré l'imperfection des armes à feu à cette époque, le nombre des soldats tués par elles dans ce combat est énorme, mais n'a plus rien qui surprenne quand on voit ces masses profondes d'infanterie suisse rester opiniâtrément sous le feu d'une Artillerie dont les boulets, tirés à très-petite distance, doivent enlever des files entières. Il n'est pas nécessaire d'insister sur la faute commise par les Suisses qui ne voulurent pas attendre le canon; mais nous devons remarquer les progrès du tir et de l'efficacité de l'Artillerie extrêmement étudiée alors chez les Espagnols.

Bataille de Pavie (1525) (1). — François Ier, maître de Milan, s'était décidé à aller faire le siège de Pavie. Cette ville, habilement défendue par Antoine de Lève, résista à toutes ses attaques, et le siège, languissant faute de muni-

---

(1) Daniel, *Histoire de France*, tome V, page 529. Paris, 1722. — Guichardin, livre XV. — Servan, *Histoire des guerres d'Italie*.

tions, était depuis quelque temps à peu près converti en blocus quand l'armée espagnole, venant de Lodi, s'approcha pour secourir la place.

Malgré l'avis de la Trémouille, de la Palisse et de Foix, qui conseillaient de lever le siége et d'aller prendre une position favorable pour paralyser l'armée espagnole, le roi, ne pouvant pas se résoudre à perdre le fruit de ses efforts, voulut laisser son armée autour de Pavie. Il se contenta de rectifier sa position et de la fortifier contre l'armée de secours. Son quartier général avait, pendant le siége, été placé à Saint-Lanfranc, très-près de l'entrée du Ticino, dans la ville ; il le transporta à un autre endroit sur la même rive du fleuve, mais à la sortie de la ville : c'était le côté sur lequel l'ennemi, venant de Lodi, devait d'autant plus vraisemblablement faire son attaque, que l'armée espagnole, en se portant d'un autre côté, se serait exposée à voir couper sa ligne de communication et de retraite vers Lodi.

L'armée française, occupant une ligne circulaire autour de Pavie, tournait le dos à la ville, et la seule partie de cette position dont nous ayons à nous occuper est celle qui est située sur la rive gauche du Tésin. La partie de la ligne comprise entre le Tésin supérieur et la route de Milan était défendue par l'avant-garde qui occupait l'ancien quartier du roi à Saint-Lanfranc. Le duc d'Alençon avait son quartier au château de Mirabel, accolé à un parc qui était en saillie sur la ligne de circonvallation. Le roi occupait avec la *bataille* (1), et à la droite de la position,

---

(1) Les armées étaient encore, comme nous l'avons vu précédemment, divisées en trois parties : l'avant-garde, *la bataille* et l'arrière-garde, qui conservaient ces dénominations quand l'armée était rangée sur une seule ligne aussi bien que quand elle était en marche. Quelques écrivains trouvant ces expressions dans des relations de batailles, ont commis la méprise de croire qu'elles indiquaient que ces trois parties de l'armée étaient l'une derrière l'autre. C'est une erreur que n'a pas évitée le père Daniel qui, dans son *Histoire de France*, se distingue cependant par une étude assez approfondie des actions de guerre.

les monastères de Saint-Paul et de Saint-Jacques, lieux commodes et éminents situés fort près de Pavie, un peu en dehors du parc, et qui commandaient à la campagne. Le quartier du roi, qui allait du parc de Mirabel au Tésin inférieur, était couvert par des retranchements. La portion du mur du parc, située dans l'intérieur des lignes du côté du roi, avait été abattue afin de permettre aux deux quartiers de se pouvoir secourir réciproquement.

Les Impériaux avaient occupé Beljoyoso où ils avaient trouvé une grande quantité de vivres; ils s'efforcèrent de gagner le Tésin comme le Pô, afin d'empêcher les vivres d'arriver à l'armée française. Il y avait entre les deux camps un petit ruisseau d'eau courante appelé le Vernicule, ayant sa source dans le parc, et qui passant entre Saint-Lazare et Saint-Pierre en verge, se rendait dans le Tésin. *Les Impériaux, afin de se pouvoir avancer avec moins de difficulté, s'efforçaient de le passer comme de grande importance; mais les Français le défendaient vaillamment; ils étaient aidés par l'encaissement du ruisseau dont les rives étaient fort escarpées, en sorte qu'on ne le pouvait passer sans une grande difficulté. Chacun fortifiait soigneusement son logis. Le quartier du roi avait de front, aux épaules et au flanc droit, de gros remparts qui étaient environnés de fossés et fortifiés avec bastions; son flanc gauche était couvert par le mur du parc, en sorte qu'on l'estimait très-fort. Le logis des Impériaux était fortifié de la même sorte. Entre les remparts de l'un et de l'autre logis, il n'y avait guère que quarante pas, et les bastions étaient si rapprochés qu'ils se tiraient avec les arquebuses.*

Ces deux armées restèrent ainsi en présence depuis le 8 février, en escarmouchant à toute heure; mais chacun se contenait dans son fort, ne voulant pas faire une journée à son désavantage.

On ne pourrait croire quels étaient, en cet état d'affaires, la vigilance, l'industrie et le travail tant du corps que de l'esprit du marquis de Pescaire, lequel, jour et nuit, ne cessait par escarmouches, en donnant alarmes et faisant quelque ouvrage nouveau, d'endommager les Français; s'avançant toujours à force de creuser, fossoyer et bastionner. Il fit faire sur le canal un cavalier qui ruina Saint-Lazare et força les Français de l'abandonner. L'Artillerie de ce cavalier les tourmentait beaucoup dans leur camp, qui était en outre battu d'un autre cavalier que les assiégés avaient élevé dans la place. Finalement, les Espagnols s'étaient fortifiés de telle sorte qu'ils offensaient grandement le camp des Français, tandis qu'ils en étaient bien peu offensés, parce que les Français avaient placé leur Artillerie de manière à flanquer leur position.

Enfin les généraux espagnols, ne pouvant pas payer leurs troupes qui menaçaient de les abandonner, se décidèrent à tenter une attaque, plutôt dans l'espoir de faire passer un secours dans Pavie à travers le parc de Mirabel que dans le but de forcer l'armée française dans sa position. *Partant, après qu'à l'entrée de la nuit, ils eurent fait donner l'alarme de plusieurs côtés pour lasser et ennuyer les Français, tous les soldats de l'armée impériale prirent sur minuit une chemise blanche par-dessus leurs armes pour se reconnaître d'avec les Français et se rangèrent en ordre de bataille. Ils arrivèrent aux murailles du parc quelques heures avant le jour et mirent par terre soixante brasses de muraille, avec des maçons et des soldats.* Le travail se fit sans que le duc d'Alençon s'en aperçût, parce que le bruit de l'arquebuserie et du canon de deux fausses attaques empêchait qu'on n'entendît celui des travailleurs.

Le marquis du Guast, étant entré dans le parc, s'empara de la maison de Mirabel dont les défenseurs surpris ne firent

5.

aucune résistance. Mais le jour étant arrivé, le canon des français, admirablement posté dans le parc par le grand maître Galiot de Genouillac (1), commença à tirer sur les troupes impériales dont il emportait des files entières. L'infanterie espagnole, ne pouvant soutenir le feu de notre Artillerie, se réfugia dans un chemin creux pour y chercher un couvert. Ce mouvement fut exécuté avec une précipitation qui occasionna du désordre.

Pendant que ces choses se passaient, le roi, averti que les Espagnols avaient pénétré dans le parc, quitta son quartier pour venir défendre celui du duc d'Alençon; malheureusement il ne put pas contenir son ardeur; et en se hâtant de sortir des retranchements pour marcher avec la gendarmerie contre l'infanterie espagnole, il masqua le feu du canon, qui, au désespoir du grand maître, dut cesser de tirer. Alors les choses changèrent de face: les Espagnols avaient un certain nombre d'arquebusiers combattant en tirailleurs, dont les décharges meurtrières mirent du désordre dans la cavalerie française; les Suisses vinrent soutenir les gendarmes français et repoussèrent un peu les Espagnols; mais les lansquenets s'étant avancés rompirent les

---

(1) « Je suis fort estonné que noz histoires françoises n'ont plus parlé de
» M. le grand escuyer Galiot, qu'ils n'ont faict; c'a esté un tres bon et
» sage capitaine en son temps. Le roy Charles VIII le prit à Fornoue pour
» un de ses preux, et s'appelloit pour lors le sieur de Genouillac.
» Il fut grand maistre de l'Artillerie, pour entendre cet art aussi bien
» qu'homme de France: et si le roy François l'eust voulu croire, possible
» n'eust-il pas perdu la bataille de Pavie (ainsi le disoit-on lors); car il
» fesoit si bien joüer son Artillerie que l'ennemy s'en sentit fort endommagé; mais elle ne joüa pas à demy, que le roy, bouillant de courage et
» d'ardeur de combattre, alla couvrir son Artillerie de telle façon, qu'elle
» ne peut plus joüer, dont M. Galiot cuyda desesperer. Le roy cognent
» bien sa faute, et le dict puis après; dont pour recompenser ledict
» M. Galiot, le fit grand escuyer, et luy donna la place du grand escuyer
» Sansurin qui mourut en ceste bataille. » (Brantôme, OEuvres complètes, Paris, 1822, tome II, page 167.)

bataillons des Suisses qui, dans cette circonstance, ne firent pas une résistance digne de leur haute réputation. Leur désastre à l'affaire de la Bicoque, en altérant leur confiance, avait diminué leurs forces.

Le roi, cherchant à soutenir le courage des siens, combattit vaillamment au fort de la mêlée; il fut blessé à la jambe et eut son cheval tué sous lui. Il n'en continua pas moins à se défendre à pied presque seul et entouré d'ennemis; il tua, dit-on, sept hommes de sa main avant que d'être renversé de cheval, et deux après s'être relevé. Pomperant, qui avait suivi le duc de Bourbon dans sa fuite de France, parvint à percer la troupe qui s'acharnait contre la personne du roi, et, se jetant aux pieds de ce prince, le conjura de ne pas s'obstiner davantage à sa perte. Le roi demanda le vice-roi qui n'était pas loin; à son arrivée, François Ier, épuisé des efforts qu'il avait faits et du sang qu'il avait répandu, se rendit à lui.

L'habile et courageux défenseur de Pavie, Antoine de Lève, était, pendant ce temps, sorti de la place et avait assailli les Français par derrière; ils se mirent tous en fuite. D'une si grande armée, il n'y eut que l'arrière-garde de quatre cents lances, guidée par M. d'Alençon, qui se sauva abandonnant son bagage; elle se retira entière en Piémont en grande diligence.

La relation de cette bataille et le plan que nous en donnons montrent que Galiot de Genouillac sut disposer son Artillerie avec une grande habileté; n'ayant qu'une petite quantité de munitions, il ne chercha pas à lutter contre l'Artillerie ennemie, et mit son canon en réserve pour le faire servir à repousser une attaque sérieuse si l'ennemi la tentait. Nous voyons que, malgré la démoralisation de l'armée française fatiguée par la misère et par les travaux infructueux d'un long siége, l'habileté du grand maître serait parvenue à tirer François Ier du mauvais pas où il s'était engagé, si l'ardeur irréfléchie du roi ne fût pas venue paralyser l'effet du canon.

L'Artillerie espagnole, qui tirait avec tant d'efficacité pendant les jours précédents, ne fut employée qu'à masquer la véritable attaque en faisant du bruit sur deux points opposés ; elle ne prit donc pas véritablement une part active à la bataille et ne concourut pas au succès. Mais quinze cents arquebusiers bien exercés, qu'avaient les Espagnols, et qui combattirent en tirailleurs contre les gens d'armes, eurent une grande influence sur le résultat de la journée. Leurs balles, du poids de deux onces, perçaient les armures. C'est à la suite de cette bataille que l'arquebuse fut substituée à l'arbalète dans l'armée française ; c'est donc à cette époque que nous devons faire remonter la division des armes à feu en deux parties, dont une, composée des armes de main, fut retirée à l'Artillerie pour être employée à l'armement de l'infanterie.

Bataille de Cerisoles (1544) (1). — Les arquebusiers des deux partis combattirent en tirailleurs pendant quatre heures avant que le gros des troupes s'engageât. Montluc, qui commandait les enfants perdus du côté des Français, avait imaginé de placer des arquebusiers entre le premier et le second rang des piquiers. Mais quand cette infanterie aborda celle de l'ennemi, il se trouva qu'il avait eu la même idée ; de part et d'autre, les arquebusiers ne tirèrent que quand les deux troupes se furent approchées à la longueur des piques, et il se fit là une grande tuerie.

Henri II, François II, Charles IX, Henri III. — François Ier avait créé les institutions fondamentales de l'Artillerie et organisé les arsenaux des fonderies et des poudreries ; il avait réparti ces établissements dans diverses provinces, et établi des commissaires et officiers d'Artillerie sous

---

(1) *Commentaires de Montluc*. Paris, 1746, tome I, page 307.

le commandement d'un lieutenant du grand maître ; cette organisation subsista jusqu'à la fin du règne de Louis XIV, avec de légers changements dans le nombre et la circonscription des provinces (1).

En Espagne, Charles-Quint avait fait faire de nombreuses expériences pour perfectionner la fabrication de la poudre et la fonte des canons; on avait étudié avec persévérance les proportions à établir entre les calibres, les longueurs, les épaisseurs des pièces, et les quantités de poudre à employer pour leur chargement. On avait effectué dans ce pays de notables perfectionnements, et les pièces de Charles-Quint servirent longtemps de modèle.

Chez nous, un des hommes de guerre les plus renommés de son temps, d'Estrées(2), grand maître et capitaine général

---

(1) Déclaration du roi du 10 février 1536.

(2) « M. d'Estrées a esté l'un des plus dignes hommes de son estat, des-
» puis qui ait esté possible jamais, sans faire tort aux autres, et le plus
» asseuré dans ses tranchées et batterie ; car il y alloit la teste levée comme
» si ce fut esté dans les champs à la chasse; et la pluspart du temps y
» alloit à cheval, monté sur une grande hacquenée alezanne qui avoit plus
» de vingt ans, qui estoit aussi asseurée que le maistre; car, pour quel-
» ques canonnades ny harquebusades qui se tirassent dans la tranchée, ny
» l'un ny l'autre n'en baissoient jamais la teste; et si le monstroit par
» dessus la tranchée la moictié du corps, car il estoit grand et elle grande.
» C'estoit l'homme du monde qui cognoissoit le mieux les endroicts pour
» faire une batterie de place, et qui l'ordonnoit le mieux : aussi estoit-ce
» l'un des confidens que M. de Guise souhaittoit auprès de luy pour faire
» conquestes et prendre villes comme il fit à Calais.
» C'a esté luy qui le premier nous a donné ces belles fontes d'Artillerie
» que nous avons aujourdhuy, et mesmes de nos canons, qui ne craindront
» de tirer cent coups l'un après l'autre (par maniere de dire) sans rompre
» ny sans s'esclatter ny casser; comme il en donna la preuve d'un au roy
» quand le premier essay s'en fit. Mais on ne les veut gourmander tous de
» ceste façon, car on en mesnage la bonté le mieux qu'on peut.
» Advant ceste fonte, noz canons n'estoient de beaucoup si bons, mais
» cent fois plus fragilles, et subjets à estre souvent raffraîchis de vinaigre
» et autre chose, où il y avoit plus de peine, et qui plus desbauchoit la
» batterie. Celle qui fut faicte devant Yvoy ne donna tant de peine, comme
» j'ay ouy dire à M. de Guise, que ce fut la plus belle et la plus prompte

de l'Artillerie de France, fit faire, sous le règne de Henri II, de grands pas à cette arme. L'Artillerie était conduite aux armées par des chevaux fournis, à la réquisition du roi, par les feudataires de la couronne, principalement par les communes ou par les abbayes. Henri II décida que (1) les capitaines du charroi seraient chargés à des conditions stipulées dans les marchés passés avec la couronne, de fournir, au moment du besoin, des chevaux et des hommes pour traîner et conduire les voitures. Cet état de choses dura jusqu'à l'organisation du train d'Artillerie pendant les guerres de la Révolution. D'Estrées fit étudier, améliorer et déterminer les fontes et proportions des pièces, il grena la poudre et mit aux canons des grains de lumière en acier. Laissons parler un auteur du temps (2), il nous rendra

---

» batterie qu'il avoit veu ny ouy dire ; et on loûoit fort M. d'Estrées, qui
» avoit ordinairement son faict et son attirail si lestes quand il marchoit,
» que jamais rien ne manquoit : tant il estoit provident et bien expert en
» sa charge.
» Surtout il avoit de tres bons canonniers et bien justes, et luy-mesme
» les y dressoit et leur monstroit. Il avoit aussi de tres bons commissaires,
» dont entre autres ont esté Boyssompierre, qui estoit dans Sienne estant
» assiégée ; et la Foucaudie, petit homme, mais tout spirituel : l'un bon
» catholique s'il en fut onc, l'autre huguenot ; et pour ce M. l'admiral
» l'aimoit fort, et s'en ayda et s'en trouva bien en ses guerres. Tant d'autres bons il a eu que je ne nommeray point, et la plupart huguenots,
» qui avoient imité leur général mondit sieur d'Estrées, qui l'estoit fort : si
» ne se laissa il pourtant de bien servir son roy au siege de Rouen, aux
» premières guerres comme je vis.
» C'estoit un fort grand homme, et beau et vénérable vieillard, avec une
» grande barbe qui lui descendoit tres bas ; et sentoit bien son vieux aventurier de guerre du temps passé, dont il avoit faict profession, où il
» avoit appris d'estre un peu cruel. » (*Brantôme*, Œuvres complètes, tome II, page 171.)

Nous retrouvons ici l'origine et la cause de la supériorité que l'Artillerie protestante prit dans les batailles sur l'Artillerie de l'armée catholique.

(1) Édit de décembre 1552.
(2) Vigenère, *Art militaire d'Onosander*.

fidèlement compte du résultat de ces perfectionnements :

« Ce ne fut donc que du temps de Henri II que l'effet de
» l'arquebuserie et Artillerie commença à être en sa grande
» vogue, car on se mit à réformer le calibre des pièces dont
» le canon n'arrivait qu'à trois milliers et avait la chasse
» trop courte; et le double canon qui en pesait quelque
» huit milles était trop difficile à mener par pays et se ma-
» nier quand il était question de le mettre en œuvre. Si
» que de ces deux extrémités on se vint réduire à une
» moyenne disposition du canon renforcé pesant cinq mil-
» liers, avec son affût et rouage proportionné de même
» comme il se dira plus à plein ci-après. Et pour ce qu'à
» force de tirer plusieurs coups en peu de temps la pièce
» venait à se réchauffer, et la lumière (c'est le trou par où
» l'on donne le feu à la pièce) à se dilater et étendre, on
» s'avisa d'y mettre, en les fondant, une clavette d'acier,
» que la liqueur du salpêtre, qui est fort insérative et fon-
» dante, ne pouvait pas si bien ramollir et faire couler que
» le bronze.... La poudre grosse grenée vint par même
» moyen en usage.... Certes auparavant on eût fait grande
» difficulté de tirer vingt-cinq ou trente coups d'une pièce
» sans intermission et relâche, car on l'eût estimée
» être en danger de crever, outre que la lumière se fut
» étendue à y mettre le poing. Si que la plupart de l'im-
» pétuosité de la poudre venait à s'évaporer et perdre
» par là. »

On avait dû sentir depuis longtemps l'inconvénient de n'avoir aucune règle fixe pour les calibres des pièces; d'Estrées s'appliqua à y remédier et fit adopter six calibres différents qui furent appelés *les six calibres de France*. Nous n'avons pu retrouver aucun édit royal qui détermine d'une manière précise les dimensions de ces calibres qui furent peut-être fixés seulement par le grand maître. Les auteurs ne s'accordent pas complétement sur les poids des boulets.

Vigenère les fixe ainsi (1) : $33^{\text{liv.}}$, $15^{\text{liv.}} \frac{1}{4}$, $7^{\text{liv.}} \frac{1}{4}$, $3^{\text{liv.}} \frac{1}{2}$, $1^{\text{liv.}} \frac{1}{2}$ et $\frac{3}{4}$ de livre. On avait encore une arquebuse à croc lançant des balles de plomb de dix à la livre. Les pièces portaient les noms de canon, grande couleuvrine, couleuvrine bâtarde, couleuvrine moyenne, faucon et fauconneau (2). La pièce de $7^{\text{liv.}} \frac{1}{4}$ (couleuvrine bâtarde), correspondante à notre pièce de 8, pesait 2500 et était attelée de treize chevaux ; la pièce de $3^{\text{liv.}} \frac{1}{2}$ (couleuvrine moyenne), qui pesait 1500, était attelée de neuf chevaux.

Les guerres de religion ayant embrasé le royaume sous les successeurs de Henri II, ces princes n'eurent pas les moyens de faire les dépenses nécessaires, et les équipages d'Artillerie furent, pendant cette période de temps, peu considérables et peu réguliers. Nous verrons cependant les pièces de canon, quoique moins nombreuses que par le passé, acquérir une influence plus grande sur le sort des batailles.

En 1547, Strozzi (3), qui commandait les troupes françaises, s'étant imprudemment approché du camp ennemi, se décida à battre en retraite le lendemain, et fit partir son Artillerie pendant la nuit, se privant ainsi d'un puissant moyen d'assurer sa retraite. A peine l'armée française s'était-elle mise en mouvement, qu'elle fut harcelée par les chevau-légers et les arquebusiers du marquis de Marignan, qui ne tarda pas à se mettre lui-même à sa poursuite avec son Artillerie et le reste de son armée. Obligé de s'arrêter, Strozzi plaça son infanterie en bataille derrière un ravin ; mais, foudroyée par l'Artillerie ennemie, elle fut mise en déroute par la cavalerie, et toute l'Artillerie fut prise.

---

(1) *L'Art militaire d'Onosander*. Paris, 1605, page 695.

(2) L'adoption des six calibres est antérieure à 1561 ; car ils sont déjà relatés dans le *Livre de Canonnerie et Artifice de feu*, imprimé à Paris en cette année.

(3) Servan, tome II, page 343.

Quoique les affûts et attirails de l'Artillerie fussent peu mobiles, on était loin d'en tirer dans les batailles tous les services qu'elle aurait rendus, si les généraux s'étaient occupés de faire prendre aux pièces les positions successives qui pouvaient être favorables. Ce fait est bien prouvé par ce qui arriva à la bataille de Saint-Quentin.

Bataille de Saint-Quentin, 1557 (1). — Le duc de Savoie assiégeait Saint-Quentin à la tête d'une armée de soixante mille hommes. Le connétable de Montmorency, qui commandait l'armée française, s'étant approché de la place avec vingt mille hommes et vingt pièces de canon, parvint à y faire entrer des secours; cela fait, il commença sa retraite.

Cependant les ennemis s'étaient mis en mouvement, et le duc d'Egmont, en arrivant à l'endroit où les troupes françaises avaient campé, ne les y trouva plus; mais conjecturant que l'arrière-garde du connétable ne pouvait être éloignée, il proposa au duc de Savoie de la suivre, de l'attaquer pour l'arrêter dans sa marche, et donner le temps au reste de l'armée d'arriver. Après avoir obtenu cette permission, il part, atteint bientôt les Français, déborde les deux flancs, et fait attaquer la queue de la colonne. Le connétable, convaincu qu'il n'y avait plus moyen d'éviter la bataille, fit ses préparatifs pour la recevoir.

La cavalerie française, presque toute composée de noblesse, soutint le choc avec courage, et continua à se battre jusqu'à ce que, accablée par le nombre, elle fut renversée et mise en déroute. L'infanterie, formée en bataillon carré, repoussa, sans s'ébranler, toutes les attaques de la cavalerie ennemie, qui prit alors le parti d'attendre l'armée du duc de Savoie et de sa nombreuse Artillerie. Aussitôt que l'Artillerie fut placée et put commencer à tirer, elle fit de larges

---

(1) Servan, tome II, page 506.

trouées dans cette masse immobile, et donna entrée à la cavalerie qui eut bientôt foulé aux pieds, sabré et dissipé cette troupe désunie.

Voilà le plus habile emploi que nous ayons vu faire, jusqu'à présent, de l'Artillerie qui, ici, fut la cause principale du succès.

Que faisaient, pendant ce temps-là, les vingt pièces de canon de l'armée française ? Il n'en est nullement question dans le récit de la bataille. Si le duc de Savoie n'avait pas eu une Artillerie assez mobile pour arriver promptement sur le champ de bataille, il n'aurait peut-être pas remporté une victoire si décisive. Si l'armée française avait eu une Artillerie plus mobile ou mieux servie, elle aurait pu protéger la retraite de l'infanterie avant l'arrivée de l'Artillerie ennemie. L'infanterie réunie en une seule masse peut bien repousser les efforts de la cavalerie ennemie, mais non se mouvoir en sa présence.

C'est à l'époque où nous sommes arrivés que l'on voit paraître en France une nouvelle espèce de cavalerie formée en Allemagne. Les soldats qui ne sont plus nobles ont une armure moins pesante et moins compliquée. Moins forts individuellement, ils ne gardent plus, de l'un à l'autre, aucun intervalle, mais se serrent et se rangent sur une grande profondeur. Cette cavalerie, connue sous le nom de *reîtres*, est mercenaire comme les lansquenets. Les reîtres comptent plus sur le feu de leurs pistolets que sur tout le reste de leur armement. Les reîtres marchaient serrés sur trente hommes de front et quinze ou seize de profondeur. Quoique leurs mouvements fussent encore lents, c'est néanmoins à leur formation, qui est un notable progrès, que commencent les manœuvres de la cavalerie.

Avant les reîtres on avait un peu de cavalerie légère dont la pesanteur des gendarmes avait fait sentir le besoin; mais cette cavalerie, qui ne compensait pas, comme les reîtres, par l'ensemble de sa formation, la faiblesse de son armement, ne pouvait pas entrer en lutte avec la gendarmerie.

Une chose à remarquer, c'est que l'Artillerie existe déjà depuis plus de deux siècles lorsque la cavalerie commence à se former dans un ordre profond.

Nous allons voir les reîtres combattre pour les protestants à la bataille de Dreux.

Bataille de Dreux (1562) (1).—Les catholiques avaient seize mille hommes d'infanterie et deux mille chevaux; les réformés, huit ou neuf mille hommes d'infanterie et quatre à cinq mille chevaux. On voit que l'armée catholique était inférieure en cavalerie. Le maréchal de Saint-André imagina de répartir toute l'infanterie en cinq gros bataillons à égale distance les uns des autres, et remplit les intervalles entre chacun de ces corps par un escadron de cavalerie.

L'armée ainsi disposée formait un croissant dont les deux pointes étaient appuyées sur les deux villages de Blainville et de Lespiné. L'Artillerie, composée de vingt-deux pièces, était répartie en deux batteries : l'une, composée des quatorze pièces de l'avant-garde, était placée en avant de l'aile droite; l'autre, formée des huit pièces du corps de bataille, était en avant du centre.

Le prince de Condé et l'amiral de Coligny songeaient à éviter le combat en gagnant Châteauneuf par le village de Tréon; mais ce chemin ne les mettait pas entièrement hors de portée du canon des catholiques. Les argoulets, sur qui tomba la première décharge, s'enfuirent à toute bride, et les reîtres, que cette fuite découvrait, se jetèrent dans un vallon.

Ne pouvant plus se dispenser d'en venir aux mains, le

---

(1) Servan, tome II, page 522.

prince et l'amiral se rangèrent en bataille et décidèrent qu'on attaquerait l'aile gauche des catholiques, beaucoup plus rapprochée d'eux, qui était commandée par le connétable de Montmorency ; en conséquence, le prince ordonna à Davaret et à Moni de se précipiter, à la tête de leur compagnie de gendarmerie, au travers d'un bataillon suisse qui formait la gauche du connétable ; il les fit suivre par un corps de cinq cents reîtres. Ce bataillon, percé d'outre en outre par son front, fut pris en même temps en flanc par le prince, qui y pénétra sans résistance. Danville, qui accourut au secours des Suisses avec un corps de gendarmerie et de cavalerie légère, ayant été renversé par les reîtres, se replia vers l'aile droite des catholiques, qui gardait encore son premier poste.

Coligny était venu fondre sur les escadrons qui formaient la droite du connétable, et les premiers coups des reîtres y avaient porté le désordre. Le connétable avait été blessé et pris, un grand nombre d'officiers de distinction avaient été tués, et bientôt après, les deux corps qui d'abord avaient été appuyés au village de Blainville avaient pris la fuite. De toute la division du connétable, il ne restait plus que le bataillon des Suisses qui s'était rallié et avait fait reculer le bataillon de lansquenets que le comte de Larochefoucauld avait amené pour achever de le détruire. Vainqueurs des Allemands, les Suisses se rapprochaient du canon confié à leur garde, lorsque le prince de Condé les fit charger par trois escadrons de cavalerie française et allemande. Ils soutinrent cette nouvelle attaque avec une intrépidité qui mit le comble à leur gloire ; ils allaient périr jusqu'au dernier si le maréchal de Saint-André, qui commandait le corps de bataille de l'armée catholique, n'était arrivé sur le lieu du combat.

Après avoir fait attaquer d'abord deux corps d'infanterie, qui prirent honteusement la fuite, le maréchal marcha contre un corps de reîtres, qui, manquant de poudre et fatigué des attaques livrées aux Suisses, se retira dans un bois où l'infanterie, qui avait pris la fuite, s'était mise à couvert. Le maréchal trouva plus de résistance dans les compagnies de gendarmerie française; son cheval s'étant abattu, il fut pris et tué. Après sa mort, le duc d'Aumale soutenait encore la fortune du combat, lorsqu'il fut renversé de cheval et eut l'épaule déboîtée. La déroute de l'armée royale eût été complète si le duc de Guise eût tardé à se montrer.

Depuis le commencement de la bataille, le duc de Guise, se trouvant en dehors du champ de bataille, ne s'était pas hâté de venir prendre part à l'action ; ayant enfin reconnu que l'infanterie du prince était détruite, et que les reîtres étaient occupés à piller les bagages; que la gendarmerie, ayant brisé ses lances, ne se battait plus qu'avec l'épée, il tend la main vers sa troupe et lui crie : « Marchons, amis, ils sont à nous. » L'amiral, apercevant ce mouvement, se hâta de se retirer vers le bois qui se trouvait alors garni d'infanterie française et allemande, ainsi que des reîtres qui avaient pris la fuite. Le prince de Condé trouva trop humiliant de céder le champ de bataille, mais ses troupes furent bientôt enfoncées de toutes parts. Il battait en retraite, lorsque son cheval, ayant eu la jambe cassée, tomba; le prince fut fait prisonnier par Danville.

Le duc de Guise voulut alors marcher contre l'amiral; celui-ci était déjà sorti du bois avec trois cents hommes d'armes et douze cents reîtres. Le duc, n'ayant à lui opposer que quatre cents lances, en laissa le commandement au vieux Labrosse, et courut faire avancer les Espagnols et les Suisses pour soutenir cette gendarmerie. La troupe commandée par Labrosse fut enfoncée ; Labrosse et son fils furent tués. Le bruit se répandit que le duc de Guise avait subi le même sort, et l'amiral comptait profiter de ces événements lorsqu'il fut détrompé à la rencontre des bandes d'infanterie qui l'attendaient de pied ferme. Il prit alors le parti de se retirer et passa la nuit à une lieue du champ de bataille, au village de Neufville.

On voit dans cette bataille les éléments des armées, distincts les uns des autres, permettre aux généraux d'étendre leurs combinaisons. Du côté des catholiques, l'infanterie est divisée en corps de deux à trois mille hommes, laissant entre eux de grands intervalles; cet ordre dut lui donner plus de mobilité. Leur armée, rangée en bataille avec l'Artillerie partagée en deux batteries, eût été très-bien placée pour la défensive. Le connétable, en se portant avec l'aile gauche en avant des pièces, se trouva privé d'un moyen de succès devenu plus puissant que par le passé; car l'Artillerie aurait eu une action bien plus efficace contre les reîtres rangés en ordre profond, qu'elle ne pouvait en avoir habituellement contre les gendarmes.

L'action d'une réserve donna la victoire aux catholiques; cette combinaison fut depuis généralement adoptée et regardée comme indispensable. On conçoit, en effet, qu'à cette époque surtout, où il fallait beaucoup de temps aux troupes pour prendre leur ordre de bataille, où elles avaient tant de difficultés à conserver cet ordre en marchant, où celles même qui venaient de combattre avec le plus de succès devaient être dans un désordre difficile et long à réparer, l'apparition d'une réserve fraîche, quand toutes les autres troupes étaient déjà fatiguées du combat, devait produire un grand effet.

Du côté des protestants, la bataille est dirigée par le prince de Condé et l'amiral de Coligny avec un talent digne de leur grande réputation. Ces généraux savent engager leurs forces successivement et les diriger de manière à prendre de plusieurs côtés les troupes qu'ils attaquent. La perte de la bataille fut due à la supériorité de l'infanterie suisse sur celle des protestants, et aussi à la supériorité du nombre des catholiques. Quant à l'Artillerie, elle est encore peu utile quand l'affaire est engagée, et personne ne semble plus s'en occuper quand les troupes en sont venues aux mains. Ce n'est pas ici une bataille préparée à l'avance, comme cela a lieu quand les deux armées sont restées quelque temps en présence. Les catholiques, qui sont à la poursuite de l'armée protestante et qui craignent qu'elle ne leur échappe, l'attaquent aussitôt qu'ils l'aperçoivent. Les généraux protestants, reconnaissant l'impossibilité d'éviter le combat, se décident à prendre vivement l'offensive contre les troupes engagées avant l'arrivée des autres.

Ces circonstances, où les vrais hommes de guerre font le plus briller leur coup d'œil, leur sang-froid et leur décision, étaient alors très-défavorables à l'action de l'Artillerie; elle était loin d'avoir encore la mobilité qui eût été nécessaire pour entrer rapidement dans des combinaisons improvisées.

Henri IV. — L'art militaire fit, en France, de notables progrès pendant les guerres que Henri IV soutint contre la Ligue. Ce prince n'était pas seulement très-brave de sa personne, la France n'avait peut-être pas eu avant lui de général aussi remarquable. Le récit de quelques-unes des batailles qu'il livra nous fera voir que personne encore n'avait su tirer un aussi grand parti de l'Artillerie. N'ayant ordinairement dans son armée qu'un petit nombre de pièces, il en fit toujours un élément important et quelquefois la cause principale du succès. C'est du temps de Henri IV que la cavalerie fut formée sur six ou huit rangs.

Bataille de Coutras (20 octobre 1587) (1). — La première bataille que livra Henri, alors roi de Navarre, fut la bataille de Coutras. La grande infériorité de ses forces lui

---

(1) Servan, tome II, page 545.

faisait désirer d'éviter la rencontre de l'armée de Henri III commandée par le duc de Joyeuse, et il fallait pour cela passer la rivière de la Dronne. Il avait jugé le poste de Coutras très-important pour assurer son passage, et l'avait fait occuper par la Trémoille, qui y avait repoussé l'attaque d'un corps de catholiques.

Avec l'avantage de ce poste, Henri crut pouvoir tenter le passage de la rivière, et il y fit travailler toute la nuit. L'Artillerie et une partie des bagages étaient déjà de l'autre côté, lorsqu'on vint lui apprendre que Joyeuse avait quitté son camp dans la nuit et serait en présence au plus tard à huit heures du matin. Le roi de Navarre se décida alors à faire revenir ce qui avait passé la rivière, et à former son ordre de bataille. Il sentit combien il serait difficile de faire repasser son Artillerie assez à temps; cependant il désigna l'éminence où on la placerait. On découvrait déjà la tête de colonne ennemie qui s'avançait après avoir replié un petit corps de cavalerie placé en observation. Heureusement Joyeuse établit d'abord son Artillerie dans un endroit trop bas, et fut obligé de la changer de position, ce qui donna le temps de placer celle de Henri.

Les deux armées restèrent quelque temps en présence. Un peu avant neuf heures, la canonnade commença. L'Artillerie protestante, fort bien placée, faisait un ravage étonnant dans la cavalerie ennemie et dans le corps de Picardie dont elle emportait des rangs entiers. Fatiguée de ce feu, l'armée de Joyeuse s'ébranla et marcha à l'attaque. La cavalerie légère de Henri fut la seule qui ne sut pas résister au choc de l'ennemi, tout le reste tint bon. La brillante gendarmerie de Joyeuse, qui prit carrière de trop loin, arriva dans un désordre qui fut augmenté par les arquebusiers que le roi avait placés entre les escadrons. Ceux-ci, chargeant à leur tour, mirent l'ennemi en déroute; en moins d'une heure la victoire fut complète.

L'historien auquel nous empruntons cette relation ajoute :
« Le roi sut placer son Artillerie si avantageusement, qu'elle
» contribua beaucoup à ses succès par les dégâts qu'elle fit
» dans l'aile gauche. »

Remarquons que c'est avec trois pièces de canon seulement que Henri IV sut produire de tels effets dans sa première bataille. Les soins qu'il prend pour éclairer son armée, la position de Coutras qu'il occupe pour protéger son passage, en laissant une petite arrière-garde plus près de l'ennemi pour l'arrêter quelques moments et être prévenu en cas d'attaque, la décision avec laquelle il prend de suite le parti de faire revenir toutes ses troupes pour recevoir la bataille avec une infériorité très-marquée et une rivière à dos, tout cela n'était pas ordinaire et annonçait déjà un homme de guerre éminent.

Ce fut Sully (1), alors connu sous le nom de Rosny, qui fit repasser la rivière aux trois pièces et les dirigea pendant la bataille. Il paraît que les commandements de l'Artillerie étaient fort recherchés dans l'armée protestante, car Sully se plaint amèrement dans ses Mémoires de n'avoir pu obtenir, peu de temps après la bataille de Coutras, le commandement de quelques pièces de canon. Aux batailles d'Arques et d'Ivry, l'Artillerie de l'armée du roi fut dirigée par le maréchal de Biron, un des plus grands hommes de guerre de son temps, qui fut quelque temps grand maître de l'Artillerie, et qui, en quittant cette charge, conserva comme maréchal le droit de la diriger dans les batailles.

Bataille d'Arques (15 septembre 1589) (2). — Le roi, informé que Mayenne venait à lui à la tête d'une armée de plus de trente mille hommes, tandis qu'il n'en avait que

---

(1) *Mémoires de Sully.*
(2) Servan, tome II, page 555. — Daniel, *Histoire de France*, tome VII, page 24.

huit mille à lui opposer, jugea qu'il serait aussi dangereux de s'enfermer dans Dieppe que d'aller au-devant des ligueurs pour les combattre en rase campagne; il ne voulut pas cependant abandonner Dieppe, et, se portant à une lieue et demie de cette ville, résolut de fortifier une position avantageuse qu'il avait reconnue à côté des villages d'Arques et de Martin-Église.

Le 15 septembre 1589, le duc de Mayenne se mit en mouvement pour venir attaquer Dieppe; et en passant près de Martin-Église, il y laissa de l'infanterie et de la cavalerie.

Il était très-intéressant pour le roi de conserver Dieppe, et cette ville était très-faible du côté du Potet. Si Mayenne eût emporté ce faubourg, la ville aurait été prise et le roi restait sans ressource. C'est ce qu'il vit et ce à quoi il pourvut d'une manière très-habile. Il ne se contenta pas de faire palissader et barricader le faubourg, il fortifia un moulin qui était en avant, et renferma dans les retranchements qu'il fit faire quelques chemins creux qui en étaient proches : par là il s'assura tous les moyens de tenir l'ennemi éloigné de la place et d'y apporter tous les secours qui seraient nécessaires, parce que la communication de son armée avec Dieppe était couverte par la rivière de Béthune. Toutes ces précautions, très-savantes, permirent à M. de Châtillon de s'avancer au-devant du duc de Mayenne, en restant sous la protection de l'Artillerie des ouvrages avancés. Cette manœuvre déconcerta le duc et l'empêcha de penser plus longtemps à emporter d'emblée le faubourg, comme il se l'était proposé et comme il l'aurait pu avec une armée aussi forte que la sienne, sans la protection que donnait aux troupes de Châtillon le canon placé dans les retranchements du moulin.

Pendant que Mayenne s'avançait sur Dieppe, Henri IV avait fait attaquer les troupes laissées à Martin-Église, et Biron les avait battues. Mayenne se décida alors à y revenir et à combattre les troupes protestantes qui se trouvaient à Arques.

La position de Henri IV avait sa droite couverte par la forêt d'Arques, et sa gauche s'appuyait à la rive droite de la rivière de Béthune. L'espace déjà peu étendu de la rivière à la forêt était encore rétréci, du côté des catholiques, par la rivière d'Eaune qui, décrivant une courbe dont la concavité était tournée vers l'armée du roi, allait se jeter dans la rivière de Béthune. L'armée catholique venant de Martin-Église devait traverser la rivière d'Eaune et appuyer sa droite à la rive gauche de cette rivière. Vers le point où la distance entre la forêt et la rivière offrait le moins d'étendue, se trouvait une maladrerie que le roi fit occuper. Il fit aussi construire un retranchement depuis la maladrerie jusqu'à la colline; ce retranchement, tracé en ligne droite, n'était flanqué que par la chapelle de la maladrerie. Le fossé n'avait que 10 pieds de largeur et 8 de profondeur. On éleva au milieu de cette courtine, des plates-formes pour quatre pièces de canon. Le régiment de Brigneux et les lansquenets furent chargés de la défense de ce premier retranchement et de la chapelle. Le chemin qui allait d'Arques à la maladrerie était bordé de haies qui protégeaient ce retranchement, en rendant difficile aux troupes des ligueurs de le tourner. En arrière du premier retranchement dont nous venons de parler, et à hauteur du village d'Arques, le roi avait fait construire un second retranchement composé d'une courtine et de deux bastions, allant aussi des haies jusqu'à la colline; ce retranchement avait huit pièces de canon. D'autres pièces, placées sur le château d'Arques, défendaient la gauche de la position dont elles battaient toutes les avenues. Les Suisses avaient à défendre les haies et le second retranchement.

Le mercredi 20, le roi apprit par un prisonnier que le duc de Mayenne devait attaquer le lendemain; il donna ses ordres en conséquence. Il fit prendre poste à son infanterie dans les retranchements et le long des haies du grand chemin ; la moitié de sa cavalerie, qu'il devait commander, fut placée entre le bois et les haies, et le reste formé en pelotons, du chemin à la rivière qui était marécageuse.

Le matin, le maréchal de Biron fit prendre les armes à toutes les troupes. Avant le jour il s'était élevé un brouillard si épais, qu'on pouvait à peine distinguer les objets de près. Cet événement, contraire aux royalistes, était très-favorable au duc de Mayenne qui, à la faveur du brouillard, avait fait avancer son armée sans bruit jusqu'auprès des retranchements. Toute son infanterie occupait la gauche, longeait la forêt d'Arques pour attaquer la maladrerie et le retranchement, tandis que la cavalerie, occupant la droite, marchait le long du ruisseau d'Eaune pour attaquer entre le ruisseau et la maladrerie, et gagner le flanc gauche de la position du roi. Toutes les troupes catholiques se trouvaient dans un ordre très-profond, à cause du terrain qui était très-étroit.

Les troupes du roi commencèrent l'attaque. Quarante maîtres, se portant vigoureusement contre les Albanais qui tenaient la tête de la colonne ennemie, les dispersèrent. Le jeune comte d'Auvergne, qui suivait les quarante maîtres, chargea l'escadron qui venait après les Albanais, et le renversa sur le suivant qui fut entraîné par les fuyards. Il allait continuer, lorsqu'il fut arrêté par le duc de Nemours qui s'avança à la tête de son escadron avec un grand nombre de noblesse ; obligé de battre en retraite, le comte d'Auvergne allait être taillé en pièces, lorsque trois pelotons de cavalerie furent envoyés à son secours : l'un d'eux, prenant en flanc la troupe du duc de Nemours, la culbuta sur celle du duc d'Aumale et mit l'une et l'autre en désordre. Le duc de Mayenne accourut pour les dégager, et les royalistes se retirèrent le long des haies, où ils se rallièrent sous le feu de l'infanterie qui occupait ce poste.

Pendant que la cavalerie du roi maltraitait tant celle de la Ligue, l'infanterie n'était pas si heureuse. Attaquée dans ses retranchements entre la maladrerie et la forêt, elle s'y défendait courageusement, lorsque les lansquenets de la Ligue, feignant de ne pas vouloir combattre contre leurs compatriotes, crièrent *vive le roi!* en baissant leurs drapeaux et leurs piques. Les lansquenets de l'armée du roi, trompés par ces démonstrations, les reçoivent en leur aidant à monter; mais à peine ces traîtres sont-ils dans les retranchements, qu'ils attaquent ceux qui venaient de les recevoir, en tuent et en prennent un assez grand nombre, s'emparent de leurs drapeaux et les chassent de leur poste.

Le maréchal de Biron accourt, fait retirer l'Artillerie, porte soixante chevaux le long de la forêt pour empêcher les lansquenets de pénétrer dans le camp et d'attaquer à revers les troupes qui défendent la chaussée. Il fait en même temps recommander aux troupes de cavalerie d'empêcher les ennemis de porter secours à leurs lansquenets, et par des attaques réitérées il les arrête. La cavalerie de la Ligue, étant revenue à la charge, avait repoussé celle du roi, mais elle fut arrêtée par le feu de l'infanterie suisse qui bordait la haie.

Le roi ranime alors le courage de sa cavalerie, la conduit de nouveau à l'attaque. Bientôt il est entouré d'ennemis; heureusement on parvient à le dégager et il repousse la cavalerie de la Ligue; alors il prend un régiment suisse et marche à la maladrerie dont l'ennemi vient de s'emparer; Châtillon l'attaque d'un autre côté; ils la reprennent. Henri fait couler de l'infanterie dans le retranchement, en chasse les lansquenets et fait ramener l'Artillerie qui tire immédiatement.

Il était alors près de midi; le brouillard était tombé et laissait voir le champ de bataille. Mayenne fait de nouvelles dispositions d'attaque; mais le canon du château, qui avait été inutile jusqu'alors à cause du brouillard, commence à tirer conjointement avec celui du retranchement, et c'est avec un tel succès, que l'armée de la Ligue, prise en flanc et en tête, est obligée de se replier en désordre du côté du vallon; le duc de Mayenne juge convenable de songer à la retraite.

Nous voyons dans cette bataille se développer l'art de tirer parti des avantages du terrain, et commencer la méthode de guerre appelée *guerre de position*, qui consiste surtout à choisir et à fortifier des positions que l'ennemi ait un très-grand désavantage à attaquer, et qui puissent paralyser ses opérations. L'Artillerie, alors très-peu mobile, donnait un grand avantage à la défense, et concourut beaucoup au développement de ce genre de guerre.

Nous devons remarquer le parti que Henri IV tire de son Artillerie pour la défense de Dieppe. Les pièces, placées dans un ouvrage avancé, flanquent la partie faible de la ville, et rendent très-fort un poste qui, sans elles, ne serait pas tenable.

A Arques, quelle admirable position Henri IV sait choisir! combien l'espace rétréci par lequel l'ennemi est obligé de l'aborder donne d'avantages à sa petite armée! avec quel art il sait engager ses troupes et battre celles des ligueurs, en les prenant à la fois de front et de flanc! Nous le voyons diviser son armée en troupes plus faibles, qui ne s'engagent que successivement, et qui, sachant mieux se mouvoir, lui donnent un grand avantage sur son adversaire. Ce que nous devons surtout admirer, c'est l'art avec lequel il dispose son Artillerie.

Quatre pièces sont placées derrière un retranchement de manière à prendre de front les colonnes que l'ennemi devra faire avancer pour l'attaque; les boulets parcourent ces colonnes dans toute leur profondeur. Comme cette position n'est pas très-sûre et que l'ennemi peut s'en emparer, une partie de l'Artillerie est placée dans un endroit inattaquable sur le château d'Arques, situé au delà de la rivière de Béthune. Ces pièces prendront les colonnes de flanc ou d'écharpe en croisant leur feu avec celui des premières ; ainsi placées, elles protégent tous les points de la position, et rendent moins dangereuse la perte de la bataille en gênant la poursuite de l'ennemi qui doit défiler à leur portée.

On commence, dans l'armée protestante, à savoir faire mouvoir l'Artillerie sur le champ de bataille. Biron fait retirer les quatre pièces du retranchement avant que les lansquenets qui y ont pénétré aient pu s'étendre jusqu'à elles, et aussitôt que les lansquenets sont chassés des retranchements, elles y reviennent et contribuent puissamment à la victoire.

Bataille d'Ivry (1). — Le 14 mars 1590, le roi marcha à l'ennemi. Arrivé à portée de l'armée des ligueurs, il vit que Mayenne ne s'ébranlait point, dans la crainte de perdre sa position, et il profita de cette inaction pour faire exécuter à son armée un mouvement qui lui mit le vent et le soleil au dos.

Vers onze heures, voyant que Mayenne persistait à ne faire aucun mouvement, le roi ordonna au grand maître de l'Artillerie de la faire tirer ; ce qui fut exécuté avec beaucoup de promptitude et de justesse. L'Artillerie causa un tel désordre dans l'armée ennemie, que M. de Rosne, qui commandait l'aile droite, ne pouvant plus tenir dans sa position, se décida à charger. Le maréchal d'Aumont, qui était à la gauche de l'armée du roi, voyant M. de Rosne approcher, laissa deux escadrons pour garder l'Artillerie, marcha à lui, le rompit, le poursuivit jusqu'au bois de Mère, où il s'arrêta pour rallier sa troupe, et revint prendre son poste.

Pendant ce temps, l'Artillerie avait été attaquée, d'abord faiblement par les reîtres, plus vigoureusement ensuite par

---

(1) Servan, tome II, page 565.

les lances wallonnes, qui s'en seraient emparées si elles avaient été mieux secondées par les reîtres. Les ducs de Biron et de Montpensier parvinrent à les repousser.

Le duc de Mayenne, à la tête de son aile gauche, était venu fondre sur l'aile droite commandée par le roi en personne. Les troupes du roi se servirent si à propos et avec tant de vigueur de leurs pistolets et de leurs estocs, qu'elles soutinrent le choc sans s'ébranler, malgré l'infériorité du nombre. Le duc de Biron vint à propos attaquer en flanc et par derrière l'aile gauche des ligueurs ; elle fut tellement dissipée et mise en désordre, que les chefs, après la fuite, ne purent pas en rassembler trente cavaliers.

La cavalerie des ligueurs étant en déroute, leur infanterie se trouvait entièrement à jour, parce que, dans l'ordre de taille, les escadrons avaient été entremêlés avec les bataillons. Ceux-ci, se voyant sur le point d'être attaqués en flanc et en tête par la cavalerie victorieuse, s'abandonnèrent à la fuite la plus honteuse. Un corps de Suisses se retirait seul en bon ordre ; le maréchal de Biron faisait amener de l'Artillerie pour l'entamer et le tailler en pièces, Henri préféra leur offrir bon quartier ; ils l'acceptèrent et passèrent à son service. La victoire fut complète ; le canon, les bagages, les drapeaux, tout tomba au pouvoir des vainqueurs. Les trois quarts de l'armée des ligueurs furent tués ou faits prisonniers.

Ici comme à Coutras, nous voyons Henri IV réunir toute son Artillerie dans une bonne position, et, concentrant tout son feu sur un point, obliger l'ennemi à prendre l'offensive et à s'avancer en désordre sous le feu de cette Artillerie, qui ne cesse de tirer que pour permettre à la cavalerie de remporter une victoire devenue facile. Nous voyons aussi un mouvement d'Artillerie pendant la bataille ; nous devons le remarquer, car ces mouvements ont été rares jusqu'à présent. Celui que nous avons vu à Arques était peu considérable, et n'avait pour but que de soustraire les pièces à l'ennemi. Celui d'Ivry est plus important ; il est fait dans une circonstance où l'Artillerie seule peut produire un plus grand effet que les deux autres armes ensemble ; car pour attaquer ce gros corps de Suisses, on aurait été obligé de sacrifier beaucoup de monde, et peut-être sans réussir. En faisant amener du canon, Biron était sûr de les obliger à se rendre, ou du moins de leur faire essuyer de grandes pertes, sans en essuyer lui-même aucune.

Sully dit dans ses Mémoires que l'Artillerie du roi était beaucoup mieux servie que celle des ligueurs, et que, dans cette bataille, elle tirait quatre coups contre un (1). On peut dire que ce fut la cause de la perte de la bataille pour les ligueurs, puisque ce fut cette infériorité de leur Artillerie qui les força à quitter leur position.

Nous avons vu dans l'action ces lansquenets combattant à rangs serrés, qui attendent la cavalerie ennemie de pied ferme, le pistolet au poing, font feu sur elle de très-près, et se servent ensuite de leurs estocs.

Henri IV a eu le soin de se ménager une réserve qui joue un grand rôle dans la bataille. Biron, qui la commande, semble être partout : à l'aile gauche, il défend l'Artillerie ; à la droite, il attaque les ennemis en flanc et par derrière, et décide la victoire ; la bataille finie, c'est encore lui qui poursuit et arrête ceux des ennemis qui se retirent en bon ordre.

Les trois batailles livrées par Henri IV contre un ennemi très-supérieur en nombre, et dans lesquelles il sait

---

(1) Il est probable que l'Artillerie protestante faisait usage de gargousses en papier ou en toile. Davelourt (*Arsenal et Magasin de l'Artillerie*, page 98) nous apprend qu'on faisait dès lors usage de ce moyen pour accélérer le tir ; on le connaissait depuis longtemps, mais on s'en servait rarement, par crainte du feu que l'enveloppe pouvait laisser dans la pièce. Peut-être même employa-t-on aussi la cartouche à boulet qui était connue antérieurement, puisqu'il en est déjà fait mention sous le nom de *guarens*, dans le livre de *Canonnerie et Artifice de feu*, imprimé à Paris en 1561.

faire un si bon usage de son Artillerie, sont toutes défensives. Nous ne le voyons jamais commencer ; il attend l'attaque des troupes ennemies. Son Artillerie seule commence le combat, et il sait si bien la disposer en masse dans une position avantageuse, qu'elle force l'ennemi à venir l'attaquer pour se dérober à son feu. C'est qu'en effet tant que l'Artillerie ne fit que peu ou point de mouvement sur le champ de bataille, porter les troupes en avant pour attaquer l'ennemi, c'était paralyser le feu des pièces qui devenaient alors inutiles pendant toute l'action, comme cela eut lieu pour l'Artillerie de Joyeuse à Coutras, et pour celle de Mayenne à Arques et à Ivry. On conçoit quel avantage se donnait ainsi Henri IV : ses troupes n'avaient point à souffrir du feu de l'Artillerie ennemie pendant que la sienne faisait un feu très-meurtrier contre des troupes qui marchaient en ordre profond ; aussi ces troupes, qui n'auraient dû, pour éviter le désordre, s'avancer que lentement, étaient-elles bientôt dispersées. La manière de combattre du roi était aussi très-bien adaptée à la nature de sa cavalerie, qui tirait sa force de son ordre, de son feu, et non, comme celle d'aujourd'hui, du choc et de la rapidité.

Nous ne terminerons pas ce que nous avons à dire des guerres de la Ligue sans parler d'un adversaire digne de Henri IV, qui vint deux fois mettre obstacle à ses succès ; nous avons nommé le fameux duc de Parme. Ce général faisait habituellement marcher son armée dans l'ordre du combat, l'infanterie au centre, la cavalerie aux deux ailes.

Il n'y eut entre les deux généraux aucune grande bataille ; mais, après une affaire dans laquelle son avant-garde avait été battue, le duc de Parme se trouva dans une position fort critique. Enfermé dans un camp près de Caudebec, ayant la Seine à dos, il fit construire de bons retranchements sur les deux rives, y plaça toute son Artillerie, et fit défiler sa cavalerie sur un pont de bateaux dont il avait su dérober les préparatifs à ses adversaires (1). Son infanterie allait commencer à passer, lorsque Henri, averti trop tard, arriva avec sa cavalerie qui, contenue par le canon, ne put empêcher le fils du duc de Parme de faire effectuer le passage sans laisser un seul homme en arrière.

Le duc de Parme, en exécutant cette belle opération sur une rivière aussi large qu'est la Seine en cet endroit, fait jouer à son Artillerie un rôle nouveau et augmente son importance, puisque dans cette circonstance décisive, c'est elle qui assure le salut de l'armée.

Nous avons déjà dit que, pendant les guerres de religion, les prédécesseurs de Henri IV n'avaient pas eu l'argent nécessaire pour renouveler le matériel d'Artillerie à mesure qu'il se trouvait détruit. Henri IV s'en occupa avec la plus vive sollicitude, aussitôt que la guerre civile fut terminée; il nomma grand maître un des hommes les plus éminents que la France ait vus naître, le duc de Sully, son ami, et érigea cette charge en charge de la couronne.

Malgré ses nombreux emplois, Sully ne négligea rien pour se bien acquitter de ses fonctions de grand maître. Il prit son logement à l'Arsenal, qui était alors le plus grand établissement d'Artillerie de France, pour pouvoir le surveiller sans cesse. Ses Mémoires nous disent tout l'intérêt que le roi prenait aux travaux qu'il venait souvent visiter.

Sully avait, à son entrée en charge, trouvé l'Artillerie dans l'état le plus déplorable. Le 1er janvier 1610, n'occupant l'emploi de grand maître que depuis onze ans, il présenta au roi l'état de quatre cents pièces de canon, avec leurs armements, leurs affûts de rechange, deux cent mille boulets, quatre millions de livres de poudre, un attirail considérable de caissons et de voitures, une grande quantité d'outils, etc.

On fabriquait encore des pièces de 45, appelées *doubles*

---

(1) D'après Sismondi, *Histoire des Français*, tome II, page 159, les Espagnols auraient effectué leur passage en bateau sans construire de pont.

canons, quoiqu'elles ne fussent pas comprises dans les six calibres réglementaires. Henri IV avait cinquante de ces pièces toutes pareilles. Sully dit qu'on n'a jamais vu, et qu'on ne verra jamais un parc semblable (1); il paraît que les dimensions de ces six calibres n'étaient pas exactement les mêmes dans diverses provinces. Deux auteurs de cette époque, Davelourt et Boillot (2), tous deux employés dans des établissements d'Artillerie, le premier à Paris, le second à Langres, donnent pour les boulets des poids qui paraissent différer trop sensiblement pour que les mesures fussent bien exactement les mêmes. Pendant que Davelourt donne pour les boulets les poids de $33^{\text{liv.}}$, $16^{\text{liv.}} \frac{1}{2}$, $7^{\text{liv.}} \frac{1}{2}$, $2^{\text{liv.}} \frac{1}{2}$, $1^{\text{liv.}} \frac{1}{2}$ et $\frac{3}{4}^{\text{liv.}}$, Boillot, qui met le double canon au nombre des calibres, donne $42^{\text{liv.}}$, $33^{\text{liv.}}$, $16^{\text{liv.}} \frac{1}{2}$, $7^{\text{liv.}} \frac{1}{2}$, $2^{\text{liv.}} \frac{3}{4}$ et $2^{\text{liv.}}$.

Voici des renseignements extraits principalement des ouvrages de Davelourt et de Vigenère sur l'état de l'Artillerie française à cette époque, c'est-à-dire vers 1600 :

	CALIBRES.		Poids des pièces.	Longueur en pieds.	Poids des charges.	Chevaux nécessaires pour traîner.	NOMBRE D'HOMMES employés pour le service.		
	en poids du boulet.	en pouces.					commis. ordin.	commis. extraord.	pionniers
	liv.	l.			liv.				
Canon	33	6	5200	$10\frac{1}{2}$	20	23	2	3	30
Grande couleuvrin.	$16\frac{1}{2}$	5	3700	11	10	17	2	2	24
Couleuvr. bâtarde.	$7\frac{1}{2}$	3	11 1850	$9\frac{1}{2}$	5	13	1	3	12
Couleuvr. moyenn.	$2\frac{1}{2}$	2	9 1250	$8\frac{1}{2}$	$1\frac{1}{2}$	9	1	2	8
Faucon	$1\frac{1}{2}$	2	5 650	$7\frac{1}{2}$	1	5	1	1	4
Fauconneau	$0\frac{3}{4}$	2	350	$6\frac{1}{2}$	$0\frac{1}{2}$	5	1	1	4

(1) Meyer. *Histoire de la technologie des Armes à feu*, tome I, page 66.
(2) Davelourt, *Briefve instruction sur le faict de l'Artillerie de France*, page 9. — Boillot, *Modèles artifices de feu et divers instruments de guerre*, page 114.

Les arquebuses à croc étaient au nombre de six placées sur un chariot qui portait le nom d'*orgues*. Cette machine était fréquemment employée en campagne (1).

On était encore bien peu d'accord sur l'emploi ou même sur l'utilité de l'Artillerie dans les batailles. Plusieurs militaires, et cette opinion se reproduisit encore beaucoup plus tard, pensaient que l'Artillerie, indispensable pour les siéges, était plus nuisible qu'utile dans les batailles. Le passage suivant de Davelourt expose fidèlement l'indécision des idées à cet égard :

« Et (1) pour ce, aux préparatifs de bataille, on de-
» mande premierement si l'Artillerie est nécessaire ; quel-
» ques-uns sont d'opinion que non, d'autant qu'elle espou-
» vante plus qu'elle ne tue, et, venant au choc et aux mains,
» elle fait silence et se repose ainsi que j'ai dit cy-devant
» au chapitre III. C'est pourquoy, en la bataille de Fornoue,
» on ne s'aida comme point de l'Artillerie de part ny
» d'autre. En celle de l'empereur contre Barberousse, près
» de Tunes, avoit été résolu d'estre donnée sans Artillerie
» pour n'estre en grand service en batailles soudaines. Mais
» présupposons qu'elle soit requise en telles journées, la
» seconde demande est quel rang elle doit tenir... Aucuns
» veulent l'Artillerie estre placée à la tête de l'avant-garde
» pour offencer l'ennemi de loin, ainsi qu'elle estoit de
» part et d'autre en la journée de Ravenne ; autres y dis-
» sentent d'autant qu'elle interrompt fort l'ordre de ba-
» taille, joinct qu'elle peut estre prise, comme il avint en
» la bataille de Cerisoles, ayant les Italiens osté aux François
» deux pieces d'Artillerie trop audacieusement advancées,
» ce qui encouragea ceux-là de crier victoire. Quelques

---

(1) Manuscrit français 6994 de la Bibliothèque royale.
(2) *Arsenal et Magasin d'Artillerie*. Paris, 1619, page 102.

» autres estiment que l'Artillerie doit estre posée au mi-
» lieu par le vuide des escadrons sans les contraindre à s'ou-
» vrir, ou aux flancs et aisles : et les derniers se résolvent à
» la mettre en lieu éminent et hault afin qu'elle puisse sa-
» luer l'ennemi sitôt qu'il se descouvre. Pour en dire la vé-
» rité, on ne peut en cecy asseoir un bon fondement, d'au-
» tant que les lieux des batailles sont aucunes fois tellement
» ordonnés qu'on est contrainct loger l'Artillerie comme on
» peut. »

Nous devons faire observer que ce passage, où il n'est question d'aucune des batailles de Henri IV dans lesquelles l'Artillerie eut une si grande influence, a probablement été écrit avant qu'elles eussent été livrées. Un homme de guerre que nous avons eu occasion d'admirer, le maréchal Biron, dans un écrit qu'il a laissé sur l'art de la guerre, parle de l'utilité de l'Artillerie d'une manière bien différente. On y lit (1) :

« Je dirai de l'Artillerie qu'il est bon d'en avoir quantité,
» pour ce que bien souvent elle sert de beaucoup, et bien
» que aucuns tiennent qu'elle ne faict grand effet, je suis
» de leur opinion, mais peut-estre d'autre façon qu'eux. Je
» dis que l'Artillerie, où elle donne à plomb, est si fu-
» rieuse, qu'on ne la peut longuement souffrir, et faut dé-
» placer le bataillon où elle donne, ou le faut venir au com-
» bat, mal à propos ou en faveur, et ne peut-on endurer
» qu'elle fasse grand effet. »

Aucun auteur français ne nous donne l'état des connaissances théoriques que possédait l'Artillerie à cette époque, aussi bien qu'un auteur espagnol, Diego Ufano, qui a laissé un traité complet sur l'Artillerie. Ce traité fut immédiatement traduit en français. Les Espagnols étaient certainement alors aussi avancés que nous ; on peut donc prendre

---

(1) Manuscrit français 7114 de la Bibliothèque royale, folio 35. Ce manuscrit a été imprimé.

l'ouvrage d'Ufano comme l'expression du plus haut degré de perfection auquel l'Artillerie fût arrivée à la mort de Henri IV.

CHAPITRE II.

DEPUIS LA MORT DE HENRI IV JUSQU'AU SYSTÈME VALLIÈRE.

Diego Ufano (1). — *État des connaissances de l'Artillerie à l'époque de la mort de Henri IV.* — Les calibres qui étaient en usage dans les Pays-Bas espagnols n'étaient pas les mêmes qu'en France; ils étaient plus grands, et Ufano nous en donne la raison. Charles-Quint avait commandé à ses généraux de prendre des calibres plus grands que ceux des ennemis, afin de pouvoir se servir de leurs boulets sans qu'ils pussent faire usage des boulets espagnols. Ces calibres étaient au nombre de quatre, à savoir : le canon de quarante livres, le demi-canon de vingt-quatre, le quart de canon de dix, et le huitième de canon de cinq.

Avant que les calibres eussent été réglés, les pièces étaient, suivant cet auteur, *en si grande diversité et confusion qu'il fallait beaucoup de peine et de labeur pour leur approprier leurs munitions.* L'art de fondre était encore fort imparfait. Voici le tableau qu'en fait l'auteur espagnol :

« De grandes fautes sont commises dans la fonte des
» pièces; les unes sont tortues, l'âme se tient plus d'un
» côté que de l'autre; les autres sont de poids inégal et
» malpropres, de sorte qu'étant tirées, elles tombent ou

---

(1) *Traité de l'Artillerie.*

» trébuchent sur leur bouche, parce que les tourillons n'é-
» tant pas au lieu et au poids pertinent, la pièce pèse plus
» devers la bouche que devers le cul. Il arrive aussi que les
» pièces sortent du moule toutes spongieuses, poreuses,
» bossues, en sorte que la balle n'y peut entrer, et quand
» on est obligé de charger en hâte, n'ayant pas le loisir de
» les laver d'eau nette ou de vinaigre, ou même, quand
» cela se fait, ne pouvant en telle hâte laver toutes ces ca-
» vernes qui gardent quelque reste de feu, l'artillier est en
» grand danger d'aller tout chauffé en paradis.

» Il y a d'autres pièces trop faibles et pauvres de métaux,
» de sorte que y mettant quelque peu trop de poudre, les
» voilà rompues ou éventées.

» Il y en a d'autres si pesantes vers le cul, que pour les
» assister il y faut une longue et forte perche qui lui étant
» mise en bouche, soit puis après tirée de deux ou trois
» hommes pour parvenir à la hauteur de la mire requise. »

Ufano ne donne pas de moyens de remédier à tous ces défauts, il dit seulement que les fondeurs doivent prendre avis des savants artilliers qui en font si maintes épreuves au péril de leur vie. Il parle bien de l'emplacement que doivent occuper les tourillons dans le sens de la longueur de la pièce, mais il ne parle nullement de leur position relativement à l'axe de la pièce. Lorsque les pièces se renversent sur leur bouche par l'effet du tir, il n'attribue cela qu'à la mauvaise position des tourillons par rapport à la longueur de la pièce; il est probable que cela tenait à ce que l'axe des tourillons se trouvait placé trop haut relativement à l'axe de la pièce. On voit quels inconvénients résultaient du défaut de connaissances statiques; cela mettait aussi hors d'état de calculer la position du centre de gravité et de donner la prépondérance convenable.

Les canons de Charles-Quint offraient encore le meilleur modèle que l'on connût. Ils étaient du calibre de 45, avaient dix-huit calibres de longueur et pesaient 7,000 livres. Sous le règne de ce prince, on n'avait pas seulement étudié la fonte des canons, la proportion des calibres, des épaisseurs et des longueurs des pièces; mais aussi la qualité et la quantité de la poudre à employer pour leur chargement. Le rapport de la charge au poids du projectile variait pour chaque espèce de pièce. L'imperfection des fontes obligeait de faire varier la charge pour deux pièces de même calibre; chaque artillier devait la déterminer après avoir reconnu les défauts de fabrication de sa pièce; il devait la diminuer quand la pièce s'échauffait.

Les artilliers allaient eux-mêmes dans les arsenaux choisir les boulets qui convenaient à leurs pièces et n'employaient, pour les calibrer, que des procédés grossiers.

On n'avait pas de moyen d'éprouver la poudre, qui était jugée seulement à l'aspect. On conçoit combien toutes ces causes devaient mettre d'irrégularité dans le tir.

Il existait dans les Pays-Bas de bonnes institutions qui devaient empêcher qu'on fît un mauvais emploi de l'Artillerie en campagne; celui qui prétendait à être chef de la cavalerie ou maréchal de camp devait passer par les charges de l'Artillerie. Il y avait les gentilshommes qui commandaient à deux ou trois pièces; après les gentilshommes et sous leurs ordres, étaient les conducteurs, qui commandaient le train; puis les connétables, qui avaient soin des munitions; enfin les artilliers étaient chargés du tir; chacun d'eux avait ses aides. A cause des irrégularités de fabrication dont nous avons parlé, chaque artillier devait toujours conserver la direction de la même pièce.

On avait déjà fait des essais pour rendre les canons moins longs et moins épais; mais ces essais avaient échoué. Diego donne trente pièces de canon à une armée de quarante mille hommes; il dit de n'en pas prendre davantage, « ne se fal- » lant pas trop appuyer sur l'Artillerie, advenant souvent

» que, ou par stratagème ou subites rencontres de l'ennemi,
» on ne s'en peut servir, que pour le siége d'une place; ces
» trente pièces sont suffisantes. » Les pièces qu'il donne
sont neuf canons, huit demi-canons, six quarts de canon
et sept pièces qu'il appelle de campagne, qui sont probablement du calibre de 5.

On venait d'imaginer de conduire les pièces, à l'exception de celles dites de campagne, sur des chariots au lieu de les monter sur leurs affûts. Ces chariots ayant les roues de l'avant-train plus hautes rendaient le roulage plus facile.

On mettait, pour conduire un canon, vingt-trois chevaux; pour le demi-canon, quinze ou dix-sept; pour le quart, neuf; *mais par deçà selon l'occasion du chemin en augmentant le nombre*, on attelait pour le canon trente chevaux; pour le demi, vingt-trois; pour le quart, treize.

Quand la pièce était sur son affût, on ne devait pas donner à traîner à chaque cheval plus de $3\frac{1}{3}$ quintaux; sur le chariot, on pouvait donner $5\frac{1}{2}$ quintaux par cheval. On voit combien le roulage était peu perfectionné. Les chariots nécessitaient des chèvres pour placer les pièces sur leurs affûts; cela peut donner une idée du temps qu'il fallait pour se mettre en batterie.

Dans les instructions données par Ufano sur l'emploi de l'Artillerie dans les batailles, on voit que la tactique est dans l'enfance; il répartit les pièces sur tout le front de l'armée; les unes sont placées devant les bataillons pour les protéger, les autres dans les intervalles pour laisser aux bataillons la liberté de se porter en avant. Il fait diverger le feu des pièces pour tourmenter l'ennemi sur tous les points.

Dans les armées de cette époque, les pionniers, au nombre de mille à douze cents pour une armée de quarante mille hommes, accompagnaient toujours l'Artillerie.

L'usage des bombardes que l'on tirait sous de grands angles avait fait depuis longtemps sentir la nécessité d'étudier la nature de la trajectoire. Plusieurs mathématiciens s'en étaient occupés; Nicolo Tartaglia, qui avait le premier traité cette question en 1537, avait bien entrevu que la trajectoire devait être courbe dans toutes ses parties; mais ne pouvant l'expliquer, il l'avait représentée par deux lignes droites jointes par une courbe; cette idée était encore adoptée à l'époque où nous sommes arrivés.

Diego Ufano divise la trajectoire en trois parties : la première est une ligne droite dans la direction de la ligne de tir, il l'appelle *violentus;* puis vient une portion de courbe, *mixtus;* enfin une ligne verticale, *naturalis*. On ne sera pas étonné, après cela, qu'il donne pour le pointage des règles pratiques très-fausses. Nous allons en énoncer quelques-unes.

Pour avoir la portée de but en blanc d'une pièce, il place une règle sur les points les plus élevés de la culasse et du bourrelet et un niveau sur cette règle; il fait varier la pièce jusqu'à ce que la règle soit horizontale, et, en l'ôtant et regardant par les points les plus élevés de la culasse et du bourrelet, le point qu'il découvre est le but où arrivera le boulet. L'âme étant horizontale, la portée sera juste moitié.

Il admet que, quand on devra tirer vite, on ne pourra pas se servir de la règle et du niveau; l'artillier tirera alors son premier coup au sentiment, mais il se corrigera pour les coups suivants. Les moyens qu'il emploie pour cela sont aussi très-erronés. Ayant tiré son premier coup, il replace la pièce comme la première fois; puis, en faisant mouvoir son œil sur la culasse et le bourrelet, il cherche deux points dont la ligne aille aboutir au point où le coup a frappé; ces deux points lui fourniront la ligne de mire qu'il devra diriger vers le but qu'il veut atteindre.

Le raisonnement qui le conduit à ce moyen pèche en ce qu'il suppose que la ligne de mire suivant laquelle on doit viser ne change pas avec la distance, et cependant on n'ignorait pas que l'on faisait varier les portées en variant l'inclinaison de la pièce. On connaissait l'équerre de Tartaglia, et l'on s'en servait dans le tir sous les grands angles. Les divisions de cette équerre donnaient le moyen de pointer sous des angles dont la différence constante était de 7° 30′.

Diego donne encore d'autres règles de pointage; les unes sont justes, les autres fausses. Elles montrent qu'alors on ne connaissait aucun principe certain. Le pointage était un art difficile, abandonné à chaque artillier, et d'où dépendait souvent sa fortune.

Ufano nous donne le détail du chargement de la pièce :

« La pièce étant arrivée en la batterie et sur l'esplanade
» toute pourvue de balles, cuillères, lanade, nettoyeur
» et tampon, l'artillier fichant son boutefeu sous vent en
» terre, après avoir bien éclairci le foyon, il nettoiera soi-
» gneusement d'une lanade sèche la pièce, et, en tirant la-
» dite lanade, en donnera un petit coup ou deux sur la
» barbe de la pièce pour en secouer la poussière ou ordure
» qui s'y est attachée, puis lui fera tenir par son compagnon
» le tonneau, sac ou valise de la poudre au devant de la
» pièce, et y mettant la cuillère la remplira sans toute-
» fois l'amonceler. Il conduit ainsi la poudre en deux fois,
» mettant le tampon chaque fois pour conduire jusqu'au
» fond la poudre répandue dans le reste de l'âme. Il donne
» deux ou trois coups sur la poudre pour la faire remonter
» dans la lumière, puis y met un tampon, puis la balle
» qui lui est nettoyée par son aide, ensuite un tampon sur
» la balle. »

Diego porte à huit par heure le plus grand nombre de coups qu'une pièce puisse tirer, et dit, qu'après quarante coups, il faut la rafraîchir et lui donner une heure de repos. Il paraît ignorer l'utilité qu'il y a à boucher la lumière pendant le chargement; c'était une cause de retard et d'accidents, le feu pouvant rester bien plus longtemps dans la pièce.

Nous pouvons maintenant comprendre pourquoi nous avons vu si souvent les troupes se porter en avant des pièces pour les défendre. A une époque antérieure, où l'art était encore moins avancé, ces pièces devaient être tout à fait incapables d'empêcher seules un ennemi brave d'avancer.

Un ouvrage de Vassalieu, officier d'Artillerie qui écrivait en 1613 (1), atteste que dans l'armée française, à l'époque où nous sommes arrivés, on faisait habituellement marcher avec l'avant-garde des pièces légères, des orgues, des couleuvrines bâtardes et moyennes. Le reste de l'Artillerie, canons, grandes couleuvrines, etc., marchait avec le corps de bataille.

Nous allons maintenant observer les faits d'armes de l'Artillerie sur un nouveau théâtre, l'Allemagne, et étudier l'histoire de la guerre de trente ans; son héros, Gustave-Adolphe, a été appelé le restaurateur de l'art de la guerre.

Gustave-Adolphe. — *Guerre de trente ans* (2). — Dans l'armée de Gustave, les deux tiers des soldats étaient armés de mousquets à mèche; on retrancha la fourchette destinée à soutenir l'arme lorsqu'on tirait. L'autre tiers avait une pique de onze pieds de longueur. Les cavaliers avaient pour armes offensives une carabine, deux pistolets et une épée longue et forte.

L'infanterie, formée en compagnie de cent quarante hommes, se rangeait sur six rangs, la cavalerie sur quatre. Les dragons étaient armés comme la cavalerie, seulement

---

(1) Manuscrit français 6994 de la Bibliothèque.
(2) Schiller, *Histoire de la Guerre de trente ans*. — Grimoard, *Histoire des Conquêtes de Gustave-Adolphe.*

ils avaient, au lieu de carabines, des mousquets plus légers que ceux de l'infanterie.

Chez les diverses puissances de l'Allemagne, la moitié de l'infanterie avait encore le mousquet à fourche, l'autre moitié était armée de piques de quinze à dix-huit pieds de longueur. Cette infanterie se rangeait ordinairement sur dix rangs, et quelquefois un régiment ne formait qu'un bataillon carré à centre plein. La cavalerie se rangeait sur six ou huit rangs. Les dragons étaient de l'infanterie à cheval.

Nous voyons que Gustave-Adolphe rangea ses troupes sur une moindre profondeur, diminua *l'unité de manœuvre,* perfectionna et étendit l'usage des armes à feu. Dans les batailles, il forma son armée sur deux lignes, laissant des intervalles entre les bataillons, de sorte que la seconde ligne put passer en avant quand la première était forcée à la retraite.

Les modifications qu'il introduisit dans l'Artillerie ne sont pas moins importantes : il avait toujours la grosse Artillerie, composée de pièces de bronze ou de fonte de différents calibres, qui était surtout destinée aux siéges; mais il eut un beaucoup plus grand nombre de pièces légères. L'infanterie mena avec elle une Artillerie de campagne; ses pièces, connues sous le nom de *canons de cuir bouilli,* sont d'une invention singulière.

Ces canons (1) consistaient en un cylindre de cuivre battu et très-mince, vissé sur une culasse en bronze; la chambre, formée du même métal, était renforcée de quatre bandes de fer; le tube était enduit de couches de mastic, et des cordes l'entortillaient dans toute sa longueur; on mettait une couche de plâtre pour égaliser, et un cuir bouilli et coloré enveloppait le tout. Les historiens (2) disent que cette Artil-

---

(1) Meyer, *Histoire de la Technologie des armes à feu,* tome I, page 77.
(2) Grimoard, *Histoire des Conquêtes de Gustave-Adolphe.* On voit plusieurs de ces pièces au Musée d'Artillerie.

lerie s'échauffait difficilement, de manière qu'on en pouvait tirer un grand nombre de coups sans être obligé de la rafraîchir. Mais nous savons que les accidents qu'à cette époque on attribuait souvent à l'échauffement de la pièce par l'effet du tir, doivent être plutôt attribués au feu qui restait dans les cavités formées par la poudre dans un métal peu homogène. Ces canons en cuivre battu devaient donc obvier à l'inconvénient des mauvaises fontes; mais ils ne pouvaient supporter qu'une faible charge : c'est là probablement ce qui les fit abandonner promptement (1). Quoi qu'il en soit, ces canons de cuir bouilli étaient montés sur des affûts si légers, que deux hommes suffisaient, dit-on, pour traîner et manœuvrer la pièce. On avait perfectionné les moyens de chargement. On prétend qu'on fit dès lors usage de la gargousse : il est certain que le tir de ces pièces devint beaucoup plus vif.

Pour voir le parti que Gustave-Adolphe tira de toutes ces modifications, nous devons examiner les deux batailles qu'il livra à deux généraux, jusque-là victorieux, et qui jouissaient d'une haute réputation.

La première bataille, celle de Leipsick, fut livrée à l'armée impériale sous les ordres du comte de Tilly, par les armées saxonne et suédoise réunies.

Bataille de Leipsick (1631). — Les Suédois occupaient la droite, rangés en bataille sur deux lignes; l'infanterie, dans le milieu de chacune, était morcelée en petits bataillons susceptibles, dit Schiller, d'exécuter sans désordre les mouvements les plus rapides. La cavalerie, distribuée sur les ailes, se trouvait de même répartie en petits escadrons entrecoupés de pelotons de fantassins. L'armée

---

(1) Moyer, tome I, page 78, prétend que ces canons s'étaient tellement échauffés à la bataille de Leipsick, que les charges s'y enflammaient spontanément.

saxonne était séparée des Suédois par un intervalle considérable.

Au pied des hauteurs, vers le couchant, l'ennemi se déployait sur une ligne immense, qui s'étendait assez pour déborder l'armée suédoise. L'infanterie était formée en gros bataillons; la cavalerie, en gros escadrons difficiles à mouvoir. Tilly avait placé son Artillerie en arrière, sur les hauteurs; elle tirait par-dessus ses troupes.

Une canonnade de deux heures ouvrit la bataille. Le vent soufflait de l'ouest, et poussait contre les Suédois la fumée de la poudre et une poussière épaisse qui s'élevait des champs nouvellement labourés. Enfin, Tilly se décide à prendre l'offensive; son centre vient attaquer la gauche des Suédois : le feu de mousqueterie, secondé de celui des pièces légères d'Artillerie qui s'avancent dans les intervalles, le repoussent; alors il se réunit à sa droite, et attaque les Saxons avec tant d'impétuosité, que leurs rangs se rompent au premier choc et qu'ils prennent la fuite. De son côté le comte de Papenheim fond sur l'aile droite des Suédois avec toute sa cavalerie, mais sans pouvoir l'ébranler; le roi, qui y commandait en personne, repoussa son attaque et le mit en fuite, en lui faisant éprouver une perte considérable. Les pièces de cuir bouilli, que le roi fit avancer pour soutenir ses escadrons, concoururent beaucoup, par la rapidité de leur tir, à la défaite de l'ennemi.

Cependant Tilly, après avoir battu les Saxons, marcha avec ses troupes victorieuses contre l'aile gauche des Suédois; mais le roi avait déjà envoyé trois régiments pour la renforcer. Gustave Horn, qui y commandait, opposa aux cuirassiers ennemis une vive résistance, dans laquelle les fantassins, distribués entre les escadrons, le secondèrent de la manière la plus heureuse. Pendant ce temps, Gustave-Adolphe, à la tête de son aile droite et du corps de bataille, se porta sur les hauteurs où se trouvait l'Artillerie des Impériaux, s'en empara, et bientôt l'ennemi essuya le feu de ses propres canons. Tilly, attaqué alors de plusieurs côtés, dut songer à la retraite; mais elle ne put s'effectuer qu'à travers les bataillons ennemis. L'armée entière fut rompue et prit la fuite, à l'exception de quatre régiments de vieilles troupes, qui résistèrent courageusement, malgré d'énormes pertes, jusqu'à l'entrée de la nuit qui sauva leurs débris.

Gustave, qui a rendu son Artillerie mobile, ne la forme plus tout entière en grandes batteries, comme le fait son adversaire : les pièces sont placées près des troupes auxquelles elles appartiennent, mais elles savent se mouvoir sur le champ de bataille. Postées d'abord en avant du front de la première ligne pour commencer le combat, on les voit ensuite se retirer dans les intervalles et se porter aux points que l'ennemi attaque. Aussi, dans toute l'histoire des campagnes de Gustave, ne voit-on aucune de ses pièces prises quand ses troupes sont repoussées. Il faut, toutefois, remarquer que son Artillerie, dispersée sur tout le front de son armée, ne produit plus, comme celle de Henri IV, un effet décisif. Au commencement de la bataille, ce n'est pas elle qui force Tilly à attaquer; elle ne concourt que d'une manière secondaire au gain de la bataille.

Tilly avait posté toute son Artillerie sur les hauteurs, en arrière de son armée, et ce fut une des causes de sa défaite, parce qu'elle se trouva parfaitement placée pour tirer contre ses propres troupes descendues dans la plaine. C'est pour s'emparer de cette Artillerie que Gustave, après avoir battu l'aile gauche des Impériaux, fit exécuter au centre et à la droite de son armée ce beau mouvement qui rendit la victoire si décisive.

Nous voyons le roi de Suède attendre, comme Henri IV, l'attaque de l'ennemi; ainsi, quoiqu'il eût rendu son armée manœuvrière, il préférait encore ne pas attaquer le premier, probablement à cause du désordre que la marche devait mettre dans l'armée de son adversaire. La manière de combattre de sa cavalerie lui en donnait encore une raison.

Maintenant l'ancienne gendarmerie a totalement disparu; la cavalerie est formée en rangs plus serrés; son feu est sa principale force : elle attend l'ennemi de pied ferme, et ne le charge qu'après lui avoir fait essuyer le feu de toutes ses armes. Avec cette manière de combattre, des pelotons de mousquetaires d'infanterie, entremêlés avec la cavalerie, lui donnent un grand avantage, parce que le feu de l'homme à pied, bien plus efficace que celui du cavalier, occasionnera dans les rangs de la cavalerie ennemie un désordre dont celle des Suédois profitera. C'est cet avantage que Gustave eût perdu en attaquant le premier, parce que sa cavalerie eût été obligée de renoncer à l'appui des pelotons d'infanterie. La bataille de Leipsick est la première où nous voyons l'Artillerie, combinée avec la cavalerie, la soutenir de son feu.

Après cette bataille, le roi de Suède, secondé par les partisans que lui donnent les idées religieuses, parcourt l'Allemagne en vainqueur, sans se laisser arrêter par les saisons, ni par la nécessité de se faire suivre des magasins. Vivant sur le pays, ne prenant aucun quartier d'hiver, il conquit un pays immense avec une promptitude merveilleuse, et il fallait que son Artillerie fût déjà assez mobile pour ne pas entraver la rapidité de sa marche. Lorsqu'il arriva à l'entrée de la Bavière, il trouva Tilly retranché dans une position très-forte entre trois rivières. Les deux armées étaient séparées par le Leck qui, gonflé en ce moment par les pluies, s'élevait à une hauteur extraordinaire entre deux rives escarpées. Malgré les dangers de l'entreprise, le roi résolut, contre l'avis de tous ses généraux, de passer le torrent de vive force et d'attaquer les retranchements ennemis. Il reconnut les bords et choisit un endroit où la rive de son côté dominait l'autre, et où le lit sinueux du torrent formait un saillant de son côté; il éleva trois batteries en cet endroit, et soixante-douze pièces de canon entretinrent un feu croisé contre l'ennemi. Tandis que cette canonnade éloignait les Bavarois de l'autre rive, il fit jeter un pont en toute hâte. Une fumée épaisse, produite par un feu de bois et de paille mouillée, déroba, pendant longtemps, les progrès de l'ouvrage aux yeux des ennemis. Le roi, pour animer ses troupes par son exemple, mit lui-même le feu à plus de soixante canons. Les Bavarois répondirent pendant deux heures à cette canonnade, mais avec moins de succès; les batteries suédoises commandaient l'autre rive, et l'élévation du terrain leur servait de parapet contre l'Artillerie des Bavarois. En vain ceux-ci s'avancèrent jusque sur le rivage pour détruire l'ouvrage de l'ennemi; ils furent constamment repoussés par l'Artillerie supérieure du roi, et le pont s'acheva presque sous leurs yeux.

Tilly fit les derniers efforts dans cette journée pour enflammer le courage des siens, et finit par trouver la mort qu'il semblait chercher. Une balle de fauconneau lui fracassa la cuisse. Les Bavarois, privés de la présence de leur général, prirent la résolution d'abandonner leur camp, ce qu'ils firent pendant la nuit; et Gustave-Adolphe exécuta son passage le lendemain sans opposition.

L'abandon de cette position, regardée comme inexpugnable, ouvrit toute la Bavière à Gustave, et ce résultat fut dû tout entier à son Artillerie.

Pendant la guerre de trente ans, on vit la guerre de position poussée à sa dernière limite par les deux plus grands généraux du temps, Gustave-Adolphe et Wallenstein. Ce genre de guerre donna à l'Artillerie une grande extension, et porta la fortification de campagne au plus haut degré d'efficacité et à un point de perfection qu'elle n'a pas dépassé depuis.

Gustave-Adolphe, hors d'état de tenir la campagne, occupa, avec seize mille hommes et trois cents pièces de canon, la ville et le camp retranché de Nuremberg. Wallenstein, n'osant pas, avec plus de soixante mille hommes, attaquer ce camp, en fortifia un à proximité, de manière à couper presque totalement les vivres au roi de Suède. Celui-ci, ayant reçu de nombreux renforts, se décida à attaquer le camp ennemi qui, défendu par cent pièces de canon, résista à tous ses efforts. Les deux armées continuèrent encore à se tenir en présence ; elles y restèrent ainsi plus de deux mois, pendant lesquels, chose incroyable ! chacune d'elles perdit plus de vingt mille hommes par la faim et les maladies qu'engendre la misère (1). Elles finirent par faire leur retraite, chacune de son côté, hors d'état de continuer la campagne.

A la bataille de Lutzen (1632), où Gustave-Adolphe fut tué, l'Artillerie des Impériaux, placée du reste avec assez d'habileté, fut prise et reprise plusieurs fois sans jamais quitter sa position. Le feu, qui prit aux caissons des Impériaux, fut pour eux une des principales causes de la perte de la bataille. Les pièces de Gustave étaient encore dispersées sur son front ; mais comme ce fut lui qui commença l'attaque, elles ne paraissent lui avoir été que d'une faible utilité. On voit encore ici toute l'Artillerie des Impériaux rester sur le champ de bataille, quoique la victoire des Suédois ne soit pas très-décisive.

L'Artillerie était alors conduite par des valets, et l'on eut souvent l'occasion d'en sentir les inconvénients. En 1636, vers la fin de la guerre de trente ans, un combat très-acharné eut lieu entre les Saxons et les Suédois. Bramer, qui

---

(1) Schiller, *Histoire de la Guerre de trente ans*, tome II, page 114.

commandait l'armée suédoise, fut forcé de céder avec l'aile droite, assez maltraitée par l'ennemi; l'aile gauche continua le combat jusqu'à l'entrée de la nuit, et le corps de réserve, qui n'avait pas donné, comptait soutenir la bataille le lendemain. Mais, pendant le combat, les valets de l'armée saxonne s'étaient enfuis avec leurs chevaux, l'Artillerie devenait inutile, et le roi de Saxe, n'osant pas recommencer le combat, abandonna le champ de bataille, laissant tous ses canons et ses bagages. Le désordre se mit dans son armée pendant sa retraite, et les Suédois, heureux la veille d'avoir pu résister jusqu'à la nuit, se trouvèrent avoir remporté une victoire décisive.

Pendant que les nations du Nord se battaient avec tant d'acharnement, l'art militaire en France ne restait pas stationnaire. Henri IV n'avait maintenu à la paix que six mille sept cent trente hommes sur pied, dont deux mille six cent trente-sept de cavalerie. Louis XIII en eut au moins le double; l'infanterie et la cavalerie furent formés en régiments. Ce fut sous ce règne qu'Arnauld, mestre de camp du régiment de Champagne, apprit à son régiment des exercices qui eurent assez de célébrité pour que Louis XIII voulût les connaître et les exécuter lui-même (1); jusque-là le régiment des gardes était le seul qui sût faire quelque exercice.

En Hollande, le prince Maurice de Nassau avait créé un code de manœuvres pour son armée.

Le duc de Rohan (2) avait fait dans la Valteline cette glorieuse campagne dans laquelle il parvint à battre et repousser des ennemis qui venaient l'attaquer de tous les côtés à la

---

(1) Michel Le Vassor, *Histoire de Louis XIII*, tome II, page 545. — Pluard, *Chronologie historique militaire*, tome VI, page 65. — Daniel, *Histoire de la Milice française*, tome 1, page 380. — Carrion-Nisas, *Essai sur l'Histoire générale de l'art militaire*, tome II, page 23.

(2) Campagne du duc de Rohan dans la Valteline en 1635.

fois. Au lieu de chercher, pour se défendre, des positions favorables, le duc de Rohan s'avance au-devant de l'un de ses adversaires avec toutes ses forces, divise sa petite armée en plusieurs colonnes qui, marchant par différents chemins et par des sentiers crus impraticables, viennent attaquer l'ennemi de divers côtés, s'emparent des défilés qui lui coupent la retraite, et, en peu d'instants, détruisent ou dispersent son armée; puis, sans perdre de temps, faisant faire à ses troupes des marches incroyables, Rohan court faire éprouver le même sort à une autre armée; continuant ainsi jusqu'à ce que les ennemis le laissent paisible possesseur d'un pays très-important par sa situation entre l'Italie et l'Allemagne.

Cette campagne, le plus bel exemple que l'on puisse citer de la guerre en pays de montagnes, a, comme nous le verrons plus tard, beaucoup d'analogie avec les premières, les merveilleuses campagnes de Bonaparte en Italie. Elle ne peut, au reste, nous être d'aucune utilité pour l'histoire de l'Artillerie; le duc de Rohan n'en avait pas, quoiqu'il combattit des ennemis qui en traînaient à leur suite.

Nous voilà maintenant arrivés à une époque glorieuse pour la France, où ses armées lui donnent la prépondérance en Europe; où les Turenne, les Condé, les Luxembourg, les Vauban, les Louvois, viennent faire faire des progrès à toutes les parties de l'art de la guerre.

Siècle de Louis XIV. Turenne, Condé. — Sous Louis XIV revêtu d'un pouvoir absolu, les troupes permanentes devinrent beaucoup plus considérables; elles furent exercées avec soin pendant la paix comme pendant la guerre. L'organisation, les manœuvres, la tactique de l'infanterie et de la cavalerie firent de notables progrès. On avait eu depuis bien longtemps l'idée de transporter sur des voitures les bateaux destinés à la construction des ponts; mais sous ce règne, le service en fut perfectionné, et les équipages de pont, suivant régulièrement les armées marchant en campagne (1), abaissèrent les barrières que les fleuves ou les rivières opposaient aux opérations des généraux. Nous savons que l'art des siéges fut poussé à un point de perfection qu'il n'a pas dépassé depuis.

L'infanterie française, formée de régiments permanents, cessa d'être inférieure à l'infanterie des Suisses ou des Allemands; notre cavalerie devint, pour un certain temps, la première de l'Europe.

Les progrès de l'Artillerie ne furent pas aussi rapides que ceux des deux autres armes; elle acquit dans la guerre de siéges un accroissement et une habileté fort remarquables; mais elle vit plutôt diminuer qu'augmenter son influence sur le sort des batailles.

Les succès de Louis XIV firent imiter ses institutions par les autres puissances, et les troupes furent armées et constituées dans presque toute l'Europe à peu près de la manière suivante :

Il y avait par bataillon dix-sept compagnies de cinquante hommes, dont une de grenadiers. Chaque compagnie était commandée par un capitaine, un lieutenant et un enseigne; douze soldats avaient des piques, quatre des fusils avec des baïonnettes à manche de bois, et le reste des mousquets à mèche. Les grenadiers étaient armés de fusils. Tous les soldats portaient une épée suspendue à un baudrier auquel les mousquetaires et les fusiliers attachaient des étuis cylindriques de bois ou de fer-blanc, destinés à renfermer les charges ou cartouches. Un bataillon se partageait en trois divisions appelées *manches,* les piquiers formaient celle du centre, et les mousquetaires les deux autres.

---

(1) Le maréchal de Puységur, *L'Art de la Guerre.* — Daniel, *Histoire de la Milice française.*

Trois compagnies, chacune de cinquante cavaliers, et commandées par un capitaine, un lieutenant et un cornette, composaient un escadron.

Le nombre des rangs de formation de l'infanterie et de la cavalerie alla en diminuant du commencement du règne à la fin; il était d'ailleurs ordinairement moindre à la fin d'une campagne qu'au commencement, les bataillons ou escadrons ayant perdu une partie de leur effectif. L'infanterie se formait le plus souvent sur six rangs; la cavalerie sur trois.

Bataille de Rocroy (1). — A cette bataille, l'aile droite de l'armée française rompit l'aile gauche de l'armée espagnole; la moitié des troupes victorieuses se mit à la poursuite de l'ennemi, le reste vint prendre en flanc et à dos l'aile droite de l'ennemi qui avait battu notre aile gauche. Toute la cavalerie des Espagnols fut mise en fuite; leur infanterie restée seule, après la déroute des deux ailes, se groupa auprès de son Artillerie. Le duc d'Enghien vint l'attaquer avec sa cavalerie; mais l'ennemi avait dix-huit pièces de canon chargées à cartouches, dans le milieu d'un bataillon carré, qui s'ouvrit pour permettre à l'Artillerie de faire sa décharge. La cavalerie française ne put soutenir ce grand feu et fut rompue. Le duc d'Enghien la rallia deux fois et fit ainsi trois attaques infructueuses. Alors toute l'armée française entoura cette brave infanterie qui, ne pouvant résister à l'ensemble d'une dernière attaque, fut rompue. Tout fut tué ou pris.

Le duc d'Enghien sait faire mouvoir sa cavalerie, c'est elle qui a la plus grande part au succès. Quand on voit l'Artillerie espagnole repousser trois attaques successives, on est surpris qu'il ne vienne pas au général français l'idée de faire avancer du canon pour battre cette masse agglomérée. Les

---

(1) Quincy, *Histoire militaire du règne de Louis XIV*.

ravages des boulets auraient rendu la résistance moins énergique, et le succès eût été payé moins cher. Mais à cette époque, l'Artillerie était dans les batailles un accessoire et non une arme. Il ne peut guère rester de doute à ce sujet. Quincy, qui était lieutenant général d'Artillerie, ne peut pas être suspecté d'avoir négligé dans son Histoire des guerres de Louis XIV, de rapporter les succès de l'arme à laquelle il appartenait.

Dans toutes ses campagnes, Turenne, quand il veut faire une expédition un peu rapide, abandonne son Artillerie, qu'il met en sûreté dans quelque place avec le gros de son infanterie, et marche avec le reste de son armée; ou bien il marche en avant avec sa cavalerie et très-peu d'infanterie; le reste de l'armée le rejoint plus tard. C'est ainsi qu'il exécuta, dans sa fameuse campagne de 1674, sa marche à travers la Lorraine pour rentrer en Alsace par Béfort. Dans les deux combats qu'il livra ensuite, il n'eut pas occasion de se servir du peu de canon qui l'avait rejoint.

La proportion des trois armes varie beaucoup dans les armées de Turenne, la cavalerie est le plus souvent presque aussi nombreuse que l'infanterie; son Artillerie n'est jamais considérable, elle est au plus d'une bouche à feu par mille hommes. L'Artillerie des Allemands, qui ont quelquefois des pièces de bataillon, est généralement dans une plus forte proportion.

Une chose fort remarquable, c'est que dans toutes les batailles que livra Turenne, il prit l'initiative de l'attaque; cela explique comment il se fait que l'Artillerie n'y joue qu'un très-faible rôle.

Turenne range ses armées sur deux lignes avec une réserve; l'infanterie au centre, la cavalerie aux deux ailes. L'Artillerie est dispersée sur tout le front de l'infanterie.

Cette initiative, prise constamment par un général aussi prudent que Turenne, prouve que les troupes commençaient à se mouvoir en ordre, à manœuvrer bien mieux que précédemment ; aussi le voit-on, dans ses dernières batailles, faire agir sa cavalerie par sa vitesse et son choc, en lui recommandant de ne se servir que du sabre. En jetant un coup d'œil sur les plans des batailles de ce général, on voit que, dans les dernières, l'arrangement des troupes est moins régulier, moins symétrique ; l'attaque ou la défense des bois, des villages, des haies y jouent un plus grand rôle ; la scène est plus variée, l'infanterie se plie mieux à la nature, aux accidents du terrain. Mais tout cela est bien loin encore de la mobilité où l'on est parvenu depuis.

Bataille des Dunes (1658) (1). — Turenne assiégeait Dunkerque, lorsque l'armée espagnole s'avança, en suivant le bord de la mer, pour secourir la place. Ayant appris que l'armée ennemie était séparée de son Artillerie, qui ne pouvait la rejoindre que dans quelques jours, Turenne résolut de sortir de la circonvallation, de marcher contre l'armée espagnole et de la combattre. Il ne laisse dans son camp que les troupes nécessaires à la garde des retranchements, et marche à l'ennemi avec le reste de l'armée. Il range ses troupes sur deux lignes, l'infanterie au centre, la cavalerie aux ailes, avec une réserve de cavalerie en arrière. La première ligne occupait plus d'une lieue d'étendue, du canal de Furnes à la mer : comme la pente des Dunes est assez douce, on y rangea, dit l'historien Ramsay, les bataillons et les escadrons avec tant de justesse, que les deux lignes paraissaient tirées au cordeau, malgré l'inégalité du terrain. L'armée française s'avança dans cet ordre vers l'armée ennemie, immobile dans sa position ; elle monta et descendit plusieurs fois les Dunes, et lorsque le canon se trouvait sur les hauteurs, elle en tirait quelques volées ; les Espagnols essuyèrent ainsi quatre ou cinq décharges. *L'armée française*

---

(1) Ramsay, *Histoire du vicomte de Turenne*.

allait au petit pas pour garder les rangs dans un terrain si inégal, et fut trois heures à faire le quart de lieue qui était entre les deux armées. Il était huit heures quand on arriva près des Espagnols. Alors le vicomte, ayant fait remettre en ordre ce que la marche avait dérangé, donna le signal du combat. La cavalerie française aborde aussitôt l'ennemi, et il n'est plus question d'Artillerie pendant la bataille. C'était cependant ici, selon toutes les apparences, une des circonstances les plus favorables pour en faire usage. L'ennemi, qui n'en avait pas, occupait sur quelques dunes d'assez fortes positions; on pouvait concentrer le feu des pièces sur les plus importantes; mais non, l'Artillerie fait sur le front de l'armée un quart de lieue en trois heures pour quelques coups de canon insignifiants.

Le colonel Carrion-Nisas, dans son *Essai sur l'Histoire générale de l'Art militaire*, prétend que la lenteur de Turenne était calculée pour que le reflux de la mer permît à son aile gauche de tourner l'aile droite des Espagnols; mais rien dans les historiens du temps ne l'indique, et les Espagnols avaient bien plus de temps qu'il ne leur en fallait pour faire passer à leur droite les troupes nécessaires à la défense de l'espace que la mer laissait à sec. La lenteur de la marche de Turenne n'avait probablement pas d'autre motif que la crainte du désordre en présence d'une armée où se trouvait Condé; nous devons pourtant dire que si on en croit la légende du plan de cette bataille, la droite des Espagnols était battue par le canon des vaisseaux anglais dont Turenne voulait peut-être attendre l'effet.

Bataille de Sintzheim (1674) (1). — Turenne fait exécuter à son armée le passage d'un défilé escarpé pour aller attaquer l'ennemi en position sur une hauteur. On voit que

---

(1) Grimoard, *Histoire des quatre dernières campagnes du maréchal de Turenne.*

sa cavalerie a l'habitude des manœuvres; après son passage, elle se forme promptement près de l'ennemi sur plusieurs lignes.

L'Artillerie ne joue qu'un rôle peu important dans la bataille; elle est même sur le point d'occasionner un désastre, lorsque, parvenue au haut du défilé, elle est près d'arriver en ligne, ses chevaux, effrayés par les cris de : Vive monsieur de Turenne! et les coups de fusil que l'on commence à tirer, se sauvent, descendent à travers l'infanterie et la cavalerie, et vont jeter le désordre jusqu'à l'entrée du défilé. Turenne prend alors le parti d'arrêter tout le mouvement des troupes, et de faire revenir l'Artillerie.

Dans cette bataille, la cavalerie française ne combat plus avec les armes à feu comme nous avons vu combattre celle de Gustave-Adolphe; elle charge aux allures vives, et commence à ne se servir que de l'arme blanche.

Bataille d'Entzheim (14 octobre 1674) (1). — On voit Turenne, après avoir passé une petite rivière, développer son armée en bataille, disperser son canon en avant de sa ligne, et s'avancer dans cet ordre jusqu'à portée de l'ennemi. Alors il prend l'offensive pour s'emparer d'un bois situé à sa droite, et son Artillerie lui devient peu utile. Les Allemands, restant plus longtemps sur la défensive, et ayant une Artillerie plus nombreuse, en tirent un plus grand parti. Ils font éprouver des pertes à l'armée française sur tout son front. Ils ont aussi des pièces plus mobiles; ils les font avancer avec leurs bataillons pour la défense du bois; mais bientôt leur cavalerie se porte en avant, au centre et à la droite; l'Artillerie et l'infanterie ne reprennent un rôle actif que lorsque la cavalerie repoussée vient chercher derrière elles un refuge.

---

(1) Grimoard, *Histoire des quatre dernières campagnes du maréchal de Turenne.*

Dans cette affaire, on remarque que la cavalerie allemande commence à manœuvrer; elle se forme assez vite en bataille de divers côtés, mais elle combat pour son compte, sans combiner ses efforts avec ceux de l'infanterie et de l'Artillerie; aussi n'a-t-elle qu'un succès éphémère.

En étudiant l'Histoire des campagnes de Turenne et de Condé, on ne les voit presque jamais, dans les batailles, s'occuper personnellement de l'emplacement de leur Artillerie, qui semble être dispersée au hasard. Il ne faut pas croire pourtant que, si l'Artillerie prend si peu de part au succès de ces grands généraux dans les batailles, elle ne fasse qu'encombrer inutilement leurs armées. A cette époque, presque toutes les villes, les villages, les châteaux, avaient encore des restes de fortification, ordinairement des murailles flanquées de tours; l'Artillerie était indispensable pour s'emparer de ces postes, qui auraient pu retarder longtemps la marche de l'armée. Dans ces cas-là, Turenne et Condé déterminaient eux-mêmes l'emplacement des batteries, et, la brèche faite, le poste était bientôt pris.

Turenne porte la guerre de position au plus haut degré de perfection; il excelle dans l'art de choisir un emplacement tel, que toutes les opérations de l'ennemi soient neutralisées, sans qu'il ose venir l'attaquer. On le voit, dans sa dernière campagne, bien inférieur en nombre à Montécuculli, jeter un pont sur le Rhin, passer sur la rive droite, suivre tous les mouvements de son habile adversaire, trouver toujours près de lui des positions inattaquables sans découvrir le pont, et restant sur la défensive, empêcher l'ennemi de passer le fleuve, le forcer même à s'éloigner faute de subsistances. Aussi Turenne, dans ses Mémoires, fait-il beaucoup plus de cas d'une marche savante que du gain d'une bataille. Avec la manière de combattre de cette époque, le général en chef ne dirigeait pas l'ensemble de son armée dans une bataille; il s'occupait à faire combattre une des parties, le centre ou une des ailes : le succès dépendait donc moins qu'aujourd'hui de ses combinaisons.

Lorsque les conquêtes et l'ambition de Louis XIV eurent coalisé contre lui presque toutes les puissances de l'Europe, il fut obligé, pour lutter avec tant d'ennemis, d'augmenter son état militaire, et rendit ses armées fort considérables. Mais l'organisation de ces armées, bonne ou du moins suffisante pour celles des Turenne et des Condé, qui ne commandaient ordinairement que vingt à trente mille hommes, devint très-défectueuse lorsqu'il s'agit de faire mouvoir des masses réunies de soixante, quatre-vingts, cent mille hommes. Une pareille tâche aurait exigé des hommes supérieurs, et les généraux auxquels Louis XIV confia ses armées, vers la fin de son règne, étaient, pour la plupart, au moins médiocres. Turenne, lorsqu'il fut devenu maréchal, eut souvent à partager le commandement avec un ou plusieurs généraux du même grade; mais alors chacun d'eux commandait une armée distincte. C'étaient donc plusieurs armées qui se trouvaient réunies ; les généraux délibéraient entre eux pour la direction des grandes opérations : quant au service général, chacun d'eux le dirigeait à son tour (1); ils alternaient le plus souvent par jour. Cette organisation eut tous les inconvénients attachés à la réunion de plusieurs armées, lorsqu'il n'y a pas de généralissime. Plus tard, Turenne commanda seul ses armées ; ce fut l'époque de ses plus beaux succès. Les lieutenants généraux ne se partageaient pas, comme aujourd'hui, les troupes; chacun d'eux faisait à son tour le service de lieutenant général de jour. C'était lui qui réglait tout le service général, l'ordre de marche, de campement ou de bataille. Les autres lieutenants généraux présents n'avaient, pendant ce temps, aucun commandement, si ce n'est le commandement du

---

(1) Ramsay, *Histoire du vicomte de Turenne*.

régiment qui leur appartenait, s'il était à l'armée. Il en était de même pour les maréchaux de camp, qui roulaient entre eux pour le service de jour; c'était analogue à ce qui aurait lieu maintenant s'il n'y avait, pour toute l'armée, qu'un seul état-major dont le chef changerait tous les jours. Dans une bataille, la place et le commandement des officiers généraux étaient déterminés de la manière suivante : le plus ancien lieutenant général avait le commandement de l'aile droite de la première ligne, le second celui de l'aile gauche, le troisième se mettait au centre de l'infanterie, le quatrième commandait l'aile droite de la seconde ligne, le cinquième l'aile gauche, et le sixième le centre de cette ligne; les autres lieutenants généraux redoublaient selon leur rang aux ailes ou dans le centre. Les maréchaux de camp suivaient de même pour le commandement l'ordre de leur ancienneté (1).

On vit aussi, sous Louis XIV, plusieurs maréchaux se partager le commandement sans qu'il y eût pour cela plusieurs armées. Alors chacun profitait du temps de son commandement pour suivre ses idées, qui étaient souvent tout à fait opposées aux idées de celui qui devait commander le jour suivant.

La France essuya de grands revers. L'organisation de l'Artillerie, aussi défectueuse que celle de l'armée, l'empêcha de rendre de grands services. Elle ne fit, le plus souvent, qu'augmenter le désordre, sans que son action vînt dans les batailles compenser les embarras qu'elle avait donnés dans les marches. Le corps entier tomba en France dans un grand discrédit.

En 1690, à la bataille de Fleurus (2), on voit notre Artillerie employer beaucoup de temps à se placer. A peine

---

(1) Quincy, *Histoire militaire des guerres de Louis XIV*.
(2) Quincy, *Maximes et Instructions sur l'art militaire*.

y est-elle parvenue, et a-t-elle commencé à tirer, que les troupes s'engagent ; elle ne sert plus à rien pendant le reste de la bataille, où elle s'épuise en vains efforts pour se déplacer.

Ce n'est habituellement que sur la défensive que le canon est très-meurtrier. A la bataille d'Hoschstedt, l'Artillerie répartie sur toute la ligne tua deux mille hommes aux ennemis sans parvenir à repousser leurs attaques, parce qu'il ne suffit pas de tuer des hommes pour gagner des batailles. L'Artillerie fut cependant employée avec un art et une efficacité admirables par le prince Eugène à la bataille de Malplaquet, dont nous devons donner une relation succincte.

Bataille de Malplaquet, livrée le 11 septembre 1709 (1). L'armée des alliés, commandée par le prince Eugène et le duc de Marlborough, menaçait Mons, et le maréchal de Villars s'avançait pour couvrir la place, quand il fut prévenu que l'armée ennemie se trouvait à peu de distance. Villars, qui croyait son armée inférieure à celle des ennemis, se hâte de rectifier et de fortifier sa position ; les armées restèrent un jour et demi en présence, parce que les généraux alliés durent attendre qu'ils eussent réuni toutes leurs forces pour attaquer les Français.

L'armée française avait sa droite dans le bois de Lagnière et appuyait sa gauche, placée en avant du bois de Sart, à un marais qui était regardé comme infranchissable ; on avait travaillé à couvrir la trouée du centre par quelques retranchements. La droite et la gauche de cette trouée allaient en s'abaissant vers les bois, le centre était occupé par un plateau qui traversait la position. La ligne de bataille formait un angle dont le saillant assez prononcé s'avançait sur le plateau.

---

(1) Quincy, *Histoire militaire de Louis le Grand*, tome VI, page 186.

Le prince Eugène avait placé les Anglais à sa droite et les Hollandais à sa gauche; il était au centre avec les Allemands.

Un brouillard fort épais qui s'était élevé dans la nuit, s'étant dissipé vers sept heures du matin, le feu de l'Artillerie commença en même temps de part et d'autre. Les troupes françaises placées au centre souffrirent beaucoup. Les Anglais qui s'avancèrent les premiers vers notre gauche furent d'abord repoussés; mais l'opiniâtreté de plusieurs attaques successives obligea le maréchal de Villars, qui commandait dans cette partie, à prendre quelques brigades qui dégarnirent la gauche de la trouée; malgré des efforts glorieux, les Français ne purent garder le bois de Sart, parce que les Anglais tournèrent leur gauche en traversant le marais que l'on avait cru, à tort, infranchissable. La gauche des Français, retirée en arrière du bois, forma dans la plaine une ligne qui empêcha les Anglais de pousser plus avant. Le maréchal de Villars, combattant avec ardeur pour refouler les Anglais sur ce point important, fut blessé au genou; on fut obligé de l'emporter du champ de bataille.

Cependant la droite des Français, commandée par le maréchal de Boufflers, avait été attaquée par les Hollandais qui furent repoussés avec une grande perte, malgré la protection de deux batteries croisées qui faisaient de terribles ravages dans les bataillons et dans les escadrons des Français. Notre cavalerie voulut sortir pour charger les pièces, mais elle ne put supporter leur feu et revint dans l'intérieur des retranchements où elle ne se trouva pas beaucoup plus à l'abri des boulets.

Jusque-là, l'armée française, quoiqu'elle eût perdu du terrain à sa gauche, avait assez bien résisté pour pouvoir conserver sa position; mais avant de renoncer à la forcer, le prince Eugène voulut faire une tentative sur le centre.

Il fit venir, pour soutenir son attaque, une partie de l'infanterie de sa gauche, et il recommanda aux deux ailes d'entretenir toujours leur feu, puis il fit avancer son Artillerie. Comme la droite des alliés avait gagné beaucoup de terrain, ils purent placer dans cette partie des batteries qui croisèrent leur feu avec celles qui battaient directement les retranchements. Cette canonnade épouvantable fit tellement souffrir les troupes françaises postées près des retranchements, que l'infanterie allemande qui y marchait n'eut aucune peine à y entrer. Le prince Eugène arrêta alors les troupes et les empêcha de poursuivre les Français; il se fit joindre par son Artillerie, dont le feu réuni à celui de l'infanterie, contraignit la cavalerie française à s'éloigner sans avoir chargé. Dès que le prince Eugène avait vu so infanterie près des retranchements, il avait envoyé ordre à toute sa cavalerie déjà rangée en colonnes, mais tenue à couvert du canon des Français, de s'avancer à toute bride, ce qu'elle fit aussitôt. Vingt escadrons passèrent d'abord dans les intervalles que les Français avaient laissés dans les retranchements pour faire sortir leur cavalerie en cas de besoin. Les vingt escadrons, suivis bientôt des autres, se mirent en bataille sur plusieurs lignes. Ils furent attaqués par la cavalerie française qui exécuta à plusieurs reprises les charges les plus brillantes; mais elle fut toujours arrêtée dans ses succès par le feu de l'infanterie et de l'Artillerie qui donnaient à la cavalerie allemande la protection nécessaire pour se rallier. Le feu de trente pièces de canon que les ennemis avaient tournées contre sa cavalerie décida le maréchal de Boufflers, qui avait chargé six fois avec la plus brillante valeur, à commencer la retraite. Il envoya ses ordres de tous côtés et fit retirer soixante-six pièces de canon; les autres étaient démontées et ne purent être emmenées. La retraite des Français s'exécuta sans perte et en très-bon ordre, sous la protection d'une arrière-garde commandée par le chevalier de Luxembourg, qui acquit là beaucoup de gloire.

Cette bataille, une des plus sanglantes de l'époque, coûta aux alliés vingt-cinq mille hommes tués ou blessés. La plus grande perte fut essuyée par les Anglais et par les Hollandais; tandis que les Français n'eurent, dit-on, que sept à huit mille hommes tués ou blessés. Les alliés avaient cent soixante-douze bataillons, trois cents escadrons et cent vingt pièces de canon; l'armée de France avait cent trente bataillons, deux cent soixante escadrons et quatre-vingts pièces de canon; de sorte que les alliés étaient supérieurs aux troupes de France de quarante-deux bataillons, de quarante escadrons et quarante pièces de canon.

Nous voyons ici, sous la direction du prince Eugène, l'Artillerie des Allemands se mouvoir avec intelligence et habileté; dans l'attaque, elle croise ses feux sur les troupes de soutien; dans la défense, elle protége le ralliement des troupes et prend partout une grande part au succès. Quincy ne nous donne aucun détail sur l'Artillerie française, et dit seulement qu'elle fut très-bien dirigée par M. de Saint-Hilaire. Il est probable que notre Artillerie fut répartie à peu près également sur toute la ligne et qu'elle resta immobile jusqu'au moment de la prise des retranchements qu'elle a dû quitter avant l'arrivée de l'ennemi, puisqu'il ne s'en empara pas. A voir l'énorme perte des alliés, on ne peut guère douter du témoignage de Quincy, qui atteste que notre Artillerie fut très-bien servie; mais cet exemple montre quelle différence il y a entre tuer des hommes et produire des effets décisifs. La manière dont fut placée la cavalerie française dut augmenter beaucoup les effets de l'Artillerie ennemie. En étudiant sur le plan, avec la légende, les détails de cette bataille, on voit que la cavalerie française était dès le commencement rangée sur de longues lignes très-rapprochées des retranchements qui présentaient le flanc au feu de l'Artillerie des alliés. La cavalerie du prince Eugène est, au contraire, placée en colonnes et derrière des abris qui la mettent à couvert, ce qui ne l'empêche pas de prendre part à l'action, parce qu'elle accourt avec rapidité au moment du besoin. Il semble que le maréchal de Villars aurait dû, car il en avait encore bien plus de raison, agir de même que son habile adversaire et tenir comme lui sa cavalerie en arrière; mais avant de blâmer un homme tel que Villars d'une disposition qui semble une faute, il faut savoir s'il pouvait agir autrement qu'il ne l'a fait. L'art des manœuvres était alors peu avancé en France, et peut être la cavalerie française n'aurait-elle pas pu exécuter sans un grand désordre des mouvements possibles à la cavalerie du prince Eugène. Ce qu'il y a de certain, c'est que ce n'est pas faute de bravoure que les Français perdirent la bataille de Malplaquet. Quelques parties de l'art, plus avancées alors chez les Allemands que chez nous, donnèrent peut-être seules l'avantage aux alliés. Ce fait, que nous ne sommes pas parvenu à éclaircir, paraîtra plus probable quand nous aurons exposé les moyens de succès employés par Frédéric II. Nous verrons alors que les Français, se reposant sur les institutions militaires qu'ils avaient créées, et trop confiants dans la gloire qu'ils avaient acquise, se sont laissés dépasser dans plusieurs parties de l'art par des adversaires qui ont fini par les vaincre.

Nous ne terminerons pas ce que nous avions à dire de la bataille de Malplaquet, sans faire remarquer que des attaques sur diverses parties de notre ligne s'exécutent successivement et sans désordre avec une grande hardiesse. Ce ne sont plus les lignes entières qui marchent tout d'une pièce: chaque élément de l'armée semble avoir acquis de la confiance et de la mobilité. Un passage de Quincy va nous montrer combien de pareils mouvements offraient de difficultés à cette époque dans les armées françaises.

De la marche de l'armée.

...... « (1) La manière de marcher sur trois colonnes,
» ou sur autant de lignes que l'armée en forme dans le
» camp, est excellente lorsque les ennemis sont campés
» sur les flancs de la marche, et que l'on veut marcher en
» avant, si ce n'est que l'Artillerie, les vivres et les
» bagages doivent marcher sur la gauche de la seconde
» ligne, si les ennemis sont sur la droite de l'armée; et au
» contraire sur la droite, si les ennemis sont à la gauche;
» parce que, s'ils venaient combattre l'armée pendant sa
» marche, les escadrons faisant une caracolle, et les batail-
» lons un quart de conversion, les deux lignes de l'armée
» se trouveraient en bataille, et l'Artillerie marchant à la
» hauteur des troupes devant lesquelles elle doit être por-
» tée, passant par les intervalles des deux lignes, se trou-
» verait en peu de temps à la tête de la première ligne.
» Mais il faudrait pour cela que chaque bataillon et
» chaque escadron laissât en marchant des intervalles con-
» venables pour pouvoir faire cette manœuvre sans con-
» fusion, et qu'on eût soin de combler les fossés que la
» cavalerie trouve devant elle, et de faire couper les haies
» qui pourraient l'empêcher d'agir.... »

On voit qu'il est ici question de marcher en colonnes
avec distances, par escadrons et par bataillons entiers, ce
que le terrain ne permet presque jamais. L'exécution de ce
mouvement devait être d'autant plus difficile, qu'on laissait alors dans la ligne de bataille des vides égaux aux
pleins, pour que la seconde ligne pût passer en avant de
la première si celle-ci était repoussée.

...... « Lorsque l'armée est obligée de marcher de la

---

(1) Quincy, Maximes et Instructions sur l'art militaire.

» manière que je viens de dire, c'est-à-dire en prêtant le
» flanc à l'ennemi, et qu'il est assez près pour faire
» craindre de ne pouvoir exécuter assez promptement cette
» manœuvre, l'armée, pour plus grande sûreté, peut mar-
» cher selon l'ordre de bataille, c'est-à-dire les escadrons
» sur trois rangs à la file, et les bataillons sur cinq. Si
» c'est par sa droite, les trois rangs du premier escadron
» de ce côté tournent la tête des chevaux à droite, et ces
» trois rangs marchent à la file les uns des autres : les offi-
» ciers font la même chose dans leurs rangs, ainsi que tous
» les escadrons qui forment l'aile droite de l'armée. Les
» bataillons sont pareillement à droite, dont les cinq rangs
» marchent à la file, observant de laisser les intervalles
» des rangs, le reste de l'armée faisant la même manœuvre.
» Si l'ennemi se présente pour la combattre, toute l'armée
» faisant à gauche se trouve dans le moment en bataille.
» On en usera de la même manière si l'on marche par la
» gauche. Cet ordre de marche ne peut se tenter que dans
» une plaine, car autrement cette manœuvre serait bien
» difficile dans l'exécution ; mais, comme une pareille
» marche est très-dangereuse à faire devant un ennemi qui
» est à portée de profiter du moindre avantage qui se peut
» présenter, on ne doit point la tenter, à moins qu'on n'y
» soit absolument forcé, soit par la disette des vivres ou du
» fourrage, ou lorsqu'on est fort supérieur à l'ennemi,
» ou bien lorsqu'il est retranché ; parce que les retranche-
» ments sont des obstacles qui empêchent qu'on ne puisse
» aisément marcher à vous ; et pour lors une armée a le
» temps de se mettre en bataille, avant que l'ennemi soit
» en état d'y être. »

Nous avons dit que François Ier avait établi des commissaires et officiers d'Artillerie dans diverses provinces, sous le commandement d'un lieutenant du grand maître pour chaque province. Cette organisation subsistait encore. Les officiers d'Artillerie n'étaient point officiers dans le sens actuel du mot, qui signifiait seulement alors pourvu d'un office. Ils étaient, comme certains officiers d'administration de nos jours, sans aucun grade dans l'armée, et ils n'avaient aucune troupe sous leurs ordres. Au moment d'une guerre, les officiers de l'Artillerie sous les titres de commissaires provinciaux, commissaires ordinaires, commissaires extraordinaires, officiers pointeurs, canonniers, étaient réunis et pourvus du matériel nécessaire. Un corps de pionniers, qui était levé et organisé seulement au moment d'entrer en campagne, les aidait dans leur service; ces pionniers étaient licenciés à la paix.

A l'époque où la garde de l'Artillerie était un danger et un honneur, les Suisses, ou à leur défaut le corps d'infanterie le plus en réputation, en avaient le privilége. Lorsque l'Artillerie ne fut plus réunie sur un seul point du champ de bataille, mais répartie sur tout le front, et que les manœuvres et l'organisation de l'infanterie eurent fait des progrès, il n'y eut plus aucun corps attaché spécialement à la garde de l'Artillerie.

En 1668 (1), Louis XIV, voulant donner une organisation aux canonniers répartis dans les places, en forma six compagnies. L'extension que prit l'armée amena celle des compagnies de canonniers, dont le nombre fut bientôt doublé.

En 1671, on sentit l'inconvénient attaché aux alternatives de licenciement et de formation des troupes chargées d'aider les canonniers dans le service de l'Artillerie. Louis XIV créa, pour y remédier, le régiment des fusiliers du roi. Ce régiment, ainsi nommé parce qu'il fut le premier en France armé de fusils, devait être employé tout entier au service et à la garde de l'Artillerie. Il prit bientôt une grande augmentation et fut composé de six bataillons.

---

(1) Sicard, *Histoire des institutions militaires des Français*, tome II.

Mais les officiers de ce régiment voulaient éviter d'être regardés comme attachés à l'Artillerie, dont les charges ne donnaient pas de droits à la noblesse, et il en résulta de grands inconvénients que Vauban nous exposera (1).

Nous avons dit que la charge de grand maître avait été érigée par Henri IV en charge de la couronne, c'est-à-dire que le grand maître devait recevoir ses ordres du roi et ne rendre compte qu'à lui. Louvois eut soin de ne faire donner la charge de grand maître qu'à des seigneurs de la cour fort bien placés dans la faveur du roi, mais tout à fait étrangers au service de l'arme. En agissant ainsi, Louvois avait pour but d'ajouter à son ministère les attributions de grand maître, ce qui eut lieu tant qu'il vécut. Après sa mort, Vauban se joignit à deux lieutenants généraux d'Artillerie, Saint-Hilaire et la Frizelière, et présenta un Mémoire au roi pour lui signaler le vice de l'organisation de l'Artillerie, et proposer les moyens d'y remédier. Parlant du régiment des fusiliers, il dit : « Quand il se présente
» un jour de bataille, il abandonne le canon pour com-
» battre en ligne, ou n'y laisse que les plus mauvais soldats,
» ce qui se prouve par l'exemple de la bataille de Fleurus,
» où moitié du canon devint inutile après la première dé-
» charge, faute de canonniers et de soldats pour le servir.

» Les officiers de ce régiment ne se comptent point du
» corps de l'Artillerie, ou n'y prennent que le moins de
» part qu'ils peuvent, se contentant d'y employer simple-
» ment les soldats qu'on leur demande, et de les remettre
» aux commissaires qui, n'étant point connus d'eux pour
» leurs officiers naturels, en sont toujours mal obéis ; à cela
» joint que les officiers de ce régiment ne se mêlant point
» du canon ni des batteries, leurs soldats n'en sont nulle-

---

(1) *Mémoire de Vauban sur l'Artillerie*, page 259, du *Traité d'attaque des places*, édition Augoyat.

» ment instruits; et comme le soldat suit son officier natu-
» rel et l'accompagne partout, il perd bientôt ceux d'Artil-
» lerie de vue; d'où s'ensuit que, ne les voyant que par des
» intervalles de plusieurs mois et quelquefois de plusieurs
» années, il oublie facilement de les connaître dans l'occa-
» sion, jusqu'à leur manquer de respect même dans les
» affaires plus pressantes, où l'officier d'Artillerie n'étant
» pas en pouvoir de les châtier, est réduit à s'en plaindre
» dans le temps qu'il doit être le plus occupé à les faire agir.

» ..... La privation des honneurs et récompenses aux-
» quels les autres troupes parviennent par leurs services,
» les abaisse et passe chez eux pour de véritables mar-
» ques du peu de cas qu'on en fait. Ces abaissements ont
» rebuté et abattu le cœur de quantité d'honnêtes gens,
» qui se sont retirés du service ou sont tombés dans des re-
» lâchements qui font grand tort à ce corps. »

Vauban propose de faire de tout ce qui est au service de l'Artillerie, en réunissant les canonniers, le régiment des fusiliers et celui des bombardiers, trois régiments dans lesquels les grades seraient donnés aux lieutenants du grand maître et aux commissaires. Ces trois régiments forment un effectif de trois mille cinq cents sous-officiers ou soldats, qui doivent suffire à tous les besoins de l'Artillerie. Il ajoute :

« Il ne faut pas douter que de tels régiments bien discipli-
» nés, instruits et bien exercés, ne servissent très-bien l'Ar-
» tillerie, les bombes et le canon dans quelque siége que
» ce pût être; n'y en eût-il qu'un dans une grande armée,
» d'où on pourrait encore tirer des détachements de deux
» ou trois cents hommes pour jeter dans les places plus
» menacées pendant la campagne; pour lors, il ne tiendrait
» qu'à Sa Majesté, que l'Artillerie ne lui fût aussi utile
» dans les batailles, combats de poste, attaques de lignes,
» retranchements, grands fourrages, grosses escortes que
» dans les siéges; et on oserait bien se promettre qu'elle y

» pourrait, selon qu'elle y serait employée à propos, en
» partager les avantages avec la cavalerie et l'infanterie, ou
» du moins en être pour son tiers, et pour le quart, de
» même qu'elle est pour la belle moitié dans les siéges. »

Vauban vient de nous expliquer les causes du peu de succès de l'Artillerie dans les dernières campagnes de Louis XIV ; un autre auteur va nous donner sur nos armées à cette époque des renseignements qui nous expliqueront les causes de leurs revers.

Le maréchal de Puységur (*L'Art de la guerre*).—L'infanterie était rangée sur huit rangs dans les premières guerres de Louis XIV ; elle le fut ensuite sur six, cinq, quatre et quelquefois trois à la fin des campagnes, sans qu'il y eût aucune règle fixe à ce sujet ; les rangs étaient à 13 pieds de distance l'un de l'autre. Tant qu'il y eut des piques et des mousquets, les piques furent placées au centre, les mousquets aux deux ailes sur le même nombre de rangs. Le nombre des rangs fut diminué à mesure que la proportion des armes à feu fut augmentée.

Tant que les piques furent en usage, le bataillon fut composé de trois parties : le *corps* de piques et les *manches* de mousquets. Mais quand tous les soldats furent armés de fusils, il ne resta plus d'autre division que celle des files. Les officiers répartis par ancienneté en avant du front ou en arrière du bataillon n'avaient aucun commandement spécial ; on conçoit, d'après cela, quelle difficulté il devait y avoir à se maintenir ou à se remettre en ordre. Voici ce que dit à ce sujet Puységur :

« Quand ce bataillon marche pour combattre, comme il
» n'a d'autre division que celle des files, qui ont une égale
» liaison entre elles depuis celle de la droite jusqu'à celle
» de la gauche, il se dérange encore bien plus facilement,
» surtout depuis la suppression des piques ; car auparavant
» le bataillon était au moins divisé en trois parties, le corps

» des piques au centre du front, ayant une manche de
» mousquets à sa droite et une à sa gauche ; mais dès que
» ceux dont il s'agit se mettent en mouvement, ces petites
» parties perdent leur arrangement, les unes se serrent
» plus, d'autres s'ouvrent davantage ; dès qu'il y a des hom-
» mes tués ou blessés, ou qui quittent les rangs, il n'est plus
» question d'arrangement de files. Si ce bataillon, au lieu
» de marcher de front, est contraint par le terrain de défiler
» par parties de plus ou de moins de front, il n'y a nulle
» division marquée, en sorte que pour les faire juste sui-
» vant le terrain, il faudrait compter les files depuis celle
» de la droite jusqu'à celle de la gauche, comme il se prati-
» que à des revues et à des exercices pour les diviser en plus
» ou en moins de parties, suivant la largeur du terrain par
» où il faut défiler ; ou autrement tout passe en confusion,
» tant soldats qu'officiers, lesquels ont bien de la peine à
» reprendre leurs rangs. »

On ne savait faire le maniement des armes qu'à rangs ou-
verts ; cela exigea une grande distance entre les rangs tant
qu'il y eut des piques. Quand la disposition du terrain obligeait de rompre le bataillon et d'attaquer en colonne, la
moitié des capitaines se plaçait à la tête, les autres à la
queue de la colonne, aucun ne restait avec les divisions du
centre. On conçoit la difficulté qu'on devait éprouver pour
faire marcher en ordre et reformer le bataillon.

Les manœuvres de la cavalerie étaient encore moins
avancées que celles de l'infanterie ; les rangs dans la cavalerie étaient à 12 pieds de distance l'un de l'autre ; il n'existait aucune division de l'escadron, chaque capitaine n'ayant
aucun commandement particulier ; on ne connaissait guère
que le caracol ou demi-tour par escadron. Pour l'exécuter,
les rangs prenaient de grandes distances, et chacun d'eux
exécutait successivement sur le même point, un quart de
conversion à pivot mouvant ; tous les rangs se redressaient

et marchaient dans la nouvelle direction pour aller exécuter plus loin un autre quart de conversion. Cette manœuvre très-longue exigeait beaucoup de terrain ; on avait pris des Allemands une autre manœuvre qui remplissait plus simplement le même but; elle se nommait le *wider-tzourouk* et consistait à mettre l'escadron en mouvement pour que les rangs pussent prendre de grandes distances ; puis un certain nombre de cavaliers sortaient des rangs, chacun exécutait un demi-tour individuel et rentrait dans le rang, sans s'inquiéter s'il avait bien la même place qu'auparavant.

Tout cela fait concevoir quelle difficulté la cavalerie devait éprouver à se mouvoir ; aussi ne pouvait-elle guère faire autre chose que se former dans un terrain favorable et charger. Après la charge, chacun se battait ou se sauvait pour son propre compte ; il était rarement question de ralliement.

Notre cavalerie était à peu près la seule qui eût l'habitude de charger sans se servir de son feu, et l'on ne doit pas s'étonner de la réputation que nous avions alors de n'être redoutables qu'à la première attaque ; que cette attaque réussît ou non, il en résultait un désordre irréparable.

On savait bien à cette époque former un bataillon carré, mais il fallait auparavant compter les files pour faire quatre divisions, et faire mouvoir séparément chacune d'elles, pour former un côté du carré. C'était donc une opération très-longue, impraticable dans les cas imprévus.

Pendant le règne de Louis XIII et la minorité de Louis XIV, on avait adopté un usage qui se pratiquait encore souvent au temps où Puységur écrivait. On rangeait l'armée en bataille sur deux lignes, en laissant entre deux bataillons ou deux escadrons un intervalle égal à l'étendue du front, afin qu'ils pussent faire leur conversion sans se choquer ou se rompre.

Il faut lire l'ouvrage de Puységur tout entier, connaître la complication des mouvements qu'il propose, pour voir comme tous les éléments de l'art de la guerre étaient encore dans l'enfance. On aura alors une idée des embarras des marches d'une armée de cette époque, et du temps qu'il lui fallait pour se mettre en bataille. Les régiments se croyaient alors le droit d'occuper toujours, d'après l'ancienneté de leur création, la droite dans l'ordre de bataille ou la tête dans les colonnes. On tenait d'autant plus à ce privilége qu'il donnait des avantages réels ; un régiment plus ancien arrivait plus tôt dans les camps, avait plus tôt ses distributions, et restant moins longtemps en route, éprouvait moins de fatigue. Le général de Puységur, père du maréchal, raconte dans ses Mémoires, qu'à une certaine affaire dans une occasion très-pressante, où pour ranger plus vite les troupes en bataille, il ne les avait pas placées d'après leur rang d'ancienneté, les régiments qui devaient avoir la droite, quittèrent leur position pour aller prendre leur rang. Un abus aussi funeste ne put être entièrement détruit que par la Révolution.

Les intervalles entre les bataillons ou les escadrons et les distances en marche n'avaient rien de réglé. Voici comment le maréchal de Puységur en représente les inconvénients :
« Comme il n'y a rien de réglé, toutes les fois que les ar-
» mées se mettent en bataille dans des plaines, soit qu'elles
» marchent de front à l'ennemi ou qu'elles le côtoient, en
» s'allongeant par les flancs ou de toute autre manière, il
» arrive que les uns font serrer les bataillons ou escadrons,
» les autres les font arrêter pour leur faire laisser de
» grandes distances ; en sorte que l'on voit les troupes aller
» en avant, puis revenir en arrière, ce qui fait que l'ordre
» de bataille ne se forme pas. L'ennemi qui a plus tôt
» formé le sien profite de l'occasion, marche sur vous et
» vous trouvant en désordre, vous renverse. C'est ce qui a
» donné lieu au proverbe qui dit que l'on perd bien des ba-
» tailles faute de savoir se mettre en bataille. »

On ne doit plus s'étonner que ranger les troupes en bataille en ligne droite ait été longtemps un art difficile, qui a fait la fortune de beaucoup de militaires.

Puységur ne s'occupe que très-peu de l'Artillerie ; il n'en parle que pour en faire une colonne à part dans les marches, afin d'éviter les retards et les encombrements qu'elle occasionne aux troupes. On voit que l'Artillerie n'est à ses yeux qu'un accessoire. Les autres auteurs militaires de cette époque n'y attachent pas non plus une grande importance.

Feuquières (1) en parle fort peu ; Folard base tout son système d'ordre profond sur cette idée, que le canon n'est pas plus dangereux que les machines des anciens.

C'est quatre cents ans après sa naissance que l'Artillerie a aussi peu d'importance dans la guerre de campagne. Mais si jusqu'à présent ses progrès ont été lents, ils vont être bien plus rapides à l'avenir.

CHAPITRE III.

DEPUIS LE SYSTÈME VALLIÈRE JUSQU'AU SYSTÈME GRIBEAUVAL.

Système Vallière. *Mémoires de Saint-Remy.* — Saint-Remy nous a, comme Diego Ufano, laissé un Traité complet d'Artillerie ; son ouvrage rend parfaitement compte de l'état où elle était parvenue lorsque Vallière créa son système.

Les règlements et ordonnances qui, sous Henri IV, fixaient les six calibres des pièces, ne tardèrent pas à tomber en désuétude. L'art des fontes et du forage était trop peu avancé pour permettre de donner aux pièces exactement le calibre que l'on désirait. L'adjonction à la France de plusieurs pro-

---

(1) Mémoires du marquis de Feuquières.

vinces conquises sur les Espagnols et les Allemands introduisit l'usage de leurs calibres. D'ailleurs, à cette époque, il n'existait pas en France une centralisation puissante comme celle d'aujourd'hui, et les lieutenants du grand maître jouissaient dans leur province d'une grande indépendance. Aussi chacun tentait sur les calibres, la forme, les longueurs des pièces, leurs âmes, leurs chambres, des essais de toute sorte. Saint-Remy, qui rend compte d'un grand nombre de ces essais, nous fait voir que déjà, à cette époque, on avait senti l'inconvénient d'avoir en campagne des pièces trop lourdes, et que de nombreuses recherches avaient été faites pour diminuer le poids des pièces sans perdre de la grosseur du calibre.

Tous les efforts que l'on fit sous Louis XIV eurent leur utilité, et les fondeurs firent faire de grands pas à leur art; mais le manque d'uniformité entraîna de graves inconvénients: lorsque des portions d'équipages étaient tirées de diverses provinces, les pièces et les projectiles de l'une ne pouvaient pas servir pour l'autre. C'est pour y remédier que Vallière le père, nommé directeur général de l'Artillerie en 1720 (1), fit rendre une ordonnance qui fixa définitivement les calibres des pièces, et il eut assez d'autorité pour la faire exécuter, par suite des modifications apportées à l'organisation du corps. La suppression des lieutenants du grand maître, celle des emplois et des titres des *lieutenants généraux d'Artillerie*, permirent de centraliser le service de l'arme.

Les calibres adoptés furent ceux-ci : 24, 16, 12, 8 et 4. Les pièces de 24 et de 16 eurent au fond de l'âme de petites chambres appelées *chambres porte-feu*, destinées à empêcher la dégradation de la pièce à la lumière ; on fixa en même temps toutes les formes de la pièce. La connaissance

---

(1) Éloge de Vallière le père, à l'Académie des Sciences en 1759. Vallière fut, en 1720, nommé inspecteur général des écoles et instructions d'Artillerie; il fut nommé directeur général des mêmes écoles en 1726.

des lois du mouvement et de l'équilibre ayant permis de déterminer la place que devaient occuper les tourillons, on plaça l'axe des tourillons à un demi-calibre au-dessous de l'axe de la pièce. Tous ces accidents dont parle Diego Ufano, et qui étaient dus à l'irrégularité et au vice de la fonte, disparurent, et on obtint une précision bien supérieure à tout ce qui avait été fait jusque-là.

Les modèles des affûts qui durent supporter les pièces furent aussi déterminés. Le charronnage était encore dans l'enfance; les affûts, construits assez grossièrement, avaient leurs essieux en bois.

L'organisation du personnel avait déjà reçu des améliorations; les idées de Vauban avaient été adoptées en partie. Le régiment des fusiliers du roi avait pris le nom de *Royal-artillerie*. On y avait d'abord fait entrer les compagnies de canonniers; plus tard, on y incorpora le régiment royal des bombardiers. Alors le vœu de Vauban fut accompli; les officiers de l'Artillerie eurent tous un grade dans l'armée; ceux qui n'étaient pas dans le régiment étant assimilés à ceux qui en faisaient partie, ils purent être admis aux Invalides, ce qui leur avait été jusqu'alors refusé.

En s'occupant de l'amélioration du sort des officiers d'Artillerie, Vallière ne négligea pas leur instruction. Pour entrer dans le corps, il devint nécessaire de faire preuve de savoir et de capacité; l'avancement même ne fut plus donné qu'en récompense du travail et du progrès. Il fallut subir un examen pour parvenir au grade de capitaine en second. De toutes les améliorations faites à cette époque, celle qui eut les plus grandes conséquences pour l'avenir, celle qui fut la véritable cause des progrès de l'arme, c'est la création des écoles d'Artillerie, car c'est là que l'expérience vint étendre et rectifier les idées.

Le poids de la charge de poudre fut fixé par Vallière aux $\frac{2}{3}$ du poids du boulet. Cette charge était introduite en deux fois dans l'âme de la pièce au moyen de la lanterne qui contenait juste la moitié de la charge. Saint-Remy recommande de mettre un bon bouchon sur la poudre et un sur le boulet, de refouler huit ou dix coups sur le premier et quatre sur le second. Le nombre des canonniers attachés à une pièce était peu considérable, et ils n'avaient pas de fonctions distinctes et déterminées. Le tir n'avait pas, par toutes ces causes, beaucoup gagné en rapidité; on commençait cependant à se servir de gargousses en papier, mais cet usage était entravé par la chambre porte-feu.

Le pointage ne s'était pas beaucoup perfectionné. On avait néanmoins rectifié à ce sujet bien des idées fausses. La trajectoire n'était plus considérée comme formée de deux lignes droites réunies par une portion de courbe, on savait que c'était une courbe continue. Galilée avait depuis près d'un siècle trouvé les lois de la pesanteur, et l'on avait cru avoir la solution complète des problèmes de la balistique, en admettant que la trajectoire était une parabole. En France, Blondel avait fait l'application des découvertes de Galilée à l'Artillerie, et avait publié *l'Art de jeter les bombes*.

Mais bientôt l'expérience fit voir que la résistance de l'air avait une influence sur le mouvement des projectiles, et la solution de la question de la trajectoire se trouva ajournée (1). Les géomètres s'en occupaient activement à l'époque où Saint-Remy écrivait. Aussi, mettant de côté toutes les erreurs de Diego Ufano, ne donne-t-il pour le pointage que des règles fort simples. Il n'adopte pour le canon que deux manières de tirer : le tir de but en blanc et le tir à toute volée, c'est-à-dire sous l'angle de 45 degrés, ou du moins sous le plus grand angle que permette l'affût.

---

(1) Servois, articles *Trajectoire* et *Balistique* du *Dictionnaire d'Artillerie* du général Cotty.

Le tir de but en blanc n'était pas le même qu'aujourd'hui : on plaçait sur la volée un *fronteau de mire* fait de telle façon que le diamètre de la volée devînt égal au diamètre de la culasse, et on visait ainsi suivant une ligne parallèle à l'axe de la pièce. Saint-Remy appelle distance de but en blanc une distance telle que le boulet ne fût pas descendu d'une quantité plus grande que son diamètre ; quoique cela ne fût pas rigoureusement applicable, on conçoit que la portée de la pièce était ainsi beaucoup diminuée. La distance de but en blanc, assez faible, exigeait que l'on imprimât au boulet la plus grande vitesse, pour ne rien perdre de la portée. Quoique dans la pratique on fût obligé de tirer à des distances comprises entre la distance de la portée à toute volée et de la portée de but en blanc, Saint-Remy ne donne pour ces cas-là aucune règle de pointage ; il est probable qu'une partie des préjugés du siècle précédent subsistait encore.

On connaissait alors les mortiers dont on se servait dans les siéges en les tirant à *deux feux*, c'est-à-dire en mettant le feu à la fusée avant de le mettre à la charge ; on avait cependant fait, pour les tirer à un seul feu, quelques essais qui avaient réussi. Les Allemands traînaient en campagne des mortiers montés sur des affûts analogues à ceux des canons ; ils les pointaient sous de petits angles en laissant l'affût sur l'avant-train ; il n'y a pas loin de là aux obusiers que les Français ne connaissaient encore que parce qu'ils en avaient pris deux aux Anglais et aux Hollandais à la bataille de Neervinden.

L'Artillerie était toujours conduite par entreprise les capitaines du charroi, qui n'avaient que le grade de sous-officiers, étaient eux-mêmes entrepreneurs.

Toute l'Artillerie d'une armée marchait réunie en une seule colonne et ne formait qu'un seul parc à l'arrivée au camp. On la partageait cependant alors en un certain nombre de brigades ayant chacune les munitions nécessaires.

Les officiers formaient le même nombre de brigades, qui alternaient ensemble pour les détachements, sans rester toujours attachées aux mêmes pièces.

On comptait dans les armées une pièce par mille hommes. Il y en avait de tous les calibres, depuis celui de 24 jusqu'à celui de 4; les munitions étaient fixées à cent coups par pièce.

L'extrait que nous allons faire de l'ouvrage de Saint-Remy achèvera de nous donner l'idée de la manière d'employer l'Artillerie à cette époque.

Ordre général pour le service de l'Artillerie le jour d'une bataille.

« Lorsque le général de l'Artillerie et ses lieutenants ont
» fait les dispositions pour le canon qui doit être aux ailes
» ou dans le centre de l'armée, chacun des commissaires qui
» commande des brigades de canon prendra les ordres du
» lieutenant qui commande du côté où sa brigade doit aller,
» et marchera à son poste.

» Chaque brigade sera pourvue de fourrage pour bourrer; herbe, paille, foin, chaume et feuilles même, tout
» est bon ce jour-là.

» Quand l'armée se mettra en bataille, l'Artillerie se
» tiendra derrière la ligne; elle ne sera avancée que lorsque la résolution d'attaquer sera prise. Il ne faut pas
» mettre le canon à la tête pour le retirer ensuite sans qu'il
» ait agi; cela déplaît aux troupes, et il est bon de faire
» faire cette attention aux officiers généraux.

» Toute la brigade du parc (à la réserve du canon et des
» munitions nécessaires pour l'exécuter, qui prendront la
» tête de la ligne pendant l'action), demeurera derrière le
» centre, où l'on sera à portée de fournir des outils, poudre, plomb, etc., aux troupes qui en manqueront. C'est
» par cette raison que la brigade du parc, composée du
» gros canon et de la plus grande partie des munitions né-

» cessaires aux troupes, prend toujours son poste au milieu
» de l'armée.

» On détachera à chaque brigade les officiers de Royal-Ar-
» tillerie et les hommes nécessaires pour l'exécuter, suivant
» le canon dont elle sera composée ; ils seront pris, autant
» que possible, parmi les vieux soldats, et point de recrues.

» Si, par exemple, les brigades sont de dix pièces cha-
» cune, chaque détachement sera de deux capitaines et de
» soixante-dix hommes, desquels on prendra trente avec
» un lieutenant pour garder les chevaux, les avant-trains.
» et encore plus les charretiers ; on les mettra dans un lieu
» à couvert, s'il est possible, mais à portée de la batterie,
» afin de pouvoir atteler diligemment quand il faudra
» déplacer le canon. Ce détachement de trente hommes
» suppléera aussi au défaut de ceux qui, exécutant les
» pièces, seront mis hors de combat. Le brigadier recom-
» mandera bien sérieusement les charretiers à l'officier
» qui commandera les trente hommes qu'on vient de dire,
» en sorte qu'il en réponde jusqu'à tuer ceux qui voudraient
» s'en aller. Il sera bon de les enfermer dans des sentinelles.

» Les capitaines et conducteurs détachés aux brigades s'y
» trouveront le jour de l'action, à peine d'être chassés s'ils
» y manquent ; ils pourront se mettre à la réserve pendant
» l'exécution des pièces.

» On ne défoncera qu'une tonne de poudre à la fois à
» chaque brigade ; cette tonne sera placée derrière le cen-
» tre de la batterie.

» On mettra à terre une quantité de boulets à mesure
» qu'on en aura besoin. Il faut bien se garder de tout dé-
» charger en même temps ; et une attention qu'on doit re-
» commander de préférence, c'est d'avoir soin de recharger
» tous les boulets qui se trouveront à terre lorsque le canon
» fera quelque mouvement : cela ne s'observe pas toujours
» exactement, et tel officier trouverait moyen de se servir

» utilement de son canon, et de se distinguer s'il avait en-
» core des boulets, lequel en manque l'occasion pour en
» avoir laissé au poste qu'il vient de quitter.

» Il faut prendre garde que l'ardeur de servir diligemment
» les pièces n'empêche de bien écouvillonner et de pointer
» juste ; il vaut mieux moins tirer, et que ce soit avec suc-
» cès et à propos ; et lorsque les officiers généraux ou les
» troupes se plaindront du peu de diligence de l'Artillerie
» (car c'est le cri ordinaire), on leur fera remarquer
» que l'on ne tire pas un coup qui ne porte. Il n'y a rien
» à dire contre cette maxime ; le service n'est peut-être pas
» si brillant, mais plus solide. Il est quelquefois utile de
» placer des pièces dans les intervalles des bataillons, où
» elles font les mêmes mouvements que les troupes : il n'y
» a point de règles pour cela. »

Nous allons maintenant étudier, sur les champs de bataille, l'influence des perfectionnements dont nous venons
de rendre compte.

Bataille de Dettingen (1743)(1). — Le roi George avait
récemment pris en personne le commandement des troupes
alliées, et le besoin de subsistances l'avait engagé à venir
se placer sur le Mein, près d'Aschaffenbourg. Les Français,
gardant la rive opposée du fleuve, affamèrent bientôt l'armée anglaise, qui dut songer à décamper pour ne pas mourir
de faim. Noailles conçut alors un dessein digne du plus grand
capitaine. Il prit Dettingen, fit construire deux ponts sur le
Mein, et préparer, à côté, des gués pour sa cavalerie. Toutes ces choses s'exécutèrent sans que le roi d'Angleterre en
eût vent : c'était le prélude de la bataille qui devait se donner bientôt. Pour en avoir une idée précise, il est bon de
savoir que l'armée anglaise, affamée vers les sources du
Mein, ne pouvait trouver de subsistances qu'en prenant le

---

(1) Œuvres posthumes de Frédéric II.

chemin de Hanau : sa gauche, longeant le Mein au sortir des monticules, traversait la petite plaine de Dettingen.

M. de Noailles tenait un détachement tout prêt pour occuper Aschaffenbourg au moment où les Anglais en sortiraient. Il avait fait dresser, tout le long du Mein, des batteries masquées dont il pouvait tirer, à bout portant, sur les colonnes des alliés en marche. La plus forte partie de son armée devait passer le Mein, pour se ranger derrière un ruisseau qui, du Spessart, coule devant ce front, et va se jeter dans le Mein. Ces troupes coupaient précisément le chemin de Hanau. Le roi d'Angleterre trouvait donc, à ce débouché, une armée en face et des batteries en flanc.

Si le maréchal de Noailles avait aussi exactement exécuté ce projet qu'il l'avait conçu avec sagesse, le roi d'Angleterre aurait été forcé, ou d'attaquer l'armée française dans un poste très-avantageux, pour s'ouvrir, l'épée à la main, le passage à Hanau, ou de se retirer par les déserts du Spessart, ce qui, infailliblement, aurait fait débander les troupes, faute de subsistances.

La faim chassa les Anglais d'Aschaffenbourg, comme Noailles l'avait prévu. Les troupes, qui avaient campé par corps, ne marchaient point par colonnes; mais se suivaient par distances, d'abord les Hanovriens, puis les Anglais, et enfin les Autrichiens.

Le roi était dans son carrosse auprès des troupes de Hanovre; on l'avertit, pendant la marche, que son avant-garde était attaquée par un gros de cavalerie, et, bientôt après, que toute l'armée française avait passé le Mein, et se trouvait en bataille vis-à-vis de lui. Le roi monte à cheval, il veut voir par lui-même. La canonnade des Français commence; son cheval prend l'épouvante, et allait l'emporter au milieu des ennemis, si un écuyer ne se fût jeté en avant pour l'arrêter. George renvoya le cheval, et combattit à pied à la tête d'un de ses bataillons anglais. Ceux-ci se trouvaient sur un terrain embarrassé de bois, ce qui leur donna le temps d'avertir les autres corps du danger qui les menaçait. Le duc d'Aremberg et M. de Neuperg accoururent avec leurs Autrichiens, et formèrent leur armée vis-à-vis de celle des Français, aussi bien que les circonstances le permettaient. Ce champ de bataille n'ayant que douze cents pas de front, obligea les alliés à se mettre sur sept ou huit lignes.

Les troupes françaises qui avaient passé le Mein, au lieu de se contenter d'occuper Dettingen, débouchèrent au delà. La maison du roi attaqua les alliés, perça quatre lignes de cavalerie, renversa tout ce qu'elle rencontra, et fit des prodiges de valeur : elle aurait peut-être remporté l'honneur de cette journée, si elle n'avait pas sans cesse trouvé de nouvelles lignes à combattre. Ces attaques réitérées l'ayant mise en désordre, le régiment autrichien de Stirheim s'en aperçut, et la fit reculer à son tour. Cela n'aurait pas fait perdre la bataille aux Français ; la véritable cause ne doit s'attribuer qu'au mouvement imprudent de M. de Harcourt et de M. de Grammont. Ils étaient à la droite de l'armée avec la brigade des gardes françaises ; ils quittent leur poste sans ordre et s'avisent de charger en flanc la gauche des alliés qui tirait vers le Mein : par cette manœuvre ils masquèrent entièrement le feu des batteries qui étaient au delà du Mein et qui tourmentaient beaucoup les alliés. Les gardes françaises ne soutinrent pas la première décharge des Autrichiens ; elles prirent la fuite d'une manière honteuse et se précipitèrent dans le Mein ; beaucoup s'y noyèrent, les autres allèrent porter le découragement et l'épouvante dans le reste de l'armée.

Le prince Louis de Brunswick eut toutes les peines du monde à persuader au roi d'Angleterre de faire avancer les Anglais. Ce furent cependant eux qui décidèrent les Français à faire leur retraite en repassant le Mein.

Frédéric, après la relation de cette bataille, ajoute : « Le

» maréchal de Noailles ne devait pas se tenir près de ses
» batteries, au delà du Mein. S'il avait été présent à l'ar-
» mée, il n'aurait pas permis aux gardes françaises d'at-
» taquer si mal à propos; *et si les troupes étaient demeu-*
» *rées dans leur poste, jamais les alliés ne les y auraient*
» *forcées.* »

A cette bataille, qui aurait pu être décidée par l'Artillerie seule, cette arme était dirigée par Vallière le père; Vallière le fils commandait une des batteries placées sur la rive du Mein.

Dans une lettre qu'il écrivit immédiatement après l'action, le maréchal de Noailles dit (1) : « Toute notre Artillerie,
» que M. de Vallière a très-bien fait servir, est revenue. »

L'infanterie, à cette époque, était formée sur quatre rangs, la cavalerie sur trois. Les éléments des manœuvres étaient restés à peu près au point où Puységur nous les a montrés; seulement les représentations qu'il avait faites au sujet des intervalles laissés entre les bataillons, avaient eu leur effet, et les bataillons marchaient souvent alors sans aucun intervalle sur toute la ligne. Voici la peinture que le maréchal de Saxe (2) nous en fait :

« Les bataillons se touchent les uns les autres, car l'in-
» fanterie est toute ensemble, et la cavalerie aussi, à quoi,
» en vérité, il n'y a pas de sens commun. Ces bataillons
» marchent donc en avant et cela bien lentement parce
» qu'ils ne peuvent faire autrement ; les majors crient :
» serre; on serre vers le centre, insensiblement le centre
» crève, et dans le centre, on se trouve à huit de hauteur
» et sur les ailes à quatre, ce qui fait des intervalles entre
» les bataillons. Il n'y a personne qui se soit trouvé à des
» affaires qui ne convienne de ce fait. La tête tourne aux

---

(1) D'Espagnac, *Histoire du maréchal de Saxe*, tome I, page 486.
(2) Rêveries du maréchal de Saxe.

« majors, parce que le général, à qui elle tourne aussi,
» crie après eux lorsqu'il voit les vides entre les bataillons,
» qui lui font craindre d'être pris dans les flancs. Il est
» donc obligé de faire halte, ce qui devrait le perdre; mais
» comme l'ennemi est tout aussi mal disposé, le mal n'est
» pas grand. Un homme qui aurait de l'intelligence ne
» s'arrêterait pas à remédier à cette confusion, mais il
» marcherait en avant; car pendant que l'on y remédie,
» si l'ennemi s'ébranle, on est perdu. Qu'arrive-t-il? On
» commence à tirer de part et d'autre, ce qui est le comble
» de la misère; enfin l'on s'approche, et l'un des deux
» partis ordinairement s'enfuit à cinquante ou soixante
» pas, plus ou moins. Voilà ce qui s'appelle charger. D'où
» cela vient-il? de ce que la mauvaise disposition empêche
» de faire mieux. »

Les idées du maréchal de Saxe sur l'Artillerie paraissent aujourd'hui bien singulières. Dans ses *Rêveries*, ouvrage qu'il écrivit, il est vrai, avant l'époque où il eut le commandement des armées, il trouve qu'on ne doit atteler l'Artillerie qu'avec des bœufs, parce qu'ils détériorent moins les chemins, et qu'on ne doit avoir que des pièces de 16. Suivant lui, une armée de quarante-six mille hommes doit avoir cinquante pièces de canon de 16 et douze mortiers. On voit qu'il ne regarde pas l'Artillerie comme pouvant devenir plus mobile, son intention est d'y suppléer par son *amusette* du calibre d'une demi-livre, qui sera répartie sur tout le front de l'armée, puisqu'il veut en donner une à chaque bataillon.

Des idées pour nous aussi étranges ne l'ont pas empêché de faire de l'Artillerie le plus bel emploi que nous ayons encore vu.

Bataille de Fontenoy (1745) (1). Le maréchal de Saxe

---

(1) D'Espagnac, *Histoire du maréchal de Saxe.*

était occupé à faire le siége de Tournay, quand il apprit que l'armée des Hollandais et des Anglais réunis marchait au secours de la place. Il prit le parti de ne laisser devant la ville que les troupes nécessaires à la défense des tranchées, et s'avança au-devant de l'armée ennemie. Il occupa d'abord un espace de terrain assez étendu; mais ayant appris que l'ennemi venait par la route de Mons, la plus proche de l'Escaut, il resserra son armée sur la droite, et n'occupa plus qu'une position très-étroite entre l'Escaut et le bois de Barry; sa droite au bourg d'Anthouin sur l'Escaut, sa gauche au bois. A 200 mètres en avant de cette ligne se trouvait le village de Fontenoy que le maréchal fit occuper. Il avait ainsi à défendre deux lignes, l'une de 1600 mètres d'Anthouin à Fontenay, l'autre de 1100 de Fontenoy au bois de Barry. Ces deux lignes formaient un angle saillant au village de Fontenoy. Il fit fortifier à l'avance Fontenoy et Anthouin, et construire deux fortes redoutes sur la lisière du bois, dans lequel on fit des abatis. Trouvant ensuite trop grand l'espace de 1600 mètres entre Anthouin et Fontenoy, il fit travailler, un peu en arrière de la ligne qui les joint, à trois redoutes qui furent mises en état de servir en vingt-quatre heures.

Voici comment l'Artillerie fut répartie : six pièces furent placées sur une hauteur de l'autre côté de l'Escaut, flanquant le village d'Anthouin et une partie des redoutes; six pièces derrière les retranchements d'Anthouin flanquaient la ligne de ce village à Fontenoy; huit pièces dans la redoute la plus proche d'Anthouin flanquaient le village; quatre pièces composaient l'armement de chacune des deux autres redoutes. Ces redoutes étaient tracées de manière que l'Artillerie qui y était placée ne tirait pas directement en avant du front, mais un peu obliquement, de façon à pouvoir servir contre l'attaque des redoutes et des deux villages. Huit pièces dans les retranchements de Fontenoy étaient placées sur les deux flancs du village. Les deux redoutes du bois avaient chacune quatre pièces de canon. Le maréchal de Saxe fit laisser douze pièces pour protéger la retraite.

On mit dans les villages et les redoutes l'infanterie nécessaire pour leur défense; le reste de l'armée fut rangé en arrière sur plusieurs lignes, la cavalerie derrière l'infanterie.

A cinq heures du matin la canonnade commence et inquiète un peu l'armée française, dont le canon se trouve placé peu favorablement tant que l'armée ennemie reste éloignée. Comme le canon de la droite de l'ennemi concentre son feu sur les redoutes de la gauche, on éloigne deux régiments de cavalerie que ce feu tourmente beaucoup. M. du Brocard, qui commande l'Artillerie de l'armée française, fait avancer six pièces de canon; elles tirent sur les troupes anglaises et leur tuent beaucoup de monde. Pour contre-battre ces pièces, les Anglais changent la direction de leur feu; M. du Brocard, frappé d'un boulet, meurt glorieusement.

Le brouillard qui jusqu'alors couvrait le champ de bataille, étant entièrement dissipé, laissa voir les dispositions d'attaque du duc de Cumberland. Une colonne hollandaise s'avançait, à la faveur de quelques couverts, le long de l'Escaut, contre le village d'Anthouin; mais aussitôt qu'elle fut en vue, l'Artillerie placée de l'autre côté de l'Escaut, et celle des redoutes et du village la firent replier en désordre.

Cependant deux colonnes formées d'infanterie anglaise et hanovrienne, et une troisième d'infanterie hollandaise, s'approchaient de Fontenoy et attaquaient ce village. Les batteries de canon placées sur ses flancs et chargées à cartouches firent, dit M. d'Espagnac, un merveilleux effet. Leur feu et le courage des troupes chargées de la défense rendirent inutiles les attaques réitérées des alliés.

La cavalerie hollandaise s'était avancée sur le flanc gauche de son infanterie pour protéger l'attaque du village;

mais la contenance des troupes placées en bataille en arrière des redoutes, et le feu de l'Artillerie la forcèrent à se retirer. Un de ses escadrons fut emporté presque tout entier par le canon d'Anthouin. La colonne hollandaise recommença son attaque sur ce village: l'Artillerie, placée de l'autre côté de l'Escaut, la força encore à la retraite.

Il était dix heures. l'armée alliée avait échoué dans toutes ses attaques: le duc de Cumberland résolut de porter ses efforts sur la gauche de l'armée française: il y avait pour cela à passer un ravin et quelques chemins creux. L'infanterie fut formée sur trois colonnes qui s'avancèrent dans l'espace qui sépare Fontenoy du bois de Barry. Cette infanterie traînait avec elle du canon à bras; la droite était protégée par la cavalerie anglaise qui s'avança vers le bois: mais le feu du canon de la redoute la força à se retirer et elle ne parut plus avant la fin de la bataille.

De ces trois colonnes, celle de droite s'avançait vers les redoutes; le feu de l'Artillerie et de la mousqueterie, la vue des troupes placées en arrière la firent renoncer à sa résolution, et elle appuya à gauche, se rapprochant des deux autres; celle de gauche, battue par le canon de Fontenoy qui la prenait en flanc, appuya à droite en se rapprochant de la colonne du centre. Celle-ci, arrivée à un chemin creux où elle était à couvert, s'y déploya en partie, fit monter son canon, et étant montée à son tour, se trouva à cinquante pas de l'infanterie française. Milord Charles Hay. capitaine aux gardes anglaises, s'étant avancé hors des rangs. le comte d'Auteroche, alors lieutenant des grenadiers, ne sachant ce qu'il voulait, fut à lui : « *Monsieur*, lui dit l'Anglais, *faites tirer vos gens. — Non, monsieur*, répondit le comte, *nous ne tirons jamais les premiers.* » Les Anglais entamèrent alors un feu si vif et si soutenu, que deux régiments français furent en un instant détruits ou dispersés. Les régiments d'infanterie les plus proches attaquèrent successivement, mais ne purent tenir contre le feu des Anglais qui continuaient à avancer. Les deux colonnes de droite et de gauche, en butte au canon du village et des redoutes qui les prenait toujours en flanc, continuant à se rapprocher de la colonne du centre, le duc de Cumberland les resserra tout à fait et forma ainsi un bataillon carré, n'ayant que trois faces pleines. Il était composé de quinze mille hommes d'élite des armées anglaise et hanovrienne. Cette masse, trainant avec elle du canon, ne pouvait se mouvoir que difficilement ; pour ne pas lui donner le temps de tourner le village de Fontenoy, le maréchal de Saxe la fit charger par la cavalerie de la gauche, qui était à portée. Toutes les charges successives furent repoussées par le feu des Anglais qui fit essuyer de grandes pertes à cette cavalerie.

Mais la colonne ennemie avait été arrêtée, le but que se proposait le maréchal se trouvait rempli, et l'on avait eu le temps de faire les préparatifs d'une attaque plus sérieuse. On avait envoyé chercher les douze pièces tenues en réserve ; mais huit avaient été détournées pour une autre destination et étaient allées armer la tête de pont qui devait protéger la retraite. Quatre pièces seulement furent amenées ; on les dirigea sur l'angle droit du carré, où elles concentrèrent leur feu. Elles avaient déjà tiré sept fois et y causaient du flottement ; ce fut l'instant que les troupes de la maison du roi et les carabiniers saisirent pour la percer par son front. Alors toutes les troupes rassemblées la chargèrent de divers côtés, infanterie et cavalerie pêle-mêle ; elle fut écrasée et disparut.

L'armée ennemie perdit quarante pièces de canon et plus de quinze mille hommes tués ou blessés. L'armée française ne perdit que quatre ou cinq mille hommes.

Les alliés avaient, à cette bataille, des mortiers et des obusiers.

Nous venons de voir le rôle important qu'a joué l'Artillerie à la bataille de Fontenoy. C'est certainement elle qui a eu la plus grande part au succès. Nous la voyons repousser presque seule toutes les attaques de l'ennemi sur les villages et les redoutes ; et quand elle l'a forcé à se former en masse profonde pour pénétrer dans un intervalle, elle vient encore y mettre le désordre par son feu, et faciliter l'attaque des autres troupes. A quoi a donc tenu son efficacité, son importance ? D'abord à ce que la position était très-rétrécie, ensuite à ce qu'un grand nombre de pièces prenaient l'ennemi en flanc, quel que fût le point de son attaque. L'Artillerie ainsi placée devait avoir très-peu d'effet tant que l'ennemi se tenait éloigné, elle devait avoir du désavantage si l'on se bornait à une canonnade. Mais aussi quelle efficacité ne devait pas avoir son feu, quand il prendrait en flanc les lignes et les colonnes s'avançant pour l'attaque ?

Les douze pièces laissées en réserve n'avaient pas, à ce qu'il paraît, la destination qui leur fut ensuite donnée, elles devaient seulement protéger la retraite : ce fut le duc de Richelieu qui eut l'idée de les faire avancer contre la colonne anglaise. Huit autres pièces, qui n'arrivèrent pas, avaient leur place de batterie marquée au centre de la trouée où l'ennemi pénétra ; l'effet des quatre pièces, auxquelles a peut-être tenu le sort de la bataille, nous montre combien il importe de ne pas enfermer toute son Artillerie dans les ouvrages, de ne pas la mettre toute en première ligne, mais d'en garder une partie mobile qu'on puisse employer au moment décisif.

L'Artillerie ennemie est bien loin d'agir avec la même habileté que l'Artillerie française. Elle commence par une canonnade éparpillée sur tout le front, qui peut bien inquiéter un peu les troupes placées derrière les ouvrages, leur faire perdre quelques hommes, mais non influer sur le résultat final. Quand elle s'avance traînée par les troupes de cette colonne déjà si lourde, elle lui est probablement plus nuisible qu'utile par le retard qu'elle apporte à sa marche.

Cette bataille n'est pas seulement remarquable par les effets du canon, elle l'est aussi par l'efficacité du feu de l'infanterie. Il y avait peu de temps qu'on avait armé toute l'infanterie du fusil à baïonnette, et, avant cette journée, beaucoup de militaires regrettaient encore la suppression des piques. A Fontenoy, on vit toute la puissance du feu de l'infanterie contre la cavalerie. Cette bataille met encore en relief une autre innovation de tactique. Dans toutes celles que nous avons vues jusqu'à présent, les généraux étaient toujours préoccupés de la crainte de laisser à l'ennemi un intervalle quelconque par lequel il pût passer; ici, le maréchal de Saxe ne s'attache qu'à la défense de trois points principaux.

Comme toutes les batailles où nous avons vu jusqu'à présent l'Artillerie jouer un rôle important, la bataille de Fontenoy est défensive. Le maréchal de Saxe en livra l'année suivante une autre offensive, où l'Artillerie eut aussi sa bonne part du succès.

Bataille de Rocoux (1746) (1). — L'armée alliée, ayant passé la Meuse, prit position sur la rive gauche de cette rivière; la droite et le centre étaient couverts par des ravins; la gauche s'étendait sur un terrain accidenté, embarrassé de haies et de villages : l'ennemi avait encore ajouté des retranchements à ces obstacles naturels. Après avoir reconnu que, dans cette position, la droite ne pouvait facilement secourir la gauche, le maréchal de Saxe basa sur cette observation son plan d'attaque.

L'armée française ouvre des marches et s'avance sur dix colonnes, dont six d'infanterie. On avait mis des pièces de

---

(1) D'Espagnac, *Histoire du maréchal de Saxe*. M. de Vallière fils avait le commandement en second de l'Artillerie à cette bataille. Éloge de M. de Vallière fils à l'Académie des Sciences en 1776.

canon à la tête de chaque colonne d'infanterie ; le reste de l'Artillerie suivit la grande route. Les dix colonnes, se réglant l'une sur l'autre, marchaient à la même hauteur. Un orage retarda leur marche, et elles n'arrivèrent qu'à midi en vue de l'ennemi, dont le canon commença à tirer et ne discontinua plus jusqu'au moment de l'attaque, qui ne put avoir lieu qu'à deux heures et demie.

Le maréchal de Saxe, refusant sa gauche, séparée de l'ennemi par des ravins, fit d'abord attaquer le village d'Ance où était appuyée l'extrême gauche de l'ennemi. Trente-six pièces de canon, partagées en plusieurs batteries, commencèrent à tirer, et démontèrent une batterie de huit canons et de deux obusiers. On n'avait encore fait que quatre décharges, lorsque les troupes marchèrent en avant et, chassant l'ennemi des haies, lui prirent onze pièces de canon. On fit ensuite avancer les pièces de gros calibre pour tirer contre le village d'Ance. Après quelques décharges, l'attaque du village fut ordonnée et réussit à la suite d'un combat meurtrier. On prit encore à l'ennemi six pièces de canon. La cavalerie hollandaise vint protéger le ralliement des troupes battues, et le combat continua dans cette partie.

Pendant ce temps, l'Artillerie française avait canonné les villages de Liers, de Varoux et de Rocoux, elle avait même réussi à faire abandonner par l'ennemi le village de Liers. Le maréchal de Saxe fit attaquer les villages, mais des malentendus empêchèrent l'exécution de ses ordres, et l'ennemi eut le temps de faire retirer sa gauche avant qu'on pût lui couper la retraite. On lui enleva pourtant encore vingt-deux pièces de canon, un obusier et soixante chariots.

Les alliés étaient en pleine retraite : un bataillon anglais, protégé par un ravin très-profond, s'était formé en carré pour recevoir les fuyards. Comme il n'y avait pas moyen de l'aborder, le maréchal fit diriger contre lui huit pièces de 16. Leur feu eut bientôt rompu ce bataillon, et les troupes qui le composaient gagnèrent précipitamment le pont de Viret.

L'Artillerie de l'armée alliée n'imite pas dans cette bataille la conduite de l'Artillerie française à Fontenoy. Elle tire pendant deux heures et demie avant que l'attaque soit commencée, ce qui prouve qu'elle s'était placée pour tirer perpendiculairement à la ligne de bataille, et non pour croiser son feu en avant du front; elle consomme ainsi ses munitions avant le moment décisif, et plus tard elle n'est nulle part capable d'arrêter le mouvement des troupes françaises.

L'Artillerie française, partagée en plusieurs batteries, s'approche à bonne portée, concentre d'abord son feu contre les batteries de l'ennemi, ensuite contre les villages, et concourt puissamment à un succès impossible peut-être sans elle. Elle eût été encore plus utile, et eût facilité encore plus le succès, si l'impatience des autres troupes, causée peut-être par la lenteur de son tir, ne fût pas venue l'empêcher de continuer son feu plus longtemps.

L'idée du maréchal de Saxe, de faire marcher de l'Artillerie avec chaque colonne d'infanterie, lui permet de s'en servir plus tôt que si elle formait, comme précédemment, une colonne séparée. L'Artillerie, devenue plus nombreuse dans nos armées depuis son succès à Fontenoy, commence à se mouvoir sur le champ de bataille, et à prendre part aux incidents de l'action. Son beau temps commence.

Dans les dernières campagnes du maréchal de Saxe, les régiments qui ont fait des actions d'éclat, qui ont pris de l'Artillerie, obtiennent pour récompense des pièces de canon qui marchent avec eux.

Dans sa dernière campagne, il ne fait plus camper toute son armée dans un seul camp; il la partage en plusieurs corps, chaque corps a avec lui du canon qui dès lors prend part à toutes les affaires.

Une ordonnance du 20 janvier 1757 (1) attribua à chaque bataillon une pièce de 4 très-légère, dite à la suédoise. L'avant-train de cette pièce portait un coffre qui contenait les munitions nécessaires pour cinquante-cinq coups. Chaque pièce était conduite par trois chevaux; un sergent et seize soldats étaient attachés à son service.

Pendant que le maréchal de Saxe, en évitant de faire exécuter à nos armées de grands mouvements, des manœuvres d'ensemble dont elles étaient incapables, et réduisant, comme il le dit, la guerre à des affaires de postes, obtenait de beaux succès, les autres généraux français essuyaient presque constamment des revers. Après sa mort, ce fut pis encore; ces armées françaises, qui, sous Louis XIV, étaient les premières de l'Europe, semblèrent bien dégénérées, et descendirent pour un moment presque au dernier rang. Ce n'était pas faute de courage, soldats et officiers étaient encore ceux de Fontenoy, mais les autres nations avaient fait dans leurs manœuvres et leur organisation des changements que la négligence et la présomption avaient empêché d'étudier, et la gloire de la France eut longtemps à en souffrir. La guerre des siéges fut la seule où nous conservâmes la supériorité que le génie de Vauban nous avait donnée. Cette guerre avait alors la plus grande importance; la défense et l'attaque ne négligeaient aucun des moyens à leur disposition. L'Artillerie française y acquit une réputation méritée de supériorité.

Les succès obtenus par l'Artillerie dans les batailles que nous avons citées en firent augmenter la proportion dans nos armées. Leblond, dans un ouvrage publié en 1761, en fixe la proportion à deux bouches à feu par mille hommes. Il nous apprend aussi que l'approvisionnement de chaque bouche à feu était doublé, il était de deux cents coups par pièce.

(1° Leblond, *Artillerie raisonnée*.

Des expériences, provoquées par Bélidor, professeur à l'École d'Artillerie de la Fère, avaient démontré que la charge des deux tiers du poids du boulet était trop forte, consommait une trop grande quantité de poudre sans augmenter la vitesse du projectile ; le poids de la charge avait été réduit à la moitié du poids du boulet.

Frédéric II. — Frédéric nous apprend (1) que c'est à son père et au prince d'Anhalt que sont dues presque toutes les innovations introduites dans les armées prussiennes. Après avoir dit que le prince d'Anhalt, qu'il appelle le *mécanicien militaire*, introduisit l'usage des baguettes de fer, et mit les bataillons à trois hommes de hauteur, il s'exprime ainsi :
« Le défunt roi, par ses soins infinis, introduisit une disci-
» pline et un ordre merveilleux dans les troupes, et une
» précision inconnue en Europe pour les mouvements et les
» manœuvres.

» Un bataillon prussien devint une batterie ambulante
» dont la vitesse de la charge triplait le feu, et donnait aux
» Prussiens l'avantage d'un contre trois. Les autres nations
» imitèrent depuis les Prussiens, mais imparfaitement.
» Charles XII avait introduit dans ses troupes l'usage de
» joindre deux canons à chaque bataillon. On fondit à
» Berlin des canons de 3, de 6, de 12, de 24 livres, assez
» légers pour qu'on pût les manier à force de bras, et les
» faire avancer dans les batailles avec les bataillons, aux-
» quels ils étaient attachés. Tant de nouvelles inventions
» transformaient une armée en une forteresse mouvante,
» dont l'accès était meurtrier et formidable. »

En apprenant aux bataillons à exécuter les maniements d'armes à rangs serrés et les divisant en pelotons, on put faire exécuter à chaque peloton des quarts de conversion, et les faire marcher en conservant en colonne une longueur

---

(1) Œuvres posthumes de Frédéric II, tome I, page 102.

égale à celle de la ligne de bataille. C'est cette manœuvre, aujourd'hui élémentaire, qui donna à Frédéric tant d'avantages sur ses ennemis. Les formations en colonnes serrées, les ploiements et déploiements furent aussi introduits dans son armée. Toutes ces manœuvres, qui nous paraissent aujourd'hui si simples, furent cependant difficiles à imaginer; car les notions géométriques qui leur servent de base, aujourd'hui presque universelles, étaient loin d'être aussi répandues à cette époque. Nous ne serons pas étonnés des brillants résultats que ces manœuvres ont pu produire entre les mains d'un homme habile, si nous nous reportons à l'ignorance de nos armées à cette époque, à la difficulté qu'elles avaient à exécuter les mouvements devenus faciles pour une armée prussienne.

Seidlitz apprit à la cavalerie prussienne à manœuvrer avec une rapidité, une précision et un ensemble qui lui permirent d'exécuter des prodiges. Cette cavalerie s'habitua à ne plus compter que sur sa vitesse et son choc; elle chargeait toujours aux allures vives, et battit constamment les autres cavaleries allemandes qui, à cette époque, avaient encore l'habitude de se servir de leur feu.

Jetons un coup d'œil rapide sur les nombreuses batailles de cette époque (1).

A la bataille de Molwitz (1741), la première que livra Frédéric, on voit toute son armée rangée en bataille avant l'arrivée de l'ennemi. Son canon est en avant réparti sur toute la ligne, et tire contre l'ennemi pendant qu'il se forme; mais il n'a aucune influence sur le gain de la bataille, il n'en est du moins pas fait mention dans le récit. C'est la supériorité du feu de l'infanterie prussienne qui concourt le plus au succès.

A la bataille de Hohenfriedberg (1745), six pièces de ca-

---

(1) Jomini, *Histoire critique des guerres de Frédéric II.*

non, placées sur une hauteur en avant d'un pont que l'armée passe, servent à contenir l'ennemi, et donnent aux troupes le temps de se former pour l'attaque. Il n'est plus question d'Artillerie pendant tout le reste de la bataille.

A la bataille de Soor (1745), l'armée prussienne attaque ; on ne parle pas de son Artillerie. Les Autrichiens ont sur une hauteur vingt-huit pièces qui font de grands ravages dans l'aile droite des Prussiens, dont elles repoussent la première attaque, mais elles sont prises à la seconde.

Bataille de Kesselsdorf (1745). — Les Saxons avaient appuyé leur gauche à Kesselsdorf. Le terrain y était entièrement uni. Ce village était défendu par tous les grenadiers de leur armée, et une batterie de vingt-quatre pièces de gros canons qui en rendait l'abord meurtrier. Lorsque le prince d'Anhalt arriva avec la tête de son armée, il vit que le succès de cette journée dépendait de la prise du village de Kesselsdorf, et il fit ses arrangements pour l'emporter. Son infanterie fut mise sur trois lignes, les dragons formèrent la quatrième. Six bataillons attaquèrent le village de front. M. de Lehwaldt le prit en flanc. Les vingt-quatre canons, chargés à mitraille, firent reculer les assaillants. La seconde attaque ne fut pas plus heureuse, le feu était trop violent ; mais le régiment de Butowsky sortit du village et voulut poursuivre les Prussiens ; il se mit devant ses batteries qu'il empêcha de tirer. Le prince d'Anhalt profita de ce moment et ordonna aux dragons de charger. Ils renversèrent les Saxons, et l'infanterie s'empara du village et de la batterie qui rendait ce poste si formidable.

Frédéric prétend que les Saxons avaient voulu imiter le maréchal de Saxe ; ce général avait su éviter la faute qui les perdit.

Combat de Lowositz (1er octobre 1756). — Les Prussiens forment une grande batterie sur une hauteur située à leur droite, un peu en avant de la ligne, et qui domine tout le champ de bataille. Cette batterie empêche la gauche des Autrichiens de déboucher d'un pont situé sur le ruisseau qui est en avant. Aussi joue-t-elle un grand rôle tant que l'armée prussienne est sur la défensive; mais quand elle a pris l'offensive, il n'en est plus question.

Bataille de Prague (1757). — Les Autrichiens occupaient en avant de la ville une forte position, bien défendue par l'Artillerie partagée en batteries qui croisaient leur feu sur le front. Après avoir passé des ruisseaux et des marécages, l'infanterie prussienne se forma en bataille et s'avança déployée; le feu de l'Artillerie, tirant à mitraille, la mit en désordre. Alors les grenadiers autrichiens, mettant le sabre à la main, descendent des hauteurs pour la poursuivre. Le canon ne peut plus tirer, les Prussiens se reforment, chargent de nouveau, et les Autrichiens sont vaincus.

Cette bataille était offensive de la part des Prussiens; leur Artillerie ne put pas passer là où l'infanterie et la cavalerie passèrent, elle devint inutile.

Bataille de Kollin (1757). — Les Prussiens se forment en colonne avec distance, et doivent passer devant la position des Autrichiens pour aller déborder leur droite. Mais les bataillons qui sont à la tête de la colonne, attaqués par des troupes légères, se forment en bataille pour les repousser; le reste de la colonne imite le mouvement, et toute l'armée attaque alors le front de l'ennemi. Il n'est nullement question de l'Artillerie des Prussiens.

Les Autrichiens sont sur la défensive, et leur Artillerie, répartie sur tout leur front, prend une belle part au succès et concourt à repousser les attaques réitérées de l'ennemi. Elle commet cependant la faute de commencer à tirer de trop loin.

Bataille d'Hastenbeck (1757). — L'armée hanovrienne, commandée par le duc de Cumberland, était rangée en bataille sur une suite de hauteurs situées au delà d'un ruisseau très-marécageux. Son Artillerie était placée en avant de son front. Sa gauche n'était pas protégée par les marais, mais occupait cependant aussi sur les hauteurs une position avantageuse. La veille de la bataille, Chevert avait chassé les ennemis d'un village qu'ils occupaient à leur gauche, et avait dû surtout ce succès à l'Artillerie qui fit taire les deux batteries que l'ennemi avaient établies sur ce point.

Les Français ne terminèrent qu'à neuf heures les dispositions d'attaque. L'Artillerie ennemie avait commencé à tirer dès cinq heures du matin. La nôtre, qui avait réservé ses munitions pour le moment de l'attaque, prit alors une grande supériorité sur celle de l'ennemi, et le général Chevert put emporter les hauteurs où était la gauche des Hanovriens, malgré tous les renforts qu'y envoya le duc de Cumberland. Au centre et à la droite, les Français avancèrent en ligne, mais l'ennemi résista, à la faveur des marais. Alors le maréchal d'Estrées résolut de former sa gauche et son centre en quatre colonnes. Cette manœuvre put s'exécuter, grâce à la bonne direction et à la supériorité du feu de l'Artillerie française, qui, malgré le désavantage de sa position, fit taire le feu de l'ennemi. L'attaque se renouvela dans cet ordre, et l'ennemi fut obligé de plier.

Cette bataille est offensive de la part des Français, et cependant leur Artillerie, dirigée par Vallière fils (1), sut prendre une grande part au succès. C'est ce que nous n'avons vu que bien rarement jusqu'à présent.

Bataille de Rosbach (1757). — L'armée combinée des Français et des Allemands voulut exécuter un mouvement de flanc pour tourner les Prussiens; Frédéric fit lui-même un mouvement par son flanc gauche pour leur faire face. La cavalerie de Seidlitz marchait en tête; il la forma en bataille, plaça son Artillerie sur une hauteur d'où elle pût le

---

(1) Éloge de Vallière fils, prononcé à l'Académie des Sciences par Fouchy.

protéger en cas de retraite, et, s'élançant sur l'ennemi qui n'était pas encore formé, il mit sa tête de colonne en déroute. L'infanterie prussienne arriva avec l'Artillerie, et suivit le mouvement de Seidlitz. Ce vaillant et habile général poussa sans relâche sa belle charge à travers les troupes alliées qui ne purent réussir à rétablir leur ordre. L'affaire fut très-promptement décidée; les alliés se retirèrent laissant entre les mains du vainqueur, entre autres trophées, soixante-douze pièces de canon qui n'avaient servi à rien.

Ce qui distingue les batailles de Frédéric de celles des généraux qui l'ont précédé, c'est le perfectionnement de ses manœuvres qui lui permet de se mouvoir près de l'ennemi bien plus vite que nous ne l'avons vu faire à Turenne, par exemple. Cette facilité de mouvement, qui lui donne le moyen de tourner l'ennemi et d'aller attaquer le côté faible de sa position, lui fait rechercher les batailles, et lui assure presque le succès en prenant résolument l'offensive.

A Rosbach, le général français veut, à son imitation, et enhardi par son immense supériorité, faire un mouvement de flanc près de Frédéric; mais l'armée française, qui ne sait pas manœuvrer, n'a pas le temps de se reformer et est dissipée sans peine par une faible partie de l'armée prussienne. L'Artillerie française, qui a rendu de si grands services à la bataille précédente, n'a pas le temps dans celle-ci de se mettre en batterie; elle est abandonnée au milieu du désordre et tombe au pouvoir de l'ennemi.

Bataille de Leuthen (1757). — Frédéric, ayant reconnu la position de l'armée autrichienne, forma le projet de déborder et d'attaquer sa gauche. Arrivée à l'extrémité de cette aile, l'avant-garde prussienne l'attaqua, et, l'ayant repoussée, continua à avancer; dix pièces de canon qui l'accompagnaient concoururent à ce premier succès. L'ennemi, pour arrêter les progrès des Prussiens, fit avancer de nouvelles troupes qui formèrent un crochet en arrière et perpendiculairement au front de l'armée. Mais les dix pièces qui marchaient avec l'avant-garde prussienne se placèrent sur le prolongement de ce crochet et le battirent d'enfilade; les troupes l'ayant pris de front, il ne put résister, et il en résulta la victoire la plus complète que Frédéric eût encore remportée.

C'est la première fois que nous voyons le roi de Prusse faire un aussi bon usage de son canon. Les dix pièces qui prirent une si belle part à cette affaire n'étaient qu'une faible portion de l'Artillerie de l'armée prussienne, qui était très-considérable. Frédéric dit, dans ses ouvrages, que ce fut la bataille de Fontenoy qui fit augmenter prodigieusement le nombre des pièces dans les armées du Nord; les Prussiens eurent aussi une Artillerie très-forte, par imitation.

Bataille de Zorndorf (1758). — Les Russes avaient pris, près de Zorndorf, une position où ils attendirent l'attaque des Prussiens. Ils venaient de lever le siége de Custrin, et avaient une Artillerie extrêmement nombreuse; on prétend qu'elle allait à plus de sept pièces par mille hommes. L'armée russe était placée sur une hauteur, sa ligne de bataille était une courbe fermée qui en suivait tous les replis. Les bagages étaient au milieu.

Frédéric, après avoir reconnu la position des Russes, fit exécuter à son armée un mouvement de flanc qui la porta du côté qu'il avait jugé le plus convenable à l'attaque. Son armée avait douze pièces de canon à chacune des ailes, le reste de l'Artillerie était réparti sur tout le front.

La bataille commença par une canonnade dans laquelle l'Artillerie prussienne, quoique moins nombreuse, eut un grand avantage, à cause des masses que présentait l'ennemi. Le général russe se vit obligé de déplacer tous ses chariots trop exposés, et le roi de Prusse profita, pour attaquer, du désordre occasionné par ce mouvement. La gauche des Prussiens se porta seule en avant, et l'Artillerie de l'aile droite put continuer son feu. Bientôt le combat devint général. Une batterie prussienne, attaquée par la cavalerie russe, fut prise, et les charretiers, en se sauvant, traversèrent l'infanterie dans laquelle ils mirent le désordre. Les Prussiens reprirent ensuite cette batterie et gagnèrent la bataille. Quoique cette victoire fût peu décisive, ils prirent cent trois canons ou obusiers.

A cette bataille comme à toutes celles que livrent les Prussiens, il n'est plus question d'Artillerie à partir du moment où les troupes se mettent en mouvement pour attaquer. Cela tient à ce que les pièces étant mêlées à l'infanterie, on ne peut distinguer leurs effets; elles n'en produisent aucun qui leur appartienne en propre; leur feu ne fait qu'aider celui de l'infanterie. A cette époque encore, malgré ses accroissements, l'Artillerie était un auxiliaire et non une arme. Les Prussiens marchaient en ligne, et cette manière d'attaquer devait beaucoup gêner la marche et le feu de l'Artillerie.

Cette bataille nous fournit un nouvel exemple de l'inconvénient du peu de courage des charretiers.

Les Russes et les Prussiens avaient déjà une grande quantité d'obusiers. Il n'est fait aucune mention spéciale des effets particuliers de ces bouches à feu, ce qui est d'autant plus surprenant qu'il ne s'est jamais présenté une occasion plus favorable à leur action que celle de tous ces chariots et caissons entassés au milieu des troupes. Peut-être est-ce à la crainte des explosions qu'il faut attribuer le mouvement des bagages qui mit un commencement de désordre dans l'armée russe.

Bataille de Hornkirkh (1758). — Les Autrichiens occupaient une position très-forte devant laquelle l'armée prussienne vint se placer. Le maréchal Daun résolut d'employer contre les Prussiens le mouvement dont Frédéric s'était si souvent servi contre lui avec succès. Il fit marcher pendant la nuit son armée par sa gauche, et vint la placer sur le flanc droit des Prussiens, ne laissant devant leur front qu'un petit nombre de troupes pour y faire diversion et les empêcher de porter toutes leurs forces à leur droite.

L'armée autrichienne attaque et surprend l'ennemi au point du jour; c'est en vain que les régiments prussiens qui entrent successivement en action déploient le plus grand courage; leurs efforts sont inutiles. Déjà les Autrichiens sont maîtres du village de Hornkirck; mais ils n'ont pas pu exécuter leur marche de flanc avec l'ordre qui distingue celle des Prussiens; leurs succès mêmes les ont mis dans un désordre égal à celui de leurs adversaires. Frédéric se hâte de rétablir son armée et la rallie dans une nouvelle position. Les pertes que son Artillerie bien placée fait éprouver aux Autrichiens les forcent à renoncer à leur attaque et l'armée prussienne exécute sa retraite en bon ordre.

Cette bataille est toute offensive de la part des Autrichiens, aussi la relation ne dit-elle pas un mot de leur Artillerie; on ne sait ce qu'elle devient pendant la marche des colonnes; mais les attaques se font sans son secours, et cependant la prise du village de Hornkirck leur coûte d'énormes pertes qu'ils éviteraient si leur Artillerie était là pour l'accabler de son feu. Plus tard, quand ce village, dont ils se sont rendus maîtres, est attaqué par les Prussiens, leur Artillerie devrait concourir à sa défense, mais on ne la voit pas agir. Est-ce ici un des mille exemples où l'Artillerie n'entre pour rien dans les combinaisons du général? est-ce le défaut de mobilité des pièces qui les empêche d'arriver? c'est ce que nous ne pouvons pas décider.

Plusieurs pièces des Prussiens tombent entre les mains de l'ennemi faute de pouvoir suivre le mouvement des troupes qui se retirent. Le reste de leur Artillerie se meut sur le champ de bataille et rend des services importants. Lorsque l'extrême gauche des Autrichiens attaque un pont qui est le seul chemin de retraite qui reste aux Prussiens, c'est une batterie qui arrive assez tôt pour le défendre.

Bataille de Minden (1759). — L'armée française, commandée par les maréchaux de Contades et de Broglie, prit l'initiative de l'attaque et marcha sur neuf colonnes au-devant de l'ennemi. L'Artillerie, très-nombreuse, était répartie entre les colonnes qui se mirent en mouvement au coucher du soleil. Elles n'étaient pas encore déployées à huit heures du matin. L'armée ennemie attaque alors les Français, et, après un combat assez disputé, les force à la retraite, malgré le feu de leur nombreuse Artillerie répartie sur tout leur front.

Bataille de Kunersdorf (1759). — Par un des mouvements de flanc qui lui étaient ordinaires, Frédéric vint placer son armée en bataille sur la gauche de la position que les Russes avaient retranchée. Une forte batterie qu'il établit en face de cette gauche battit directement les retranchements faits en retour, et labourait du ricochet de ses projectiles une grande partie de la ligne, pendant qu'une autre batterie croisait ses feux avec la première sur l'angle formé par les retranchements, au point où ils changeaient de direction. Lorsque les Prussiens jugèrent que leur canon avait produit assez d'effet, ils marchèrent à l'attaque des retranchements qu'ils emportèrent. Quoique les Russes eussent dans la partie attaquée soixante-dix pièces de canon et une nombreuse infanterie, leur résistance ne fut pas longue, et les Prussiens continuèrent à avancer; mais le terrain allait en se rétrécissant; les Russes en profitèrent pour arrêter les Prussiens, que leur succès avait mis en désordre. Jomini dit que si ces derniers avaient pu amener trente pièces de canon sur la hauteur dont ils venaient de s'emparer, c'en était fait de l'armée russe qui, entassée sur la crête, aurait éprouvé d'énormes pertes; mais les Prussiens n'ayant pu profiter de leurs premiers succès, les Russes, qui avaient une énorme quantité d'Artillerie, firent venir à leur gauche celle de leur droite et eurent le temps d'exécuter un changement de front pour faire face à leurs ennemis. Toutes les attaques des Prussiens furent dès lors infructueuses; ils perdirent dix-huit mille hommes et cent soixante-cinq pièces de canon.

On voit à quoi a tenu le gain de cette bataille, et combien l'Artillerie a concouru à la défense. Le mouvement que les Russes firent exécuter à leur Artillerie les sauva.

Si l'Artillerie qui avait battu le premier retranchement avait pu suivre les troupes qui attaquaient, les Prussiens auraient remporté la victoire. Mais ici, comme dans presque toutes les batailles de cette époque, l'Artillerie n'entre que dans la première combinaison et ne sert qu'à préparer l'action, le général ne s'en occupe plus dès que les troupes commencent à marcher à l'attaque.

Bataille de Lignitz (1760). — Frédéric était campé en avant de la Katzbach, lorsque les Autrichiens vinrent le surprendre dans cette position. Pour ne pas combattre avec la rivière à dos, il la passa pendant la nuit, occupa la rive opposée et disposa son Artillerie en fortes batteries qui croisaient leurs feux sur les chemins qui traversaient la rivière.

Le roi s'était endormi après avoir pris ces dispositions, lorsqu'on vint l'avertir qu'à quatre cents pas de lui, la gauche de son armée venait d'être attaquée. C'était Laudon qui, ignorant le mouvement du roi, venait avec son corps d'armée s'emparer de ces hauteurs pour couper la retraite aux Prussiens. Frédéric prit ses mesures avec le plus grand sang-froid; il ordonna à quelques régiments de cavalerie de charger l'ennemi pour l'amuser pendant que l'infanterie se prolongerait en arrière de la gauche pour empêcher cette aile d'être tournée, et irait occuper une colline qu'il indiqua au général Schenkendorf. Celui-ci s'y porta rapidement avec une batterie de dix pièces de 12, qui y arriva au moment où les Autrichiens en étaient déjà si près, que les pièces tirerent sur eux à mitraille, ce qui causa un grand ravage dans leurs colonnes, et les empêcha de se reformer. Il fallut du temps au général autrichien pour préparer de nouvelles attaques; le roi put alors achever ses dispositions, et quoique Laudon eût placé de l'Artillerie sur les collines opposées, cinq attaques qu'il tenta successivement furent repoussées, et il se retira avec une perte de quatre mille hommes tués, six mille prisonniers et quatre-vingt-six pièces de canon. La perte des Prussiens n'excéda pas deux mille hommes.

Le maréchal Daun, qui n'avait rien entendu du combat, voulut, au point du jour, forcer le passage du ruisseau; mais sa cavalerie n'osa pas déboucher sous le feu des batteries protégées par toute l'infanterie prussienne. Il apprit bientôt la défaite de Laudon et se retira.

Nous voyons ici Frédéric livrer une bataille défensive et tirer de son Artillerie un meilleur parti qu'il ne l'avait encore fait. Ces dix pièces de 12 qui marchèrent au-devant de l'ennemi pour occuper avant lui la colline située sur la gauche, rendirent à l'armée un service qu'on ne peut bien apprécier qu'en regardant le plan de bataille. Il fait voir que si l'attaque de Laudon avait pu faire quelques progrès, toute la position des Prussiens était prise à revers, en même temps qu'elle était en but aux attaques de front de l'armée du maréchal Daun.

Frédéric, qui sentait tout le parti que l'on pouvait tirer d'une Artillerie très-mobile, avait donné des chevaux à quelques compagnies de canonniers, pour qu'elles pussent suivre les mouvements de la cavalerie.

C'est pendant la guerre de sept ans, que nous venons de parcourir rapidement, que fut introduit l'usage des partisans et des troupes légères, indépendantes de l'armée.

L'Autriche fut la première qui s'en servit, ensuite la Russie. La Prusse en eut aussi pour les imiter et n'avoir pas sous ce rapport une trop grande infériorité (1).

CHAPITRE IV.

SYSTÈME GRIBEAUVAL.

Le général Gribeauval avait fait plusieurs campagnes de la guerre de sept ans dans l'armée des Autrichiens, alors nos alliés; il avait dirigé leur Artillerie dans plusieurs affaires importantes, et il avait acquis une belle réputation que la brillante défense de Schweidnitz vint augmenter encore.

Doué d'un grand esprit d'observation, Gribeauval avait étudié l'Artillerie chez les Prussiens et chez les Autrichiens; de retour en France, il compara ce qu'il avait vu avec ce qui était en usage chez nous; il examina pendant plusieurs années toutes les améliorations proposées, et, après avoir mûri ses idées, présenta un projet de réorganisation complète de l'Artillerie, matériel et personnel. Il obtint l'autorisation de faire des essais qui excitèrent au plus haut point l'intérêt des officiers de l'arme.

Nous avons dit quelles conditions Vallière avait imposées à l'admission et à l'avancement des officiers d'Artillerie; cette sévérité avait obtenu de bons résultats, et une instruction solide était alors générale dans le corps. Les améliorations introduites par Vallière avaient produit les brillants succès que nous avons constatés, et l'arme avait acquis une considération qu'elle était loin d'avoir auparavant. Un sentiment très-légitime de reconnaissance, auquel se joignait

---

(1) Œuvres de Frédéric.

l'attachement instinctif que l'habitude donne pour ce qui existe, suscita à Gribeauval de nombreux adversaires.

Indépendamment des services qu'il avait rendus dans l'organisation de l'Artillerie, Vallière le père avait acquis à la guerre une haute réputation; il avait fait plus de soixante siéges et avait assisté à dix batailles. Son fils lui-même, qui avait été nommé directeur général des écoles et des bataillons de l'Artillerie, en 1747, en remplacement de son père, avait une des plus belles réputations militaires de son temps. Le maréchal de Lowendal, sous les ordres duquel il avait fait un grand nombre de siéges, avouait hautement que c'était à ses talents, à ses soins et à son activité qu'il devait ses succès.

Vallière le fils employa toute son énergie pour maintenir intactes les institutions de son père. On peut facilement comprendre que son crédit, fondé sur ses services, sur sa réputation et sur celle de son père, dut mettre de grands obstacles aux innovations de Gribeauval.

Vallière le fils, le chef de l'Artillerie, Dupuget, Saint-Auban, ses premières notabilités, écrivirent pour s'opposer à l'adoption des nouvelles idées qui furent soutenues par Gribeauval et ses nombreux partisans. Il en résulta une discussion étendue et très-brillante (1), à laquelle un très-grand nombre d'officiers prirent part. Dans cette discussion, qui donna l'occasion de traiter toutes les questions relatives à l'arme, chaque parti eut des erreurs à se reprocher; néanmoins les écrits qui en restent nous offrent une source où l'on peut encore aller puiser d'utiles enseignements.

Gribeauval, qui était parvenu à faire adopter ses idées

---

(1) Scheel, *Mémoires d'Artillerie*. — Saint-Auban, *Mémoires sur les nouveaux systèmes d'Artillerie*. — Brochures polémiques de Ménil-Durand et de Maizeroi. — Mémoires de Vallière. — Mémoires de Gribeauval. — Dupuget, *Essai sur l'usage de l'Artillerie*.

en 1765, les vit rejeter l'année suivante pour faire place à l'ancien système, et ne triompha entièrement qu'en 1776 après la mort de Vallière fils. A cette époque, il fut placé à la tête de l'arme avec le titre de premier inspecteur général. Examinons maintenant en quoi consistait son système.

Gribeauval fit du matériel de l'Artillerie deux grandes divisions : l'Artillerie de siége et l'Artillerie de campagne. C'est de cette dernière seulement que nous avons à nous occuper. Il introduisit dans l'Artillerie française un obusier qui était du calibre de 6 pouces. Il réduisit les calibres des canons pour la guerre de campagne à trois, de 12, de 8 et de 4. Il changea les proportions des pièces existantes, les fit plus courtes et en réduisit le poids à environ cent cinquante fois le poids du boulet. Les pièces furent coulées pleines et forées, ce qui permit de donner à l'âme une forme beaucoup plus régulière; des instruments ingénieux servirent à vérifier toutes les dimensions tant intérieures qu'extérieures. La précision à laquelle on parvint dans la confection des bouches à feu permit de rapprocher l'axe des tourillons de celui de la pièce pour diminuer l'action contre l'affût. Ces tourillons furent renforcés par des embases qui eurent aussi pour objet d'empêcher la pièce de prendre sur son affût un mouvement latéral.

Les anciens affûts ne pouvaient pas servir aux pièces ainsi allégées; ils n'auraient pas offert une résistance suffisante pour une action de recul devenue beaucoup plus vive. Gribeauval fut donc obligé de faire ses affûts plus pesants que ceux qui étaient en usage avant lui pour les pièces de même calibre. Mais les diverses parties mieux jointes, et un meilleur emploi du fer, donnèrent une bien plus grande solidité, quoique l'ensemble de la pièce et de son affût devînt, pour le même calibre, moins pesant qu'auparavant. Cette diminution de poids du système de la pièce et de son affût ne fut pas le seul avantage qu'obtint Gribeauval; le but qu'il se proposait, c'était une mobilité assez grande pour pouvoir, dans toute espèce de terrain, suivre les mouvements d'une infanterie aussi mobile que l'était l'infanterie prussienne. Plusieurs moyens concoururent à ce but. Les perfectionnements, opérés par l'industrie dans la métallurgie du fer, permirent à Gribeauval de donner des essieux en fer à ses voitures de campagne. Il augmenta la hauteur des roues de devant, sacrifiant une partie du tournant, qui ne pouvait être utile que dans quelques circonstances rares, à l'avantage d'avoir des roues plus hautes pour diminuer les résistances que les chevaux ont à vaincre pour faire mouvoir la voiture, et faire en outre disparaître un inconvénient grave qui résultait du frottement de l'essieu contre terre, quand les ornières étaient un peu profondes.

Pour que le poids fût mieux réparti entre les quatre roues dans les marches ordinaires, celles qui n'auraient pas lieu en présence de l'ennemi, Gribeauval fit pour les tourillons un second encastrement servant à rapprocher la pièce de l'avant-train. Il modifia aussi la manière d'atteler, en substituant l'attelage de front à timon, à l'attelage à limonière par file, ce qui permit de conduire les voitures rapidement, sans ruiner les chevaux de derrière.

Il restait encore à prévoir le cas où l'on serait obligé de se mouvoir avec vitesse près de l'ennemi, et de franchir des obstacles, tels que les fossés qui se rencontrent si souvent sur un champ de bataille. La pièce mise alors à l'encastrement de tir était fort incommode pour le roulage; Gribeauval parvint à lever cette difficulté par une heureuse application d'une idée bien simple: il sépara totalement l'avant-train de l'affût en les reliant par un cordage qui fut appelé *prolonge*. Cette innovation a peut-être été la plus féconde en beaux résultats pour l'Artillerie française.

Frédéric nous a dit que, dans l'armée prussienne, on

faisait mouvoir les pièces à bras sur les champs de bataille ; pour procurer à notre Artillerie le même avantage, Gribeauval donna des bricoles qui, s'attachant aux crochets fixés à l'affût, fournissaient aux canonniers le moyen de traîner eux-mêmes les pièces, avec le secours de quelques auxiliaires d'infanterie pour les plus gros calibres. Nous verrons que cette innovation n'eut pas le succès que Gribeauval s'en promettait : il espérait parvenir ainsi à éloigner les chevaux du feu de l'ennemi ; mais à la guerre, on trouva préférable et moins dangereux d'exécuter les mouvements plus vite avec leur secours.

Ce ne fut pas seulement dans les formes des canons que Gribeauval exigea des dimensions précises, et qu'il donna des moyens de les vérifier ; les projectiles furent aussi soumis à des épreuves sévères, le vent fut diminué, leur diamètre dut être contenu entre deux limites rapprochées pour augmenter la justesse du tir.

Toutes les constructions des arsenaux furent astreintes à des dimensions exactes qui facilitèrent les rechanges et les réparations, et donnèrent à notre matériel une solidité à toute épreuve, qui a rendu, dans nos grandes guerres, des services inappréciables.

La poudre ne fut plus séparée du boulet et contenue dans des tonneaux ; la charge, fixée au tiers du poids du boulet, fut enveloppée dans un sachet en serge et réunie au boulet ensaboté, c'est-à-dire encastré dans un sabot en bois. Un caisson bien fermé permit de faire voyager les *cartouches à boulet* dans tous les pays et par toutes les saisons, sans détérioration grave. Toutes ces dispositions devaient augmenter beaucoup la justesse du tir, que Gribeauval mit tous ses soins à améliorer.

La vis de pointage, substituée au coin de mire, rendit le pointage plus rapide. La prépondérance de la culasse sur la volée fut calculée de manière à faciliter le mouvement de la vis. Enfin l'adoption de la hausse soumit l'art du pointage à des principes fixes.

Depuis qu'il avait été reconnu que l'on ne pouvait pas considérer la trajectoire des projectiles comme une parabole, et que cette courbe était sensiblement modifiée par la résistance de l'air, les géomètres s'étaient très-activement occupés de cette question; et les efforts de Robins, de Newton, de Bernoulli et d'Euler ne furent pas sans succès ; si ces savants ne purent pas parvenir à une solution simple et complète, ils firent du moins connaître la nature de la courbe.

Les connaissances mathématiques qui se répandirent dans l'Artillerie donnèrent à quelques officiers l'idée de la hausse qui fut adoptée par Gribeauval, non pas dans l'espérance de parvenir en pratique à atteindre du premier coup l'objet que l'on vise et dont on ne connaît pas la distance, mais comme moyen de corriger le tir et d'arriver, après quelques coups, à un tir aussi juste que si l'on se servait de la ligne de mire naturelle. Cette innovation eut une très-grande importance, et sans elle peut-être l'adoption des nouvelles pièces n'eût pu avoir lieu. En effet, aussi longtemps qu'on définit le but en blanc, comme le fait encore Leblond dans l'ouvrage qu'il écrivit en 1761, l'étendue de la ligne sensiblement droite que décrit le boulet en sortant du canon, et que l'on ne connut pas de moyen de pointage exact au delà de cette distance, il fut très-important de donner au boulet la plus grande vitesse initiale possible. Les pièces courtes de Gribeauval, avec la charge réduite au tiers du poids du boulet, avaient alors une infériorité marquée relativement aux pièces longues de Vallière, et ce fut l'adoption de la hausse qui remédia à cet inconvénient et donna encore, sous ce rapport, à Gribeauval, l'avantage sur ses adversaires.

L'usage de la hausse devint familier dans les écoles, et

fut perfectionné par Lombard, qui fit de nombreuses expériences pour déterminer les hauteurs à employer, pour toutes les distances, avec les bouches à feu du nouveau système. Il étudia toutes les circonstances du tir et chercha à découvrir l'influence de chacune des nombreuses causes de déviation des projectiles.

Gribeauval s'occupa aussi, comme on l'a dit déjà, du personnel de l'Artillerie et fit des changements importants dans son organisation. Les canonniers qui servaient les pièces de position étaient encore souvent aidés par des soldats d'infanterie; ces derniers servaient seuls les pièces à la suédoise, qui depuis l'ordonnance de 1759 étaient attachés aux bataillons. Dans tous les cas, il n'y avait pas encore de fonction déterminée pour chacun; seulement tous obéissaient aux ordres de celui qui dirigeait la pièce. Gribeauval, dont les améliorations tendaient à accélérer le tir des pièces de campagne, s'occupa de la manière de les servir. Il y appliqua la division du travail; chacun des huit hommes attachés à la pièce eut une fonction spéciale et n'eut plus à s'occuper de celles des autres. Les canonniers, instruits de cette manière pendant la paix, durent seuls faire à la guerre le service des pièces de campagne.

On avait jusque-là conservé dans les bataillons de Royal-Artillerie l'organisation de l'infanterie. Gribeauval prit pour base de la sienne le nombre d'hommes nécessaires au service d'une pièce. Avant lui le service de l'Artillerie aux armées se faisait par détachement: un certain nombre d'officiers et de canonniers étaient désignés pour certaines pièces, ils marchaient avec elles, s'en servaient, puis rentrés au parc, n'en avaient plus la surveillance; chargés un jour du service des pièces de 24, ils en avaient le lendemain du calibre de 4. Il en résultait qu'ils prenaient peu de soin de la conservation du matériel. Gribeauval établit un autre principe: les mêmes officiers et les mêmes soldats durent être constamment chargés des mêmes pièces pendant toute une campagne. Pourvue des rechanges et de tout ce qui était nécessaire au service des pièces, chaque compagnie dut prendre elle-même soin de son matériel et n'eut plus besoin de venir chaque jour camper avec le parc. Enfin il créa la division d'Artillerie qui se prêta très-bien à l'organisation qui fut adoptée pour tout le reste de l'armée. Les troupes de l'Artillerie, devenues plus nombreuses, formèrent sept régiments, portant tous le n° 47, d'après le rang d'ancienneté de leur formation. Plus tard, à la réorganisation de l'armée, en 1791, le rang de l'Artillerie fut entre le 62e et le 63e régiment d'infanterie.

Les résultats de toutes les modifications apportées par Gribeauval peuvent se résumer en peu de mots : uniformité, solidité, mobilité du matériel, rapidité et justesse du tir.

GUIBERT. *Réorganisation de l'armée française.* — La France supportait avec peine l'infériorité dans laquelle elle était tombée sous le rapport militaire. A la paix qui suivit la guerre de sept ans, beaucoup d'écrivains proposèrent des moyens d'y remédier. Les idées et l'érudition de Follard avaient séduit beaucoup de monde; quelques-uns de ses partisans, nourris comme lui de l'étude de l'antiquité, pensaient que la différence de notre armement n'était pas une raison suffisante pour renoncer à imiter les anciens, qu'il fallait retourner en arrière, et que l'ordre profond fournirait le remède à tous nos maux. Ils proposaient des modifications aux formations et aux manœuvres de Follard qui devaient les rendre plus avantageuses encore. La discussion fort animée entre les partisans de l'ordre mince et ceux de l'ordre profond menaçait de ne conduire à aucun résultat et d'entraver l'amélioration de ce qui existait, lorsqu'un homme, trop jeune encore pour avoir une grande expérience de la guerre, écrivit sur cet art un ouvrage immortel; Guibert publia son *Essai général de tactique*. S'il ne mit pas fin immédiatement à une discussion animée, il éclaira toute cette confusion et montra le but vers lequel on devait marcher.

Guibert (1) avait étudié les guerres et les manœuvres de Frédéric; il croyait ne faire qu'expliquer les causes de ses succès prodigieux, et l'on peut dire, malgré quelques idées que l'expérience n'a pas confirmées, que son génie devinait l'avenir. Aussi Guibert n'a-t-il pas seulement servi à faire étudier, essayer et perfectionner les manœuvres prussiennes, ses ouvrages ont encore été utiles plus tard. C'est dans l'*Essai général de Tactique* que tous les généraux improvisés par la Révolution apprirent les principes de l'art de la guerre. Cette étude ne pouvait sans doute pas suppléer entièrement aux leçons de l'expérience, mais elle les préparait à en profiter vite.

Quand on fut entré dans la voie des améliorations de notre état militaire, la tâche ne parut pas facile; il y avait tant d'abus à réformer, tant d'intérêts, de préjugés à froisser, qu'un homme seul ne pouvait y suffire. Il fallut que la Révolution vînt briser tous les obstacles pour permettre d'asseoir nos constitutions militaires sur de nouvelles bases. Déjà, cependant, on avait ôté la propriété des compagnies aux capitaines, et par là détruit un abus énorme, surtout dans la cavalerie, où l'on ne pouvait exercer les escadrons au galop sans que les capitaines criassent qu'on crevait leurs chevaux. La Révolution vint, et si elle eut le tort de désorganiser l'ancienne armée, avant d'en avoir formé une nouvelle, elle créa du moins de bonnes institutions, qui furent en quelque sorte un cadre qu'il a suffi de remplir pour avoir une excellente armée.

Les idées et les travaux de Guibert avaient préparé ces

---

(1) Guibert, *Œuvres complètes*. *Essai général de Tactique*.

institutions qui, en 1791, réorganisèrent notre armée. Hiérarchie, organisation, administration, manœuvres, service intérieur, tout fut réglé sur de nouvelles bases, avec tant de succès que la France, si inférieure sous Louis XV aux autres états militaires, leur a, depuis, servi à tous de modèle.

L'organisation divisionnaire fut sans contredit la plus importante de toutes les innovations faites à cette époque. Les généraux eurent sous leur commandement, pendant la paix, les troupes de toutes armes comprises dans certaines divisions territoriales. A l'armée, nous avons vu qu'ils n'avaient précédemment aucun commandement particulier et qu'ils roulaient entre eux pour le service général. Il n'en fut plus de même. Deux ou trois régiments, ordinairement de même arme, formèrent une brigade qui resta toujours sous les ordres du *général de brigade;* la division, composée des trois armes et de tout ce qui lui était nécessaire pour se suffire à elle-même, devint, sous le commandement d'un *général de division,* la grande unité de nos armées, dont le mécanisme, extrêmement simplifié par ce rouage intermédiaire, fut beaucoup moins difficile à diriger.

Gribeauval était membre et Guibert secrétaire et rapporteur du *Conseil de la guerre* (1), dont les immenses travaux avaient préparé, dès 1788, la réorganisation de toutes les parties de notre état militaire; nous devons donc, pour être justes, reconnaître que ces deux hommes éminents sont ceux qui ont le plus contribué à nos succès, et que la France leur doit une partie de la gloire que ses armées ont acquise.

---

(1) Le *Conseil de la guerre,* placé sous la présidence du ministre de la Guerre, était composé de quatre lieutenants généraux : MM. de Gribeauval, le comte de Puységur, le duc de Guines et le marquis de Jaucourt ; et de cinq maréchaux de camp : MM. de Fourcroy, le comte d'Esterhazy, le marquis d'Autichamp, le marquis de Lambert et le comte de Guibert secrétaire. Il y eut plusieurs changements faits parmi les membres, mais Gribeauval et Guibert y restèrent toujours.

CHAPITRE V.

GUERRES DE LA RÉVOLUTION.

La guerre que la France déclara à la Prusse et à la Russie, et qui bientôt embrasa toute l'Europe, commença au mois d'avril de l'année 1792. L'armée française ne montait pas alors à cent cinquante mille hommes ; la cavalerie était faible et aucun service n'était organisé. Des officiers, des corps entiers même qui émigraient à chaque instant avaient ôté au soldat toute confiance en ses chefs. La guerre s'ouvrit sous ces fâcheux auspices, par une panique et une déroute. Peu d'officiers d'Artillerie avaient émigré, l'arme ne se laissa pas aller au découragement général des autres troupes, et rendit dans ces premiers moments les plus grands services.

Le 27 avril 1792, le général Biron (1) se mit en mouvement, et s'avança, en Belgique, jusqu'à Mons. Les Autrichiens se retirèrent à son approche. Mais bientôt, trompé dans l'espoir qu'il avait de voir les habitants lui livrer la ville, il prit le parti de la retraite et revint à Boursu. A dix heures du soir, tout était tranquille dans son camp, lorsque tout à coup une alerte sans cause connue y jette le désordre. Les cris : « A la trahison ! » se font entendre, et le général français est obligé d'ordonner la retraite. Les Autrichiens s'en aperçoivent, ils s'avancent à la poursuite des Français, dont la retraite se change en une épouvantable déroute. Cinq pièces de canon et beaucoup de prisonniers tombent au pouvoir de l'ennemi. Heureusement le général Rochambeau, informé de ce désastre, s'avança

---

(1) *Victoires et Conquêtes*, tome I.

avec trois régiments, et plaça sur une hauteur huit pièces de canon qui arrêtèrent les Autrichiens et favorisèrent la retraite de Biron.

Bataille de Valmy (1). — L'armée française n'avait encore éprouvé que des revers, lorsque le roi de Prusse, après s'être emparé de Longwy et de Verdun, s'avança vers Paris. L'armée de Dumouriez se trouvait dans la position la plus critique. Kellermann vint le rejoindre à la tête de vingt-deux mille hommes et se plaça à sa gauche. Les Prussiens résolurent d'attaquer de ce côté. Ils repoussèrent l'avant-garde de Kellermann et arrivèrent sur la position que ce général avait eu le temps de rectifier. L'armée de Kellermann et celle de Dumouriez formaient à leur point de jonction un angle saillant, en avant duquel se trouvait la hauteur de Valmy qui dominait toute la position. Sur cette hauteur on établit deux batteries, chacune de dix-huit pièces, qui flanquaient les deux parties de la ligne; d'autres batteries furent réparties sur tout le front de l'armée, d'après l'étude du terrain. Le reste de l'Artillerie fut gardé en réserve.

Le duc de Brunswick, pensant qu'il ne pouvait attaquer le front de notre armée avant de s'être emparé de la hauteur de Valmy, dirigea contre elle tous ses efforts. Cette hauteur, qui dominait la position de l'armée française, ne dominait pas de même tout le terrain situé en avant; à portée de canon se trouvaient les hauteurs de la Lune qui décrivaient un arc de cercle autour du mamelon de Valmy. Les Prussiens y trouvèrent un emplacement avantageux pour leur Artillerie. Ils y établirent cinquante-quatre bouches à feu partagées en quatre batteries, dont trois de canons et une d'obusiers. Ils purent les placer de manière à prendre d'écharpe les batteries françaises en position sur

---

(1) *Victoires et Conquêtes*, tome I. — Jomini, *Histoire des Guerres de la Révolution*.

la hauteur. Le brouillard qui avait empêché de bien reconnaître les positions respectives s'étant dissipé vers sept heures, le combat commença par une vive canonnade qui fut soutenue des deux côtés jusqu'à neuf heures. A ce moment les Prussiens démasquent une nouvelle batterie plus à droite. Craignant que l'attaque ne soit portée de ce côté, en laissant à gauche la hauteur de Valmy, Kellermann fait avancer sa seconde ligne et son Artillerie. Le combat s'anime; le feu des Français l'emporte sur celui des Prussiens; ceux-ci changent alors leurs obusiers de position pour les dérober aux batteries de Valmy, et les dirigent contre les troupes que le mouvement de Kellermann expose à leurs coups. Ces obusiers font de grands ravages dans nos rangs; Kellermann, étudiant les mouvements de l'ennemi, accompagné des généraux d'Artillerie d'Aboville et Sénarmont, a un cheval tué sous lui, et son aide de camp tombe mort à ses côtés. Quelques obus prussiens viennent éclater au milieu des munitions des Français, et font sauter deux caissons dont l'explosion tue ou blesse beaucoup de monde. Le désordre se met parmi les Français; la première ligne rétrograde, et les conducteurs de charrois, en s'enfuyant avec leurs caissons, augmentent la confusion et obligent de ralentir le feu, faute de munitions; mais la réserve d'Artillerie accourt, se place près du moulin et recommence une vive canonnade qui prend la supériorité sur celle de l'ennemi et favorise le retour des caissons. Sous sa protection, Kellermann rétablit sa première ligne. Le duc de Brunswick forme trois colonnes d'attaque soutenues par de la cavalerie. Les deux colonnes de gauche se dirigent sur le moulin de Valmy, celle de droite est refusée. Alors l'Artillerie française ne tire plus contre les pièces de l'ennemi, elle concentre tout son feu sur les colonnes, qui continuent d'avancer. La ligne ralliée par Kellermann fait bonne contenance, le feu de l'Artillerie redouble, les colonnes prussiennes s'arrêtent, hésitent et flottent. De nouvelles décharges ajoutent au désordre, et le duc de Brunswick donne l'ordre de la retraite.

On échangea des coups de canon jusqu'à quatre heures du soir. Les Prussiens firent une nouvelle tentative dans le même ordre que le matin ; ils furent encore reçus par un feu d'Artillerie plus vif qui les fit rétrograder.

Le combat que l'on a nommé bataille de Valmy fut, comme on le voit, une affaire toute d'Artillerie. Nos troupes n'étaient point encore aguerries: Kellermann, restant sur une défensive absolue, ne chercha point à profiter du désordre que le canon avait mis dans les colonnes prussiennes. Cette simple canonnade tira cependant la France du plus grand danger qu'elle eût encore couru : en donnant du courage et de la confiance aux troupes, elle rendit possibles toutes les victoires qui suivirent. N'oublions pas, quand plus tard nous verrons l'Artillerie obtenir des succès plus brillants, que jamais elle ne rendra des services plus grands qu'à Valmy, car en ce jour l'Artillerie sauva la France. La gloire fut tout entière attribuée à Dumouriez et à Kellermann, tandis que la plus grande part du succès est probablement due aux généraux d'Aboville et de Sénarmont qui dirigeaient l'Artillerie (1). Sénarmont fut grièvement blessé.

Le succès de l'Artillerie, dans cette affaire, fut dû d'abord à l'habileté avec laquelle on sut la placer. Nous n'avons parlé que des batteries du moulin de Valmy, d'autres rendirent aussi des services éminents. Tandis que celles-ci flanquaient la droite de la ligne de Kellermann, une autre, placée derrière la rivière d'Auve, où s'appuyait la gauche, flanquait cette partie de la ligne, et

---

(1) Ce général Sénarmont est le père de celui que nous verrons plus tard faire des prodiges d'audace et d'habileté.

empêchait les Autrichiens, placés à la droite des Prussiens, d'étendre leur attaque de ce côté.

Ce combat fut défensif, et il n'y a rien de nouveau pour nous à ce que l'Artillerie produise de grands effets dans cette circonstance; mais nous voyons ici agir pour la première fois l'Artillerie à cheval : laissée en réserve, elle accourt au point et au moment décisif, et rétablit le combat. L'Artillerie a donc enfin acquis la faculté de se mouvoir avec rapidité pendant l'action. Le succès de l'Artillerie française contre celle des Prussiens, bien plus considérable et plus avantageusement postée, doit être attribué à la supériorité de son instruction et de son courage; car celle des Prussiens agit avec habileté. Le changement de disposition de leur Artillerie pour tirer contre les troupes françaises, la réunion de tous leurs obusiers, dont les projectiles fichants vont s'arrêter et éclater dans les rangs français, furent sur le point de leur donner la victoire. Heureusement, quand ils eurent formé leurs colonnes d'attaque, l'Artillerie française sut essuyer le feu de celle de l'ennemi sans y répondre, et dirigea le sien contre ces colonnes en marche, sans quoi l'armée française était perdue.

Nous voyons ici l'inconvénient de ces charretiers qui, n'étant pas, comme les soldats, retenus par le sentiment de l'honneur militaire, prennent la fuite au moindre danger; inconvénient qui devient très-grand depuis que, pour se mouvoir pendant l'action, l'Artillerie laisse les chevaux attelés et qu'il n'y a plus de garde pour empêcher les conducteurs de fuir.

Combat et prise d'Arlon (6 juin 1792) (1). — Douze mille hommes de l'armée française avaient été rassemblés sous les murs de Longwy, pour aller attaquer les Autrichiens qui occupaient Arlon. Cette ville, située sur une

---

1 Victoires et Conquêtes, tome I.

hauteur, présentait une chaîne de retranchements et dominait au loin la plaine qu'il fallait traverser pour l'aborder. Huit mille hommes défendaient ces retranchements disposés en échelons et garnis de trente bouches à feu, parmi lesquelles se trouvaient des pièces du calibre de 17.

L'armée française s'avança sur quatre colonnes; l'Artillerie, commandée par le colonel Sorbier, devait soutenir le mouvement général. La position dominante de l'ennemi, et l'infériorité du calibre des pièces françaises, empêchèrent de contre-battre son Artillerie, et les colonnes durent s'avancer sous le feu. Celle de droite est ébranlée et la cavalerie autrichienne s'avance pour la charger; mais l'Artillerie se porte sur ce point et force la cavalerie à se retirer.

Pendant ce temps, la colonne que commande le général Beauregard marche sur Arlon, y pénètre, traverse la ville et vient prendre à revers les retranchements ennemis. Quinze cents Autrichiens se forment alors en carré, et nous n'avons que quatre cents carabiniers pour les charger. Malgré toute sa bravoure, cette cavalerie ne peut entamer le bataillon. Le colonel Sorbier fait avancer son Artillerie légère au galop, la met en batterie à cinquante pas d'un des fronts du carré, et tire quatre bordées à mitraille; ces décharges portent le désordre dans la masse autrichienne, elle se rompt et les carabiniers achèvent sa déroute.

Le colonel Sorbier agit en véritable homme de guerre et nous fournit des exemples que nous ne devons pas négliger. Il renonce à engager avec l'Artillerie des retranchements une canonnade qui ne peut être efficace; mais il s'avance sous son feu avec les colonnes et protége leur marche. La cavalerie ennemie veut charger le flanc d'une colonne, l'Artillerie la repousse. Un faible corps de cavalerie tient en échec un carré d'infanterie; l'Artillerie accourt et détermine le succès. Nous n'avons pas encore vu l'Artillerie, dans l'offensive, produire de tels résultats et agir avec une rapidité et un à-propos qui feraient honneur à la cavalerie; voilà ce que l'Artillerie à cheval pouvait alors seule exécuter.

Bataille de Neervinden (16 mars 1793) (1). — Cette bataille fut offensive sur tous les points de la part des Français, qui passèrent de vive force une rivière, la petite Gaëte, pour aller attaquer les Autrichiens dans la position formidable qu'ils avaient prise sur la hauteur qui était au delà. L'armée française s'avança sur huit colonnes. Comme il n'existait pas de position d'où l'Artillerie pût tirer sur l'ennemi, elle accompagna les colonnes et ne put commencer son feu que lorsque les autres troupes furent arrivées sur les hauteurs. Ce fut avec des pertes énormes que leur fit éprouver l'Artillerie ennemie, que les deux colonnes de droite purent enlever aux Autrichiens une faible partie de leurs positions. Après s'être emparés, pour la deuxième fois, du village de Neervinden, dont la possession avait la plus grande importance, les Français y amenèrent une quantité considérable d'Artillerie qu'ils placèrent près du village, dans une grange dont ils percèrent les murs. Cette Artillerie repoussa plusieurs attaques, et son feu, qui ne pouvait être contre-battu, rendait toute nouvelle attaque inutile. Aussi le comte de Clerfayt se détermina-t-il à ne rien tenter avant d'avoir incendié, s'il était possible, la redoutable grange dont le canon l'incommodait si fort. Il fit mettre en batterie, contre elle, quelques obusiers, dont l'effet fut si prompt et si violent, qu'en peu d'instants la grange et les maisons qui l'avoisinaient furent incendiées. Le général autrichien renouvela aussitôt son attaque qui réussit, et fit perdre la bataille aux Français.

L'Artillerie des Autrichiens eut la plus grande part à leur succès, et Dumouriez fut vaincu pour avoir voulu

---

(1) Ternay, *Traité de Tactique*. — *Victoires et Conquêtes*.

faire une attaque directe de leur position, quoique la nature du terrain dût neutraliser son Artillerie. L'Artillerie française fit tout ce qui était en son pouvoir en suivant les colonnes. Peut-être eût-elle agi plus efficacement en se portant en masse à la colonne de droite qui tournait la gauche des Autrichiens; elle aurait alors pu arriver plus tôt sur la hauteur et prendre en flanc la ligne ennemie. Mais une pareille critique aurait besoin, pour être fondée, d'une foule de données qui manquent et auxquelles l'examen seul du plan ne peut suppléer. En se plaçant dans une grange et près de maisons que l'ennemi pouvait incendier, l'Artillerie française donna à l'ennemi l'occasion qu'il saisit avec habileté de tirer un grand parti de ses obusiers. Est-ce une faute commise par ceux qui commandaient l'Artillerie, ou bien cette position fut-elle prise par nécessité? c'est ce qu'il est impossible de décider. Mais nous pouvons toujours en tirer cette conclusion, que l'Artillerie doit éviter autant que possible de pareils emplacements.

Bataille de Wattignies (15 et 16 octobre 1793) (1). — La bataille de Wattignies fut, comme celle de Neerwinden, offensive de la part des Français qui attaquèrent encore des hauteurs fortifiées par les Autrichiens. Cette bataille dura deux jours. Le premier, Jourdan occupa les hauteurs sur l'extrême droite des Autrichiens, attaqua et prit leurs retranchements, mais fut obligé de les abandonner. Le lendemain il renouvela l'attaque en profitant avec habileté de la position prise la veille. L'Artillerie à pied était venue se placer sur les hauteurs et battit avec avantage celle des Autrichiens qui tirait contre nos troupes. Pendant ce temps, les batteries d'Artillerie légère jetaient le désordre dans les rangs autrichiens. Elles furent servies

---

(1) Jomini, et *Victoires et Conquêtes*.

avec tant d'activité et leur feu devint si terrible, que le prince de Cobourg avoua n'en avoir jamais entendu un semblable. Les régiments de Klebeck et de Hohenlohe furent presque détruits; celui de Stein, ayant perdu tous ses officiers, fut obligé de quitter le champ de bataille, et le général Terzy, qui commandait sur le point attaqué, abandonna toutes ses positions.

L'armée française attaquait à la fois les deux ailes de l'ennemi, qui était déjà fort resserré dans son camp de Wattignies, lorsque l'attaque de gauche, commandée par le général Gratien, se replie sans nécessité et donne aux Autrichiens la facilité de prendre en flanc les Français. Nos bataillons sont culbutés et l'ennemi s'est déjà emparé de onze pièces de canon. Heureusement une batterie est dirigée à l'endroit où les Autrichiens vainqueurs s'élancent à la poursuite des Français. La mitraille les arrête, jette parmi eux la confusion; ils fuient à leur tour; les Français font volte-face, reviennent avec une nouvelle impétuosité, emportent les retranchements, et l'ennemi effectue sa retraite.

Dans cette bataille, l'infanterie s'empare d'abord d'une position qui permet à l'Artillerie d'agir. L'Artillerie à pied choisit des emplacements d'où elle peut avantageusement contre-battre celle des retranchements et protéger la marche des troupes; l'Artillerie à cheval, sans s'occuper de répondre au feu des pièces autrichiennes, marche à l'attaque, ne tire que contre les troupes, et par son courage et son habileté suffit pour les mettre en déroute. Ces exemples ne doivent pas être perdus pour nous, le dernier surtout. Il nous montre que l'Artillerie doit toujours s'attacher à protéger les troupes avec lesquelles elle marche, et que c'est surtout leur flanc, point le plus faible, qu'elle doit couvrir. Nous voyons aussi quelle efficacité a le tir à mitraille contre des troupes qui sont en mouvement pour attaquer.

Dans toutes ces premières guerres de la République, la réputation de l'Artillerie à cheval devint de plus en plus brillante; elle attirait tous les regards, et l'admiration générale la plaçait partout au premier rang dans nos armées. A la bataille de Geisberg, une batterie à cheval se trouve seule en présence d'un régiment de cavalerie ennemie; elle forme ses pièces en carré, charge à balles; tous les canonniers, à l'exception de ceux qui doivent mettre le feu, sont à cheval. On attend l'ennemi, les coups partent quand il est à petite portée, jettent le désordre dans ses rangs; alors les canonniers à cheval se précipitent au milieu des cavaliers, achèvent de les mettre en déroute, et les pièces peuvent effectuer leur retraite (1). Ce fait nous montre toute l'intrépidité qui animait alors les canonniers. Toutefois un pareil exemple ne doit être suivi que dans le cas où il ne reste pas d'autre moyen de sauver les pièces, car nous aurons plus d'une occasion de voir tout le danger qu'il y a à éloigner les canonniers de leur matériel.

Nous sommes maintenant arrivés à l'époque où la suspicion et la terreur qui régnaient sur la France, envahissant les armées, en arrachèrent presque tous les hommes qui avaient pu apprendre la guerre dans les temps antérieurs; le désordre fut à son comble. Mais les lois de la Convention, en appelant aux armes les citoyens de toutes les classes, jetèrent dans l'armée toute cette jeunesse du tiers état qui avait grandi à l'école des écrivains du xviiie siècle. Ce fut la pépinière des généraux si remarquables de la République. Aux premiers moments tout le monde était neuf dans le métier des armes; ceux des anciens officiers qui n'avaient pas émigré étaient suspects et ne pouvaient rendre aucun service. Il fallut trois ans à l'armée française pour se former : les années 1793, 1794 et 1795 suffirent à cette tâche;

---

(1) *Victoires et Conquêtes.*

en 1796 nos soldats étaient aguerris, et nos officiers, nos généraux même étaient les meilleurs de toute l'Europe.

L'Artillerie se ressentit du désordre de l'armée; en voyant l'anarchie qui y régnait, les anciens officiers de l'arme, qui avaient été formés à l'école de Gribeauval, et auxquels les belles discussions de cette époque avaient donné une instruction solide, abandonnèrent l'armée active pour se retirer dans les établissements. L'Artillerie conserva néanmoins, aux yeux des autres armes, la supériorité relative qu'elle avait depuis le commencement de la guerre. Voici comment s'expriment à son sujet les principaux écrivains qui ont parlé de cette époque. On lit dans les ouvrages du maréchal Saint-Cyr (1): « Nous pouvions
» soutenir cette canonnade malgré l'infériorité numé-
» rique de notre Artillerie; cette arme, n'ayant pas été
» désorganisée comme les autres par l'effet de l'émigra-
» tion, avait conservé cette instruction qui l'a rendue
» si longtemps supérieure à celle de toutes les autres puis-
» sances. »

La réputation acquise par les premières batteries à cheval que nous avons vues agir à Valmy en fit successivement augmenter le nombre. Voici comment s'exprime à ce sujet le général Mathieu Dumas (2):

« Le général Dumouriez fit connaître toute l'impor-
» tance de cette arme, pour la guerre d'invasion, à la fin
» de la campagne de 1792 dans la Belgique. Que de nom-
» breux exemples n'aurait-on pas à citer depuis cette épo-
» que? A l'affaire de Wateloo, pendant que le général
» Pichegru commandait l'armée de Flandre, quatre mille
» hommes de cavalerie qui manœuvraient avec de l'Artil-
» lerie à cheval, soutinrent (et ce témoignage est rendu

---

(1) Saint-Cyr, *Mémoires sur les campagnes des armées du Rhin et de Rhin et Moselle.*

(2) Mathieu Dumas, *Événements militaires*, tome I, page 417.

» par des officiers de l'armée combinée) l'effort d'une
» armée de trente mille hommes, appuyée par une Artil-
» lerie au moins triple de celle des Français.

» Bonaparte, à la bataille de Castiglione, après la levée
» du siége de Mantoue, ayant fait rassembler et placer à
» propos, par le général Dommartin, plusieurs divisions
» d'Artillerie légère, rompit, dit-on, la ligne des Autri-
» chiens et décida la victoire et le sort de l'Italie. L'Artil-
» lerie à cheval ne contribua pas peu au gain de la bataille
» d'Ettlingen, où le général Moreau, très-inférieur en cava-
» lerie, maintint son aile gauche contre toute la cavalerie
» de l'archiduc. Une manœuvre semblable procura au
» général Hoche, sur le Rhin, à la dernière affaire de
» Neuvied, un semblable succès. Le général Debelle, qui
» commandait l'Artillerie, rapidement portée en avant et
» tirant à découvert pour éteindre le feu d'une ligne re-
» tranchée et flanquée de fortes redoutes, était l'un des offi-
» ciers qui formèrent à Metz les premières compagnies. »

Le général Foy dit aussi (1) : « L'Artillerie à cheval,
» composée à sa création des artilleurs les plus ingambes,
» fit des merveilles. On vit dans les campagnes d'Alle-
» magne de simples capitaines de cette arme acquérir une
» réputation d'armée. Bientôt les généraux ne voulurent
» plus avoir d'autre Artillerie, parce que celle-là étant plus
» mobile et plus efficace, il en fallait moins, et c'était
» autant d'allégement dans les colonnes d'attirails. »

Nous devons aussi avouer que cette supériorité que prit
l'Artillerie à cheval sur l'Artillerie à pied, se joignant à
l'abandon du service des troupes par beaucoup des bons
officiers de l'arme, fit pendant un certain temps baisser
l'Artillerie à pied. Ce qui fit le plus de tort à cette arme,
ce fut la manière dont on la recruta.

---

(1) Foy, *Histoire des guerres de la Péninsule*.

Les demi-brigades d'infanterie formées par la réunion des bataillons de volontaires aux bataillons de la ligne, furent chargées de compléter les compagnies d'Artillerie à pied, et celles-ci n'en reçurent pour la plupart que les hommes dont les demi-brigades désiraient se débarrasser (1).

« L'engouement pour les bonnes choses, dit encore le
» général Foy, conduit toujours à mal. L'Artillerie à pied,
» énervée par la formation et l'augmentation de l'Artille-
» rie à cheval, commença à perdre l'esprit militaire. Les
» soldats restèrent paysans et devinrent raisonneurs. On
» eut lieu de s'en apercevoir dans la défense des places
» fortes d'Italie, pendant la malheureuse campagne de
» 1799. »

Avant de commencer le détail des faits d'armes nombreux que nous allons avoir à citer pour établir la tactique de l'Artillerie, il est nécessaire d'entrer dans quelques détails sur le genre de guerre en usage à l'époque à laquelle nous sommes arrivés.

Nous avons parlé du système divisionnaire introduit dans les armées françaises; il le fut aussi dans les autres armées de l'Europe, avec de très-légères différences, et modifia le système de guerre. Les différentes fractions d'une armée étant constituées de manière à pouvoir se suffire à elles-mêmes, on ne fut plus obligé de la faire marcher, pour ainsi dire, tout d'une pièce, traînant après elle ses immenses magasins. On en profita pour lui faire occuper une plus grande étendue de terrain, et il en résulta plus de facilité pour se procurer des vivres et pour couvrir la ligne de retraite et de communication. La réduction de l'ordre de bataille de la cavalerie à deux rangs, et de celui de l'infanterie à trois, donnaient plus d'étendue au front d'une armée. D'ailleurs les troupes, devenues manœuvrières par

---

(1) Renseignement dû à l'extrême obligeance de M. le général Marion.

les règlements de 1791, purent laisser des intervalles, leur mobilité et leur organisation leur donnant les moyens de se défendre contre l'ennemi qui voudrait pénétrer dans les espaces vides. Il en résulta que les armées abandonnèrent l'habitude *d'ouvrir des marches* et purent se servir presque exclusivement des chemins existants.

Tant que cette méthode de guerre qu'on a appelée système de cordon fut en vigueur, et elle le fut principalement chez les Autrichiens, les batailles furent des engagements de troupes sur de grands espaces, sans que sur aucun point les troupes fussent réunies en grandes masses. Chaque division livrait pour ainsi dire un combat particulier, en ayant seulement égard à la position des divisions voisines pour couvrir ses flancs. Alors chaque batterie eut un rôle important à jouer dans sa division; mais l'Artillerie ne combattit jamais avec ensemble, et les fonctions des généraux de l'arme se bornèrent presque à celles d'ordonnateurs en chef d'un service important. C'est à cette époque surtout que l'on devrait apprendre les principes de ce que nous pouvons appeler pour l'Artillerie la petite guerre, celle qui importe aux officiers inférieurs de l'arme. Malheureusement nos guerres ont été si longues et si nombreuses, que les détails qui seraient les plus instructifs manquent presque toujours; le plus souvent les historiens se contentent de dire : telle division repousse l'ennemi, force telle position; ces expressions vagues ne nous apprennent rien sur la manière particulière d'agir de l'Artillerie. Quelques historiens sont cependant plus explicites: le maréchal Saint-Cyr surtout se fait remarquer par ses études de tactique; aussi ses ouvrages vont-ils nous fournir des documents précieux.

Le 2 décembre 1792 (1), l'armée autrichienne venait de

---

(1) Saint-Cyr, *Mémoires sur les campagnes des armées du Rhin et de Rhin et M...*, tome I, page 15.

s'emparer de la place de Francfort et de la garnison que Custine y avait mise; ce général s'avança jusqu'à Bockenheim avec quelques bataillons, dix escadrons de grosse cavalerie et quelques pièces d'Artillerie légère, pour soutenir le troisième bataillon des Vosges et le septième régiment de chasseurs à cheval qu'il y avait placés la veille. Il y eut sur ce point une vive canonnade très-meurtrière pour l'ennemi, qui se trouva arrêté et ne put déployer ses colonnes. Ce succès permit à Custine de se retirer pendant la nuit et de sortir de la mauvaise position dans laquelle il s'était engagé.

Ce succès, déterminé par l'Artillerie seule, montre quelle influence a cette arme quand elle peut agir d'assez près sur des troupes qui manœuvrent; c'est là leur moment critique, celui qu'il faut savoir saisir.

Quelque temps après, dans la même campagne, l'avant-garde, se trouvant placée un peu trop en avant, courut un grand danger. Les troupes se retirèrent avec célérité, mais l'Artillerie resta pour la plus grande partie au pouvoir de l'ennemi, parce qu'on avait négligé de faire ferrer les chevaux à glace. Cet exemple dit assez toute l'importance de ce soin dans les campagnes d'hiver, où le temps peut changer d'un jour à l'autre (1).

Les Français (2) se trouvaient derrière la Lauter, avec une avant-garde de l'autre côté: l'ennemi fit avancer sa cavalerie, soutenue d'une Artillerie nombreuse; mais les Français, dit Saint-Cyr, ne s'en laissèrent pas imposer par l'Artillerie ennemie. La leur, étant ce qu'ils avaient alors de plus instruit dans leur armée, riposta sinon avec de grands avantages, du moins à succès égal. C'est surtout dans les affaires d'une défensive absolue comme celle-ci, que l'Artillerie devient indispensable.

---

(1) Saint-Cyr, *Mémoires cités*, tome I, page 28.
(2) Saint-Cyr, *Mémoires cités*, tome I, page 76.

Les Autrichiens (14 septembre 1793) (1) occupaient dans les Vosges une forte position appuyée à deux pics élevés et au village de Nothveiler. Cette position était trop élevée pour que notre Artillerie pût atteindre l'ennemi. Le général Saint-Cyr, qui commandait les troupes françaises, fit plusieurs démonstrations d'attaque et de retraite pour attirer l'ennemi hors de la position; n'ayant pas réussi, il fut obligé de songer à une attaque sérieuse. Les Français, dit le maréchal Saint-Cyr, étaient contrariés de ne pouvoir employer contre la position des ennemis les secours si efficaces de l'Artillerie; cependant, pour obtenir au moins un effet quelconque sur leur moral, ils avaient préparé, la veille, quelques rampes au moyen desquelles on put, pendant la nuit, avec le secours des paysans et à force de bras, monter une pièce de 4 sur la pointe d'une montagne élevée qui plongeait sur le village de Nothveiler, et dominait la position des Autrichiens. Les munitions furent apportées à bras pendant que le gros des troupes françaises se tenait en face de la position ennemie; trois bataillons étaient envoyés pour faire diversion sur la droite. Un de ces bataillons parvint à gravir une hauteur défendue par un régiment ennemi; ce régiment se groupa; le feu des tirailleurs français devint très-meurtrier, et le détruisit presque entièrement.

Le moral de l'ennemi était un peu ébranlé, Saint-Cyr saisit ce moment pour attaquer; il démasque la pièce de 4 montée avec tant de peine. « Certainement, dit l'auteur
» dont nous tirons ces détails, le feu d'une pièce de 4 est
» peu important, mais l'ennemi était loin d'en attendre là,
» et ce qui surprend à la guerre fait toujours de l'effet.
» C'était sans doute un bien pauvre moyen; eh bien, il agit
» grandement sur le moral de l'ennemi qui voyait en même
» temps déboucher les colonnes qui jusqu'alors avaient été
» masquées avec soin, et quelques pièces de canon ou

---

(1) Saint-Cyr, *Mémoires cités*, tome I, page 97.

» obusiers qui accouraient au galop de derrière la ferme
» de Litschoffen, avec la cavalerie de la division, c'est-à-
» dire une compagnie de chasseurs et quelques gendarmes.
» L'ennemi ne savait plus quelle contenance tenir; mal-
» heureusement son hésitation fut trop courte, et il prit le
» parti de la retraite. Il essaya de la faire en ordre, et sem-
» bla vouloir défendre le terrain pied à pied, mais la nature
» des lieux s'y opposait.

» Nos troupes étaient alors parvenues sur la crête du
» plateau dont la pente, jusqu'à Bontenthal, est rapide et
» continue; de plus, l'ennemi avait fait prendre les devants
» à son Artillerie, et la nôtre, arrivant à la tête des co-
» lonnes et ayant mis en batterie, l'effet de la mitraille fut
» si grand, que l'ennemi précipita sa marche rétrograde. Le
» général Viomesnil voulut, avec ce qu'il avait de la légion
» de Mirabeau, opposer quelque résistance, mais ses
» troupes furent culbutées. L'instant d'après, ce n'était
» plus une retraite, mais une déroute complète, une fuite
» à toutes jambes qui dura tout le reste de la journée et
» une partie de la nuit qui la suivit. »

Cette affaire nous offre un exemple remarquable de l'emploi de l'Artillerie dans la guerre de montagne: une seule
pièce démasquée au moment opportun et que l'ennemi aper-
çoit au-dessus de sa tête, a une très-grande influence sur le
succès. On voit qu'il ne faut craindre ni peines ni fatigues
pour hisser des pièces aux points où l'ennemi n'en attend
pas: on sera plus tard bien payé de ses peines. Remarquons
l'habileté avec laquelle Saint-Cyr a différé de se servir de
cette pièce; si elle avait tiré aussitôt qu'elle a été placée,
l'ennemi, n'ayant pas alors d'autres dangers à craindre, en
aurait essuyé le feu; ayant le temps de juger l'effet, il en
aurait été bien moins effrayé, et l'attaque n'aurait peut-
être pas déterminé sa retraite. L'Artillerie à cheval, qui
reste masquée jusqu'au moment d'agir, qui alors monte

les rampes de toute la vitesse de ses chevaux, longe la colonne, la dépasse pour aller se mettre en batterie à bonne portée de mitraille, nous donne aussi un bel exemple à suivre.

Affaire de Schanzel (13 juillet 1794) (1). — Le général Saint-Cyr, voulant repousser l'ennemi, fit placer son Artillerie à pied près du village de Rosbach, pour protéger le passage du ruisseau qui traverse ce village. Il l'établit sur sa gauche; de cette façon, elle prenait d'écharpe les troupes qui s'opposeraient directement au passage et ne pouvait gêner nos mouvements. Il fit passer le ruisseau à la cavalerie ainsi qu'à son Artillerie à cheval. Ses bonnes dispositions eurent un plein succès, et la division s'avança jusqu'au village d'Edesheim, où un second ruisseau la séparait de l'ennemi, qui déploya huit à dix escadrons dans la plaine, à petite distance de la rive gauche du ruisseau. Saint-Cyr fit mouvoir son Artillerie qui s'avança, en se cachant à l'ennemi, par quelques plis de terrain. Une légère brume aidait aussi à tromper l'ennemi, qui ne s'aperçut du mouvement de l'Artillerie qu'aux premiers coups de canon qu'il reçut. Les escadrons ne pensèrent qu'à se retirer le plus promptement possible; mais la difficulté de quelques passages en força une partie à défiler, ce qui mit dans leur retraite un peu de confusion et les laissa plus longtemps exposés à notre feu.

Nous voyons ici la manière de placer l'Artillerie pour forcer le passage d'un ruisseau; les troupes doivent le traverser sur un front assez étendu, ce qui fait la différence entre ce cas et celui où il s'agit de protéger la construction d'un pont. L'Artillerie à pied vient un peu avant l'attaque se placer de manière à éloigner les troupes ennemies en les prenant d'écharpe, tandis que l'Artillerie à cheval marche toujours à hauteur de la cavalerie. L'habileté avec laquelle

---

(1) Saint-Cyr, *Mémoires cités*, tome II, page 69.

Saint-Cyr tire parti de la brume et des plis du terrain fournit des exemples bons à imiter; mais toutes ces circonstances sont si variables, qu'on ne peut en conclure aucun principe général, excepté celui qui est de toute évidence que, pour attaquer, l'Artillerie doit chercher à cacher ses mouvements le plus possible, afin que l'ennemi ne s'aperçoive de sa présence qu'au moment où elle commence à tirer.

Dans une affaire qui eut lieu le 20 septembre 1794 (1), Saint-Cyr, étant sans crainte pour une position défendue par son infanterie et son Artillerie à pied, laissait approcher la cavalerie ennemie de Muschbach, où il tenait masqués et prêts à déboucher quatre régiments de cavalerie et deux compagnies d'Artillerie à cheval. Dès que l'ennemi fut arrivé près du village, l'Artillerie à cheval déboucha, mit en batterie, et tira ses premiers coups à mitraille pour ainsi dire au milieu des escadrons ennemis. Quelques-uns voulurent la charger, mais la cavalerie française s'avança sur eux, et le feu de l'Artillerie, dirigé avec un sang-froid et une justesse admirables, les ayant ébranlés, ils firent demi-tour et ne tardèrent pas à disparaître de la plaine. Nos quatre régiments de cavalerie, toujours soutenus par les deux compagnies d'Artillerie légère, donnèrent la chasse pendant plus d'une heure aux deux mille chevaux de Wartensleben sans qu'ils osassent s'arrêter.

Remarquons bien cette manière de combattre de l'Artillerie avec la cavalerie, contre la cavalerie seule. Au moment où l'on prend l'offensive, il faut agir avec audace et vivacité en se portant très-près de l'ennemi; celui-ci, ne pouvant pas rester exposé à un feu aussi redoutable, doit ou attaquer ou se retirer. Ici, il attaque et charge la batterie qui continue son feu sans se laisser intimider, tandis que la cavalerie qui la soutient, trouvant le moment favorable, charge en flanc ou à revers les escadrons ennemis que

---

(1) Saint-Cyr, *Mémoires cités,* tome II, page 124.

déjà la mitraille a désunis. Cette combinaison est fort belle, nous aurons encore occasion de la voir employer. On éprouve beaucoup moins de perte, en prenant ainsi l'Artillerie pour arme principale, que si l'on faisait agir de suite la cavalerie soutenue seulement par l'Artillerie. Dans cette affaire, l'Artillerie ne se contente pas de déterminer le succès, elle poursuit l'ennemi conjointement avec la cavalerie.

Pendant le blocus de Mayence par l'armée française, en 1794, Saint-Cyr (1), pour éclairer les mouvements que l'ennemi pouvait faire dans la vallée de Dahlheim, où coule le ruisseau de Zey, fit occuper le village de Bretzenheim. L'ennemi, qui occupait près de là la faible redoute de Zahlbach, tirait le canon de cette redoute aussitôt qu'il apercevait quelques hommes. Saint-Cyr prit le parti de l'attaquer et de l'enlever toutes les fois qu'on s'obstinerait à tirer. Il prit ses dispositions en conséquence, se proposant de l'occuper assez longtemps pour s'emparer de l'Artillerie qu'elle renfermait et la démolir en partie. Généralement, quand on veut enlever une redoute, on commence par l'écraser par un grand feu d'Artillerie, et ce n'est que lorsque les parapets sont à peu près détruits, les canonniers tués, les pièces démontées, qu'on commence l'attaque de vive force. Mais ici on ne pouvait réussir de cette manière; la redoute, qui se trouvait placée sous la mitraille des forts qui environnent la place, était encore protégée par un redan placé en intermédiaire. On devait s'attendre que l'ennemi ferait les plus grands efforts pour la reprendre : ne pouvant réussir dans une attaque de front sans éprouver une perte majeure, il devait chercher à tourner la redoute par ses flancs, et surtout par celui où il pouvait opérer avec sa cavalerie, de laquelle il abusait souvent. Ce fut contre des manœuvres de ce genre que le général français se mit en mesure.

---

(1) Saint-Cyr, *Mémoires cités*, tome II, page 134.

Pour atteindre le but qu'il se proposait, Saint-Cyr disposa des trois bataillons d'infanterie de la 109e demi-brigade, de trois cents hommes du 2e chasseurs et d'autant du 8e, des deux compagnies d'Artillerie à cheval de la division et de quatre pièces de 4 longues. Il importait de masquer les troupes pour les garantir de l'Artillerie des forts. Les accidents du terrain le servaient à souhait. Le premier bataillon de la 109e fut destiné à surprendre et enlever la redoute; le second à protéger le flanc droit du premier, pendant qu'il occuperait la redoute, le temps nécessaire pour la démolir en partie et évacuer l'Artillerie; le troisième bataillon fut mis en réserve derrière Bretzenheim. Entre ce village et la grande route de Marienborn à Mayence, furent placées les douze bouches à feu des compagnies Legras et Maillot; à la droite de la route, on posta les trois cents hommes du 8e chasseurs; ceux du 2e furent établis dans le ravin entre la route de Mayence et le village de Hechtsheim, destinés à défendre la droite de la position où l'on avait laissé les quatre pièces de 4 longues, qui avaient en outre, pour leur défense, trois compagnies de grenadiers. Les généraux de la droite et de la gauche furent prévenus de ce que l'on se proposait de faire au centre.

Le 1er décembre, à huit heures du matin, le premier bataillon de la 109e demi-brigade se dirigea sur la redoute de Zahlbach, en suivant le ruisseau qui vient du village de Hechtsheim, et se jette dans celui de Zey au pied de la redoute. Il suivait à mi-côte les escarpements ou plutôt la pente qui longe la rive gauche du ruisseau, de manière à se dérober au feu de la place et à celui de la redoute pendant toute la marche; il ne commença à y être exposé qu'à l'instant où il monta sur le plateau pour tourner la redoute par sa gorge, pendant qu'il l'abordait par son flanc gauche et un peu de front.

Ce bataillon mit dans son attaque l'ordre et la promptitude que commandait la circonstance, et en même temps une intrépidité et une bravoure des plus remarquables; de sorte qu'une partie des deux cents hommes du régiment de Wewekheim, qui défendaient la redoute, n'eurent que le temps de se sauver dans le fort Saint-Philippe. L'alarme se répandit dans la ville; toute la garnison monta sur les remparts, et l'on parut craindre un assaut général. L'ennemi finit cependant pas se rassurer, et deux heures après la prise de la redoute, ses colonnes débouchèrent des forts pour la reprendre. L'une s'avança le long de la digue et des ruines de l'aqueduc romain pour attaquer le flanc gauche des Français qui gardaient la redoute; deux autres colonnes, commandées par deux généraux, avaient ordre de se porter de front sur la redoute et de la reprendre à la baïonnette; enfin une colonne de cavalerie de quatre cents chevaux flanquait la gauche des colonnes du centre. Celle des deux colonnes qui arriva sur le front de la redoute fut aussitôt repoussée; mais, pendant qu'elle se reformait en arrière et sous la protection de la flèche dont on a déjà parlé, l'autre colonne, obliquant par sa gauche pour tourner la redoute, vint, sans s'en douter, tomber sous le feu du deuxième bataillon de la 109e; quand elle arriva sur le bord de l'escarpement, elle fut reçue par une décharge à bout portant faite par ce bataillon. Cette colonne avait avec elle, pour appuyer son attaque, le corps de cavalerie dont nous avons parlé; le feu du bataillon l'éloigna, elle voulut alors tourner la droite du bataillon français en descendant le plateau par la route de Mayence à Marienborn; mais notre Artillerie à cheval, commandée par les capitaines Legras et Maillot, placée entre le village de Bretzenheim et cette route, l'en empêcha en dirigeant sur elle un feu bien nourri qui la prenait d'écharpe; non-seulement le canon lui occasionna une perte considérable, mais cette perte fut encore beaucoup augmentée par une charge vigoureuse du 8e chasseurs, qui rejeta la cavalerie ennemie jusque sous le fort Saint-Philippe. La colonne de droite fut repoussée par les compagnies du premier bataillon de la 109ᵉ, qu'on n'avait pas jugées nécessaires à la défense de la redoute.

Peu de temps après, l'ennemi fit une nouvelle tentative sur la redoute avec de l'infanterie, et une colonne de cavalerie, plus considérable que la première, flanquait encore sa gauche, mais de plus loin, c'est-à-dire qu'il y avait plus d'espace entre elle et la redoute que pendant la première attaque. Cela fut cause qu'elle évita le feu de notre Artillerie à cheval, mais elle se trouva exposée à celui d'une batterie masquée jusqu'alors et qui était établie au delà du ravin sur le plateau, dans l'emplacement d'une tranchée qui avait servi aux Prussiens pendant le siége de Mayence en 1793, et qui avait été si peu endommagée, que par un petit travail fait la nuit et au moyen de la précaution qu'on avait prise de n'y pas laisser de chevaux, cette batterie, composée de quatre pièces de 4 longues, avait pu s'y tenir masquée et sans être aperçue, avant que l'occasion se présentât de faire un bon effet. *Cette Artillerie,* dit Saint-Cyr, *était servie par d'excellents canonniers montés sur des wurtz, les sous-officiers seulement à cheval; c'était un essai fait par le général Dorsner pour prouver que c'était de cette manière que devait être organisée l'Artillerie légère.* Cette batterie, qui prenait l'ennemi par son flanc gauche, et lui causait une grande perte, attira bien vite son attention. La cavalerie s'avança pour l'enlever, avec d'autant plus de confiance qu'elle paraissait isolée et sans appui; mais à son approche, trois compagnies de grenadiers placés le long de cette espèce de retranchement se levèrent, et par un feu de file bien nourri et tiré presque à bout portant, achevèrent ce que les derniers coups de canon tirés à mitraille avaient déjà commencé. Toutes les troupes ennemies se retirèrent de nouveau derrière les forts dans le plus grand désordre, augmenté encore par notre Artillerie à cheval placée alors en arrière du ravin, à droite et à gauche de la grande route de Marienborn à Mayence.

L'ennemi, voyant qu'il perdait trop de monde pour approcher ses masses de la redoute, tant qu'il serait pris en flanc par la batterie de 4, qui était admirablement servie, voulut tenter un nouvel effort pour enlever cette batterie, mais en la tournant par la droite au lieu de l'attaquer de front comme la première fois. Ainsi, il donnait de lui-même successivement dans les embuscades qu'on avait préparées; car au moment où il croyait, après avoir tourné la batterie, qu'il ne s'agissait plus que de l'enlever au moyen d'un bon houra, il se vit lui-même chargé en flanc par le 2ᵉ chasseurs à cheval, qui sortait de la droite du ravin où il avait été mis en embuscade pour attendre l'occasion qui se présentait. L'ennemi fut aussitôt culbuté et rompu de toutes parts, et après avoir essuyé une grande perte, il fut obligé de fuir en désordre et de rentrer derrière l'enceinte.

Dans cette affaire, l'Artillerie ne sert en rien à la prise de la redoute; c'est donc pour elle l'exemple d'un combat défensif, dans lequel l'étude du terrain est de la plus grande importance. Cette étude ne doit pas être faite d'une manière abstraite pour le terrain seul qui convient le mieux à chaque arme, mais bien sur les mouvements et les manœuvres que l'ennemi devra exécuter, et la nature des armes qu'il aura à employer. Si l'Artillerie, qui est immobile derrière un épaulement ouvert, a besoin d'une protection immédiate, il faut cependant que, menacée d'être tournée, elle continue à agir avec sang-froid, se confiant aux autres troupes qui doivent la protéger en prenant en flanc l'ennemi qui l'attaquera, et c'est surtout en obligeant l'ennemi à cette attaque que l'Artillerie rend un service important.

Les deux batteries à cheval agissent dans ce combat, comme armes indépendantes sans escorte, donnant aux autres armes autant de protection qu'elles en reçoivent; elles manœuvrent de manière à éviter constamment le feu de la place, et à pouvoir prendre l'ennemi d'écharpe dans toutes les attaques qu'il veut tenter.

Attaque des lignes de Mayence par les Autrichiens (1). — Le 29 octobre 1795, les Autrichiens débouchèrent de Mayence pour attaquer l'armée française dans sa ligne de contrevallation. Pendant que l'attaque principale se dirigeait sur la droite des Français commandée par le général Courtot, une fausse attaque dirigée sur le centre était repoussée par les avant-postes de la 9e division commandée par le général Saint-Cyr. Mais la déroute de la division Courtot, qui, au lieu de se retirer sur Saint-Cyr, comme elle le pouvait, ne songea qu'à s'éloigner de l'ennemi, mit bientôt la 9e division dans la position la plus critique. Nous allons voir comment elle s'en tira et le rôle important que joua l'Artillerie dans cette circonstance.

L'ennemi, ayant traversé les retranchements abandonnés par le général Courtot, poussa avec la plus grande vitesse une partie de sa cavalerie sur le flanc droit et les derrières de la brigade de droite de la 9e division, qui se trouvait en bataille entre la 8e et la grande route de Marienborn à Mayence. Cette brigade, composée du 11e léger et du 6e de ligne, était commandée par le général Duverger; elle eut à peine le temps, pour éviter d'être prise entièrement de revers, de commencer l'exécution d'un changement de front, l'aile droite en arrière; car, pendant son mouvement, elle fut attaquée par la cavalerie ennemie. Son extrême droite, qui avait plus de terrain à parcourir pour prendre son nouvel ordre de bataille, fut entamée, et elle eût été entièrement culbutée sans une charge que Saint-Cyr fit exécuter sur les hussards ennemis par le 2e régiment de chasseurs à cheval, ayant à sa tête l'adjudant général Hoüel, dont la brillante valeur mérita des éloges. Pendant que nos chasseurs poursuivaient l'ennemi, la brigade Duverger avait achevé son mouvement et rectifié sa position. La brigade

---

(1) Saint-Cyr, *Mémoires cités*, tome II, page 233.

de gauche, commandée par Hoüel, exécuta aussi un changement de front qui la plaça en seconde ligne de la première.

On fit placer la compagnie d'Artillerie à cheval du capitaine Legras sur le flanc droit de cette brigade, et l'on fit retirer, dans la même direction, le 2ᵉ chasseurs qui ne pouvait plus tenir tête à la nombreuse cavalerie qui manœuvrait pour l'entourer. Mais l'Artillerie à cheval le protégea par un feu bien nourri, et l'empêcha d'être chargé pendant son mouvement rétrograde. Des colonnes d'infanterie avaient débouché du village d'Hechtsheim et s'avançaient pour soutenir la cavalerie autrichienne ; une autre colonne filait sur Eberheim pour tourner plus au loin notre droite. On fit alors retirer l'Artillerie de position qui avait conservé une partie de ses chevaux, et qui se composait de quatre pièces de 4 longues et de quatre obusiers. On fit placer en arrière trois pièces d'Artillerie légère pendant que les trois autres continuaient à tirer sur la cavalerie ennemie. Mais une grande pluie qui survint tout à coup en telle abondance qu'elle éteignit toutes les lances à feu de nos canonniers, empêcha les fusils de nos volontaires de faire feu ; les Autrichiens profitèrent de ce moment pour nous charger avec leur cavalerie, ce qui obligea Duverger à se retirer en arrière du village de Klein-Wintersheim, où il reforma sa brigade. La brigade de gauche fit un changement de front pour se mettre en rapport avec la position que venait de prendre Duverger. Le terrain était devenu humide et glissant, par conséquent moins favorable à la cavalerie ennemie qui cessa ses efforts ; nous restâmes plus d'une heure dans cette position. Vers midi, la brigade de droite commença son mouvement rétrograde en prenant la chaussée de Nieder-Ulm, couverte par le 2ᵉ chasseurs à cheval et la compagnie d'Artillerie de Legras. L'ennemi hâta alors un peu plus son mouvement. La compagnie Legras le contint un moment, puis se retira soutenue par le 2ᵉ chasseurs qui prit ensuite la droite de la brigade Hoüel. La retraite se continua ainsi sur Odernheim, et l'armée fut sauvée d'un grand danger, mais elle abandonna ses parcs et presque toute son Artillerie, faute d'attelages.

Saint-Cyr avait à défendre une longue ligne de retranchements continus, avec des redoutes en avant. Au lieu de placer presque toutes les troupes et l'Artillerie le long des courtines et aux saillants, comme on le fait ordinairement, ce qui l'eût obligé à disséminer ses troupes sans pouvoir conserver de réserve, il ne mit dans ses lignes et dans les redoutes en avant que son Artillerie de position, et une faible partie de son infanterie aux saillants des ouvrages. Le reste, avec sa cavalerie et son Artillerie légère, fut mis en bataille en arrière de ses lignes pour faire charger ses troupes ensemble ou partiellement sur les ennemis qui auraient forcé tel ou tel point, de sorte que le moment où ils auraient franchi les retranchements et se croiraient vainqueurs, fût seulement pour eux le commencement de l'action, et, qu'au lieu d'être assaillants, ils se vissent attaqués avec le plus grand désavantage, étant déjà désunis par leur attaque et ayant un défilé à dos. Cette disposition ne donna pas à Saint-Cyr l'avantage qu'il recherchait, puisque ses lignes ne furent pas sérieusement attaquées, mais elle lui en procura d'autres et lui fournit les moyens de sauver l'armée. Car, si la cavalerie ennemie, qui traversa les lignes à leur droite, avait trouvé la 9ᵉ division éparpillée comme les autres dans les ouvrages, on n'aurait pas pu lui opposer la moindre résistance, et les 10ᵉ et 11ᵉ divisions n'auraient pas eu le temps de retirer leurs troupes des ouvrages et d'effectuer leur retraite.

Nous en concluons cette règle applicable à l'Artillerie comme à l'infanterie, que *plus une ligne de retranchements a d'étendue relativement au nombre des troupes qui doivent la défendre, plus la réserve en doit être proportionnellement considérable.*

Nous devons faire ressortir ce qu'il y eut de remarquable dans la manière de combattre de l'Artillerie dans cette affaire. La cavalerie, chargeant celle de l'ennemi pour donner le temps à l'infanterie d'achever son mouvement, fit ce que l'Artillerie aurait pu faire si elle eût été à portée. Quand la première brigade eut changé de front, la compagnie Legras vint se porter au point important, à l'aile qui était sans appui, et sur laquelle l'ennemi devait diriger son attaque, puisqu'un succès sur ce point lui donnait le moyen de couper la retraite à cette brigade. Plus tard, pour permettre la retraite de notre cavalerie compromise, la compagnie Legras se porte en avant, et impose assez à l'ennemi pour qu'il n'ose même pas charger une cavalerie que déjà il entourait. Ici l'Artillerie se trouve en présence de la cavalerie et de l'infanterie; mais c'est notre cavalerie qu'il s'agit de sauver, c'est celle de l'ennemi que la circonstance rend l'arme la plus dangereuse, c'est contre elle que l'Artillerie dirige ses coups. Nous devons aussi admirer la manière dont un seul régiment de cavalerie et une seule batterie exécutent leur retraite en échelons, en se protégeant successivement pour couvrir l'infanterie en marche contre la nombreuse cavalerie de l'ennemi.

Après l'affaire de Mayence, l'armée française, un peu démoralisée, fut poursuivie par les Autrichiens et les Prussiens réunis. La 11ᵉ division, dont Saint-Cyr avait pris le commandement, n'avait que six ou sept pièces échappées du désastre de Mayence et mal attelées, lorsqu'elle fut attaquée sur la Pfrim, le 10 novembre 1795 (1); Saint-Cyr avait placé son Artillerie à la droite et au centre. Tout à coup il s'aperçut que sa gauche s'était retirée sans le prévenir, et que le centre était menacé en flanc et à revers par un corps de sept à huit escadrons; il laissa ses chasseurs d'escorte répondre un moment aux tirailleurs autrichiens, envoya pré-

---

(1) Saint-Cyr, *Mémoires cités*, tome II, page 363.

venir le 2ᵉ régiment de l'approche de l'ennemi, fit mettre de suite son infanterie en colonnes serrées, et la dirigea sur le plateau en arrière de Widersweiler. Les deux colonnes, formées de la 1ʳᵉ et de la 36ᵉ demi-brigade, marchèrent échelonnées; l'ennemi perdit heureusement du temps à faire ses dispositions, et ne se trouva en mesure que pour attaquer la queue de nos colonnes. Mais le 2ᵉ régiment de chasseurs, ayant reçu l'ordre de charger les escadrons ennemis qui se trouvaient le plus près de notre infanterie, n'hésita pas malgré sa faiblesse numérique, et les chargea avec tant de courage qu'il les rejeta bientôt sur leur seconde ligne. Notre infanterie eut alors la facilité de se reformer en arrière de Weiderweiler, d'où elle protégea la retraite du 2ᵉ chasseurs par le feu de son Artillerie. Ce brave régiment déploya autant d'adresse pour se retirer qu'il avait déployé de courage dans le combat.

On voit ici l'infanterie, obligée de se mettre en colonnes serrées pour se mouvoir en présence de la cavalerie ennemie, ne pouvoir exécuter son mouvement que grâce au courage de la cavalerie qui l'accompagne, et qui, malgré son petit nombre, se précipite tête baissée sur les escadrons ennemis. Mais ce rôle brillant, que la cavalerie ne peut jouer qu'avec beaucoup de danger, n'appartiendrait-il pas à l'Artillerie si elle avait encore la mobilité que nous lui avons vue dans les affaires précédentes? Ce serait à elle à éloigner l'ennemi, ou du moins à attirer ses efforts, à l'ébranler, pour qu'ensuite notre cavalerie puisse l'attaquer avec avantage. Ici, au contraire, notre Artillerie mal attelée peut à peine se mouvoir, elle reste sous la protection de l'infanterie dont elle gêne la marche et augmente le danger. Plus tard, il est vrai, elle compense ce désavantage par la protection qu'elle donne à notre cavalerie en retraite; mais combien elle eût été plus utile si elle eût eu plus de mobilité!

Cette affaire ne fut pas la seule, pendant la retraite dont

nous parlons, où l'armée sentit cruellement la privation de son Artillerie; ce qui inspire à Saint-Cyr la réflexion suivante : « Quand on se trouve dans des circonstances assez
» heureuses pour prendre l'offensive, on n'a pas besoin
» d'une Artillerie égale à celle de l'ennemi; mais, pour la
» défensive, il est nécessaire d'en avoir une qui ne soit pas
» trop inférieure. »

Pendant la même retraite (1), le 14 novembre à dix heures du matin, les généraux Haader et Baillet parurent sur les hauteurs, en avant de Lamsheim, avec sept bataillons et quelques escadrons, et ne tardèrent pas à attaquer ce poste qui était occupé par la 8ᵉ division. Les grenadiers de la 207ᵉ demi-brigade, qui se trouvaient chargés de la défense de la porte de Géraldsheim, la défendirent avec intrépidité, mais ils furent obligés de céder au nombre et de se retirer. Les paysans ayant aussitôt ouvert cette porte à l'ennemi, il y pénétra rapidement en si grand nombre, qu'une partie des grenadiers tombèrent entre ses mains. Dans le même moment, une colonne autrichienne, composée de deux bataillons, arrivait sur la gauche de Lamsheim dans l'intention de tourner la ville. Un bataillon de la 207ᵉ, qui se trouvait de ce côté, repassa le pont sous la protection de trois pièces d'Artillerie et se reforma en arrière du ruisseau. L'ennemi chercha en vain à avancer, le feu de l'Artillerie l'en empêcha : il essaya plus tard de tourner nos bataillons par leur flanc, mais les marais s'y opposèrent, dès lors il ne chercha plus à nous rompre et nous laissa effectuer tranquillement notre retraite.

Nous voyons ici l'Artillerie, au lieu de se placer de manière à agir contre l'attaque de front que l'ennemi peut diriger sur la ville, prendre une position favorable contre les troupes qui chercheront à la tourner, et sauver ainsi des

---

(1) Saint-Cyr, *Mémoires cités*, tome II, page 310.

bataillons auxquels l'ennemi aurait sans cela coupé la retraite. Cette disposition, bonne dans presque tous les cas, était, au reste, indiquée ici à cause du défilé par lequel les troupes françaises devaient passer pour effectuer leur retraite. Si la colonne autrichienne, qui chercha à tourner la ville, avait eu avec elle une Artillerie capable de l'emporter sur les trois pièces françaises, son succès aurait pu être complet.

L'Artillerie à cheval avait pris tant de développement, qu'en 1796, dans l'armée de Moreau, composée de soixante-six mille hommes, il n'y avait point de pièces de position, mais seulement huit compagnies d'Artillerie à cheval, qui servaient chacune quatre pièces de 8 et deux obusiers de 6 pouces, ce qui faisait quarante-huit bouches à feu, douze par chaque corps d'armée et douze à la réserve. Il y avait, de plus, deux pièces de 4 par demi-brigade.

Le 26 juin 1796 (1), une colonne du général Ferino attaqua l'ennemi au village de Kork et le fit replier précipitamment sur son camp; mais, comme on débouchait du village, un régiment de cuirassiers autrichiens chargea la tête de colonne et culbuta tout ce qui avait passé le défilé et n'avait pas eu le temps de se former. Ce régiment fut arrêté par de l'infanterie placée derrière les haies. Notre cavalerie répara le désordre, chargea à son tour les cuirassiers avec la plus grande bravoure, les poussa jusqu'à leur camp et fit des prisonniers.

« On remarqua, dit le maréchal Saint-Cyr, que deux
» pièces d'Artillerie légère se trouvèrent dépassées par
» l'ennemi, au moment de la charge des cuirassiers, et que
» pas un des canonniers ne quitta sa pièce. On donna les
» plus grands éloges aux charretiers, pour le sang-froid

---

(1) Saint-Cyr, *Mémoires cités*, tome III, page 40.

» avec lequel ils restèrent à cheval exposés sans défense au
» sabre de l'ennemi qui en blessa plusieurs. »

Voilà un exemple, entre mille, qui prouve que l'Artillerie ne doit pas trop s'effrayer d'une charge de cavalerie qui traverse ses pièces. C'est un ouragan qui passe très-rapidement; en ayant le courage de rester à vos pièces, vous le rendrez moins redoutable. Votre cavalerie aura le temps de se rallier, et vous pourrez encore aider à son succès.

Cette affaire montre encore que, lorsque l'Artillerie doit avec les autres troupes déboucher d'un défilé pour poursuivre l'ennemi, il faut qu'elle le fasse avec la plus grande vivacité, pour être à même de protéger le déploiement des colonnes.

Le 5 juillet 1796 (1), l'aile gauche de l'armée française attaqua les Autrichiens pour les rejeter sur la rive droite de la Mury, une partie de leur armée y était déjà; leur droite occupait sur les deux rives une forte position défendue par une nombreuse Artillerie. La division du général Sainte-Suzanne et celle du général Delmas durent faire deux attaques, se protégeant mutuellement. La division Delmas ayant été retardée dans sa marche, la division Sainte-Suzanne déboucha seule du bois de Landwihr, avec la première ligne de cavalerie. L'ennemi dirigea tout le feu de ses batteries sur cette colonne qui, se trouvant battue à la fois de flanc, d'écharpe et de front, ne pouvait se déployer. L'adjudant général Bellavène arriva avec de l'Artillerie légère et de la cavalerie, qu'il s'efforçait de déployer lorsqu'il fut emporté par un boulet; ses troupes étaient fort en désordre et découragées; l'Artillerie légère vint alors se mettre en batterie sous le feu si dangereux de l'ennemi, et donna les preuves de la plus rare valeur. Ce dévouement lui coûta la perte d'un grand nombre de canonniers et de

---

(1) Saint Cyr, *Mémoires cités*, tome III, page 66.

chevaux. Enfin le général Delmas arriva, et son Artillerie, prenant d'écharpe les troupes de l'ennemi, le força à diviser son feu, et celui des Français parvint bientôt à obtenir la supériorité. Alors l'infanterie marcha à l'attaque et força l'ennemi à passer la Mury en désordre. La perte des Autrichiens fut très-considérable, quoique leur nombreuse Artillerie et les gués de la Mury favorisassent leur retraite.

On voit ici un exemple de ce que doit faire l'Artillerie quand elle a à protéger le déploiement d'une colonne assaillante, que l'Artillerie ennemie empêche de déboucher. Elle doit s'avancer rapidement et se mettre en batterie sous le feu de l'ennemi à bonne portée. Elle ne réussira pas seule à acquérir de la supériorité sur lui, mais elle le forcera à diriger ses coups sur elle et permettra ainsi aux troupes de déboucher et de remplir leur but.

A la bataille d'Etlingen (1), le front des deux armées était fort étendu : la gauche de l'armée française s'appuyait au Rhin, sa ligne traversait la plaine, et s'étendait dans les montagnes, perpendiculairement au cours du fleuve. Pendant que Saint-Cyr obtenait des avantages dans les montagnes, Desaix avait débouché dans la plaine à midi précis. Les deux divisions Delmas et Sainte-Suzanne formaient deux attaques séparées par un grand intervalle, dans lequel pouvait se mouvoir avec avantage la cavalerie de l'ennemi, plus nombreuse et mieux montée que la nôtre. L'archiduc Charles s'occupa d'abord de résister à l'attaque faite sur le village de Maloch, situé au revers des montagnes, et dont la possession avait une grande importance. Dès qu'il fut assuré que les Français n'obtiendraient pas sur ce point de succès importants, il commença son attaque dans la plaine, et, plaçant sa cavalerie entre les deux divi-

---

(1) Saint-Cyr, *Mémoires cités*, tome III, page 68.

sions du corps de Desaix, il la fit avancer vers la Mury. Il était alors cinq heures du soir; ce mouvement avait donné les plus vives inquiétudes aux généraux français. Moreau lui opposa toute la cavalerie dont il put disposer et presque toute l'Artillerie légère de l'armée. Pour former cette ligne, une partie de ces troupes, et même de l'Artillerie, durent s'avancer au galop, et n'arrivèrent que juste à temps pour arrêter le mouvement commencé par l'archiduc. Notre cavalerie, bien appuyée par l'Artillerie, fit bonne contenance. Celle-ci tira à merveille et eut une grande part dans la réussite de cette disposition, qui eut pour effet d'empêcher la perte presque certaine de la division Delmas.

C'est ici qu'on voit tout l'avantage de la vélocité que l'Artillerie a acquise. Elle parvient à soutenir dans une vaste plaine découverte, avec une cavalerie très-inférieure, les efforts des nombreux escadrons de la meilleure cavalerie de l'Europe. C'est là une des circonstances où l'Artillerie a montré toute sa force contre la cavalerie. Sa vigueur, son sang-froid lui ont fait repousser toutes ses attaques, et elle n'a pas été arme secondaire protégée par la cavalerie, mais arme principale empêchant la cavalerie française d'être attaquée.

Le 24 août 1796 (1), l'armée française étant arrivée sur les bords du Lech, dont l'ennemi occupait l'autre rive, résolut d'en forcer le passage sur plusieurs points où se trouvaient des gués. Au centre, la brigade de Laroche et la division Duhesme, qui devait la soutenir, se trouvaient derrière la digue qui est établie le long de la rive gauche du Lech, pour garantir la plaine d'Augsbourg de ses inondations. L'ennemi ne pouvait les apercevoir.

Le moment de commencer les opérations étant arrivé, on monta sur la digue, des canons et des obusiers qui firent

---

(1) Saint-Cyr, *Mémoires cités*, tome III, pages 211.

aussitôt un feu très-vif sur les troupes qui défendaient le gué, ainsi que sur l'Artillerie qui répondit avec vigueur, après le premier moment de surprise que causa cette attaque inopinée. La 21ᵉ demi-brigade, le 2ᵉ chasseurs et le 31ᵉ de ligne parvinrent à passer un gué très-profond; un bataillon de la 21ᵉ passa à un autre endroit, tourna par sa gauche une des batteries ennemies et réussit à l'enlever. On dut alors s'occuper de la construction d'un pont pour passer le reste des troupes et surtout l'Artillerie. La cavalerie ennemie était formée dans la plaine, appuyée de quelques pièces de canon dont le feu était dirigé sur les soldats qui travaillaient à l'établissement du pont. Notre Artillerie, ayant effectué son passage, mit en batterie, et celle des ennemis fut bientôt obligée de se retirer et de remonter sur le plateau du Friedberg. Leur cavalerie couvrit la retraite.

Les troupes de Laroche et de Duhesme arrivèrent sur le bord du ruisseau d'Ach, qui coule au pied des hauteurs du Friedberg, et qui, étant encaissé dans cette partie, forme une très-bonne défense. L'ennemi occupait, avec le gros de ses troupes et de son Artillerie, la ville et les hauteurs; ses tirailleurs, soutenus de quelques pelotons de cavalerie, étaient dans le bas sur le bord du ruisseau; des pièces de canon placées en deçà du Friedberg balayaient le pied des escarpements que l'Artillerie, placée sur les hauteurs, ne pouvait apercevoir. Notre canon délogea l'ennemi de la rive et le força à retirer son Artillerie. Alors nos troupes passèrent le ruisseau et gravirent les hauteurs du Friedberg en trois colonnes. L'Artillerie marcha avec celle de gauche sur la route du Friedberg. La ville fut enlevée après une assez vive résistance; l'Artillerie française en déboucha, vint se mettre en batterie sur les hauteurs, et fit un feu très-vif sur les Autrichiens qui en furent ébranlés. Ils commencèrent bientôt leur retraite, et perdirent douze pièces de canon et un grand nombre de prisonniers.

Il y a, dans les faits que nous venons de rapporter, deux opérations distinctes : le passage de la rivière et l'attaque de la seconde position. Au passage de la rivière, l'Artillerie se tient masquée jusqu'au moment d'agir ; alors elle tire d'abord sur les troupes qui sont proches, les écarte, donne à nos colonnes le moyen de passer le gué, et dès ce moment dirige son feu sur les batteries ennemies.

L'exemple de cette batterie ennemie, tournée et enlevée par un bataillon, montre qu'il ne faut pas que l'Artillerie, même lorsqu'elle n'a à tirer que sur un point déterminé, soit placée dans une position où elle ne puisse se mouvoir, sans quoi elle ne servira à rien quand l'ennemi aura franchi l'obstacle, et elle tombera facilement en son pouvoir.

Pendant le temps qui s'écoule entre le passage de nos troupes au gué et le passage de notre canon sur le pont, l'Artillerie de l'ennemi fait preuve d'habileté en ne tirant que sur les travailleurs ; car si elle fût parvenue à arrêter la construction du pont, ce qui serait peut-être arrivé si c'eût été un pont de bateaux au lieu d'un pont de chevalets, les premiers succès des Français n'auraient servi qu'à les compromettre. Cette Artillerie fait encore preuve d'habileté dans la disposition qu'elle prend pour la défense du Friedberg. La plus grande partie, placée sur les hauteurs, bat au loin la vallée ; le reste balaye les pentes. Mais l'Artillerie française, bien supérieure en vigueur à celle de l'ennemi, brave le feu des hauteurs, qui devient moins dangereux à mesure qu'elle en approche, concentre le sien sur les pièces qui défendent le défilé par lequel il faut passer pour aborder la position, et rend possible à nos troupes le passage du ruisseau. Plus tard, quand après la prise de la ville, l'Artillerie française arrive sur les hauteurs où l'ennemi nous attend en bataille, ce n'est plus sur les pièces qu'elle tire, mais bien sur les troupes ; et c'est son feu vif et bien dirigé qui force les ennemis à la retraite.

Dans un combat qui eut lieu le 1er septembre 1796 (1), entre les troupes de Desaix et celles de Latour, l'ennemi, qui était supérieur en cavalerie, en fit marcher quatre mille hommes par des prairies pour tourner la gauche de Desaix. Cette cavalerie, après avoir traversé les prairies, se déploya pour se préparer à charger; notre gauche avait été dégarnie précédemment pour soutenir le combat vers la droite. Dès que Desaix s'aperçut du mouvement de la cavalerie ennemie, il y fit marcher un bataillon du 62e de ligne, le 8e chasseurs, le 6e dragons, le 1er carabiniers et une compagnie d'Artillerie légère. Ce mouvement s'exécuta derrière les hauteurs, hors de la vue de la cavalerie autrichienne, qui n'aperçut que quelques pelotons et de l'Artillerie, sur lesquels elle s'avança avec impétuosité. Le feu de quatre pièces qui tiraient à mitraille ne l'arrêta point; mais, lorsqu'elle fut à vingt-cinq pas, le 1er carabiniers, qui s'était avancé sur la crête de la hauteur, se montra et chargea avec tant de vigueur, que toute cette cavalerie fut rejetée dans les endroits les plus marécageux des prairies; le 8e chasseurs et le 6e dragons, qui la prirent de flanc, en empêchèrent une partie de se retirer par les chemins qu'elle avait suivis en venant, et la forcèrent de passer devant le front du bataillon du 62e de ligne.

Nous pourrions citer plusieurs autres actions non moins importantes, où l'Artillerie, soutenue par la cavalerie cachée derrière un pli de terrain, se fit charger par l'ennemi et donna l'occasion à un faible corps de cavalerie d'en battre, sans grande perte, une bien plus nombreuse. Ces actions exigent, de la part de l'Artillerie, du sang-froid et la résolution de défendre ses pièces jusqu'au dernier moment; sans quoi la cavalerie ennemie, n'étant pas obligée de se mettre dans le désordre d'une charge à fond, se

---

(1) Saint-Cyr, *Mémoires cités*, tome III, page 229.

trouverait à même de manœuvrer contre celle qui viendrait l'attaquer.

Dans la journée du 7 septembre 1796 (1), l'avant-garde du centre de l'armée française, commandée par Laroche, chassa les postes ennemies depuis Empfenbach jusqu'à Mainbourg, que les Autrichiens occupaient avec un bataillon du régiment de Szeuler, quatre escadrons des hussards de Ferdinand et deux pièces de 3. A l'arrivée des Français devant Mainbourg, le commandant de ce poste n'avait pas bien jugé leurs forces, il fit charger le détachement qui avait poursuivi et ramené ses avant-postes. Les Français se retirèrent vers leur Artillerie qui approchait, et manœuvrèrent pour gagner, avec des troupes qui ne s'étaient pas encore montrées, les deux flancs de l'ennemi. Il fut bientôt enveloppé par le 11ᵉ régiment de hussards et le 20ᵉ de chasseurs. Les hussards de Ferdinand perdirent beaucoup de monde, et ne durent leur salut qu'à la vitesse de leurs chevaux. L'Artillerie fut enlevée, ainsi que cinq cents hommes du régiment de Szeuler.

Voilà un exemple d'une des mille combinaisons de la cavalerie avec l'Artillerie dans une avant-garde. Les troupes les plus avancées, poursuivies par l'ennemi, l'attirent sous le feu de l'Artillerie, qui doit être le point d'appui pour résister à l'ennemi, et donner le temps au reste des troupes de le prendre en flanc et à revers.

A la bataille de Riberach (2), livrée le 2 octobre 1796, Saint-Cyr dut attaquer une position très-forte que les Autrichiens occupaient à gauche de Steinhausen. Une route conduisait sur le centre de cette position, les Autrichiens avaient construit à leur droite une batterie de sept à huit pièces de canon qui battaient la route, en la pre-

---

(1) *Victoires et Conquêtes.*
(2) Saint-Cyr, *Mémoires cités*, tome III, page 286.

nant d'écharpe. Le chef de brigade Mainoni devait, par un détour dans les bois, aller tourner cette batterie par la droite et s'en emparer; mais il fut retardé dans sa marche et ne parut pas. L'heure s'écoulait, et Saint-Cyr fut obligé d'attaquer de front.

Il fit arriver au trot les douze pièces d'Artillerie légère du corps d'armée, et les douze de la réserve que dans cette journée on avait mises sous son commandement. Ces vingt-quatre pièces débouchèrent ensemble, et furent placées en avant de la hauteur boisée qui se trouve entre Emhbülh et Kleinwereden. Ce mouvement fut exécuté avec la plus grande rapidité à vingt-cinq ou trente pas des postes ennemis; la pièce de canon, qui devait former la gauche de cette ligne, dut même tourner pour se mettre en batterie sur l'emplacement occupé par l'un de ces postes. Ce premier mouvement fut appuyé par la 100ᵉ demi-brigade que Duhesme plaça en deux échelons pour soutenir notre Artillerie. Elle avait ouvert son feu, qui était si bien nourri qu'il faisait un grand effet sur les ennemis placés devant elle à bonne portée.

Mainoni n'arrivant pas, Saint-Cyr fit avancer la brigade de Lecourbe, composée des 106ᵉ et 84ᵉ demi-brigades, par la route de Reichenbach à Biberach; elle déboucha en avant de notre Artillerie, dont une partie fut obligée de cesser son feu. Le mouvement de Lecourbe avait été couvert jusqu'alors par la fumée du canon; dès que l'ennemi aperçut la brigade, il dirigea sur elle tout son feu. Lecourbe avait l'ordre de ne faire son premier déploiement qu'après avoir dépassé la première ligne des Autrichiens; sa brigade s'avançait avec une intrépidité calme, la 106ᵉ marchait en tête. Les pièces autrichiennes les plus avancées tiraient à mitraille sur ces braves; mais c'était la dernière décharge qu'elles devaient faire, les grenadiers de la 106ᵉ se précipitèrent sur elles et s'en emparèrent.

Les troupes de la première ligne des Autrichiens, épouvantées de l'audace de la colonne de Lecourbe qui marchait toujours, quoique les ayant dépassées, se jetèrent en désordre sur celles de la 2ᵉ qui firent une décharge et prirent la fuite comme les premières. Dans ce moment, notre Artillerie à cheval venait de quitter sa première position pour marcher à la hauteur de Lecourbe. La cavalerie ennemie, pour protéger la retraite de son infanterie et lui donner le temps de se remettre un peu plus en ordre, se disposa à charger la colonne de Lecourbe ; mais notre Artillerie, qui avait pris sa nouvelle position, la foudroya. Quelques escadrons seulement arrivèrent avec assez peu d'assurance. Saint-Cyr ayant fait arriver deux régiments de cavalerie à la hauteur de Lecourbe, la cavalerie autrichienne, qui n'avait fait aucun effet sur notre infanterie, fut obligée de battre en retraite. Les derniers escadrons furent chargés et accablés par nos deux régiments à l'entrée du défilé de Steinhausen, où une grande partie fut sabrée ou prise.

Nous voyons d'abord, dans cette affaire, l'Artillerie française, ayant à attaquer l'ennemi dans une position très-forte, s'avancer avec la plus grande rapidité à très-bonne portée, et tirer sur les troupes sans songer à répondre au feu de l'Artillerie ennemie. Il y a dans cette conduite autant d'habileté que de courage ; en effet, si elle se fût attachée à contre-battre l'Artillerie de l'ennemi, elle n'eût pas trouvé de position aussi avantageuse que celle des pièces autrichiennes ; la canonnade eût été longue, et aurait eu tout au plus pour effet de ralentir le feu de l'Artillerie contre la colonne qui s'avançait pour l'attaquer, et la colonne française, arrivant sur des troupes intactes et bien placées, aurait pu être repoussée. Au lieu de cela, notre Artillerie désorganise les bataillons de l'ennemi, et la colonne d'attaque de Lecourbe, qui n'a à craindre que le feu d'une Artillerie immobile, l'a bientôt dépassée et emporté sans beaucoup de pertes une position très-forte. Ce n'est pas là le seul service que rendit l'Artillerie ; quand elle est dépassée par la colonne, elle se met en mouvement, et, sachant que l'infanterie en marche a besoin d'être protégée contre la cavalerie, elle observe celle des Autrichiens ; c'est contre ses escadrons qu'elle dirige ses coups, et elle tire et manœuvre si bien, que les nombreux escadrons de l'ennemi ne peuvent pas même arriver jusqu'à notre infanterie.

Dans un des combats livrés par l'armée de Jourdan (1), qui avait commencé une retraite pénible, un corps de cavalerie et d'infanterie fut coupé près d'Amberg par une quantité très-considérable de cavalerie ennemie ; la cavalerie française, commandée par Ney, parvint à se faire jour ; mais les deux bataillons d'infanterie, commandés par le chef de bataillon Deshayes, n'y purent parvenir. Ils se formèrent en carré, résolus à mourir plutôt que de se rendre. Toutes les charges de la cavalerie ennemie furent repoussées avec des pertes énormes par le feu de ces bataillons. Mais le canon de l'ennemi arriva, fit une brèche, et le carré fut enfoncé et sabré. C'est un exemple qui nous prouve que la cavalerie, quand elle combat avec l'Artillerie contre l'infanterie rangée dans un ordre profond, doit se contenter de l'empêcher de se mouvoir et la laisser battre par le canon ; c'est un moyen sûr de succès qui a l'avantage d'épargner des pertes considérables à la cavalerie.

Dans la nuit du 19 au 20 avril 1797 (2), le général Moreau voulut effectuer le passage du Rhin près de Diersheim. On avait fait plusieurs fausses attaques ; mais à cause du retard qu'éprouvèrent les bateaux, elles ne servirent qu'à donner l'éveil à l'ennemi. Cependant un petit corps français, débarqué sur la rive droite avec quelques pièces

---

(1) *Victoires et Conquêtes.*
(2) **Saint-Cyr,** *Mémoires cités,* tome IV, page 174.

d'Artillerie légère, parvint à s'y maintenir et à éloigner l'ennemi du pont qui fut achevé dans la nuit du 21 avril. L'armée française commença à passer. Les Autrichiens avaient eu le temps de réunir sur ce point des forces considérables, et pour culbuter dans le fleuve le peu de troupes qui avaient passé, le général Stassay fit avancer seize bataillons et vingt escadrons. Il commença son attaque à six heures du matin, et la dirigea sur les villages de Diersheim et de Hanau. Son Artillerie éteignit en peu de temps le feu de nos pièces. Les compagnies d'Artillerie légère, commandées par Legras et Foy, furent démontées, et ce dernier blessé. Les colonnes ennemies s'avancèrent sous la protection de ce feu d'Artillerie, et nos troupes amoncelées dans les villages, et souffrant beaucoup, se retirèrent; un grand nombre de soldats prirent la fuite vers le Rhin et se précipitaient sur le pont, lorsque Lecourbe, à la tête de sa brigade, commença à y passer. Les grenadiers qui marchaient en tête arrêtèrent ces fuyards et voulurent les faire retourner; mais ils résistèrent. Lecourbe ordonne alors à la 84ᵉ de croiser la baïonnette et de jeter dans le Rhin les plus obstinés, et continue sa marche en colonne serrée de manière à occuper toute la largeur du pont. Il était temps que cette brigade arrivât; sans l'important service qu'elle rendit, il est probable qu'il serait survenu un grand désastre.

Dans les combats qui avaient précédé, quelques pièces d'Artillerie légère que l'on avait passées sur des bateaux avaient concouru efficacement à repousser les Autrichiens et à les écarter du lieu où se construisait le pont. Dans celui-ci nous voyons les capitaines Legras et Foy faire démonter toutes leurs pièces sans parvenir à repousser l'ennemi. Mais ce sacrifice, fait presque sans espoir de succès, n'en est que plus admirable; car, en attirant sur eux le feu de l'Artillerie ennemie, ils retardèrent le moment où son action mit notre infanterie en désordre et compromit la sûreté du pont et des troupes qui avaient passé. Ici l'important était de gagner du temps, car si le succès des Autrichiens eût été décidé un peu plus tôt, tout était perdu. La conduite des capitaines Foy et Legras nous offre un bel exemple à suivre.

On ne peut pas critiquer la conduite d'une affaire sans en connaître les circonstances mieux que dans le cas qui nous occupe ; mais on doit dire en thèse générale, que lorsque l'Artillerie se trouve, comme celle des Autrichiens, dans des circonstances où il ne s'agit pas seulement d'obtenir des succès, mais de les obtenir le plus promptement possible, elle ne doit pas s'attacher à démonter les pièces de l'ennemi ; elle doit tirer sur les troupes pour favoriser une attaque immédiate. C'est peut-être en attaquant eux-mêmes ces batteries formidables que Foy et Legras les forcèrent à diriger leur feu sur eux ; dans tous les cas, leur sacrifice obtint le véritable succès qu'ils pouvaient s'en promettre, le salut du pont.

La conduite si décidée de Lecourbe, qui fait culbuter dans le fleuve les fuyards, pour ne pas perdre un temps indispensable, empêcha un désastre. N'est-ce pas de l'humanité bien entendue que de sacrifier soi-même quelques-uns des siens au salut d'un grand nombre ? Nous verrons, par la suite, plusieurs affaires dans lesquelles l'Artillerie, faute d'une semblable décision, perd l'occasion de rendre d'importants services.

Nous devons maintenant nous occuper des opérations de l'armée d'Italie, où Bonaparte avait pour la première fois le commandement d'une armée. Nous en parlerons moins pour la tactique de l'Artillerie en particulier que pour les changements que les combinaisons du nouveau général amenèrent dans le système de guerre.

Nous avons dit comment l'adoption de l'ordre mince et

l'organisation divisionnaire avaient conduit à donner habituellement au front des armées une grande étendue. Bonaparte, qui se trouvait à la tête d'une armée bien inférieure à celle des ennemis, basa sur cette observation sa manière de faire la guerre. Prendre vivement l'offensive, réunir promptement sur le point de la ligne ennemie qu'il voulait attaquer, des forces supérieures, en perçant le mince cordon qui lui était opposé, attaquer à la fois de front, de flanc ou de revers, puis, sans donner le temps à une autre division de l'armée ennemie de connaître l'échec que venait d'éprouver sa voisine, fondre sur elle et la disperser, voilà ce que Bonaparte seul pouvait exécuter ; car il fallait réunir à la vivacité de conception particulière à son génie une rapidité d'exécution que l'on croyait jusqu'alors impossible, pour obtenir des succès aussi merveilleux sur des troupes bien plus nombreuses que les siennes, aussi aguerries et commandées par de bons généraux.

L'Artillerie prit part à tous les combats ; c'est là que l'on put apercevoir tout ce que la France devait au génie de Gribeauval. Grâce à lui, partout l'Artillerie des divisions put marcher à la hauteur des troupes et leur prêter une aide souvent indispensable. Il semble que tant de beaux combats devraient nous fournir tous les exemples dont nous avons besoin pour fonder sur l'expérience la tactique de l'Artillerie ; malheureusement l'histoire, admirant les conceptions du grand général, ne s'est presque occupée qu'à les faire comprendre ; elle a trop négligé les détails qui seraient nécessaires pour étudier la tactique de chaque arme. Cette omission n'existe pas seulement pour les campagnes de Bonaparte en Italie, mais pour toutes celles qui ont suivi ; car nos guerres ont été si longues, si compliquées, qu'il semble que le temps ait manqué pour en écrire l'histoire. On ne s'est attaché qu'aux mouvements des masses, ce qui ne peut guère servir qu'aux généraux en chef, et l'on a négligé de donner pour les combats des détails qui profiteraient à tous les officiers. L'exemple donné par le maréchal Saint-Cyr a eu peu d'imitateurs; ce n'est cependant que dans des ouvrages de ce genre surtout, s'ils étaient écrits par des officiers d'Artillerie racontant ce qu'ils auraient vu faire à leur arme, qu'on pourrait trouver les renseignements dont on sent si vivement le besoin quand on veut s'occuper de la tactique de l'Artillerie. C'est à notre bien grand regret que nous sommes réduits à passer sous silence tant de glorieuses actions.

La défense du plateau de Rivoli sera le seul exemple nouveau qui nous sera fourni par l'histoire de cette campagne qui a révélé au monde le génie d'un homme immortel (1).

L'infanterie et la cavalerie françaises étaient établies sur un plateau que les Autrichiens pouvaient attaquer de divers côtés à la fois, et dont la défense, difficile à cause du petit nombre des troupes françaises, avait la plus grande importance. Au lieu de chercher à battre les pentes assez roides qui conduisaient au plateau et à en border les crêtes, les Français se placèrent à une certaine distance pour attendre l'attaque des Autrichiens. Ceux-ci montaient péniblement les pentes, formés en colonne, et étaient accueillis, à leur arrivée sur le plateau, par un feu vif de mitraille sous lequel ils avaient beaucoup de peine à avancer. Dès qu'ils étaient un peu rompus par ce feu, l'infanterie se précipitait sur eux à la baïonnette, prenait la colonne en flanc et la culbutait dans le bas. Toutes les attaques qu'ils tentèrent furent ainsi repoussées, et cette journée eut pour les Français les plus brillants résultats.

En restant ainsi sur le plateau à une certaine distance

---

(1) Jomini, *Histoire des guerres de la Révolution*. — *Victoires et Conquêtes*, tome VIII.

des pentes, l'Artillerie conservait une mobilité qui lui permettait de se porter à l'endroit le plus menacé, et son effet était d'autant plus grand, qu'elle ne commençait son feu qu'à bonne portée. L'avantage qu'elle tirait de ce genre de défense est trop évident pour qu'il soit nécessaire d'insister plus longtemps sur ce point; c'est un exemple à imiter dans toutes les circonstances semblables.

Nous allons maintenant suivre Bonaparte dans sa campagne d'Égypte. Elle nous fournira des exemples pour le cas particulier où l'on a à combattre la cavalerie seule ou du moins en nombre très-supérieur aux autres armes.

Le premier engagement sérieux qu'eut notre armée avec les mameluks eut lieu près du village de Chebréis (juillet 1798) (1). La marche de l'armée française était protégée par une flottille dont le canon devait inquiéter la droite des mameluks. En arrivant à proximité de l'ennemi qui était rangé sur une longue ligne peu profonde, Bonaparte fit ranger chaque division en un carré; il y fit enfermer les équipages et le peu de cavalerie de l'armée. Les carrés étaient en échelons, de manière que chaque division flanquait l'autre. L'Artillerie était disposée de manière à jouer sur tous les fronts devant lesquels l'ennemi se présenterait. Les mameluks s'ébranlèrent pour charger les carrés de gauche. Dès qu'ils furent arrivés à demi-portée de canon, Bonaparte fit commencer le feu de l'Artillerie, qui fut si bien dirigé, que l'ennemi n'osa pas avancer plus près. Les mameluks se présentèrent ensuite sur tous les points de l'ordre de bataille, même sur les derrières de l'armée, mais partout ils trouvèrent les mêmes masses immobiles et essuyèrent le même feu d'Artillerie, auquel se joignait celui des pelotons de grenadiers placés en avant des bataillons.

---

(1) *Victoires et Conquêtes*, tome IX, page 45.

Dans ce combat entièrement défensif de la part des Français, l'Artillerie joue un rôle important; les relations qui constatent son succès n'expliquent pas assez comment elle fut placée, mais on y voit que l'on ne commença à tirer contre la cavalerie qu'à demi-portée de canon.

A la bataille des Pyramides (juillet 1798) (1), les dispositions étaient à peu près les mêmes. L'infanterie était sur six rangs, les carrés des divisions étaient un peu plus éloignés l'un de l'autre; ceux de Reynier et de Desaix, placés à la droite, étaient en avant pour couper la retraite de l'ennemi sur la haute Égypte. Les mameluks s'avancèrent en une masse confuse qui se divisa en deux: l'une marcha sur l'angle gauche de Reynier, l'autre sur l'angle droit de Desaix. La terre fut sur ces points couverte en un instant d'hommes et de chevaux tués ou blessés. Une partie des mameluks, arrêtés ainsi dans leur charge, longèrent la face du carré de la division Reynier dont ils reçurent le feu, et se portèrent sur l'angle gauche de la division Desaix, qui se trouva alors attaquée de deux côtés à la fois. Repoussé par un feu qui ne commença qu'à dix pas, l'ennemi se jeta entre les deux divisions, cherchant à percer le carré de Desaix par tous ses points; mais ce fut en vain: le feu de mousqueterie et d'Artillerie qui écrasait les mameluks les força bientôt à s'éloigner après s'être épuisés en efforts inutiles.

Sur les plans de cette bataille, l'Artillerie est dispersée et partagée entre les angles des carrés pour les soutenir et en être soutenue également partout. C'est ce qui fait qu'il est impossible de distinguer dans la relation la part du succès qui revient à l'Artillerie de celle qui appartient à l'infanterie.

Les divisions Bon et Menou n'étaient pas encore atta-

---

(1) *Victoires et Conquêtes*, tome IX, page 54.

quées. Bonaparte fit dédoubler les carrés et former avec les trois derniers rangs des colonnes serrées qui, soutenues par les carrés, marchèrent à l'attaque du village d'Embabeh, pour empêcher les mameluks qui combattaient Desaix d'y rentrer; on y réussit malgré une sortie faite par un corps de cavalerie et malgré le feu de trente-sept pièces de canon.

Les mameluks perdirent dans cette journée plus de trois mille hommes et quarante pièces d'Artillerie. Si au lieu de rester en position à Embabeh, ces pièces avaient pu être avancées pour tirer contre les carrés français, obligés de rester immobiles en présence de la nombreuse cavalerie des mameluks qui n'aurait fait que les menacer, les Français auraient eu à vaincre des difficultés bien plus grandes; mais heureusement, leurs ennemis n'avaient qu'un grand courage individuel sans aucune connaissance de l'art de la guerre.

Quand les troupes françaises eurent ainsi plusieurs fois triomphé des Arabes, la confiance qu'elles prirent dans leurs forces donna plus de liberté à leurs mouvements et permit de se servir de chaque arme d'une manière plus indépendante.

Lorsque dans la haute Égypte, Desaix eut à combattre et à poursuivre Mourad, le plus habile des beys, il adopta, pour marcher en présence de l'ennemi, l'ordre suivant: sa division formait un seul carré, éclairé par deux autres plus petits qui servaient de réserve et de soutien à deux pelotons de tirailleurs opposés aux tirailleurs ennemis. Deux pièces d'Artillerie légère qui se mouvaient dans tout l'espace embrassé par les tirailleurs, tenaient les masses ennemies éloignées et donnaient aux troupes le temps de se préparer à une attaque qu'une cavalerie irrégulière pouvait faire à l'improviste.

Bataille de Sediman (1799). — Desaix, informé que

Mourad (1) se retranchait au village de Sediman, où il avait rassemblé toutes ses forces, s'avança contre lui dans l'ordre que nous venons de décrire. Au milieu de la marche on fut tout à coup assailli par la cavalerie ennemie; les pelotons avancés de tirailleurs étaient à peine repliés sur les petits carrés, et les deux pièces mises en batterie, que les mameluks se précipitèrent de toutes parts sur les Français. Ceux-ci les virent arriver avec le plus grand sang-froid : le canon eut bientôt éloigné les mameluks du grand carré, mais ils se rejetèrent sur les deux petits placés aux angles. Ne pouvant entamer celui de droite, ils jettent sur leurs adversaires, tromblons, haches, pistolets, masses d'armes, et jusqu'à leurs sabres et leurs poignards. Douze Français tombent morts, trente sont blessés, mais l'ennemi paye cher cet avantage, et la mitraille des deux pièces de canon et la mousqueterie du grand carré dégagent bientôt ces intrépides soldats qui viennent se réunir au corps principal. Pendant que cela se passe à droite, un corps de mameluks, aussi nombreux que le premier, s'est précipité sur le carré de gauche; mais le feu de ce carré, mieux nourri, a suffi pour les repousser. L'ennemi se rabat alors sur le grand carré où il est reçu de la même manière, et il est obligé de fuir.

Avant de marcher à son tour à l'attaque, la division française était obligée de transporter ses blessés. Mourad eut le temps de faire placer quatre pièces de canon sur un monticule. Ces pièces faisaient un grand ravage dans nos rangs; Desaix ordonna de marcher contre elles au pas de charge; leur feu, pas plus qu'une charge vigoureuse essayée sur le front de la 88ᵉ au milieu de la course, ne put arrêter notre infanterie, et l'ennemi, étonné, s'enfuit dans le plus grand désordre, en nous laissant maîtres des quatre

---

(1) *Victoires et Conquêtes*, tome IX, page 134.

pièces. Dans ce combat, les troupes de Mourad-Bey étaient six fois plus nombreuses que celles de Desaix, qui avait à peine deux mille hommes.

Nous voyons dans cette affaire deux pièces d'Artillerie, au lieu de diviser leur feu pour agir chacune sur un angle, le réunir, et, grâce à leur mobilité, le diriger toujours sur le point menacé. C'est là la véritable tactique de l'Artillerie pour protéger un carré contre la cavalerie. Nous voyons aussi quatre pièces de canon faire courir un véritable danger à la division française; heureusement Desaix paye d'audace et marche à l'attaque, malgré la présence de la cavalerie. Mais si Mourad, au lieu d'employer son Artillerie comme dernière ressource défensive, l'eût fait servir avant de charger et de faire éprouver tant de pertes à sa cavalerie, quel eût été le sort de l'infanterie française? Nous pouvons conclure de la faute qu'il commit, que lorsque la cavalerie et l'Artillerie ont à combiner ensemble leurs efforts, la cavalerie doit attendre l'action de l'Artillerie avant de charger à fond; il ne faut donc pas, dans ce cas, réserver le feu du canon comme un moyen de rétablir le combat ou de protéger la retraite.

Bataille de Samnhoud (1799) (1). — Mourad fut pendant longtemps réduit à faire une guerre de partisans; mais il parvint ensuite à réunir une armée de près de cinquante mille hommes, composée d'habitants insurgés, d'un grand nombre de tribus arabes, de Maugrabins et de Nubiens, et il résolut de reprendre l'offensive. Desaix, averti de son mouvement, voulut le prévenir en se portant en avant de Girgé; les Français rencontrèrent l'armée de Mourad auprès du village de Samnhoud. Desaix disposa son armée en trois carrés: à droite et à gauche étaient deux carrés d'infanterie, au centre la cavalerie, flanquée de huit

---

(1) *Victoires et Conquêtes*, tome X, page 326.

pièces de canon à deux des angles du carré qu'elle formait.

L'immense cavalerie de Mourad, après s'être développée sur les ailes des Français, entourait tous les carrés. Une colonne d'infanterie, composée des Arabes d'Yambo et de la Mecque, s'était jetée dans un canal profond qui se trouvait entre le carré du général Belliard et le village de Samhhoud; placée là comme dans un retranchement, elle faisait un feu terrible sur nos soldats; Desaix ordonna à son aide de camp, Rapp, de se mettre à la tête d'un escadron du 7e hussards et de charger l'ennemi en flanc, pendant que le capitaine Clément, avec les carabiniers, s'avancerait en colonne serrée dans le canal, et enfoncerait les Arabes qui l'occupaient. Cette manœuvre eut un plein succès; les Arabes furent chassés du canal; mais ils revinrent bientôt à la charge, et le capitaine Clément eut beaucoup de peine à résister à leurs masses.

Au même moment, les deux carrés de droite et de gauche étaient vivement attaqués. L'Artillerie légère commença alors son feu qui, joint à celui de mousqueterie des carrés, porta un tel ravage dans les rangs ennemis, qu'ils s'arrêtèrent. Desaix ordonna alors au général Davoust de charger avec toute la cavalerie. Les mameluks ne purent soutenir cette charge, et entraînèrent dans leur fuite le reste de cette armée si nombreuse et si menaçante.

Remarquons avec quel sang-froid et quelle habileté agit l'Artillerie: elle ne profite pas de ses longues portées pour entraver l'approche de l'ennemi, mais elle attend, pour ouvrir son feu, que le moment décisif soit arrivé et que l'ennemi ait déployé toutes ses forces pour l'attaque; alors elle tire de près, concentre le feu de seize pièces de canon sur un petit espace, en chasse l'ennemi, et dirige sans relâche ses coups multipliés sur un autre point. C'est de cette manière qu'avec peu de munitions, dans un pays où les communications sont difficiles, l'Artillerie parvient à rendre d'immenses services et décide la victoire. Remarquons encore qu'ici l'Artillerie et l'infanterie ne se tiennent plus l'une près de l'autre afin de se protéger mutuellement ; l'Artillerie est employée plus particulièrement à a protection de la cavalerie, qui, ne pouvant se défendre qu'en attaquant, aurait été obligée de se renfermer dans les carrés d'infanterie, ou de se compromettre au milieu de la nombreuse cavalerie de l'ennemi.

On ne peut s'empêcher de remarquer toute l'analogie qu'il y a entre cette guerre que faisait Desaix dans la haute Égypte et celle que nous soutenons maintenant dans le nord de l'Afrique. C'est là surtout qu'il est plus avantageux et plus rationnel d'employer l'Artillerie comme le fit Desaix dans cette affaire, que de lui faire user ses munitions à tirer contre tous les groupes d'Arabes qui apparaissent à portée.

Bataille d'Héliopolis (avril 1800) (1). — La convention d'El-Arich ayant été violée, Kléber résolut de marcher au-devant de l'armée du grand vizir. Il avait à lutter avec dix mille hommes contre une armée de soixante à quatre-vingt mille. Voici l'ordre qu'il adopta pour marcher et combattre : son infanterie fut partagée en quatre carrés ; l'Artillerie placée dans l'intervalle d'un carré à un autre ; la cavalerie en colonne en arrière de l'intervalle des deux carrés du centre avec son Artillerie sur les flancs ; l'Artillerie de réserve derrière la cavalerie pour lui laisser la liberté de ses mouvements ; cette Artillerie était protégée par quelques compagnies de grenadiers et par les sapeurs du génie ; les compagnies de grenadiers, qui doublaient les angles de chaque carré, pouvaient servir pour l'attaque des postes sans rien changer dans l'ordre de bataille. L'Artillerie était commandée par le général Songis.

---

(1) *Victoires et Conquêtes*, tome XII, page 103.

Une avant-garde turque était retranchée au village de Matarich que le général Kléber résolut d'attaquer. Pendant qu'il faisait ses préparatifs, une forte colonne d'infanterie et de cavalerie turques fit un long détour dans les terres cultivées pour marcher sur le Caire; Kléber, pour ne pas trop s'affaiblir sur le lieu du combat, les laissa continuer leur route. Les deux carrés de droite allèrent se placer au delà des retranchements qui couvraient le village pour couper la retraite aux défenseurs : les deux carrés de gauche s'arrêtèrent hors de portée de canon; Reynier, qui les commandait, forma avec les grenadiers des angles deux colonnes d'attaque qui marchèrent aux retranchements en se protégeant mutuellement. Les janissaires sortis des retranchements pour les attaquer, furent reçus par un feu très-vif qui les mit en déroute, et les retranchements furent emportés. L'armée française se remit alors en marche pour joindre le gros de l'armée ennemie et rétablit son ordre de bataille. Le grand vizir avait mis son armée en mouvement pour secourir son avant-garde; l'Artillerie turque, placée sur le front de l'armée, tira pendant quelques instants sur nos carrés, mais tous les boulets passaient au-dessus de la tête de nos soldats, et le feu des pièces françaises fit bientôt cesser celui de l'ennemi. Alors tous les drapeaux réunis des divers points de la ligne turque dans une seule masse annoncèrent une attaque. Les Osmanlis, agglomérés sans ordre, se précipitèrent sur le carré de droite du général Friant, qui laissa approcher le tourbillon jusqu'à demi-portée de mitraille. Les premières décharges arrêtèrent les assaillants qui se séparèrent en petits pelotons. Bientôt abîmés par le feu de l'Artillerie, les Turcs prirent la fuite; l'infanterie française, qui ne voulait tirer que de près, ne brûla pas une amorce.

La chaleur avait produit dans le terrain de larges et profondes crevasses qui avaient empêché la cavalerie ennemie de s'approcher pour soutenir son infanterie ; cette même cause avait empêché l'action de la cavalerie française ; mais à ce moment celle des Turcs, se séparant en divers groupes, entoura les Français de toutes parts. Notre armée se trouva placée au milieu d'un grand carré dont chaque côté avait une demi-lieue de développement. Cependant, comme les Français faisaient feu et face sur tous les points, l'ennemi n'osa point entamer de charge sérieuse. Le grand vizir rentra dans son camp que la poursuite de Kléber lui fit bientôt abandonner. Après plusieurs combats partiels, tous à l'avantage des Français, le grand vizir fut rejeté dans le désert, qu'il traversa avec une faible escorte.

Dans cette affaire, l'Artillerie agit encore avec plus d'indépendance que dans la précédente ; aussi l'action principale est-elle décidée par elle seule et presque sans perte. Elle protége les carrés contre le feu de l'Artillerie turque, en tirant contre ses pièces, et en cela elle agit avec à-propos ; car, en tirant de loin sur les Turcs dispersés, elle leur eût fait beaucoup moins de mal que leur Artillerie ne pouvait en faire à nos troupes. Elle réserve ensuite ses coups pour le moment où l'attaque devient sérieuse, laisse approcher l'ennemi à petite portée de mitraille, et fait alors un feu si vif, qu'il suffit pour mettre les Turcs en déroute ; elle parvient ainsi à déterminer presque seule le succès en consommant très-peu de ses munitions, qui étaient si précieuses dans une circonstance où les communications avec les villes de dépôt étaient coupées, et les approvisionnements dans ces dépôts eux-mêmes, si peu considérables.

D'aussi beaux exemples doivent être utilisés dans la guerre que nous faisons en Afrique ; c'est là surtout, comme nous l'avons déjà dit, qu'on doit apprendre à ménager les munitions, dont le transport rend la guerre si difficile, allonge les colonnes et leur ôte toute mobilité en présence d'un ennemi qui ne traîne avec lui aucun bagage

Pendant que notre armée d'Égypte obtenait de glorieux succès, celles qui combattaient en Italie étaient moins heureuses. Profitant des leçons que leur avait données Bonaparte, nos adversaires avaient abandonné le système de cordon et serraient davantage leurs troupes à l'approche de notre armée. Les généraux français n'avaient pas encore introduit ce changement dans leur manière de faire la guerre. La perte des batailles de Cassano et de la Trebbia, qui amena l'abandon de presque toute l'Italie, aurait dû apprendre à nos généraux qu'il devenait nécessaire de donner moins d'étendue à leurs positions, devant des adversaires qui se tenaient plus réunis, et pourtant à la bataille de Novi la même faute fut encore commise. Au milieu de tant de revers, l'Artillerie eut beaucoup à souffrir et manqua souvent de matériel et de chevaux. Cette période va cependant nous fournir quelques faits à citer, car les revers et les fautes ont aussi leurs enseignements.

Bataille de la Trebbia (7 juin 1799) (1). — L'aile droite de l'armée française avait traversé la Trebbia vers son embouchure, pour déborder l'aile gauche des alliés. Le général Olivier, outre sa division, avait sous ses ordres la brigade du général Salm, et la réserve commandée par le général Watrin devait marcher en seconde ligne pour l'appuyer; les Français étaient déjà parvenus à passer le torrent et à repousser les Autrichiens. Le général Salm, profitant de leur mouvement rétrograde, marchait pour envelopper la gauche du général Ott, lorsque le prince d'Hohenzollern, à la tête de la cavalerie autrichienne, chargea notre infanterie et la fit reculer. La cavalerie française s'étant avancée, les Autrichiens la chargèrent et la culbutèrent. Mais la division Olivier, qui avançait toujours, précédée de l'Artillerie légère, protégea le rallie-

---

(1) *Victoires et Conquêtes*, tome X, page 341.

ment des troupes qui venaient de lâcher pied; quelques décharges à mitraille suffirent pour arrêter le prince d'Hohenzollern, et causèrent un tel désordre dans ses rangs, que pour se soustraire à ce feu meurtrier, les cavaliers autrichiens traversèrent le corps de grenadiers du général Wouvermann, qui vit ainsi ses rangs rompus avant de s'être engagé. Si l'infanterie, profitant de ce désordre, eût continué à avancer au pas de charge, il y a tout lieu de croire que le succès eût couronné cette manœuvre.

Dans ce combat, nous voyons l'Artillerie à cheval combattant avec l'infanterie contre la cavalerie, non-seulement réussir à protéger la marche de cette infanterie, mais suffire seule pour mettre la cavalerie dans une déroute telle qu'elle renverse les rangs de l'infanterie destinée à la soutenir. Ce n'est donc pas seulement contre une cavalerie irrégulière comme celle des Turcs que l'Artillerie peut déterminer seule le succès, mais aussi contre une des meilleures cavaleries de l'Europe.

Bataille de Novi (16 août 1699) (1). — Elle nous offre un exemple d'une nature bien différente; une faute de l'Artillerie amène un immense désastre; nous disons une faute de l'Artillerie, quoique le fait n'étant pas bien éclairci, puisse être contesté; mais nous admettrons la version la plus défavorable à l'Artillerie. Que ce soit sa faute ou non, c'est par elle que ce désastre eut lieu.

Moreau avait pris le commandement de l'armée française pendant la bataille de Novi, après la mort de Joubert; jugeant la bataille perdue, il se décida à la retraite. Les divisions Pérignon et Grouchy, cinq à six escadrons de cavalerie et toute l'Artillerie prirent le chemin de Partu-

---

(1) Gouvion Saint-Cyr, Mémoires pour servir à l'Histoire militaire sous le Directoire, le Consulat et l'Empire, tome I, page 327.

rana. A une descente qui se trouvait au delà de la ville à la sortie du défilé, une seule pièce de canon que l'on aurait pu facilement, dit-on, relever ou renverser dans le ravin, arrêta toute la colonne. Sept « huit bataillons qui suivaient l'Artillerie, restèrent encombrés les uns derrière les autres à l'entrée de la ville sans prendre aucune disposition. La cavalerie qui couvrait la retraite ayant été tournée, l'ennemi alla s'emparer de l'église et du cimetière, situé en arrière de Parturana et où l'on n'avait pas même eu la précaution de placer une compagnie. Les généraux Grouchy, Colli et Pérignon se reposaient dans la ville, s'y croyant fort en sûreté. Généraux, colonels, troupes, Artillerie, tout fut pris.

Le défaut de précautions pour la défense de la ville jusqu'à son évacuation ne peut être attribué à l'Artillerie; car c'est probablement pour y remédier que le général Debelle réunit ses canonniers à pied et à cheval pour aller les opposer, en arrière de Parturana, à quelques cavaliers ennemis. Personne n'était resté aux pièces pour les servir et maintenir l'ordre; de là résulta l'encombrement qui, empêchant toute espèce de mouvement, occasionna la perte de tout ce qui était en arrière. C'est toujours près de leurs voitures qu'est la place des canonniers, et cet exemple nous montre tout le danger qu'il y a à les en éloigner pour les faire servir ailleurs.

Nous ne sommes pas encore entrés dans le détail de l'emploi de l'Artillerie pour protéger le passage d'une rivière. Celui de la Limmat, exécuté par l'armée de Masséna, le 25 septembre 1799 (1), eut une grande importance puisqu'il amena la bataille de Zurich qui sauva la France de l'invasion étrangère; et comme les détails en sont par-

---

(1) *Victoires et Conquêtes*, tome XI, page 175. — Dedon, passage de la Limmat.

faitement connus et que l'Artillerie y fut disposée avec une remarquable habileté, nous le choisirons pour exemple.

On devait exécuter le passage de la rivière qui est fort rapide, à un coude dont le saillant était occupé par les Français; la rive de leur côté commandait l'autre. Dans l'espèce de presqu'île formée par la rivière se trouvait un bois séparé par une petite plaine d'un bois plus éloigné. Le chef d'escadron Foy avait garni de canons un plateau situé en amont, d'où, prenant à revers la gauche de l'ennemi, on pouvait balayer la plaine entre les deux bois, ce qui empêchait que les troupes alliées, une fois chassées du bois et de la presqu'île, y pussent revenir pour entraver les travaux du pont. Foy avait également placé du canon dans le repli inférieur de la rivière pour prendre d'écharpe la droite de l'ennemi, et croiser son feu avec la batterie précédente. Il était à craindre que des troupes légères, cachées dans le premier bois dont nous avons parlé, ne pussent de là empêcher par leur feu la construction du pont. Tous les obusiers dont Foy pouvait disposer furent placés en face de ce bois. Enfin une dernière batterie de huit pièces de 12 fut établie sur une éminence d'où elle battait la seule communication qui existât entre deux camps de l'ennemi.

Ces belles dispositions ne servirent guère qu'au commencement de l'action pour protéger le débarquement des premières troupes; car l'ennemi, trompé avec habileté sur le point du passage, n'opposa que peu de monde, et les troupes débarquées réussirent à l'éloigner du pont qui fut promptement achevé. Ce qu'ici nous devons surtout remarquer, c'est l'emploi des pièces de 12 dans un but qui utilise leurs grandes portées, et la réunion des obusiers pour tirer sur un point qui offre des couverts à l'ennemi.

Après le passage de la Limmat, les Russes se retirèrent par les deux rives sous le canon de Zurich. Les postes qu'ils occupaient en avant de la place furent attaqués et pris malgré une vive résistance. Korsakow, voulant profiter du désordre que cette attaque avait occasionné dans l'armée française, réunit presque toutes les troupes qu'il avait sous la main, au nombre de quinze mille hommes, en forma une seule colonne, serrée en masse par bataillons, et marcha à l'attaque des Français. Cette masse imposante fit d'abord des progrès menaçants. Masséna replia ses ailes sur son centre pour pouvoir opposer une plus grande résistance; car ses troupes étaient moins nombreuses que celles de l'ennemi. L'Artillerie légère manœuvra sur le flanc de la colonne russe, qui bientôt s'arrêta, mais qui resta longtemps inébranlable. Enfin le canon ayant causé de grands ravages dans les rangs ennemis, Masséna ordonna à ses troupes de pénétrer à la baïonnette dans les vides que ces décharges meurtrières venaient de faire, et alors commença un des plus effroyables carnages dont l'histoire fasse mention. L'ennemi prit enfin la fuite dans le plus grand désordre, et Masséna le fit poursuivre par sa cavalerie qui n'avait pas encore donné.

Nous devons remarquer la différence entre ce fait d'armes et celui de Fontenoy. A cette dernière bataille les deux armes, infanterie et cavalerie, réunies autour de la colonne anglaise, n'ont pu parvenir à l'entamer, mais ont arrêté son mouvement; c'est alors l'Artillerie, employée bien tard, qui, par son feu, rompt cette masse inébranlable et rend la victoire facile aux autres armes. A Zurich, une colonne bien plus en ordre que celle de Fontenoy fait reculer toutes les troupes françaises et menace d'enfoncer leur centre. L'Artillerie se porte sur ses flancs, et par ses manœuvres parvient d'abord à l'arrêter et la bat ensuite par un feu si vif, que l'infanterie, qui a eu le temps de se reformer, pénètre au milieu des bataillons russes et en fait un horrible carnage.

Bataille de Marengo (juin 1800) (1). — L'Artillerie avait eu sa part de gloire au passage du petit Saint-Bernard ; ce fut là surtout que l'uniformité établie dans toutes les constructions par le général Gribeauval reçut une utile application. Grâce à la perfection introduite dans tous les détails, on put démonter tout le matériel pour le porter pièce à pièce, ou le faire monter sur des traîneaux, et reconstruire promptement ensuite les affûts et les caissons. On peut affirmer, sans crainte de se tromper, qu'avant Gribeauval une pareille opération, surtout avec la rapidité d'exécution que les circonstances exigeaient, eût été impossible, et que les beaux résultats qui en furent la suite n'auraient pas été obtenus.

Après le passage, Bonaparte s'avança avec son armée dans le but de couper la ligne d'opérations des Autrichiens alors occupés, les uns au blocus de Gênes, les autres dans le Piémont contre les troupes du général Suchet. Bientôt il apprit que Gênes avait capitulé et que Mélas s'était mis en mouvement pour échapper au danger qui le menaçait. L'armée française avait déjà rencontré les troupes du général Ott et les avait battues à Montebello. Bonaparte étendit son armée pour avoir des nouvelles de l'ennemi et l'empêcher de passer inaperçu, quelque parti qu'il adoptât.

Mais, comme nous l'avons déjà dit, les généraux autrichiens avaient, pendant l'absence de Bonaparte, profité des leçons qu'il leur avait données en les battant en 1796. Mélas tenait son armée réunie, et s'avança contre les Français pour leur passer sur le corps et rétablir sa communication avec Mantoue et ses autres villes de dépôt. Cette détermination faillit être fatale à Bonaparte, qui n'avait au commencement que peu de troupes à opposer à l'ennemi.

---

(1) *Mémorial du Dépôt de la Guerre*, tome IV. — *Victoires et Conquêtes*, tome XIII.

Malgré la bravoure de nos soldats, ils furent contraints de céder au nombre. Déjà l'armée française avait abandonné le village de Marengo et cédé deux lieues de terrain aux Autrichiens, lorsque les troupes de Desaix, que Bonaparte avait mandées en toute hâte, arrivèrent sur le champ de bataille. La retraite de l'armée française cesse aussitôt, elle prend une nouvelle ligne de bataille, et là commence pour ainsi dire une nouvelle action.

Le général Mélas, croyant la victoire décidée, était rentré à son quartier général pour en expédier la nouvelle. L'armée autrichienne, ne songeant plus qu'à poursuivre un ennemi vaincu, s'était mise presque tout entière en colonne sur la grande route, à la suite de cinq mille grenadiers commandés par le général Zach, qui marchaient avec l'élan que donne le succès.

Pendant que quelques-uns des bataillons de Desaix se déploient pour commencer à tirer, quinze pièces de canon mises en batterie par le général Marmont ouvrent leur feu de très-près contre la colonne autrichienne. Les ravages des boulets dans cette colonne profonde l'étonnent et l'arrêtent. La fusillade devient plus vive. Une légère élévation dérobait à Desaix la vue d'une partie du combat; il s'avance pour le voir de plus près et tombe glorieusement sur le champ de bataille, au moment où ses troupes vont décider la victoire.

Cependant les Autrichiens ont amené des pièces dont le feu est promptement éteint par celui de la batterie française, et notre armée a eu le temps de se reformer. Le général Kellermann reçoit de Bonaparte l'ordre de charger en flanc, avec sa brigade de cavalerie, la longue colonne des Autrichiens. Kellermann, passant par les intervalles de notre ligne, se porte au galop hors des lignes, se déploie sur le flanc gauche de la colonne ennemie, et par un quart de conversion à gauche, lance sur elle la moitié de sa brigade, tandis qu'il laisse l'autre moitié en bataille pour contenir le corps de cavalerie ennemie qu'il avait en face, et lui masquer le coup hardi qu'il allait frapper. Il pénètre dans cette colonne dont la tête est poussée par notre infanterie; le désordre s'y met, bientôt elle est en pleine déroute. Les cinq mille grenadiers sont prisonniers, les autres troupes fuient en désordre. Mélas, désespérant de pouvoir effectuer sa retraite, capitula, et cette bataille valut aux Français la conquête de l'Italie.

On voit que l'Artillerie peut ici revendiquer sa part de gloire, puisque ce fut le feu des quinze pièces réunies et mises en batterie à propos par le général Marmont, qui arrêta d'abord les Autrichiens. Nous pouvons néanmoins remarquer que si l'Artillerie eût été plus nombreuse, et peut-être plus mobile, elle eût pu effectuer un mouvement analogue à celui de Zurich, et, en décidant la victoire, conquérir la gloire qui revient à la cavalerie de Kellermann.

La bataille de Marengo fut suivie d'une paix générale qui ne fut pas de longue durée.

Jusqu'à l'époque où nous sommes parvenus, l'Artillerie avait été conduite aux armées par les soins de compagnies qui en avaient l'entreprise; les conducteurs étaient des charretiers qui n'étaient point militaires. La rapidité des mouvements de l'Artillerie à cheval, les dangers auxquels ces mouvements, faits souvent très-près de l'ennemi, exposaient ces charretiers, avaient, nous l'avons vu dans plusieurs circonstances, des inconvénients graves; car ces hommes, n'ayant pour la plupart aucun sentiment militaire, ne marchaient souvent que par la crainte des canonniers qui les y forçaient. On sentit que des hommes qui devaient rester immobiles sous le feu de l'ennemi, et essuyer des charges de cavalerie sans aucun moyen de défense, avaient besoin de courage, et qu'il était nécessaire d'abord qu'ils fussent soldats et ensuite qu'ils eussent une instruction toute spéciale. On forma des bataillons du train de l'Artillerie. Chaque bataillon eut une compagnie d'élite qui était de préférence attachée à l'Artillerie à cheval. On eut lieu de voir bientôt tout l'avantage d'une telle innovation, qui contribua puissamment aux grands résultats que produisit l'Artillerie dans les guerres de l'Empire.

On doit se rappeler que l'Artillerie avait pris rang dans l'infanterie d'après l'ancienneté de sa formation; deux ans avant l'époque à laquelle nous sommes arrivés, l'armée ayant été réorganisée, les bataillons de volontaires avaient été réunis avec ceux de la ligne, pour former des demi-brigades qui prirent des numéros d'ordre tout à fait indépendants de l'ancienneté de formation; alors fut assigné à l'Artillerie le premier rang parmi les troupes: glorieuse récompense de ses services et de ses progrès, qui lui impose l'obligation de se maintenir toujours à la même hauteur par son instruction et son courage!

Pendant la dernière période que nous venons d'examiner, la guerre de siége perdit une partie de son importance; nous devons ici étudier les causes de ce changement auquel l'Artillerie ne fut pas étrangère. Nous avons vu que le général Gribeauval sépara totalement le matériel de siége du matériel de campagne; la mobilité que celui-ci avait acquise avait permis à l'Artillerie d'être utilisée bien plus souvent que dans les temps antérieurs, et par suite, la consommation qu'elle fit de ses munitions devint beaucoup plus considérable, ce qui nécessita un mouvement continuel de chevaux et de voitures sur la ligne de communication, pour l'approvisionnement des parcs et même des places de dépôt. Quand une armée arrivait devant une place forte, il lui aurait fallu, pour en entreprendre le siége, faire venir en outre un nouveau matériel, exigeant pour son transport une énorme quantité de chevaux; l'armée se serait donc trouvée arrêtée, non-seulement pendant tout le siége, mais pendant tout le temps nécessaire au transport du matériel; elle aurait ainsi perdu tout le fruit de la mobilité que ses manœuvres, sa formation, son organisation nouvelle lui donnaient. A cause de cette mobilité même, la place que l'on rencontrait était souvent très-loin des points d'où l'on aurait pu faire venir le matériel de siége. La guerre, pendant la période dont nous parlons, ne se faisait pas pour la conquête d'une ville, d'une province; les nations, la nôtre surtout, combattaient pour leur existence, et les généraux prirent le plus souvent le parti de laisser un corps de troupes pour l'observation ou le blocus des places fortes, et de poursuivre leurs succès contre l'armée ennemie.

Les places méprisées par l'attaque le furent aussi par la défense; l'armée en retraite, certaine d'être attaquée elle-même, craignit de s'affaiblir en employant à la garde des places qu'elle ne pouvait plus couvrir, une trop grande quantité de troupes ou de munitions; elle n'y laissa que ses malades, ses blessés, ses plus mauvais soldats, avec peu de munitions, et quand il arriva que ces places furent attaquées, quoiqu'elles le fussent mal et sans moyens suffisants, elles furent encore plus mal défendues. Quelques rares exceptions ne détruisent pas la vérité de cette assertion qui est prouvée par la faible défense des places de l'Italie et du Piémont que les Français perdirent, en 1799, aussi rapidement qu'ils les avaient conquises.

L'Artillerie fut, il faut l'avouer, pour quelque chose dans la faiblesse de ces défenses. Nous avons vu que dans l'organisation donnée par Gribeauval au personnel de l'Artillerie, il n'y eut plus de spécialités; chaque canonnier dut être propre à tous les emplois, à servir des mortiers comme des canons, des pièces de siége aussi bien que des pièces de campagne. La décomposition du travail que Gribeauval appliqua au service du canon limita tellement les fonctions de chacun, qu'il fallut peu de temps pour donner aux canonniers une instruction suffisante pour le service des pièces de campagne; lors de leur formation, les compagnies à cheval purent acquérir très-vite cette instruction. Mais le mode de service du canon qui fut changé pour la guerre de campagne, resta le même que par le passé pour la défense des places. Là, le nombre des canonniers fut toujours très-limité, et un ou deux canonniers durent, comme avant l'organisation de Gribeauval, diriger et dresser pour ce service, pendant la défense même, des soldats qu'on leur donna pour auxiliaires. L'instruction de ces canonniers n'était plus suffisante pour cet objet, car, dans une place, le métier d'artilleur n'est pas soumis à des règles aussi fixes que dans la guerre de campagne; il exige plus de connaissances et d'intelligence. Nous avons aussi fait précédemment remarquer que la grande extension donnée à l'Artillerie à cheval avait nui à l'Artillerie à pied, et que l'on eut souvent l'occasion de s'en apercevoir. L'histoire de l'Artillerie doit relater et étudier avec soin de pareils faits, et cette arme doit s'efforcer d'éviter à l'avenir les mêmes inconvénients.

Pendant la paix qui suivit les traités de Lunéville et d'Amiens, les officiers généraux qui se trouvaient à la tête de l'Artillerie pensèrent que les changements introduits dans l'art de la guerre pendant les dernières campagnes exigeaient, de la part de l'Artillerie, de nouveaux efforts, et que le système du général Gribeauval pouvait être amélioré et simplifié dans beaucoup de ses parties. Ils s'occupèrent aussitôt de cette étude; mais la paix ne fut pas de longue durée; manquant de temps pour faire les épreuves qui auraient été nécessaires, ils adoptèrent avec précipitation des innovations connues sous le nom de *système de l'an* XI (1). Comme ce système fut depuis, abandonné, nous n'entrerons pas dans de longs détails à ce sujet; nous

---

(1) Gassendi, *Aide-mémoire*. — Cotty, *Dictionnaire d'Artillerie*.

dirons seulement que les calibres des canons de campagne furent réduits à deux, ceux de 12 et de 6; ce dernier était substitué aux calibres de 8 et de 4. Le changement relatif aux obusiers eut plus de succès. Gribeauval avait un seul obusier du calibre de 6 pouces qui avait peu de justesse et de portée. On lui en substitua un autre du calibre de la pièce de 24, qui eut une notable supériorité; mais cette nouvelle pièce, trop légère, avait un affût lourd, difficile à manœuvrer, et qui pourtant n'avait pas toute la solidité nécessaire pour résister à l'action du recul.

Le système de l'an XI ne fut pas construit en assez grande quantité pour être à aucune époque exclusivement employé. Certaines armées furent pourvues du nouveau matériel, d'autres conservèrent l'ancien. Nous verrons l'un et l'autre produire de grands effets sans qu'il soit aujourd'hui important de savoir auquel les attribuer. Nous devons cependant dire que la pièce de 6 ne fut abandonnée qu'après la paix générale en 1815.

Nous allons reprendre l'histoire de l'Artillerie de campagne. Elle nous a jusqu'à présent fourni de beaux faits d'armes; mais ils sont, pour ainsi dire, isolés les uns des autres, se passant l'un dans une division, l'autre dans une autre. Ce sont presque toujours des officiers inférieurs de l'arme, de simples capitaines, quelquefois un chef d'escadron, qui la dirigent et qui obtiennent de glorieux succès. Dans les grades plus élevés, les fonctions sont d'une nature toute différente; les généraux ne sont guère que les directeurs d'une grande administration, celle qui est chargée de fournir constamment à l'armée ses armes et ses munitions. Il n'en sera plus de même à l'avenir; nous allons voir nos généraux agir en hommes de guerre, et l'Artillerie combattant en masse comme arme séparée, déterminer la victoire là où le succès, s'il n'eût été impossible aux deux autres armes, leur aurait du moins occasionné des pertes énormes.

CHAPITRE VI.

GUERRES DE L'EMPIRE.

La paix d'Amiens ne fut pas de longue durée. Bonaparte, devenu empereur des Français sous le nom de Napoléon, forma le projet d'aller attaquer les Anglais dans leur île, et réunit une armée sur les côtes de l'Océan. Le nouvel empereur avait hérité des armées aguerries de la République, et la formation des camps de paix acheva de porter au plus haut degré l'instruction des troupes en les habituant aux grandes manœuvres d'ensemble. Napoléon était occupé des immenses préparatifs de l'expédition d'Angleterre, lorsque l'Autriche et la Russie lui déclarèrent la guerre. L'Autriche prit l'offensive et envahit la Bavière, pendant qu'une seconde armée, se liant à la gauche de la première, se prépara à envahir l'Italie. Le plan de Napoléon, pour résister à une pareille agression, fut bientôt arrêté, et il fut exécuté aussitôt que conçu. Avant de l'exposer en peu de mots, nous devons parler des changements d'organisation que l'empereur fit dans son armée.

Ayant à faire mouvoir des masses considérables, il devait éprouver de trop grandes difficultés s'il s'en tenait à l'organisation divisionnaire; il partagea les forces qu'il voulait diriger lui-même en corps d'armée, composés chacun de plusieurs divisions. Sous la République déjà, Moreau et quelques autres généraux en chef avaient quelquefois réuni plusieurs divisions sous le commandement d'un seul général, en donnant à ces réunions le nom d'aile droite, de centre ou d'aile gauche. Mais Napoléon donna à ses corps d'armée tous les éléments nécessaires pour pouvoir agir selon le besoin d'une manière indépendante; chacun eut sa réserve et son parc. Sans place déterminée dans l'ordre de bataille, chacun des corps d'armée put marcher seul à un but déterminé, et revenir plus tard se mettre en ligne avec le reste de l'armée pour concourir à une bataille. C'est précisément ce qui eut lieu dans la campagne dont nous allons nous occuper.

Napoléon s'était précédemment emparé du duché de Hanovre appartenant à l'Angleterre et il avait aussi un corps d'armée organisé en Hollande. L'armée autrichienne, ayant sa gauche appuyée au Tyrol et couverte par la Suisse, gardait les débouchés des montagnes de la forêt Noire ; la cavalerie de Murat, répandue dans les plaines, empêchait cette armée de voir ce qui s'y passait tandis qu'elle était débordée et tournée par la droite. Tous les corps de l'armée française, partis de Strasbourg, de Mayence, du Hanovre, purent bientôt se réunir sur le Danube, c'est-à-dire sur la ligne de communication de l'armée autrichienne qui, tournée par sa droite, fut prise au dépourvu comme dans la campagne de Marengo. Seulement, comme le général Mack ne sut pas assez tôt que toute l'armée française se trouvait sur ses derrières, il n'eut pas le temps de réunir ses troupes, et celles-ci, battues dans des combats partiels, privées de leurs magasins dont les Français s'étaient emparés, se désorganisèrent complétement. Mack capitula dans Ulm avec trente mille hommes, et les débris des troupes autrichiennes se réunirent à une armée russe qui venait d'entrer en campagne. Mais les Russes, ne se croyant pas assez forts pour attendre les Français, rétrogradèrent sur une seconde armée qui s'avançait à marches forcées. Les Français entrèrent dans Vienne, et Napoléon, qui avait fait poursuivre les armées en retraite, prit le parti de marcher lui-même au-devant des Russes pour leur livrer une bataille, s'ils voulaient l'accepter.

Napoléon s'était affaibli d'une grande partie de ses forces pour couvrir sa longue ligne de communication ; il aurait probablement été obligé de s'affaiblir encore, si les Russes s'étaient retirés plus loin. Ce fut donc avec satisfaction qu'il apprit que leur armée reprenait l'offensive, et que l'avant-garde française avait été refoulée. Il choisit lui-même son champ de bataille, et donna ordre de céder du terrain aux ennemis pour les y amener. Aussitôt qu'il fut assuré que les Russes avaient repris assez de confiance pour venir l'attaquer, il réunit toutes les troupes qui étaient à portée. Son armée ne montait qu'à soixante-cinq mille combattants; celle des ennemis était de quatre-vingt-dix mille.

Bataille d'Austerlitz (2 décembre 1805) (1). — Napoléon avait pour but d'engager l'ennemi à prendre l'offensive; la position que ce grand général avait prise à deux lieues en avant de la ville de Brunn dut donner au général russe l'espoir de s'emparer de cette place, et de couper toute retraite à l'armée française. Cet espoir devait encore s'accroître par la manière dont l'empereur occupa sa position.

Le terrain offrait aux Français de grands avantages pour la défensive; la gauche, couverte par des bois, était appuyée à une hauteur dite du *Santon*; la droite pouvait s'appuyer à des étangs immenses. La distance du Santon aux étangs n'est guère que de dix mille mètres; un ruisseau coule dans cette direction, et plusieurs villages qui sont situés sur ses bords forment des défilés favorables à la défense.

Napoléon fortifia sa gauche, et fit placer dix-huit pièces de canon de gros calibre sur le Santon. Sa droite fut, au contraire, affaiblie; des postes peu considérables s'étendirent jusqu'aux étangs, tandis qu'au centre plusieurs corps d'armée étaient massés les uns derrière les autres, faute d'espace pour entrer en ligne.

---

(1) Ternay, *Traité de Tactique*, livre II, chapitre IX, art. 3; tome I, page 479 — *Victoires et Conquêtes*, tome XIII, page 226.

Ce que Napoléon avait prévu arriva; le général en chef Kutusof prit le parti de tourner la droite des Français, en passant près des étangs, et de prendre à revers le centre et la gauche qui seraient contenus par le reste de ses forces. Dès le matin, les colonnes russes et autrichiennes se mirent en mouvement pour exécuter ce plan.

Le corps du maréchal Lannes occupait la gauche des Français; celui de Bernadotte le centre; celui de Soult la droite. En arrière du centre se trouvaient la cavalerie de Murat, la garde et le corps du maréchal Davoust.

Le mouvement des colonnes russes fut exécuté avec quelque confusion; cependant les attaques qui furent dirigées sur la droite eurent du succès; les ennemis emportèrent plusieurs villages et dépassèrent le ruisseau. Napoléon donna au maréchal Davoust l'ordre de se porter de ce côté pour empêcher les Russes de prendre à revers la droite du maréchal Soult, mais de ne commencer son attaque que quand Soult aurait lui-même gagné du terrain. Les maréchaux Soult, Bernadotte et Lannes prirent l'offensive et finirent, après quelques alternatives, par repousser l'ennemi. Le maréchal Soult put alors prendre à revers les troupes qui avaient tourné sa droite. Elles se trouvèrent attaquées, d'un côté, par le maréchal Davoust, de l'autre, par le maréchal Soult et par l'Artillerie à cheval de la garde qui, après avoir combattu au centre pour soutenir le corps de Bernadotte, fut dirigée avec rapidité sur ce point.

Maintenant que nous avons vu les mouvements d'ensemble si admirablement dirigés par Napoléon, occupons-nous des détails de l'action et de la part que prit l'Artillerie à cette célèbre journée.

Nous avons dit qu'à l'extrême gauche dix-huit pièces de canon de gros calibre furent placées sur le Santon; elles étaient habilement dirigées par le colonel Sénarmont et servinrent très-efficacement à repousser l'attaque de l'ennemi. Le maréchal Lannes prit ensuite l'offensive, et s'empara des villages de Krug et de Posorzitz. Délogés par l'infanterie de Suchet, menacés par la cavalerie, les bataillons russes se réunirent en un seul carré qui repoussa toutes les charges de la cavalerie française. Lannes se décida à les faire attaquer à la baïonnette; le choc fut rude, mais le carré russe fut enfoncé.

Le corps de Bernadotte attaqua l'ennemi en appuyant à droite pour faire place à la cavalerie de Murat; il emporta le village de Prazen, dont la possession donnait au maréchal Soult le moyen de prendre à revers le corps russe qui l'avait dépassé. L'ennemi, sentant l'importance de ce village, fit de grands efforts pour le reprendre. Plusieurs bataillons français étaient renversés, lorsque Napoléon donna au maréchal Bessières l'ordre d'arrêter l'ennemi. Ce maréchal passa, avec la cavalerie de la garde, entre les intervalles du corps de Bernadotte, détacha les chasseurs et les mameluks, soutenus de deux bataillons de grenadiers, pour dégager les bataillons compromis. Le mouvement des chasseurs et des mameluks leur faisait prêter le flanc à une forte colonne de cavalerie; l'Artillerie de la garde, escortée de quatre escadrons, s'y porta pour les protéger. Après diverses charges faites alternativement par chaque parti, le général Rapp, à la tête des grenadiers à cheval et des chasseurs de la garde, en exécuta une qui rompit la réserve russe et l'obligea à se retirer.

Une partie des troupes russes qui avaient exécuté leur mouvement pour tourner la droite des Français avait déjà remonté le ruisseau, et se trouvait près d'un petit étang qu'il formait au centre de la position. Canonnés de la rive opposée, menacés sur leur flanc droit de l'attaque des grenadiers, huit mille hommes furent obligés de mettre bas les armes.

Nous avons vu tout à l'heure la cavalerie et l'Artillerie de la garde combattre pour la possession de Prazen qui, dans le plan de Napoléon, était la clef du champ de bataille. Napoléon les porta promptement sur la droite, vers les étangs, et refoula un corps ennemi qui cherchait à se frayer un passage de ce côté, pour sortir de la position critique dans laquelle il se trouvait. Le maréchal Soult, qui était déjà descendu sur l'étang, leur avait coupé la retraite; les Russes voulurent traverser l'étang qui était gelé; mais bientôt le feu de l'Artillerie du maréchal Soult, combiné avec celui de l'Artillerie de la garde, coupa la colonne en deux. La première partie, après avoir essuyé des pertes énormes et abandonné son Artillerie, parvint à traverser; mais la seconde partie fut obligée d'y renoncer. Dans cette extrémité, les généraux alliés trouvèrent encore une ressource pour le passage dans une digue qui traversait plus loin le grand étang. Ils y marchèrent, placèrent les pièces qui leur restaient sur une hauteur qui couvrait la tête de la digue, laissèrent un régiment d'infanterie et un de cavalerie dans le village de Telnitz, pour protéger le passage qui s'opéra par cette digue étroite, sous le feu de vingt-quatre pièces d'Artillerie à cheval qui prenaient la digue en flanc. Le village de Telnitz fut enlevé par les troupes françaises; celui de Menitz, qui se trouvait près de la tête de la digue, fut aussi pris par la division Friant. Les troupes ennemies qui arrivaient encore sur les bords de l'étang cherchèrent vainement un passage; mais plutôt que de se rendre, elles s'aventurèrent sur la glace: l'Artillerie française redoubla son feu; les obus et les boulets les écrasèrent; environ mille hommes furent engloutis dans l'étang, plus du double se rendit prisonniers. La perte des alliés fut de dix mille hommes tués, quinze mille blessés et vingt-trois mille prisonniers.

On voit quelle part importante prit l'Artillerie au gain

de cette bataille. Mise en position sur tout le front, comme au Santon, l'Artillerie à pied concourut à repousser l'ennemi. Pourtant, au moment où sur notre gauche tous les efforts de la cavalerie viennent se briser contre le grand bataillon carré des Russes, on peut regretter de ne pas voir l'Artillerie accourir et enlever à l'infanterie la gloire de vaincre. C'est là l'inconvénient inhérent à l'Artillerie mise en position; elle concourt, suffit même souvent seule à la défense, mais devient inutile quand le combat s'éloigne hors de sa portée.

Dans le combat livré par la division Drouet du corps de Bernadotte, la ligne française pliait devant une charge à la baïonnette faite par les Russes; le capitaine Charrue se porta en avant avec sa compagnie d'Artillerie légère, arrêta l'infanterie ennemie et donna à la nôtre le temps de se rallier pour charger à son tour.

L'Artillerie à cheval de la garde, après avoir protégé les flancs de notre cavalerie pendant ses charges, quittant une partie du champ de bataille où nous sommes vainqueurs, exécute avec rapidité un mouvement qui la porte sur la ligne de retraite d'une colonne ennemie, repousse ses efforts, et à partir de ce moment ne s'inquiète plus des coups de son Artillerie, mais suit l'ennemi des yeux en manœuvrant de manière à lui fermer toujours le passage. Plus tard, les Russes occupent encore le village de Telnitz; l'Artillerie va néanmoins se mettre en batterie près de ce village, lui tournant le dos, pour tirer sur la digue où ils doivent passer.

Quelle belle part l'Artillerie du maréchal Soult prend à ses succès! elle combine ses mouvements avec ceux de l'Artillerie de la garde, et, ne s'occupant que d'empêcher la retraite de l'ennemi quand il veut passer sur le lac, elle y dirige son feu, coupe en deux sa colonne, et en oblige une grande partie à abandonner ce chemin. Plus tard cette

Artillerie brise la glace de ce lac qui engloutit tout, hommes, chevaux, canons. Voilà des effets que l'Artillerie seule peut produire, des succès qui sont dus tout entiers à son tir et à sa mobilité. Dans cette bataille, elle ne sert pas seulement à combattre quand le succès est douteux, elle poursuit l'ennemi et fait produire à la victoire les plus grands résultats.

L'histoire ne parle pas du mode d'action de l'Artillerie contre la colonne défilant sur la digue; mais nous devons faire remarquer quel avantage a l'Artillerie à ne pas s'attacher dans ce cas à tuer des hommes, mais à réunir ses coups en un même point, lorsque les troupes ennemies doivent venir y passer. Si elle pouvait concentrer assez son feu, le rendre là assez terrible pour empêcher le passage, l'ennemi serait obligé de se rendre à discrétion.

C'est probablement de cette manière que l'Artillerie du maréchal Soult parvint à couper en deux la première colonne qui voulut opérer sa retraite à travers le lac.

Ce qu'offre de particulier l'emploi de l'Artillerie dans cette bataille, c'est que les combinaisons qui dirigent ses mouvements ne se bornent pas à la considération des troupes qui sont devant elle, à l'étendue de terrain que l'œil peut embrasser; ce ne sont pas, en un mot, des combinaisons *tactiques*, ce sont des combinaisons *stratégiques* très-faciles à suivre sur un plan, en étudiant le récit d'une bataille, mais si difficiles à démêler au milieu de l'action, que tant d'accidents de terrain, de succès et de revers partiels viennent compliquer.

A l'époque où nous sommes arrivés, l'Artillerie à pied avait repris toute la vigueur dont nous lui avons vu donner des preuves à Valmy.

Le 12 novembre 1805 (1), Masséna, qui commandait

---

(1) *Victoires et Conquêtes*, tome XV, page 169.

l'armée française en Italie, était arrivé sur la rive droite du Tagliamento. Il trouva l'ennemi sur la rive gauche, préparé à défendre le passage au moyen de plusieurs batteries bien placées et soutenues par huit bataillons et quinze escadrons. Un escadron de chasseurs français dut faire une reconnaissance sur la rive gauche; chargé par un régiment de cavalerie autrichienne, il soutint le choc et donna le temps au général Espagne de venir à son secours. L'Artillerie française se mit en position, et tira si vivement et si juste, qu'elle concourut puissamment à la défaite des troupes ennemies qui furent obligées de se retirer. Une canonnade très-vive continua jusqu'à la nuit, sans désavantage de notre côté, quoique les Autrichiens eussent trente pièces en batterie derrière une digue, et que nous n'en eussions que dix-huit. Le lendemain, l'armée passa le fleuve sans opposition, et elle fut à même de connaître les résultats de l'engagement de la veille, en voyant les bords du fleuve couverts d'hommes et de chevaux qui avaient été tués par son canon.

L'Artillerie doit être toujours prête à protéger, comme dans ce cas, les troupes qui se trouvent séparées du gros de l'armée par une rivière. Elle seule peut les protéger efficacement et éviter un désastre. Elle doit donc, dans cette circonstance, ne pas se ménager, ni s'inquiéter du désavantage de sa position ou de l'infériorité que son feu peut avoir sur celui de l'ennemi.

Après la bataille d'Iéna, en 1806, les divers corps de l'armée française se mirent à la poursuite des débris de l'armée prussienne. Le corps d'armée de cavalerie commandé par Murat poursuivit l'ennemi dans la direction de Prentzlow. Parvenu avec l'avant-garde devant cette ville, le général Lasalle la trouva occupée en force par l'ennemi, qu'il se contenta d'observer, en attendant l'arrivée de Murat avec les divisions Grouchy et Beaumont.

Le 28 octobre 1806 (1), à six heures du matin, toute la cavalerie française se trouvant réunie, Murat donna au général Lasalle l'ordre d'attaquer les Prussiens dans les faubourgs de Prentzlow et le fit soutenir par les deux divisions de dragons avec dix pièces d'Artillerie légère.

Trois régiments de dragons traversèrent la petite rivière d'Uze qui passe dans Prentzlow et chargèrent le flanc de l'ennemi, tandis qu'une autre brigade tournait la ville. Cette attaque fut bien secondée par l'Artillerie légère, dont le feu commença par jeter beaucoup d'incertitude dans le mouvement des troupes prussiennes. Le général Grouchy fit une charge si brillante et si heureuse, que l'ennemi, culbuté dans les faubourgs, se jeta en désordre dans la ville. Murat fit sommer sur-le-champ le corps prussien de mettre bas les armes. Les portes de la ville étaient déjà brisées; le prince de Hohenlohe, voulant épargner aux habitants les horreurs d'une prise de vive force, se rendit et défila devant la cavalerie française avec seize mille hommes d'infanterie, presque tous de la garde royale ou des corps d'élite, six régiments de cavalerie, quarante-cinq étendards et soixante-quatre pièces d'Artillerie attelées.

Nous regrettons de n'avoir de cette brillante affaire ni plan ni détails plus instructifs; nous la citons comme preuve du puissant moyen de guerre introduit par la combinaison permanente de la cavalerie et de l'Artillerie à cheval. La cavalerie, réunie en grandes masses, peut entourer l'infanterie qu'elle rencontre en plaine, et l'Artillerie est là pour accabler ceux qui se réunissent et se serrent pour résister. Mais c'est surtout dans l'attaque des lieux couverts, des bois, des postes, que l'Artillerie donne à la cavalerie une propriété qui lui manque; pendant que l'Artillerie les attaque du côté le plus favorable, la cavalerie les

---

(1) *Victoires et Conquêtes*, tome XVI, page 366.

tourne et se tient prête à charger ce qui en sortira. C'est par cette combinaison que la cavalerie peut combattre en grandes masses, marcher et agir sans infanterie ; ce qu'elle ne pouvait pas faire auparavant, parce que le moindre poste offrait à l'ennemi un abri inexpugnable.

Bataille de Friedland (14 juin 1807) (1). — L'armée russe, placée sur la rive droite de la rivière d'Alle, cherchait à en dérober le passage à l'armée française pour aller faire à Kœnigsberg sa jonction avec les troupes prussiennes. Elle avait déjà commencé l'exécution du passage à Friedland, lorsqu'une brigade d'avant-garde du corps d'armée du maréchal Lannes arriva près de la ville ; cette brigade fut repoussée par des forces supérieures. Le maréchal Lannes avait trop peu de troupes pour attaquer vivement les Russes, qui avaient déjà passé ; il dut se borner à les contenir pour les empêcher de filer par la route de Kœnigsberg avant l'arrivée des autres corps de l'armée. Sa tâche n'était pas facile, car il n'avait que bien peu de monde pour couvrir une aussi grande étendue de terrain. Il sut, en se servant habilement des plis du terrain, des bois et des seigles, tromper l'ennemi sur le nombre de ses troupes, et, en les lui faisant croire beaucoup plus considérables, l'empêcher de se livrer à une attaque suivie.

La cavalerie, commandée par le général Grouchy, arriva au secours du maréchal Lannes, qui put étendre sa gauche jusqu'à la route de Kœnigsberg et s'emparer du village de Heinrichdorf que les Russes occupaient. Les forces des Russes augmentant, ils voulurent le reprendre. Une nombreuse cavalerie s'avança, soutenue d'un corps considérable d'infanterie russe. Incapable de résister à ces troupes tant qu'elles resteraient ensemble, Grouchy tenta de les

---

(1) Derode, *Relation de la bataille de Friedland*. — *Spectateur militaire*, octobre 1839. — *Victoires et Conquêtes*, tome XVII, page 166.

diviser, et il feignit de battre en retraite. Ses dragons et son Artillerie, qui étaient en bataille sur un plateau en avant du village, se retirèrent ; l'Artillerie fut masquée derrière des barricades qui avaient été élevées le matin à la hâte : quelques pelotons de dragons à pied restèrent pour la garde de l'Artillerie, tandis que toute la cavalerie évacuait le village. La cavalerie russe donna dans le piége ; elle accourut de toute la vitesse de ses chevaux, dépassa le village, et, assaillie de flanc et de front par la cavalerie française, fut obligée de repasser sous le feu de l'Artillerie, qui lui fit essuyer de grandes pertes et acheva sa déroute. Le combat continua sur tout le front, les troupes françaises et russes arrivant successivement se mettre en ligne. Napoléon, instruit enfin que toute l'armée russe était à Friedland, accourut en toute hâte avec les corps d'armée qu'il avait sous la main et fit, dès son arrivée, la reconnaissance du champ de bataille.

Les Russes avaient choisi pour leur passage un point favorable ; la rivière formait sur la rive droite un coude très-prononcé ; dans l'intérieur du rentrant et un peu en amont du milieu du coude, est située la ville de Friedland qui a un pont sur la rivière ; les Russes en avaient jeté trois autres dans son voisinage. La vaste plaine que les Russes avaient à traverser en débouchant de Friedland n'offre que de légères ondulations ; mais elle est partagée en deux parties par un étang très-allongé, qui s'avance à peu près dans la direction qui divise l'angle de la rivière en deux parties égales ; pourtant cet étang se rapproche un peu de la rivière en amont. Les Russes avaient fait jeter quatre ponts sur cet étang pour que les deux parties de leur armée pussent communiquer. Ils avaient à leur gauche la route d'Eylau, par laquelle l'armée française arrivait ; la route de Kœnigsberg qu'ils voulaient suivre passe de l'autre côté de l'étang.

Il était trois heures de l'après-midi, lorsque Napoléon eut reconnu la position et observé les troupes nombreuses que les Russes avaient pour la défendre. Il fit écrire au roi de Naples pour lui dire de se diriger pendant la nuit sur Friedland, parce qu'il était possible que l'affaire durât encore le lendemain; que peut-être il se contenterait de canonner l'ennemi ce jour-là. L'empereur avait néanmoins fait son ordre de bataille.

Le maréchal Ney occupait la droite; à sa gauche était le corps du général Oudinot, ensuite celui du maréchal Lannes; enfin à l'extrême gauche, le corps d'armée du maréchal Mortier avec la cavalerie de Grouchy. Le corps du général Victor, ainsi que la garde à pied et à cheval, se plaça en réserve près de la route d'Eylau en arrière de la droite. L'attaque dut se faire par la droite, la gauche ne devant pas avancer.

Le duc de Rovigo, envoyé en reconnaissance, vint rapporter que les Russes continuaient à passer sur la rive gauche; qu'il leur fallait encore une heure pour achever le passage. Napoléon se décida à profiter de ce temps et ordonna l'attaque. Il était cinq heures.

Les Russes avaient leurs deux ailes appuyées à la rivière; un grand nombre de troupes légères couvrait leur front.

L'Artillerie française commença son feu sur toute la ligne, en dirigeant ses coups un peu à droite pour favoriser l'attaque.

Ney avait formé ses deux divisions en deux colonnes: à droite, la division Marchand commença le mouvement, et, prenant pour point de direction le clocher de Friedland, s'avança avec impétuosité, fit replier tous les tirailleurs ennemis et vint se heurter contre un coude de la rivière où elle avait, sans le savoir, poussé les avant-postes russes. Dans ce moment, cette division, qui avait laissé son Artillerie un peu en arrière, fut battue de front

17

par une grêle de mitraille, pendant que l'Artillerie que les Russes avaient placée sur la rive droite la prenait en flanc. La colonne perdait beaucoup de monde; l'ennemi profita de ce moment pour lancer contre elle sa cavalerie, qui vint tomber sur le flanc gauche de l'infanterie française; celle-ci résista, mais non sans peine, et les dragons de Latour-Maubourg vinrent la dégager; elle en profita pour se reformer un peu en arrière dans un ordre différent.

Pendant ce temps, les échelons de la division Bisson avançaient à leur tour, en conversant à gauche. Cette division de dix à onze mille hommes se déploya, appuyant sa gauche au ruisseau qui tombe dans le lac; elle étendit sa droite vers l'Alle.

Le corps de Ney avait avancé d'environ 500 toises; son mouvement avait duré une heure, sa ligne échangeait avec celle des Russes un feu terrible d'Artillerie et de mousqueterie; les batteries russes placées de l'autre côté de l'Alle, prenant nos troupes d'écharpe, faisaient dans leurs rangs de grands ravages. Ney retira l'Artillerie de sa gauche pour renforcer sa droite; mais les pièces françaises, trop peu nombreuses, avaient l'infériorité; de nombreux blessés se détachaient des rangs, et un flottement d'hésitation annonçait que sous ces décharges le moral des soldats commençait à s'ébranler. Napoléon avait fait avancer le premier corps qui était en réserve, abrité derrière un large mamelon. Il en détacha la division Dupont qui marcha au soutien du sixième corps; il était déjà trop tard, car le désordre s'était mis dans la ligne de Ney; une charge de la cavalerie russe avait renversé deux ou trois régiments de la division Marchand. Dans celle du général Bisson, la déroute était complète; les fuyards couvraient la plaine, mêlés aux cavaliers ennemis qui les poursuivaient. Un aide de camp de l'empereur, le général Mouton, vint à la division Dupont et cria : « Tenez-vous ferme contre la cavalerie. » La batterie de la division Dupont, commandée par le capitaine Ricci, se met en batterie; il était temps, car déjà quelques cavaliers russes étaient dans la batterie. Ses décharges, jointes à celles de la mousqueterie, arrêtent les Russes qui, ramenés par la cavalerie française, vont passer dans les intervalles qu'ils s'étaient faits.

Le général Sénarmont commandait l'Artillerie du premier corps, qui était encore en réserve à l'exception de la division Dupont; il s'était avancé avec la batterie Ricci; il voit qu'elle ne pourra pas tenir contre le feu trop supérieur des Russes, son parti est pris sur-le-champ : il court à son corps d'armée; avec l'assentiment du général Victor, et malgré les réclamations des généraux de division, il en réunit toute l'Artillerie composée de trente-six bouches à feu sous son commandement, en forme deux batteries de quinze pièces avec six bouches à feu en réserve, et débouche de toute la vitesse des chevaux sur le revers opposé du mamelon qui abrite trois divisions du premier corps. L'Artillerie se met en batterie à 200 toises de l'ennemi; après cinq ou six salves, elle s'en approche à 100 toises, et commence un feu roulant poussé avec la dernière vivacité. Les Russes furent surpris par cette réunion subite; en vain ils ripostaient avec les batteries partielles dispersées sur toute leur ligne; quelques minutes suffisaient pour faire converger sur un point un déluge de mitraille. Les batteries de la rive droite de l'Alle, celle de la rive opposée de l'étang furent ainsi successivement abimées, et l'on plongea au milieu des troupes russes qui s'amassaient vers le défilé en avant de Friedland. La destruction était affreuse.

Napoléon avait suivi attentivement toutes les phases de ce furieux combat, et depuis quelques moments s'était porté auprès du premier corps. Craignant même que Sénarmont ne se compromît, il envoya son aide de camp Mouton reconnaître pourquoi il s'aventurait aussi loin : « Laissez-moi faire avec mes canonniers, repartit Sénarmont, je réponds de tout. » Cependant Victor avait détaché pour le soutenir de plus près les quatre régiments de dragons de Lahoussaye et un bataillon. Quand Mouton revint, Napoléon avait jugé l'effet de la batterie, et dit en souriant : « Ce sont de mauvaises têtes, laissons-les faire. » Bientôt il se dirigea vers le centre emmenant sa garde; il laissait son aile droite en voie de succès.

La ligne russe continuait à fléchir; Bagration lui fit exécuter un changement de front, l'aile gauche en arrière, et nous fit face par deux côtés, dont chacun s'appuyait à l'Alle et à l'étang. Mais ses troupes entassées commençaient à perdre la liberté de leurs mouvements; le front, réduit de moitié, rendait sa mousqueterie moins dangereuse.

Ney avait rallié ses deux divisions qui s'avançaient avec celle de Dupont, et faisaient plier les Russes devant leurs baïonnettes. La fin du jour approchait; Sénarmont poussa audacieusement ses deux batteries réunies en une seule jusqu'à 60 toises du front de l'ennemi, dont les pièces étaient nombreuses; plusieurs nous prenaient d'écharpe; néanmoins Sénarmont ordonne de ne plus s'en occuper; on ne tire plus qu'à mitraille sur les masses ennemies; celles qui tombent sont remplacées par d'autres; la cavalerie russe est lancée pour tourner la batterie et s'en emparer; mais aussitôt Sénarmont, faisant changer de front à ses pièces, en dirige le feu tout entier sur la cavalerie; on la vit tomber broyée par la mitraille; après deux décharges elle disparut.

Les deux fronts que nous opposait Bagration se rompirent; l'un fut jeté à gauche dans le ravin, l'autre englouti dans l'avenue d'Eylau en avant de Friedland.

Vers notre extrême droite, et sur les bords de l'Alle, nos

obusiers lançaient leurs projectiles sur les maisons voisines du pont pour les embraser et couper aux Russes leur retraite. L'ennemi se précipita vers ses ponts, poursuivi par nos troupes dont il arrêta la poursuite en incendiant les ponts, et se servant du feu de la nombreuse Artillerie qu'il avait placée sur la rive droite; mais il laissait sur la rive gauche une grande partie de son armée. L'aile gauche et le centre des Français avaient pris l'offensive et poussaient les Russes dans la rivière; la nuit qui survint et les gués nombreux sur cette rivière permirent au plus grand nombre de se sauver. L'armée russe eut vingt mille hommes hors de combat (1).

L'Artillerie du général Sénarmont tira, pendant trois heures qu'elle fut engagée, trois mille six cents coups de canon dont quatre cents à mitraille.

On voit que le succès de cette bataille fut dû au beau fait d'armes du général Sénarmont; l'Artillerie n'en saurait citer un plus glorieux. Trente-six pièces de canon firent ce que les vingt mille hommes de Ney et la division Dupont n'avaient pu faire, ce que les trois autres divisions de réserve du général Victor n'auraient peut-être pas fait. Il faut, pour en voir toute la difficulté, se rendre un compte exact de la position.

L'attaque par la droite ordonnée par Napoléon devait amener les plus grands résultats, mais aussi elle offrait d'immenses difficultés. Avant d'arriver à Friedland, il fallait s'avancer l'espace de 2 000 mètres dans un entonnoir de 800 à 900 mètres d'ouverture, limité à droite et à gau-

---

(1) Nous avons suivi, pour cette bataille, la relation de M. Derode, qui est très-circonstanciée et postérieure aux autres; l'ouvrage intitulé *Victoires et Conquêtes* parle d'une batterie de quarante bouches à feu qui aurait concouru au résultat avec celle du général Sénarmont; mais la relation donnée par cet ouvrage est peu claire et paraît mériter beaucoup moins de confiance que celle que nous avons suivie.

che par l'Alle et par l'étang. L'ennemi avait des batteries nombreuses sur les deux rives opposées qui, n'étant pas éloignées de plus de 2 000 mètres, pouvaient croiser leurs feux dans cet espace et prendre en flanc et à revers les troupes qui s'y engageaient. Mais ce n'est pas tout, vingt-cinq mille Russes défendaient cet espace que leur Artillerie battait aussi de front; et quand on voit avec quel courage les Russes de l'aile droite, formés en masses, résistèrent à l'armée française victorieuse, lorsque leur retraite fut coupée par la prise de Friedland, on peut penser que la victoire était peut-être impossible à toute autre arme qu'à l'Artillerie. Mais le général Sénarmont se porte seul en avant des troupes, et obtient les plus brillants succès. Ce sont les moyens qu'il emploie qui nous intéressent et que nous devons examiner.

D'abord nous le voyons garder six pièces en réserve pour parer à l'attaque de ses flancs et à tous les cas imprévus; puis diriger successivement sur les points les plus importants, ceux qu'il a le plus d'intérêt à battre, un assez grand nombre de pièces pour en rendre la défense impossible à l'ennemi. Quand il a moins à craindre l'Artillerie qui le bat en flanc, il se porte en avant; attaqué par la cavalerie, il manœuvre, dirige momentanément contre elle tous ses coups et la foudroie. A partir de ce moment, il ne s'inquiète plus de l'Artillerie de l'ennemi, tire sur ses troupes seulement, les force à la retraite et les poursuit, pendant qu'à la droite d'autres pièces essayent de couper les ponts ou d'incendier les maisons voisines pour couper aux Russes leur retraite.

C'est la première fois que nous voyons l'Artillerie combattre d'une manière aussi indépendante des autres armes; ici elle se suffit à elle-même. Si la conception de la manœuvre du général Sénarmont est belle, c'est l'exécution surtout qui en est admirable. Courage, coup d'œil, rapidité, sang-froid, il déploie toutes les qualités. Ici, c'est en grande partie l'Artillerie à pied qui agit, nous la voyons pour la première fois s'élever à une aussi grande hauteur, car c'est dans une bataille toute offensive qu'elle joue le premier rôle.

Dans presque toutes les affaires comme dans celles que nous allons maintenant avoir à examiner, on voit l'Artillerie combattre et se mouvoir par masses et produire ainsi de grands résultats. Ce changement est amené en partie, comme nous l'avons vu, par une modification dans le système de guerre, modification à laquelle l'Artillerie adapte son organisation. Dans les armées de la République, l'Artillerie était toute ou presque toute répartie dans les divisions; les généraux de l'arme n'avaient la plupart du temps, sur les champs de bataille, aucun commandement direct. Depuis l'organisation des corps d'armée, une partie seulement de l'Artillerie fait ordinairement partie des divisions; le reste est en réserve sous le commandement direct du général de l'arme. Cela permet au général de division de combattre avec toutes les troupes qu'il a ordinairement sous ses ordres, et au général d'Artillerie de prendre part aux grandes combinaisons des batailles. Remarquons, puisque l'occasion s'en présente, que cette réunion de l'Artillerie en grandes masses n'est pas nouvelle; nous l'avons vu employer dès l'origine de l'arme. Il en a été de même pour l'infanterie et la cavalerie; l'habitude de les faire combattre en masses, l'infanterie au centre, la cavalerie aux ailes, ne fut abandonnée que par suite de l'organisation de divisions. Napoléon revint à l'habitude de faire combattre chaque arme en grandes masses, quand, trouvant l'ennemi réuni, il fut obligé de le combattre sur des terrains rétrécis et de lui livrer de grandes batailles.

Il ne faudrait pas conclure de là que l'art de la guerre n'a fait aucun progrès depuis Tilly ou Wallenstein; tout, au contraire, a été progrès, mais progrès successifs qui ont ramené au point d'où l'on était parti, à l'habitude de faire combattre chaque arme en grandes masses pour augmenter sa puissance.

Nous allons voir que ce n'est pas seulement dans les batailles dirigées par Napoléon que l'Artillerie eut une grande part au succès.

Bataille de la Piave (8 mai 1809) (1). — Les Autrichiens, commandés par l'archiduc Jean, occupaient une bonne position sur la rive gauche de la Piave, à une certaine distance de la rivière, dont ils ne défendirent pas le passage, voulant obliger l'armée française à combattre avec la rivière à dos.

Le général Dessaix passa avec l'avant-garde; mais arrivé près de la position ennemie, il fut accueilli par une vive canonnade; menacé par une nombreuse cavalerie, il s'arrêta, forma son infanterie en deux carrés, mit l'Artillerie dans l'intervalle et la cavalerie en arrière, prête à charger le flanc gauche de la cavalerie ennemie si elle attaquait. Grâce à ces dispositions, il put se défendre jusqu'à ce que le reste de l'armée eût passé et que le prince Eugène eût rangé ses troupes en bataille.

L'action s'engagea sur toute la ligne; une position très-importante, celle du moulin de Capanna, occupée par six bataillons ennemis, avait résisté à tous les efforts de la division Lamarque. L'Artillerie de la division Durutte vint se joindre à celle du général Lamarque, et, protégés par le feu de ces deux batteries, les bataillons français traversèrent le fossé au pas de charge et emportèrent le moulin. Il était huit heures et demie du soir, l'ennemi rallia ses troupes derrière une forte réserve d'infanterie; le vice-roi fit avancer vingt-quatre pièces de canon qui jetèrent le

---

(1) *Victoires et Conquêtes*, tome XIX, page 150.

désordre dans les masses de l'ennemi, et deux divisions de cavalerie lancées à ce moment achevèrent glorieusement sa déroute.

Nous voyons dans cette affaire deux emplois bien différents de l'Artillerie; dans un cas, elle rend facile à l'infanterie l'attaque d'un poste qui résistait à tous ses efforts. Ce succès n'est pas dû seulement au mal qu'elle fait à l'ennemi avant l'attaque, mais aussi à ce qu'au moment décisif, lorsque l'infanterie s'avance, l'Artillerie, s'exposant à tous les coups de l'ennemi, partage son attention en l'obligeant à répondre au feu de ses pièces. Dans l'autre cas, c'est la cavalerie qui, sans trop se presser, attend que l'Artillerie ait jeté le désordre dans l'infanterie ennemie, et ne l'attaquant qu'à ce moment, obtient un succès décisif. Nouvel exemple qui montre toute la puissance de la combinaison de ces deux armes contre l'infanterie et la manière de les employer.

Bataille de Raab (14 juin 1809) (1). — Les troupes françaises avaient gagné du terrain et repoussé les Autrichiens un peu en arrière de la maison carrée, poste très-fort qu'il fallait enlever pour assurer le succès de la journée. Plusieurs attaques qui coûtèrent beaucoup de monde aux Français furent infructueuses; pendant qu'elles avaient lieu, le général Montbrun employait sa cavalerie à tenir en échec l'infanterie ennemie, pour l'empêcher de venir au secours de la maison carrée. Une dernière attaque faite avec la plus grande vigueur réussit; alors le général Montbrun disposa son Artillerie légère de manière à prendre en écharpe les bataillons autrichiens dans la position qu'ils occupaient en arrière, et, profitant du désordre que cette canonnade mit dans leurs rangs, les força à la retraite. La cavalerie ennemie venait au secours de son infanterie;

---

(1) *Victoires et Conquêtes*, tome IX, page 172.

Montbrun se tourna vers elle, laissant à l'infanterie qui s'était emparée de la maison carrée le soin de poursuivre celle de l'ennemi. Un peu plus tard, pendant la poursuite, un régiment de cavalerie s'étant trop engagé, l'ennemi, formé en carré, le repoussa par son feu et l'aurait obligé à abandonner quinze cents prisonniers qu'il avait faits, sans l'arrivée de la division Sahuc.

Bataille de Wagram (6 juillet 1809) (1). — Dans la campagne de 1809, Napoléon, s'étant avancé jusqu'à Vienne, parvint à s'emparer de cette capitale, située sur la rive droite du Danube. Mais l'archiduc Charles occupait la rive gauche de ce fleuve, dont il avait coupé les ponts. Ne pouvant laisser aussi près de lui l'armée ennemie, qui ôtait toute liberté à ses mouvements, l'empereur tenta une première fois le passage du fleuve à Essling. L'archiduc parvint à détruire ses ponts; la partie de l'armée française qui avait passé sur la rive gauche se trouva dans la position la plus critique, et ne put s'en tirer que par le courage et l'habileté du maréchal Lannes qui réussit à lui faire exécuter sa retraite dans l'île Lobau.

L'empereur ne pouvait plus espérer dérober à l'ennemi le passage du fleuve sans abandonner Vienne, ou sans compromettre sa ligne de communications. Il entreprit la plus grande, la plus difficile des opérations qui aient jamais été exécutées à la guerre, le passage d'un grand fleuve comme le Danube, de vive force en présence de l'armée ennemie. Il commença par assurer sa position dans plusieurs îles du Danube, et fit construire sur deux bras du fleuve ces ponts, chefs-d'œuvre de l'habileté de nos pontonniers, qui parvinrent à les garantir contre tous les efforts tentés par l'ennemi pour les rompre.

---

(1) Ternay, *Traité de Tactique*, livre II, chapitre III; livre VII, tome I, page 672. — *Victoires et Conquêtes*, tome XIX, page 205.

Pendant qu'il s'établissait dans l'île Lobau, Napoléon fut joint par l'armée d'Italie commandée par le prince Eugène, et tenta aussitôt le passage qui était devenu d'autant plus difficile, que l'ennemi avait eu le temps de couvrir de retranchements les villages d'Enzersdorf, d'Essling et de Gros-Aspern.

Le 4 juillet, à huit heures du soir, Napoléon fit commencer le passage. Toutes les batteries de l'île commencèrent leur feu sur les villages et les retranchements ennemis; à la droite cent neuf pièces de canon, la plupart de gros calibre, mirent en flammes la petite ville d'Enzersdorf. Quinze cents hommes de la brigade Conroux, protégés par le feu de dix chaloupes canonnières aux ordres du capitaine Bast, prirent pied, vers neuf heures, dans une petite île, d'où ils délogèrent les chasseurs ennemis. Un orage épouvantable et une pluie battante cachaient nos opérations aux Autrichiens déjà démoralisés par le feu terrible de notre Artillerie. Le général Oudinot occupa le village de Muhlleuthen, et prépara sur le petit bras du Danube deux ponts à gauche dans la direction d'Enzersdorf, et un à droite, pour passer dans l'île de Zanet. Six autres ponts furent établis pour les différents corps de l'armée. En même temps le passage des troupes et de l'Artillerie s'effectuait sur toute la ligne au moyen de bacs, et malgré la pluie qui tombait par torrents, l'infanterie, l'Artillerie et la cavalerie défilèrent avec ordre et célérité.

Il n'entre pas dans notre cadre de donner les détails de ce passage et de montrer le courage, l'habileté, le sang-froid au-dessus de tout éloge que les pontonniers déployèrent dans cette circonstance. L'empereur les combla de récompenses.

Première journée.—A une nuit affreuse succéda une très-belle journée; au matin les troupes françaises étaient entassées sur la rive gauche; Napoléon s'occupa de repousser l'ennemi pour gagner du terrain et fit travailler à quatre immenses redans destinés à couvrir les ponts.

Le terrain que l'armée française avait en avant d'elle est une vaste plaine, couverte de villages, offrant aux Autrichiens un très-beau champ de bataille. A 10000 mètres environ, et parallèlement au Danube, coule le ruisseau encaissé de Rotsbach; sa berge gauche, qui domine la droite, donnait aux Autrichiens une position très-forte appuyée aux villages de Wagram, Baumersdorf et Neusiedel, situés sur le ruisseau.

Pendant cette première journée, les Français achevèrent de passer; les troupes, qui étaient en avant, gagnèrent du terrain en refoulant les Autrichiens.

L'archiduc avait fait retirer ses troupes sur la gauche de l'armée française; elles occupaient le soir la position suivante : la droite s'appuyait au Danube à une assez grande distance de la gauche des Français; le centre et la gauche étaient près de nos avant-postes à Wagram et Neusiedel.

L'armée française formait un angle dont le saillant, tourné vers Wagram, était appuyé à Aderklaa; sa droite s'étendait beaucoup au delà de la gauche de l'archiduc Charles, car ce qui rendait la position de l'empereur plus critique, c'était la crainte de l'arrivée de l'armée de l'archiduc Jean qui pouvait venir attaquer sa droite. Aussi l'empereur avait-il conservé en réserve, sous sa main, une grande partie de ses forces, savoir : la garde, les Bavarois, le corps de Dalmatie et la réserve de cavalerie. Il avait placé tous ces corps au sommet de l'angle, près de Roschdorf.

Seconde journée. — L'archiduc avait fait, pendant la nuit, ses dispositions pour attaquer au jour l'armée française; il voulait faire le plus grand effort à sa droite, le long du Danube, s'emparer des ponts et couper ainsi la retraite à l'armée française, dont il contiendrait le centre et la droite.

Le plan de Napoléon était d'attaquer la gauche de l'archiduc Charles pour séparer de plus en plus son armée de celle de l'archiduc Jean.

Le combat fut vif; les Autrichiens eurent d'abord du succès sur presque tous les points. A leur droite, ils repoussent le général Boudet jusqu'au delà d'Essling, dans l'île de Lobau, sur laquelle ils font déjà pleuvoir une grêle de projectiles. Au centre, ils se sont emparés de Breetenlee et d'Aderklaa, et s'avancent vers Rochdorf. A leur gauche ils ont aussi pris l'initiative et gagné quelque terrain. Napoléon, qui attache la plus grande importance au succès sur ce point, s'y porte avec l'infanterie de la garde et deux divisions de cuirassiers, repousse les Autrichiens et revient vers le centre en laissant des renforts au maréchal Davoust, avec ordre d'attaquer la gauche de l'ennemi en la débordant, et de se rendre maître de Neusiedel. A ce moment les efforts faits par les Français pour reprendre Aderklaa ont échoué; deux attaques, faites par le duc de Rivoli, ont été repoussées par une grande batterie que les Autrichiens ont placée en avant du village; la position devient critique, la victoire sourit aux Autrichiens dont la ligne forme une espèce de tenaille qui enveloppe et enserre l'armée française.

Napoléon sent le besoin d'employer toutes ses forces; il envoie ses ordres pour faire exécuter un grand mouvement à son armée, dont tous les corps vont appuyer à gauche; car il faut repousser l'ennemi qui est déjà arrivé près des ponts; le duc de Rivoli le prendra en flanc et à revers; le général Macdonald viendra au centre au point menacé à Roschdorf; les troupes du prince Eugène et de la garde appuieront de ce côté; mais le maréchal Macdonald était à 3 kilomètres du point qu'il devait occuper et que l'ennemi menaçait, il fallait lui donner le temps d'arriver. C'est à ce moment que Napoléon réunit en avant de Rochdorf dix batteries, dont le général Drouot prit la tête avec les six premières, composées de pièces de 12. Cette Artillerie s'avance au trot, en colonne, par batterie, dépasse la première ligne de cavalerie et se déploie à petite portée de l'ennemi. Cette batterie, qui ne tarde pas à s'élever à une centaine de pièces par la réunion de celles de la cavalerie et de l'armée d'Italie, éteint le feu de celles qui lui sont opposées sur un espace de plus de 2 kilomètres, et écrase les masses ennemies. En vain les Autrichiens s'ébranlent à plusieurs reprises pour la charger, leurs escadrons sont renversés par la mitraille et obligés de se replier dans le plus grand désordre. Cette manœuvre d'Artillerie ne put pas s'exécuter sans d'énormes pertes, mais elle fit gagner le temps dont on avait besoin. L'empereur dirigea en personne les opérations du centre qui prit la forme d'un vaste carré : l'infanterie marcha sur trois colonnes intérieures, la cavalerie sur deux colonnes extérieures ; les grenadiers à cheval et l'infanterie de la garde restèrent en réserve en arrière.

Pendant ce temps, le maréchal Davoust avait obtenu plus de succès dans ses attaques. Ayant réuni une batterie de cinquante bouches à feu contre Neusiedel, et débordé la gauche de l'ennemi, il était parvenu à s'emparer du village et marchait sur la hauteur à la rencontre des Autrichiens qui avaient exécuté un changement de front. Ce succès fut le signal de l'attaque sur le centre, qu'il fallait forcer pour que l'attaque du duc de Rivoli sur l'extrême droite de l'ennemi pût réussir. La grande batterie qui avait préparé cette entreprise fut chargée d'en assurer l'exécution. Elle s'avança dans la direction de Sussenbrunn, ayant à sa droite et à sa gauche les villages d'Aderklaa et de Breetenlee ; s'ouvrant ensuite à son centre, elle se divisa en deux parties qui, exécutant chacune une conversion, l'une à droite, l'autre à gauche, criblèrent de mitraille les grenadiers autrichiens qui défendaient les deux villages, et les forcèrent de les abandonner. Le grand carré s'avança dans l'espace laissé libre entre les deux batteries; l'archiduc avait réuni une grande quantité de troupes et d'Artillerie qui, l'attaquant de plusieurs côtés, lui firent essuyer d'énormes pertes; mais deux divisions françaises, déployées à droite et à gauche, permirent au carré de gagner du terrain. Il s'avança vers Sussenbrunn que la cavalerie tournait, et en chassa les Autrichiens.

L'archiduc, voyant son centre forcé, ordonna la retraite; son aile droite eut beaucoup à souffrir, étant prise en flanc par le duc de Rivoli, dont le mouvement eut un plein succès.

L'armée française, obligée de couvrir ses ponts, ne put poursuivre activement l'ennemi. Mais le fait seul de la retraite de l'archiduc, abandonnant le pays d'où il tirait ses ressources, décida l'empereur d'Autriche à la paix.

Il n'est pas nécessaire de faire remarquer que le passage d'un fleuve comme le Danube, en présence de l'ennemi, est une opération qui n'est rendue possible que par l'Artillerie. Mais nous, nous devons observer l'influence toujours croissante que la mobilité de cette arme lui fait acquérir sur le sort des batailles. Dans celle-ci, dont nous avons dû, pour abréger, supprimer beaucoup de faits importants, la victoire semble toujours appartenir à celui qui sait réunir le plus de pièces sur le point qu'il veut attaquer ou défendre. Le fait qui doit attirer toute notre attention, puisqu'il a décidé le sort de la bataille, c'est la formation de la grande batterie au centre; c'est surtout sa manœuvre dans l'attaque des villages. Que cette batterie arrête l'ennemi, et donne à toute l'armée le temps d'exécuter un mouvement nécessaire, c'est ce que nous avons vu souvent faire à l'Artillerie; mais quand, plus tard, nous la voyons s'avancer, s'ouvrir à droite et à gauche, livrer ainsi passage à la colonne qui la suit, et chasser seule l'ennemi de deux villages contre lesquels tant d'efforts avaient échoué, nous n'hésiterons pas à reconnaître un progrès dans l'art d'employer l'Artillerie, et à lui attribuer le premier rôle dans cette bataille, dont la perte aurait compromis l'armée entière.

Dans ces grands mouvements de l'Artillerie, l'Artillerie à pied rivalise avec l'Artillerie à cheval; l'histoire ne fait plus de distinction entre ces deux parties de la même arme.

Bataille d'Ocaña (18 novembre 1809) (1). — L'armée française, qui s'avançait à la rencontre de l'armée espagnole, la trouva rangée en bataille. Le centre et la gauche des Espagnols étaient en arrière d'un ravin, dont l'encaissement était beaucoup plus profond et plus escarpé à leur gauche; leur centre était en avant de la ville d'Ocaña, occupée par une réserve d'infanterie; l'aile droite se déployait sur la crête d'une colline d'une pente douce. Toute la cavalerie était placée sur le flanc et en arrière de l'aile droite. Environ quarante-cinq mille hommes d'infanterie, sept mille de cavalerie et soixante pièces de canon étaient en ligne. Au delà d'Ocaña se trouvait une plaine immense, fermée par des bois d'oliviers.

Les Français n'avaient que vingt-quatre mille hommes d'infanterie, cinq mille chevaux et cinquante canons, y compris une batterie de la garde.

Le maréchal Soult commandait l'armée française; il résolut d'attaquer la droite et le centre des Espagnols, et de contenir seulement leur gauche paralysée par le ravin. L'Artillerie était commandée par le général Sénarmont.

A dix heures, la cavalerie du général Sébastiani gagna du

---

(1) Napier, *Histoire des Guerres de la Péninsule*, tome V, page 98. — Ternay, *Traité de Tactique*, livre II, chapitre III, article VII, tome I, page 661. — *Victoires et Conquêtes*, tome XIX, page 390.

terrain pour tourner la droite des Espagnols. Le général Leval, avec deux divisions d'infanterie en colonnes de régiments, ayant chacune un bataillon déployé en avant, suivit la cavalerie et délogea le général Zayas des bois d'oliviers. Le général Gérard, avec sa division rangée dans le même ordre, suivit Leval en seconde ligne. Le général Dessolles avança ses troupes vers le centre, les étendant sur sa droite pour border le ravin, soutenir le feu des tirailleurs et tenir en respect l'aile gauche espagnole. Ces dispositions furent terminées à onze heures ; alors Sénarmont, réunissant trente pièces d'Artillerie, les porta sur le bord du ravin et les fit jouer toutes à la fois contre le centre des Espagnols. Pour protéger cette batterie contre les tirailleurs placés dans le ravin, six pièces de canon y dirigèrent leur feu, pendant que six autres pièces, placées plus à droite, en balayaient le lit qu'elles prenaient à revers.

Durant cette canonnade, les Espagnols, se voyant menacés d'être tournés par leur droite, avaient fait exécuter à cette partie de leur ligne un changement de front, l'aile droite en arrière. Du centre de leur ligne, seize pièces de canon ouvrirent un feu meurtrier sur les colonnes de Leval et de Gérard, à mesure qu'elles s'avançaient sur la droite. Pour ralentir le feu de cette batterie, un bataillon français fut dirigé sur une petite élévation qui en était proche, et une contre-batterie s'y établit. Les Espagnols étaient indisciplinés, mal commandés, mais braves ; ils reprirent tout à coup l'offensive, et leur feu, redoublant de vigueur, démonta deux canons français. Le maréchal Mortier, le général Leval, furent blessés. La ligne espagnole se porta en avant; les premières divisions françaises fléchirent et ne tardèrent point à céder.

Mais les batteries du centre avaient produit leur effet ; la mitraille avait chassé les tirailleurs du ravin, et le feu de la grande batterie avait forcé tout le centre de l'armée espagnole à reculer; ce qui permit au général Dessolles de marcher sur Ocaña. Alors, le général Sénarmont dirige tout son feu sur l'aile droite des Espagnols, que le changement de front en arrière, exécuté précédemment, lui permet de battre dans toute sa longueur. Ce feu meurtrier, qui parcourt toutes les lignes, arrête le succès des Espagnols; le maréchal Mortier a le temps de faire avancer sa seconde ligne à travers les intervalles laissés par la première.

Le général Dessolles était entré dans Ocaña; et, en débouchant du côté opposé, la cavalerie légère de la garde, suivie par la réserve d'infanterie, se précipita dans la ville. L'aile droite des Espagnols ne pouvait plus tenir dans sa position: Sébastiani, par une charge rapide, coupa six mille hommes d'infanterie qu'il obligea à se rendre.

La cavalerie espagnole, démoralisée par un combat désavantageux qu'elle avait soutenu la veille, se retira sans combattre. La masse entière des Espagnols s'ébranla et céda; les soldats s'enfuirent à travers champs. Les Français perdirent dix-sept cents hommes, tués ou blessés; les Espagnols cinq mille. Avant la nuit, tous les équipages militaires, trois mille chevaux, quarante-cinq pièces de canon, trente mille fusils, vingt-six mille prisonniers étaient tombés aux mains des Français.

Qui n'admirerait la belle combinaison du général Sénarmont? Il sait que l'on doit tourner la droite de l'ennemi, qui alors sera obligé d'exécuter un changement de front en arrière, et au lieu d'aller directement prendre part à cette attaque, c'est le centre qu'il bat, qu'il force à reculer; alors il exécute un changement de front qui lui permet de battre tout le prolongement de la ligne espagnole. Mais si cette combinaison est belle, c'est l'exécution surtout que nous devons en admirer; elle peut être entravée par le feu des nombreux tirailleurs placés dans le ravin. Dans toute autre circonstance, ce ne serait point à l'Artillerie à les éloigner; mais ici, pour être plus sûr du succès, pour qu'il ne puisse pas manquer par des causes indépendantes de lui, c'est avec l'Artillerie elle-même que Sénarmont protége ses batteries contre des tirailleurs que le terrain favorise. L'action doit durer peu; il n'épargne pas la mitraille et parvient à son but.

Cette bataille nous montre quelle est l'influence de la manière de diriger l'Artillerie, de concentrer à propos ses effets dans une petite étendue de terrain et de temps, puisqu'il ne fallut pas plus de dix-huit cents coups de canon pour amener la ruine d'une armée de plus de cinquante mille hommes!

Nous devons aussi remarquer le mouvement de l'Artillerie qui accompagnait les colonnes du général Leval, quoique, ordinairement, l'Artillerie ne produise des effets importants qu'en tirant sur les troupes; cependant, quand celles de l'ennemi sont déployées, et que les nôtres, marchant en colonnes, souffrent beaucoup du feu de l'Artillerie ennemie, c'est contre elle qu'il faut diriger la nôtre, mais alors il est nécessaire de la contre-battre de très-près pour produire une diversion utile.

Bataille d'Albuhera (16 mai 1811)(1). — Les Anglais, joints aux Espagnols et aux Portugais, assiégaient Badajoz; le maréchal Soult, marchant au secours de la place, rencontra l'armée alliée dans une forte position qu'il résolut de forcer.

L'armée alliée avait sa gauche au village d'Albuhera, situé sur la rive gauche d'un ruisseau qui coulait devant son front. Sa ligne se développait sur un plateau qui allait en s'élevant de la gauche à la droite. Deux autres ruisseaux bornaient sa position et assuraient ses flancs.

Beresford avait trente mille hommes et trente-deux pièces

---

(1) *Victoires et Conquêtes*, tome XX, page 236. — Napier, *Histoire des Guerres de la Péninsule*, tome VI, page 274.

de canon. Le maréchal Soult n'avait que dix-huit mille hommes et quarante pièces de canon; ne pouvant attaquer l'armée anglaise sur tout son front, il avait plusieurs raisons de préférer l'attaque de la droite, quoique ce fût la partie la plus forte et qu'elle fût défendue par les Anglais, les Espagnols et les Portugais occupant le centre et la gauche de la ligne de bataille.

Le général Godinot dut, avec une partie de l'infanterie, une brigade de cavalerie légère et une batterie à cheval, s'emparer d'abord du village d'Albuhera, pour empêcher l'ennemi d'en déboucher pendant l'attaque de sa droite. L'attaque principale ne devait commencer que lorsqu'il s'y serait établi. Il eut ordre aussi de pousser vivement la gauche de l'ennemi, quand il verrait sa droite refoulée.

La maréchal Soult avait gardé, pour l'attaque qu'il dirigeait en personne, la majeure partie de son infanterie et trente-quatre bouches à feu réunies sous le commandement du général Ruty. La cavalerie, commandée par le général Latour-Maubourg, fut placée au centre, pour contenir l'ennemi, s'il prenait l'offensive et cherchait à tourner nos ailes. Elle dut, en cas de succès, appuyer la principale attaque et achever la déroute des Anglais.

Le général Godinot commença l'action; son Artillerie et sa cavalerie légère avaient fait replier l'ennemi; la batterie avait courageusement tiré sur le village d'Albuhera, sans répondre au feu d'une Artillerie supérieure. L'infanterie marcha à l'attaque; au lieu de passer le ruisseau à droite et à gauche de la route, elle s'obstina à passer sur le pont, y réussit et s'empara du village. Mais ce succès obtenu difficilement fut payé beaucoup plus cher qu'il ne l'eût été sans la faute du général Godinot.

Le village enlevé, le maréchal Soult ordonna au général Gérard, qui commandait momentanément le cinquième corps, de commencer son attaque. La première division, ployée en colonne serrée par régiment, s'avance alors vers le point indiqué; elle est suivie par la deuxième division dans le même ordre. Ces troupes marchent avec assurance et l'arme au bras; la première brigade franchit le ruisseau, gravit l'escarpement et s'élance sur la droite des Anglais. Le brusque mouvement de la colonne française les étonne; ils abandonnent la première sommité adjacente au ruisseau et se replient en désordre. Le maréchal ordonne au 2⁰ régiment de hussards et au 1ᵉʳ régiment de lanciers de la Vistule de tomber sur cette droite des Anglais, et de la séparer du reste de l'armée alliée. Cette charge est exécutée avec un plein succès; les intrépides hussards et les Polonais se précipitent sur les baïonnettes anglaises avec un élan admirable; tout ce qu'on leur oppose est culbuté; mille hommes sont coupés et mettent bas les armes; six pièces de canon sont prises. Cette brillante charge terminée, les trois régiments vont se reformer un peu en arrière.

La victoire semblait déjà nous appartenir. Le moment était arrivé pour le général Godinot d'attaquer vivement la gauche; mais il reste à tirailler, au lieu d'avancer, dans un moment où la menace seule d'une attaque sérieuse de son côté eût déterminé l'ennemi à la retraite. Les Anglais étaient dans une position fort critique; menacés par la cavalerie de Latour-Maubourg, on les voyait former précipitamment des bataillons carrés. Cependant le général Gérard continuait à marcher en avant, en conservant ses troupes en colonnes serrées, persuadé qu'il ne s'agissait plus que d'aborder l'ennemi, sans perdre de temps, pour achever de renverser sa droite.

Mais les bataillons anglais déployés commencent un feu de deux rangs continu et bien dirigé, aucun coup n'est perdu dans la colonne française serrée en masse; elle est arrêtée. La tête seule peut répondre par un feu insuffisant et mal nourri. Les chefs s'efforcent de ranimer leurs troupes;

mais le général Pepin est tué, et les généraux Maranzin, Brayer et Gazan sont blessés. Pour remédier au désordre, le général Gérard veut exécuter un passage de ligne, mais cette manœuvre ne peut se faire sous un feu aussi violent que celui de la ligne anglaise. Le désordre se met dans les régiments, et le cinquième corps ne présente bientôt qu'une masse confuse de fuyards, dont la plupart jettent leurs armes et vont se rallier loin du champ de bataille, de l'autre côté de l'Albuhera.

Le maréchal Soult avait fait de vains efforts pour rétablir l'ordre; sa réserve, forte de cinq mille baïonnettes, se présente à son tour, mais le général Werlé est tué; sa colonne, déjà ébranlée par la funeste influence que la retraite du cinquième corps avait exercée sur ses soldats, se vit contrainte à un mouvement rétrograde, qui s'exécuta toutefois avec un certain ordre.

L'ennemi, n'ayant plus de troupes devant lui, s'avançait avec assez de rapidité; tout était perdu si dans ce moment l'Artillerie eût partagé la terreur générale. Les différentes batteries, réunies sous les ordres du général Ruty, avaient été gênées jusqu'alors dans leur marche par les difficultés du terrain, et surtout par la retraite successive des divisions. Abandonnées à elles-mêmes, ces batteries commencèrent un feu terrible sur les troupes victorieuses, qui furent arrêtées presque aussitôt par les boulets et la mitraille qui enlevaient des rangs entiers. Les projectiles allaient frapper des hommes dans les deuxième et troisième ligne de l'ennemi : un régiment espagnol, placé sur cette dernière, éprouva une perte considérable. A mesure que cette canonnade se prolongeait, la position de notre Artillerie devenait plus dangereuse; l'Artillerie anglaise avait eu le temps d'arriver; les tirailleurs ennemis, s'avançant impunément sur nos batteries, venaient mettre hors de combat un grand nombre d'officiers et de canonniers. Pendant tout ce temps, la cavalerie française, quoique battue par le canon, tint en respect celle de l'ennemi qui n'osa pas entamer une seule charge.

Cette canonnade, une des plus terribles qu'on ait vues, dura trois heures, pendant lesquelles le général Ruty resta dans sa position pour donner le temps au reste de l'armée de se rallier. Vers une heure, les troupes avaient repris leurs positions du matin; les munitions commençaient d'ailleurs à s'épuiser, le général Ruty exécuta sa retraite par échelons avec ordre et précision, repassa le ruisseau, et les batteries rentrèrent à leurs divisions respectives.

Dans cette occasion, l'Artillerie sauva l'armée, mais elle aurait pu lui faire gagner la bataille, si les colonnes d'infanterie, au lieu de poursuivre seules leur premier succès, eussent attendu son arrivée. On voit à quoi a tenu la perte de cette bataille, et de quelle importance deviennent la mobilité de notre matériel et l'art de faire mouvoir des masses de trente-six bouches à feu. L'Artillerie ne put arrêter aussi longtemps seule l'infanterie et l'Artillerie de l'ennemi qu'en dirigeant toujours ses coups sur les masses, et en endurant avec courage le feu des tirailleurs.

A la bataille de Polotsk livrée, le 17 août 1812 (1), à l'armée russe par le général Saint-Cyr, un régiment de cavalerie de la garde russe, composé de chevaliers-gardes et de dragons, se lança entre deux divisions, défila quelque temps homme par homme au travers des marais, pour gagner la plaine où était notre brigade de cavalerie légère, à laquelle il imposa assez pour lui faire faire demi-tour sans qu'elle eût osé la charger. Cette brigade, formée de trois régiments très-faibles et composée de conscrits, s'enfuit en désordre malgré tous les efforts du général Corbineau son chef, et se dirigeant

---

(1) Gouvion Saint-Cyr, *Mémoires pour servir à l'Histoire militaire sous le Directoire, le Consulat et l'Empire*, tome III, page 91.

sur la grande batterie du deuxième corps, l'empêcha de tirer; tandis que, si elle avait appuyé un peu à gauche, elle se fût trouvée sous la protection de la division de cuirassiers, dont elle n'aurait pas même eu besoin, car une seule décharge de la batterie, qui avait plus de trente bouches à feu, eût immédiatement arrêté l'ennemi et l'aurait rejeté sur le point d'où il était parti. Le général Saint-Cyr, craignant les suites de cette panique, envoya aussitôt à la batterie l'ordre de tirer à boulets sur la brigade française de cavalerie légère, afin de l'obliger à démasquer son front. Les officiers bavarois, qui commandaient cette Artillerie, cédant à des considérations déplacées dans une circonstance aussi grave, n'exécutèrent pas un ordre rigoureux, mais nécessaire pour arrêter un mouvement qui, dans le cas où l'attaque des Russes eût été soutenue et n'eût pas été un acte isolé de témérité, aurait pu changer la face de nos affaires, et ils ne firent pas tirer lorsqu'il en était temps. Bientôt les cavaliers ennemis pénétrèrent dans la batterie, sabrèrent le commandant et plusieurs canonniers, enlevèrent deux pièces de canon et forcèrent les autres à se retirer au grand trot. Heureusement, les cavaliers ennemis furent arrêtés plus loin par l'infanterie, et cet incident n'eut pas de suites très-désastreuses, mais il rendit la victoire moins complète qu'elle ne l'eût été sans cela.

Il arrive souvent qu'une cavalerie, ramenée en désordre au milieu du tumulte de l'action et poursuivie vivement, se retire dans la direction d'une batterie dont elle masque le feu; quelques coups de canon à poudre suffiront presque toujours pour l'obliger à s'écouler à droite ou à gauche, et à démasquer le terrain. Quand même on se trouverait dans la fâcheuse extrémité de tirer à boulets, il ne faudrait pas hésiter à en prendre promptement le parti, la perte de quelques hommes ne pouvant pas entrer en comparaison avec tout le mal que le succès de l'ennemi peut produire.

Le 21 novembre 1812 (1) les Russes attaquèrent Borisow, qui se trouvait sur la ligne de retraite de la grande armée française. Cette position était défendue par la division Dombrowski. Dans l'affaire assez chaude qui eut lieu sur ce point, le général russe, étant parvenu à déborder le flanc droit de la division, établit une batterie pour tirer contre le pont; mais l'Artillerie de la division accourut et, contre-battant vivement celle de l'ennemi de très-près, attira son feu sur elle, rendit le passage praticable et sauva le pont. La division, qui avait affaire à des forces très-supérieures, ne put pas se maintenir dans sa position, mais elle put du moins effectuer sa retraite.

Nous voyons ici une circonstance où c'est en dirigeant ses efforts contre les pièces de l'ennemi, que l'Artillerie rend le plus grand service.

Le 29 avril 1813 (2), la division Souham, formant l'avant-garde du troisième corps, qui n'avait point de cavalerie, mais seulement douze pièces de canon, se trouva en présence d'une division de cavalerie légère russe forte de six mille chevaux. Le général Souham se forma en carré et, appuyé par ses douze pièces qui soutenaient ses tirailleurs, il marcha à l'ennemi; quoique les Russes eussent aussi douze pièces de canon, toutes leurs charges furent infructueuses, et Souham les contraignit à se replier derrière un ruisseau.

L'infanterie, pour résister à une cavalerie nombreuse, doit être en ordre serré, et alors elle donne beaucoup de prise au feu de l'Artillerie. Pour s'y dérober, le meilleur moyen qu'elle puisse employer est souvent de prendre l'offensive et de forcer ainsi l'ennemi à la retraite. L'Artille-

---

(1) *Victoires et Conquêtes*, tome XXI, page 272.
(2) *Victoires et Conquêtes*, tome XXII, page 31.

rie sert, dans ce cas, à favoriser la formation et la marche de l'infanterie et l'aide, par son feu, à repousser les charges.

A l'époque où nous sommes arrivés, l'ancienne armée française ayant péri de froid et de misère dans la retraite de Russie, la nouvelle armée était presque entièrement composée de recrues peu aguerries; le manque de bonne cavalerie se faisait surtout sentir. Dans les batailles de cette époque, Napoléon chercha à suppléer par la quantité d'Artillerie à ce qui manquait à ses troupes. A Lutzen ce fut, comme à Wagram, l'action de l'Artillerie de la garde, combinée sur le point décisif avec celle des trente bouches à feu du troisième corps, qui décida la victoire. Mais ce n'est pas l'Artillerie qui poursuit un ennemi en retraite; ces batailles furent peu décisives. Des trains aussi considérables que ceux que nécessitait une aussi grande quantité d'Artillerie, alourdissaient trop les armées pour les grands mouvements offensifs que Napoléon voulait leur faire exécuter. Les troupes de nouvelles levées se fondaient dans ces marches forcées avec une rapidité effrayante, et l'Artillerie qui restait, se trouvant hors de toute proportion avec les troupes, n'en recevait plus l'appui qui lui eût été nécessaire. C'est un moment de décadence plutôt que de progrès pour l'art militaire, et si les combinaisons du chef de nos armées portent encore le cachet de son génie, il est peut-être permis de regretter qu'elles n'aient pas été mieux adaptées aux faibles moyens qui lui restaient.

Malgré les grands effets produits par l'Artillerie, à Lutzen, à Bautzen, à Leipsick, ce n'est pas dans ces batailles que nous puiserons de nouveaux exemples. Les récits en sont trop confus pour nous permettre d'en tirer un grand parti, notre tâche n'étant pas de débrouiller l'histoire, mais de profiter de faits non contestés pour observer la part que l'Artillerie y prit.

Bataille de Hanau (30 octobre 1813) (1). — Après le désastre de Leipsick, l'armée française exécutait sa retraite sur le Rhin, précédée d'une foule de maraudeurs, quand tout à coup ces bandes refoulées apprirent à l'armée qu'un ennemi s'était placé sur son passage. C'était la suite de la défection de la Bavière qui, ayant joint à son armée, commandée par le général de Wrède, un certain nombre de troupes autrichiennes, avait formé le projet d'intercepter complétement notre retraite près de Hanau. La circonstance était critique, non par la crainte que devaient inspirer des troupes moins nombreuses que les nôtres, qu'à cause de la conséquence que pouvait avoir la moindre perte de temps pour notre armée, suivie par des ennemis qui menaçaient ses flancs et ses derrières.

La position que le général de Wrède avait prise n'était pas bonne en elle-même; située en avant d'une rivière, elle eût été fort hasardée, si nous eussions eu le temps de faire des préparatifs d'attaque et de poursuivre l'ennemi en cas de succès; mais il avait réuni soixante pièces de canon qui battaient le débouché de la grande route, à la sortie d'une forêt : les premières troupes qui s'y présentèrent furent vivement refoulées.

L'empereur reçut plusieurs rapports qui annonçaient l'impossibilité de forcer le passage. Le général Drouot, envoyé pour examiner l'état des choses, vint rendre compte de sa mission et assura qu'avec cinquante bouches à feu et deux bataillons de vieille garde pour le soutenir, il pourrait ouvrir le passage. Napoléon court visiter la position avec Drouot, il s'en approche à travers une grêle de balles et de boulets. Drouot le supplie de se retirer et de ne pas compro-

---

(1) *Journal des Armes spéciales*, avril 1836. — *Notice sur les changements introduits dans l'organisation et la tactique de l'Artillerie de campagne*, par le capitaine Mazé, d'après les documents de M. le général Pelet.

mettre inutilement sa vie. *Il faut bien*, répondit Napoléon, *que je voie moi-même la position de l'ennemi. — Ayez confiance en moi, je vous ai promis de forcer le passage avec cinquante bouches à feu. — Comment les placerez-vous? — Je ferai entrer dans ce chemin d'exploitation une douzaine de pièces sans caissons; chaque pièce gagnera à gauche la lisière du bois. Trois bouches à feu s'avanceront en même temps par la route; le feu de ces quinze pièces attirera l'attention de l'ennemi. Les autres, avançant par le chemin, se formeront successivement à la droite des premières par la manœuvre sur la gauche en batterie. Bientôt, nos bouches à feu imposeront silence à celles de l'ennemi qu'elles prendront en écharpe. Il ne pourra pas rester dans la plaine, exposé à nos coups, pendant que nous serons, en grande partie, garantis des siens.*

L'empereur, approuvant ces dispositions, ordonne que la cavalerie de la garde soit formée sur la route en colonne par pelotons, et qu'en débouchant dans la plaine au moment favorable, elle tombe sur la grande batterie des Austro-Bavarois, sur leur cavalerie et sur leur centre pour les rejeter sur la Kintzig; que l'infanterie de la garde, formée aussi en colonne à l'entrée de la forêt, soit prête à marcher et à soutenir les parties de notre ligne qui auront besoin de protection.

Vers une heure les premières pièces arrivent, en même temps que deux bataillons de chasseurs, commandés par le général Curial. En un clin d'œil ceux-ci nettoient la forêt et rejettent les tirailleurs ennemis dans la plaine. L'Artillerie est dirigée dans le chemin et se porte à gauche jusqu'à la lisière du bois, où elle est mise en batterie. Deux ou trois canons sont poussés sur la route jusqu'au débouché. Ces pièces favorisent le déploiement successif des autres bouches à feu qui viennent s'établir à leur droite; quelques-unes sont aussi placées à la gauche de la route. L'Artillerie à cheval de la garde et les batteries de la ligne, qui entrent les premières en action, ont beaucoup à souffrir du feu extrêmement supérieur de l'ennemi. Cependant, les canonniers y répondent avec calme, encouragés et habilement dirigés par les généraux Lenoury et Desvaux. Bientôt, les pièces de 12 de la garde parviennent près du débouché à droite de la route. Alors, notre feu prend une supériorité marquée ; les lignes de l'ennemi, déployées à petite distance, sont battues de front et d'écharpe pendant deux heures.

L'Artillerie du général de Wrède avait épuisé toutes ses munitions, les parcs n'ayant pas suivi le mouvement de son armée. Ce général, dont les troupes éprouvaient des pertes considérables, voulut enlever nos batteries qui s'étaient avancées hors du bois et ne paraissaient pas soutenues. Vers trois heures, il lança sa cavalerie contre les batteries de 12. Nos vaillants canonniers, qui venaient de foudroyer, à Wachau et à Probstheyda, les masses russes, prussiennes et autrichiennes, virent arriver tranquillement les escadrons austro-bavarois ; ils chargèrent toutes les pièces à mitraille. La cavalerie fut renversée, à cinquante ou soixante pas, par une décharge générale. Quelques cavaliers, emportés par leurs chevaux, passèrent entre nos pièces et furent tués par nos canonniers ou par les chasseurs à pied qui étaient formés en arrière des batteries. Alors Napoléon fit partir au galop la cavalerie de la garde, commandée par le général Nansouty. Le général Sébastiani suivait. Ils tombèrent sur la cavalerie ennemie, achevèrent sa déroute et culbutèrent les carrés qui la soutenaient.

L'Artillerie française vint, sous la protection de la cavalerie, occuper une nouvelle position dans la plaine, à 400 mètres de la forêt. De là elle balayait toute la gauche des Austro-Bavarois qui s'étaient repliés, et prenait leur centre d'écharpe. A cinq heures du soir, le général de

Wrède, voyant le désordre de son armée, ordonna la retraite sur Hanau. Le lendemain matin, le maréchal Marmont marcha sur la ville, que l'ennemi évacua à son approche, se retirant vers Lehrof.

Nous ne ferons aucune réflexion sur cette affaire ; forcer la tête d'un défilé battu par soixante pièces de canon, est peut-être l'opération la plus difficile de la guerre. Nous voyons avec quel courage et quelle habileté elle fut exécutée. L'Artillerie dut payer son succès par d'assez grands sacrifices ; mais il est probable qu'il eût coûté beaucoup plus cher à une autre arme, s'il lui eût été possible.

Combat de Caldiero (15 novembre 1813) (1). — Le prince Eugène avait à défendre l'Italie contre l'agression des Autrichiens. Trouvant une occasion favorable, il résolut de prendre lui-même l'offensive, et de leur enlever la position de Caldiero où ils s'étaient fortement retranchés.

Seize bouches à feu, accompagnées de la brigade de cavalerie du général Bonnemain, durent s'avancer par la grande route sur le front de la position que deux divisions d'infanterie devaient attaquer à droite et à gauche. Deux mamelons avancés, que l'ennemi avait fait occuper, ayant été tournés et enlevés, le général Bonnemain s'avança sur la route et mit son Artillerie en batterie, à demi-portée de fusil des retranchements ennemis. Le feu de ces pièces, principalement dirigé sur la troupe en position sur les hauteurs, força bientôt les Autrichiens à abandonner leurs postes, et permit à la division d'infanterie d'achever son mouvement. L'ennemi fut poursuivi jusque sur les hauteurs de Soave et de Monteforte, où il parvint à se rallier. Mais le général Bonnemain, le suivant avec son Artillerie, le renversa chaque fois qu'il voulut se former.

Ici nous voyons l'exemple d'une position occupée par des

---

(1) *Victoires et Conquêtes*, tome XXII, page 213.

ouvrages de campagne détachés. L'ennemi ne défend pas seulement cette position avec des troupes renfermées dans ces ouvrages, il a ses principales forces en arrière. Pendant que l'infanterie marche à l'attaque des retranchements, l'Artillerie se porte vivement à leur hauteur, et sans avoir égard à leur feu, tire contre les troupes qui sont en arrière, et en les refoulant assure le succès de l'attaque.

Bataille de Vittoria (21 juin 1813) (1). — L'armée française du roi Joseph, commandée par le maréchal Jourdan, avait perdu la bataille, et les Anglais étaient déjà maîtres de la route de Bayonne, lorsque le roi ordonna la retraite par la seule voie qui restait, celle de Pampelune. Mais, par la plus fatale imprévoyance, le grand parc de réserve de l'armée, où se trouvaient plus de quatre-vingts pièces d'Artillerie de différents calibres et toutes les munitions, avait été placé près d'un marais à quelque distance de Vittoria. Lorsque, vers quatre heures, on envoya l'ordre au directeur de ce parc de commencer son mouvement sur Pampelune, un chariot fut culbuté et renversé de manière à empêcher le convoi d'avancer. En vain veut-on mettre en route les voitures du roi et de la cour, celles où se trouvent les réfugiés espagnols et les fourgons du trésor; la confusion est au comble, aucune voiture ne peut faire un pas; dans ce moment deux escadrons de hussards anglais qui avaient passé dans l'intérieur des lignes, se montrent à peu de distance, et plusieurs obus éclatent au milieu de la colonne. Culbutés par les fuyards qui se sont empressés de quitter les voitures, les soldats d'escorte quittent leurs rangs; ceux du train d'Artillerie coupent les traits de leurs chevaux pour s'enfuir plus vite. Quelques-uns, conservant l'espoir de sauver leurs pièces, se jettent sur les côtés de la

---

(1) *Victoires et Conquêtes*, tome XXII, page 246. — Napier, *Histoire des Guerres de la Péninsule*, tome X, page 265.

route et vont tomber dans les fossés voisins. Les réfugiés espagnols courent de tous côtés en poussant des cris de désespoir. Une épaisse poussière qui couvre toute l'armée, empêche de distinguer les objets les plus rapprochés. Le roi Joseph lui-même est séparé de sa suite, le cheval du maréchal Jourdan s'abat. Si l'armée eût été vivement poursuivie, il est probable qu'il eût été impossible de la rallier. Elle abandonna cent vingt pièces de canon, quatre cents caissons et quinze cents voitures de bagages, parmi lesquelles étaient les équipages du roi Joseph.

Nous avons cité ce terrible exemple, pour faire voir quelle influence la position du parc d'Artillerie peut avoir sur le sort de l'armée. On doit sentir combien il importe que ce parc ne puisse pas se trouver mêlé avec le reste des bagages. L'officier qui le dirige doit être tenu, autant que possible, au courant de la position des divers corps de l'armée et de celle de l'ennemi. Il a besoin de cette connaissance, pour savoir à quelle distance et vers quel lieu il doit placer son parc. Si c'est le général en chef, ou son chef d'état-major, qui en dirigent les mouvements, ils doivent le faire d'après ces considérations. Mais celui qui le commande doit toujours chercher pour le parc un emplacement dont les communications soient faciles et où il puisse faire usage de ses pièces en cas d'attaque.

Campagne de 1814. — L'hiver de 1814 vit les débris de nos troupes combattre contre toutes les armées de l'Europe. Notre armée devait succomber dans une lutte aussi inégale; elle sut le faire avec honneur. Dans les quelques beaux jours qui ont encore lui à cette époque, comme dans ceux de nos revers, l'Artillerie se montra digne de sa réputation. L'Artillerie de la garde impériale, dirigée par le général Drouot, combattit partout en masses, comme arme indépendante, et fit des merveilles d'audace et de sang-froid.

Au combat de Vauxchamps (12 février 1814) (1), Blücher surpris, voyant sa droite battue, veut exécuter sa retraite ; il forme ses troupes en carrés et se retire en échiquier, son infanterie marchant sous la protection de son Artillerie. L'empereur ordonne au général Drouot de faire avancer toute l'Artillerie de la garde, qui mitraille les carrés de l'ennemi. Son Artillerie accourt de ce côté pour les protéger, elle est écrasée sans avoir le temps de se mettre en batterie. La cavalerie française a tourné la position ; elle charge les carrés et les met en déroute.

Au combat de Mornant (17 février) (2), ce sont les Russes qui ont formé des carrés ; l'Artillerie les ébranle et la cavalerie les enfonce. Onze pièces de canon et deux mille prisonniers attestent notre victoire.

Au combat de Montereau (18 février) (3), l'ennemi battu renouvelle ses efforts et veut faire sauter les ponts de la Seine et de l'Yonne pour empêcher de le poursuivre ; mais le général Digeon fait avancer ses pièces jusqu'à portée de mitraille, et force l'ennemi de renoncer à son projet.

Nous devons nous arrêter ici pour faire remarquer quelle importance il y a, dans ce cas, à empêcher l'ennemi de réussir. L'Artillerie ne doit craindre aucun sacrifice pour arriver à ce but ; elle doit tirer sur le pont sans s'inquiéter du feu de l'ennemi.

Combat de Laon (4). — Le 10 mars, au point du jour, Blücher put voir les Français, au nombre de dix-sept mille combattants, en bataille au milieu d'un marais avec un défilé à dos, tandis qu'il avait lui-même quarante mille hommes sur le plateau de Laon et qu'il débordait la droite de Napoléon, à Semilly, avec soixante mille. Il dirigea aus-

---

(1) *Victoires et Conquêtes*, tome XXIII, page 93.
(2) *Victoires et Conquêtes*, tome XXIII, page 113.
(3) *Victoires et Conquêtes*, tome XXIII, page 116.
(4) *Victoires et Conquêtes*, tome XXIII, page 146.

sitôt sur Clacy les trois divisions du corps de Woronzow et les hussards du général Black ; mais le général Charpentier, laissant arriver la colonne d'infanterie à bonne portée, la mitrailla tellement, qu'elle s'abrita dans le bois qui est en avant à gauche de Clacy : la cavalerie ne fut pas plus heureuse dans son attaque. L'ennemi fit encore six autres tentatives avec des troupes fraîches ; elles furent toujours repoussées par le général Charpentier, qui fut appuyé par les débris de la division Boyer de Rebeval.

Dans la journée du 23 mars (1), une division qui avait été commandée pour escorter le parc d'Artillerie n'arriva pas au rendez-vous par l'effet d'un malentendu. Le parc fut assailli dans la plaine par la cavalerie légère russe ; le commandant forma son parc en carré et voulut le défendre avec les cinq cents canonniers qui en dépendaient. Mais plusieurs obus étant tombés au milieu, il craignit de voir sauter les caissons et il prit le parti d'abandonner les voitures et de sauver les hommes et les chevaux. Le général Gérard, qui avait entendu la canonnade, accourut avec son infanterie et repoussa les Russes, mais ne put les empêcher d'emmener trois cents prisonniers et quatorze bouches à feu ; celles qu'ils n'avaient pas pu emmener avaient été enclouées.

Cet exemple tend à prouver que, quelque faibles que soient les moyens que l'on a à sa disposition, il vaut presque toujours mieux défendre un parc jusqu'à la dernière extrémité. C'est ordinairement une pointe de l'ennemi qui le fait pénétrer jusque-là, et le bruit du combat doit attirer au secours des troupes qui le repousseront : quelle gloire aurait acquise le commandant de ce parc s'il avait prolongé un peu plus longtemps sa défense !

Au combat de Saint-Julien, livré près de Genève par le

(1 *Victoires et Conquêtes*, tome XXIII, page 183.

général Desaix, l'Artillerie française, beaucoup moins nombreuse que celle de l'ennemi, manœuvrait sur la ligne, et lui faisant éprouver de grandes pertes, l'inquiétait vivement. L'ennemi résolut de faire faire, pour l'enlever, une charge à fond à sa cavalerie; cette attaque fut appuyée d'une autre, faite sur la droite des Français par une colonne d'infanterie.

Six escadrons débouchant de Saint-Julien, et passant le pont de l'Arve, ne tardèrent pas à s'avancer par la grande route. L'Artillerie suspendit le feu de ses pièces et les chargea à mitraille. L'ennemi continua sa marche avec confiance; lorsque le premier peloton fut arrivé à un quart de portée, la décharge la plus meurtrière accueillit cette colonne, qui fut mise en désordre et tourna bride. Les boulets l'accompagnèrent dans sa fuite.

Ce fait nous offre un exemple de la manière de tirer contre une colonne de cavalerie.

CHAPITRE VII.
CHANGEMENTS EFFECTUÉS DANS L'ARTILLERIE DEPUIS LA FIN DES GUERRES DE L'EMPIRE.

Nous avons vu quels immenses services le général Gribeauval a rendus à l'Artillerie française. C'est à lui que l'Artillerie de campagne est redevable de la gloire qu'elle a pu acquérir dans les guerres de la République et de l'Empire. Sans méconnaître ses services, le Comité de généraux, placé à la tête de l'arme, pensa que l'expérience de nos longues guerres devait produire des améliorations, et il s'occupa activement de les réaliser. Les changements qui, après un mûr examen, ont été définitivement adoptés, sont de deux sortes : les uns relatifs au matériel ; les autres à l'organisation du personnel.

Matériel. — Pendant que les diverses puissances du continent, qui étaient en lutte directe avec nous, imitaient plus ou moins heureusement notre système d'Artillerie de campagne, les Anglais avaient travaillé, de leur côté, à la solution de cette question. Les rapides progrès de leur industrie les avaient fait arriver à un système de voitures d'une construction très-favorable au roulage. Ce système devint, en France, l'objet d'un examen attentif et de nombreuses expériences. L'étude approfondie qui en fut faite démontra qu'il avait sur le nôtre de grands avantages, et il fut adopté avec quelques modifications.

Affût. — Dans le nouvel affût de campagne, les flasques ne sont plus prolongés jusqu'à terre; ils sont beaucoup plus courts et reliés à une flèche qui sert de point d'appui. Le corps de la voiture, devenu ainsi beaucoup plus mince, a permis, sans rien perdre du tournant, d'élever les roues de l'avant-train et de les faire égales à celles de l'arrière-train. L'avantage qui en résulte pour la facilité du roulage a été mis à profit pour la suppression de l'encastrement de route, introduit par Gribeauval, et pour l'addition d'un coffre contenant des munitions, porté sur l'avant-train. Le mode d'attache des deux trains, devenu beaucoup plus simple, a donné à chacun d'eux une indépendance qui rend la voiture beaucoup moins versante, et lui permet de franchir sans difficulté des obstacles qu'on n'aurait pu franchir auparavant qu'à la prolonge.

Dans la pratique, la manœuvre si importante de mettre l'affût sur l'avant-train est devenue beaucoup plus facile et plus prompte. La situation critique dans laquelle la nécessité du changement d'encastrement pouvait, à chaque instant, mettre l'Artillerie, obligeait, toutes les fois qu'on se trouvait près de l'ennemi, de mouvoir les pièces, soit à l'encastrement de tir, soit à la prolonge. Il en résultait pour les chevaux une fatigue qui nuisait à la mobilité. Les munitions, qui accompagnent la pièce dans le coffre de son avant-train, permettent de tenir les caissons plus éloignés du feu de l'ennemi et de les soustraire au danger des explosions.

Si le général Gribeauval était parvenu à donner à ses affûts le moyen de franchir les fossés et les obstacles qu'on rencontre le plus souvent en campagne, il n'en était pas de même pour les caissons et les autres voitures. Leur forme, favorable au roulage sur des chemins frayés, rendait très-pénible la marche à travers les terrains accidentés. Ils ne pouvaient franchir le moindre fossé sans danger de se rompre; c'était là un inconvénient fort grave, auquel le nouveau système a très-bien remédié.

On a adopté, pour toutes les voitures de campagne, le même principe que pour les affûts, celui de la séparation en deux parties : l'avant-train et l'arrière-train. On a pu avoir pour toutes le même avant-train, le même mode d'attache et la même indépendance des deux trains. Maintenant, là où une pièce peut passer, toutes les voitures de la batterie passeront également.

La mobilité obtenue pour les affûts a permis de supprimer le calibre de 4, jugé généralement d'un trop faible effet, et de ne conserver pour les canons que les calibres de 8 et de 12. Les proportions et les formes adoptées par Gribeauval pour les canons ont paru devoir être conservées, comme étant les meilleures que l'on eût trouvées jusqu'à ce jour. On n'y a fait aucun changement. Il n'en a pas été de même des obusiers. Celui de Gribeauval est le premier qui ait été introduit dans notre Artill^e de campagne; il n'est donc pas étonnant que cet obu^r ésentât de grandes imperfections. Cette bouche à feu quait de justesse et de portée. Nous avons dit que le . e de l'an xi en avait adopté un second, préférable à c ui de Gribeauval; c'était un encouragement à de nouvelles recherches sur ce sujet. Elles eurent les plus heureux résultats; car les deux pièces adoptées, qui sont des calibres de 24 et de 6°, ont, avec leurs grandes charges, des justesses de tir au moins égales à la justesse des canons de 8 et de 12, qui leur correspondent (1).

Ce résultat est si surprenant, qu'il est permis de penser que peut-être il s'est trouvé un peu d'exagération dans les expériences qui l'ont fourni, par cette circonstance, que les obusiers depuis peu en service étaient moins dégradés que ces canons. Quoi qu'il en soit, il n'en est pas moins constant que l'amélioration obtenue pour ces bouches à feu est très-importante.

On ne s'est pas seulement préoccupé, dans la détermination des nouveaux obusiers, de la justesse de leur tir ; on a déterminé leurs dimensions de telle sorte qu'ils n'ont pas besoin d'affûts particuliers. L'affût de la pièce de 8 sert pour l'obusier de 15 centimètres (24); l'affût de la pièce de 12 sert pour l'obusier de 16 centimètres (6°).

On aura une idée de la simplification obtenue dans le nouveau système, résultat si important en campagne pour les rechanges, quand on saura qu'il n'y a plus dans notre Artillerie de campagne que deux affûts, un seul avant-train et une seule roue pour toutes les voitures.

Nous avons vu qu'à la bataille de Wagram, l'Artillerie de la garde impériale, réunie en une seule batterie, avait, par son feu et ses mouvements, puissamment contribué au succès sur le point décisif. Cette circonstance fit sentir, dans les régiments de cette garde, la nécessité d'apprendre à faire exécuter, avec ordre et promptitude, à un grand nombre de pièces réunies tous les mouvements que peuvent nécessiter les circonstances si variées d'un champ de bataille. Pendant le repos que donna, peu de temps après la bataille de Wagram, la paix avec l'Autriche, on s'occupa de la ré-

---

(1) *Aide-mémoire à l'usage des officiers d'Artillerie*, seconde édition, page 410.

daction des manœuvres d'une ou plusieurs batteries. Cette instruction, adoptée dès lors dans la garde, lui servit dans les batailles qui suivirent.

A la réorganisation de l'Artillerie, après la paix générale, le Comité voulut que toutes les troupes de l'arme pussent acquérir, pendant la paix, l'habitude des manœuvres dont la guerre avait appris l'utilité. On s'occupait d'améliorer les premières ébauches dont nous venons de parler, lorsque l'adoption d'un nouveau matériel permit de les simplifier beaucoup.

Le nouveau matériel de campagne présente, outre les avantages dont nous avons parlé, celui de pouvoir transporter les canonniers, en les faisant asseoir sur les coffrets de la pièce et du caisson. Cela permettait de donner à l'Artillerie à pied, quand les circonstances en feraient sentir l'utilité pour un mouvement peu étendu sur un champ de bataille, une rapidité presque égale à celle dont jouissait exclusivement l'Artillerie à cheval et à laquelle elle a dû tant de beaux succès. Pour que l'Artillerie à pied pût jouir de cet avantage sur les champs de bataille, il fallait que pendant la paix elle fût exercée à manœuvrer à des allures vives.

Ces manœuvres faisaient sentir, aussi bien pour l'Artillerie à cheval que pour l'Artillerie à pied, l'inconvénient qui résultait de ce que les chevaux nécessaires pour atteler les voitures n'appartenaient pas aux compagnies, aux régiments qui devaient s'en servir. Les officiers et les sous-officiers de l'Artillerie à pied, n'étant pas montés pendant la paix, ne pouvaient pas exécuter les manœuvres aux allures vives; d'où l'on devait conclure qu'ils ne le pourraient pas à la guerre.

Pour remédier à tous ces inconvénients, le Comité a reconstruit l'organisation du corps de l'Artillerie sur de nouvelles bases, et formé de nouveaux régiments dans lesquels on a réparti, dans la proportion où elles étaient, les compagnies d'Artillerie à pied et les compagnies d'Artillerie à cheval. Les chevaux de trait appartenant à l'arme, organisés jusque-là en escadrons du train, furent répartis entre les régiments, et dans chaque régiment entre les compagnies qui, composées de chevaux, de canonniers conducteurs et de canonniers servants, soit à cheval, soit à pied, ont pris le nom de *batteries à cheval* ou *batteries montées*. Le train d'Artillerie n'a cependant pas été totalement détruit ; on a conservé quelques cadres pour recevoir à la guerre les chevaux destinés à conduire les parcs et les équipages de pont.

Cette nouvelle organisation a permis de cultiver avec fruit, dans tous les régiments d'Artillerie, l'art de faire mouvoir une ou plusieurs batteries de campagne. En profitant des manœuvres des autres troupes, qui ont coûté tant de temps et d'efforts, et des connaissances géométriques, maintenant universelles, on est parvenu promptement au degré de perfection où les manœuvres de l'infanterie et de la cavalerie étaient déjà arrivées avant les guerres de la Révolution. En supprimant tout à fait le principe des inversions, qui n'a pour nous aucune importance, on a pu obtenir, sous quelques rapports, une simplicité inconnue à ces deux armes.

Disons aussi, quoique cela sorte un peu de notre sujet, qu'on a adopté pour l'Artillerie de siége l'affût à flèche de l'Artillerie de campagne, ce qui a permis d'élever les roues de l'avant-train en conservant assez de tournant. L'encastrement de route, qui avait été supprimé dans les affûts de campagne, a été au contraire introduit dans les affûts de siége ; cela donne lieu à une simplification considérable et importante dans les équipages de siége, par la suppression d'un grand nombre de chariots porte-corps.

Nous avons eu plus d'une occasion de nous apercevoir de l'avantage que l'on retirerait à la guerre d'une Artillerie susceptible de se mouvoir dans les sentiers des pays de montagnes, où les voitures ne peuvent pas pénétrer. Le Comité d'Artillerie a doté la France d'un système complet d'Artillerie de montagne; l'affut, la pièce et les munitions, transportés à dos de mulets, peuvent passer partout où un homme et un mulet sont susceptibles de mettre le pied. La pièce est un obusier du même calibre que le canon de 12.

Nous aurions pu signaler encore d'autres améliorations très-importantes, et parler des canons-obusiers de M. le général Paixhans, destinés à l'armement des côtes, et des cartouches allongées pour la conservation des pièces, dues à M. le lieutenant-colonel Piobert; mais nous avons dû nous borner à parcourir brièvement les perfectionnements généraux introduits dans l'Artillerie depuis la fin des guerres de l'Empire; ils sont fort importants, quoiqu'il soit facile d'y signaler des défauts. L'esprit humain est ainsi fait, il marche lentement, s'avance vers la perfection par une voie sinueuse; chaque progrès détruit un défaut, qui souvent avait été introduit par un progrès précédent. Ainsi, l'introduction de deux encastrements pour les pièces de campagne était un progrès du système Gribeauval; les avantages en surpassaient les inconvénients. Leur suppression est aujourd'hui un perfectionnement du nouveau système.

Les nombreuses imperfections qu'il est facile de signaler dans notre Artillerie montrent qu'il lui reste beaucoup de progrès à faire. Ce doit être pour nous un encouragement, car les deux autres armes sont arrivées à un point où elles paraissent devoir rester quelque temps stationnaires, puisque l'expérience de nos longues guerres n'a pu leur faire faire aucun progrès, aucun changement notable (1).

L'histoire de l'Artillerie nous a montré chacun de ses progrès suivi d'un accroissement d'influence sur le sort de

---

(1) Un changement important vient d'être opéré récemment dans l'armement des troupes par l'adoption du système à percussion, et la carabine vient aussi d'être réintroduite dans l'armement de l'infanterie. Cela ne peut être pour l'Artillerie qu'un motif d'émulation.

la guerre. Chaque fois qu'un Bureau, un d'Estrées, un Sully, un Vallière, un Gribeauval sont venus améliorer son matériel et son instruction, elle a pris une nouvelle importance dans les guerres qui ont suivi. Nous sommes donc en droit d'attendre les mêmes résultats des perfectionnements remarquables que nous venons d'exposer rapidement.

Si l'Artillerie voit déjà derrière elle un passé glorieux, elle peut tourner ses regards vers l'avenir avec confiance; son rôle y sera plus important qu'il ne l'a jamais été.

CHAPITRE VIII.
GUERRE DE L'ALGÉRIE.

La guerre que nous faisons depuis quinze ans dans le nord de l'Afrique, quoique peu favorable à l'emploi de l'Artillerie, a cependant déjà montré l'importance de plusieurs des perfectionnements introduits dans notre matériel, depuis les guerres de l'Empire.

En Algérie, nos troupes ont à parcourir un pays sur lequel il n'y a presque jamais de routes tracées, mais seulement quelquefois des sentiers ou des chemins étroits. Nos nouvelles voitures de campagne sont cependant parvenues à passer presque partout; elles ont franchi des obstacles que les caissons de Gribeauval n'auraient certainement pas pu surmonter. Le système d'Artillerie de montagne a reçu toute la sanction de l'expérience dans cette guerre où il a rendu les plus grands services; partout nos pièces de montagne ont pu suivre ou précéder non pas seulement nos colonnes, mais nos tirailleurs.

Le nouvel affût de siége a aussi trouvé l'occasion de rendre un service essentiel. Quand le général Valée se fut chargé de conduire devant Constantine l'Artillerie nécessaire pour réduire la place, il a voulu emmener des pièces de 24. Grâce à l'encastrement de route introduit dans le nouvel affût de siége, ces pièces ont été portées sur leurs affûts jusqu'à leurs batteries, sans diminuer ou ralentir un seul jour la marche de l'armée. Dans cette circonstance, la grosseur du calibre employé avait une grande importance, puisqu'on manquait du temps et des moyens nécessaires pour effectuer les travaux d'approche et qu'il s'agissait de faire, à une distance éloignée et qu'on ne pouvait même pas déterminer à l'avance, une brèche bien praticable. L'Artillerie devait, en outre, ruiner partout les défenses pour faciliter l'assaut. Quand on réfléchit aux difficultés qu'il y avait à conduire devant Constantine un parc de siége, et à la position critique où se serait trouvée notre armée si la brèche n'eût pas été praticable, on ne peut nier que les perfectionnements introduits dans notre Artillerie de siége n'aient eu dans ce cas la plus haute importance. M. le général Valée sut montrer lui-même, par son habile expérience, quels services il avait précédemment rendus en déterminant, comme premier inspecteur général de l'Artillerie, l'adoption du nouveau matériel.

La guerre de l'Algérie a un caractère tout particulier. Là, nous avons affaire à des adversaires qui ne puisent plus leur force dans leur ensemble et dans leur organisation, mais qui la tirent en quelque sorte de leur isolement et de l'indépendance où ils sont les uns des autres. Les Arabes, errant depuis des siècles sur un vaste territoire où se meuvent des tribus ennemies les unes des autres, ont puisé dans leur vie nomade l'habitude de savoir se suffire et la pratique presque constante d'une guerre de surprises et d'embûches. De pareils adversaires ne viennent pas se précipiter sur nos colonnes, ils s'approchent seulement pour tirer leur coup de fusil, ou bien ils se contentent de nous observer de loin pour s'embusquer autour de tous les défilés et de tous les passages difficiles. Si après les avoir débusqués, on veut les poursuivre, ils cèdent du terrain en s'éparpillant et deviennent insaisissables pour des troupes marchant en ordre.

Ces hommes, qui ont cédé du terrain et même disparu quand ils étaient attaqués vivement, reviennent vous harceler sans cesse aussitôt que votre retraite commence. Si elle s'effectue avec précipitation, ils s'acharnent à la poursuite et deviennent des adversaires d'autant plus terribles, qu'il n'est pas de cruautés qu'ils n'exercent sur les soldats qui tombent entre leurs mains.

L'Artillerie, cette force irrésistible qui les poursuit à de grandes distances et qui les atteint sans être arrêtée par les obstacles derrière lesquels ils s'abritent, frappe vivement leur imagination et a toujours eu sur eux un grand effet moral. Elle les a d'ailleurs mis dans l'impossibilité de défendre bien des positions ou des villes qui auraient pu, sans son secours, arrêter longtemps nos troupes et leur faire éprouver de grandes pertes. On citerait bien peu d'occasions où les Arabes aient tenu sous le feu de l'Artillerie. Cette observation conduisit naturellement à mettre du canon dans toutes nos colonnes et à s'en servir habituellement pour éloigner les Arabes.

La guerre se conduisait d'après ces idées, quand M. le général Bugeaud vint pour la première fois en Afrique. Il posa, dès lors, les principes qu'il a si bien su, depuis, mettre en pratique. Notre guerre d'Afrique doit se faire autrement que toute autre. Le but d'une expédition ne pouvant pas être rempli en prenant les villes et en parcourant seulement le pays, il ne faut pas s'efforcer d'éloigner les Arabes, de les tenir à de grandes distances de nous à l'aide du canon. Nous devons, au contraire, chercher à joindre ces adversaires insaisissables pour les combattre corps à corps. Il faut, pour cela, abandonner une partie des avantages que nous donne dans les combats ordinaires notre puissante organisation militaire; nos colonnes n'auront habituellement que des pièces de montagne et en petit nombre, pour que la garde des munitions ne gêne pas trop nos mouvements. Au lieu de nous servir de ces pièces contre les premiers Arabes qui paraîtront à portée, nous les tiendrons en réserve pour parer à un désastre ou pour porter un coup décisif quand l'action sera bien engagée.

Nos troupes tirent ordinairement leur force de l'ordre et de l'ensemble, et nos soldats désapprennent pour ainsi dire l'usage de leur force et de leur adresse individuelles. Des troupes en ordre n'atteindront pas les Arabes; il faut donc que nos soldats s'habituent à la lutte individuelle. L'infanterie combattra presque toujours en tirailleurs, et la cavalerie en fourrageurs, ou mieux encore en petits groupes très-mobiles capables de se secourir les uns les autres. Il nous restera encore l'avantage d'un armement supérieur à celui des Arabes et celui d'une organisation puissante, puisque nos soldats seront toujours soutenus par des réserves solides auxquelles ils pourront au besoin se rallier. Ajoutons à ces principes celui de ne jamais laisser aux Arabes l'avantage de nous poursuivre dans les mouvements de retraite, mais de reprendre toujours l'offensive et de marcher à eux dès qu'ils s'approchent assez pour devenir dangereux, et nous aurons exposé les idées qui ont dirigé la conduite de M. le maréchal Bugeaud, et qu'il a su mettre en pratique avec une supériorité aujourd'hui incontestée. Le moral de nos soldats, quoique les mêmes hommes restent peu de temps en Afrique, s'est considérablement élevé; ils affrontent plus facilement encore qu'auparavant les horribles mutilations qui les menacent; nos colonnes peuvent être beaucoup moins nombreuses sans courir des dangers sérieux. La domination devient possible. Ce qui peut la faciliter beaucoup, c'est l'emploi devenu fréquent des Arabes auxiliaires. En opposant à nos ennemis des adversaires de leur nature, nous avons le moyen de les atteindre, et nos alliés, soutenus de quelques troupes françaises, prennent aisément de l'assurance et de la supériorité. C'est ainsi que nous pourrons arriver peu à peu à gouverner le pays avec moins de dépenses et moins de troupes.

Déjà l'Algérie ne semblait plus pouvoir donner lieu qu'à des combats partiels, quand une circonstance extraordinaire amena la nécessité de lutter contre toutes les forces d'un empire, et bientôt la nouvelle d'une belle victoire est venue réjouir la France et lui prouver que ses enfants n'ont pas dégénéré.

Bataille d'Isly (le 14 août 1844). — La bataille d'Isly a beaucoup d'analogie avec les batailles d'Égypte, dont nous avons fait une étude particulière; elle apporte une preuve de plus à l'appui des conclusions que nous avons cru pouvoir en tirer. Il s'agissait encore pour les Français de combattre un ennemi très-supérieur en nombre, et dont la cavalerie faisait presque toute la force.

L'emir Abd-el-Kader, poursuivi par les Français, avait trouvé un refuge dans le Maroc; et l'armée française s'était arrêtée à la frontière. Voulant éviter une nouvelle guerre dans une contrée où nous ne pouvions pas nous étendre sans nous affaiblir, le gouvernement français avait prescrit au maréchal Bugeaud de faire tous ses efforts pour ne pas entrer en hostilités directes avec l'empereur du Maroc. Le maréchal Bugeaud avait déjà repoussé deux attaques partielles, et demeurait cependant encore sur la défensive pour attendre l'issue des négociations. Mais enfin il ne pouvait pas rester toujours aussi éloigné de ses dépôts, dans une contrée qui n'offrait aucune ressource, sans courir des risques pour ses communications, et il dut se résoudre à marcher à l'attaque des camps marocains, qui se renforçaient de jour en jour. M. le maréchal Bugeaud explique toujours si bien les raisons qui le font agir et les causes qui ont influé sur les résultats, que nous ne pouvons mieux faire que de rapporter les extraits des dépêches dans lesquelles il a successivement rendu compte au ministre de la Guerre de ses projets et de ses actions.

Le maréchal Bugeaud écrivait le 11 août :

« ..... Plus de doute, les Marocains veulent sérieusement la guerre ; ils ont réuni, près d'Ouchda, des forces nombreuses, et ils en attendent d'autres.

» Dans cette occurrence, et dans l'attente certaine d'une grande journée, j'ai cru devoir appeler à moi M. le général Bedeau ; je compte qu'il me rejoindra après-demain matin.

» Ce même jour, au soir, je ferai un mouvement en avant.

» P.-S. J'ai l'honneur de vous adresser un croquis représentant l'ordre de marche et de combat que j'ai cru devoir adopter contre les troupes marocaines, dont la plus grande force est en cavalerie. »

Il écrivait, à la date du 13 août :

« ..... D'autres Arabes, qui ont vu leurs camps des collines voisines, disent qu'il n'y a que cinq camps, mais qu'il en arrive tous les jours. On les évalue à environ quarante mille hommes....

» J'ai jugé que nous ne pouvions rester plus longtemps sur la défensive sans de grands dangers ; le plus petit de tous, c'est que l'ennemi se renforce tous les jours. Mais, ce qui est surtout à craindre, c'est que, nombreux comme il l'est, il ne fasse des détachements sur mes flancs pour aller soulever le pays derrière moi.

» J'ai environ huit mille cinq cents hommes d'infanterie, mille quatre cents chevaux réguliers, quatre cents irréguliers, et seize bouches à feu, dont quatre de campagne. C'est avec cette petite force numérique que nous allons attaquer cette multitude qui, selon tous les dires,

» compte trente mille chevaux, dix mille hommes d'infan-
» terie et onze bouches à feu. »

Dans une lettre du 17 août 1844, le maréchal Bugeaud rend ainsi compte de la bataille qu'il a livrée :

« ..... J'aurais préféré, par ces chaleurs excessives, re-
» cevoir la bataille que d'aller attaquer un ennemi qui
» était à huit lieues de moi ; mais les dangers d'une plus
» longue attente me décidèrent à prendre l'initiative.

» Le général Bedeau m'ayant rallié le 12, avec trois ba-
» taillons et six escadrons, je me portai en avant le 13, à
» trois heures après-midi, en simulant un grand fourrage,
» afin de ne pas laisser comprendre à l'ennemi que c'était
» réellement un mouvement offensif. A la tombée de la
» nuit, les fourrageurs revinrent sur les colonnes, et nous
» campâmes dans l'ordre de marche, en silence et sans
» feu. A deux heures du matin, je me remis en mouve-
» ment.

» Je passai une fois l'Isly, au point du jour, sans ren-
» contrer l'ennemi. Arrivés, à huit heures du matin, sur
» les hauteurs de Djarf-el-Akhdar, nous aperçûmes tous les
» camps marocains encore en place, s'étendant sur les col-
» lines de la rive droite. Toute la cavalerie qui les compo-
» sait s'était portée en avant pour nous attaquer au second
» passage de la rivière. Au milieu d'une grosse masse qui
» se trouvait sur la partie la plus élevée, nous distinguâmes
» parfaitement le groupe du fils de l'empereur, ses drapeaux
» et son parasol, signe du commandement.

» Ce fut ce point que je donnai au bataillon de direction
» de mon ordre échelonné. Arrivés là, nous devions con-
» verser à droite et nous porter sur les camps, en tenant le
» sommet des collines avec la face gauche de mon carré de
» carrés. Tous les chefs des diverses parties de mon ordre de
» combat étaient près de moi ; je leur donnai rapidement
» mes instructions, et après cinq ou six minutes de halte,

» nous descendîmes sur les gués, au simple pas accéléré et
» au son des instruments.

» De nombreux cavaliers défendaient le passage; ils furent
» repoussés par mes tirailleurs d'infanterie, avec quelques
» pertes des deux côtés, et j'atteignis bientôt le plateau im-
» médiatement inférieur à la butte la plus élevée où se
» trouvait le fils de l'empereur. J'y dirigeai le feu de mes
» quatre pièces de campagne, et à l'instant, le plus grand
» trouble s'y manifesta.

» Dans ce moment, des masses énormes de cavalerie sor-
» tirent des deux côtés de derrière les collines et assaillirent
» à la fois mes deux flancs et ma queue.

» J'eus besoin de toute la solidité de mon infanterie; pas
» un homme ne se montra faible. Nos tirailleurs, qui n'é-
» taient qu'à cinquante pas des carrés, attendirent de pied
» ferme ces multitudes, sans faire un pas en arrière; ils
» avaient ordre de se coucher par terre si la charge arrivait
» jusqu'à eux, afin de ne pas gêner le feu des carrés. Sur
» la ligne des angles morts des bataillons, l'Artillerie
» vomissait la mitraille.

» Les masses ennemies furent arrêtées et se mirent à
» tourbillonner. J'accélérai leur retraite, et j'augmentai
» leur désordre en retournant sur elles mes quatre pièces
» de campagne, qui marchaient en tête du système. Dès
» que je vis que les efforts de l'ennemi sur mes flancs
» étaient brisés, je continuai ma marche en avant. La
» grande butte fut enlevée, et la conversion sur les camps
» s'opéra.

» La cavalerie de l'ennemi se trouvant divisée par ses
» propres mouvements, et par ma marche qui la coupait en
» deux, je crus le moment venu de faire sortir la mienne
» sur le point capital, qui, selon moi, était le camp que
» je supposais défendu par l'infanterie et l'Artillerie. Je
» donnai l'ordre au colonel Tartas d'échelonner ses dix-

» neuf escadrons par la gauche, de manière à ce que son
» dernier échelon fût appuyé à la rive droite de l'Isly.

» Le colonel Yousouf commandait le premier échelon,
» qui se composait de six escadrons de spahis, soutenus de
» très-près, en arrière, par trois escadrons du 4ᵉ chas-
» seurs.

» Ayant sabré bon nombre de cavaliers, le colonel You-
» souf aborda cet immense camp après avoir reçu plusieurs
» décharges de l'Artillerie; il le trouva rempli de cavaliers
» et de fantassins qui disputèrent le terrain pied à pied. La
» réserve des trois escadrons du 4ᵉ chasseurs arriva; une
» nouvelle impulsion fut donnée, l'Artillerie fut prise et le
» camp fut enlevé.

» Il était couvert de cadavres d'hommes et de chevaux :
» toute l'Artillerie, toutes les provisions de guerre et de
» bouche, les tentes du fils de l'empereur, les tentes de tous
» les chefs, les boutiques de nombreux marchands qui ac-
» compagnaient l'armée, tout, en un mot, resta en notre
» pouvoir. Mais ce bel épisode de la campagne nous avait
» coûté cher : quatre officiers de spahis et une quinzaine
» de spahis et de chasseurs y avaient perdu la vie; plusieurs
» autres étaient blessés.

» Pendant ce temps, le colonel Morris, qui comman-
» dait les 2ᵉ et 3ᵉ échelons, voyant une grosse masse de ca-
» valerie qui se précipitait de nouveau sur mon aile droite,
» passa l'Isly pour briser cette charge en attaquant l'en-
» nemi par son flanc droit. L'attaque contre notre infanterie
» échoua comme les autres; mais alors le colonel Morris
» eut à soutenir le combat le plus inégal.

» Ne pouvant se retirer sans s'exposer à une défaite, il
» résolut de combattre énergiquement jusqu'à ce qu'il lui
» arrivât du secours. Cette lutte dura plus d'une demi-
» heure; ses six escadrons furent successivement engagés,
» et à plusieurs reprises, nos chasseurs firent des prodiges

» de valeur; trois cents cavaliers, berbères ou Abids-Bo-
» khari, tombèrent sous leurs coups.

» Enfin, le général Bedeau, commandant l'aile droite,
» ayant vu l'immense danger que courait le 2ᵉ chasseurs,
» détacha le bataillon de zouaves, un bataillon du 15ᵉ lé-
» ger et le 9ᵉ bataillon des chasseurs d'Orléans, pour atta-
» quer l'ennemi du côté des montagnes; ce mouvement
» détermina sa retraite. Le colonel Morris reprit alors l'of-
» fensive sur lui et exécuta plusieurs charges heureuses
» dans la gorge par où il se retirait; cet épisode est un des
» plus vigoureux de la journée : cinq cent cinquante
» chasseurs du 2ᵉ combattirent six mille cavaliers en-
» nemis.

» Chaque chasseur rapporta un trophée de cet engage-
» ment, celui-ci un drapeau, celui-là un cheval, celui-là
» une armure, tel autre un harnachement.

» L'infanterie n'avait pas tardé à suivre au camp les pre-
» miers échelons de cavalerie; l'ennemi s'était rallié en
» grosse masse sur la rive gauche de l'Isly, et semblait se
» disposer à reprendre le camp; l'infanterie et l'Artillerie
» le traversèrent rapidement; l'Artillerie se mit en batterie
» sur la rive droite, et lança de la mitraille sur cette vaste
» confusion de cavaliers se réunissant de tous les côtés; l'in-
» fanterie passe alors la rivière sous la protection de l'Ar-
» tillerie; les spahis débouchent et sont alors suivis de près
» par les trois escadrons du 1ᵉʳ régiment de chasseurs et
» deux escadrons du 2ᵉ régiment de hussards, aux ordres
» de M. le colonel Gagnon.

» Les spahis, se voyant bien soutenus par la cavalerie et
» l'infanterie, recommencèrent l'attaque; l'ennemi fut
» vigoureusement poussé pendant une lieue; sa déroute de-
» vint complète; il se retira, partie par la route de Thara,
» partie par les vallées qui conduisent aux montagnes des
» Beni-Senassen.

» Il était alors midi, la chaleur était grande, les troupes
» de toutes armes étaient très-fatiguées; il n'y avait plus de
» bagages ni d'Artillerie à prendre, puisque tout était pris.
» Je fis cesser la poursuite et je ramenai toutes les troupes
» dans le camp du sultan. Le colonel Yousouf m'avait fait
» réserver la tente du fils de l'empereur; on y avait réuni
» les drapeaux pris sur l'ennemi, au nombre de dix-huit,
» les onze pièces d'Artillerie, le parasol de commandement
» du fils de l'empereur et une foule d'autres trophées de la
» journée.

» Les Marocains ont laissé sur le champ de bataille au
» moins huit cents morts, presque tous de cavalerie; l'in-
» fanterie, qui était peu nombreuse, nous échappa en très-
» grande partie, à la faveur des ravins. Cette armée a
» perdu, en outre, tout son matériel; elle a dû avoir de
» quinze cents à deux mille blessés.

» Notre perte a été de quatre officiers tués, dix autres
» blessés, de vingt-trois sous-officiers ou soldats tués, et de
» quatre-vingt-six blessés.

» Je ne saurais trop louer la conduite de toutes les armes
» dans cette action, qui prouve une fois de plus la puissance
» de l'organisation et de la tactique sur les masses qui n'ont
» que l'avantage du nombre. Sur toutes les faces du grand
» losange formé de carrés de bataillons, l'infanterie a
» montré un sang-froid imperturbable. Les bataillons des
» quatre angles ont été tour à tour assaillis par trois ou
» quatre mille chevaux à la fois, et rien n'a été ébranlé un
» seul instant; l'Artillerie sortait en avant des carrés, pour
» lancer la mitraille de plus près; la cavalerie, quand le
» moment a été venu, est sortie avec une impétuosité irré-
» sistible et a renversé tout ce qui se trouvait devant elle.

» D'après tous les rapports des prisonniers et des Arabes
» qui avaient vu les camps de l'ennemi, on ne peut éva-
» luer ses cavaliers à moins de vingt-cinq mille. Ils se sont

» montrés très-audacieux, mais la confusion rendait leurs
» efforts impuissants ; les plus braves venaient se faire tuer
» à bout portant. Il ne leur manquait, pour bien faire, que
» la force d'ensemble, et une infanterie bien constituée
» pour appuyer leur mouvement.

» Avec un gouvernement comme le leur, il faudrait plu-
» sieurs siècles pour leur donner du succès dans les ba-
» tailles. »

Ajoutons à ces réflexions que M. le maréchal Bugeaud n'a pu masser ainsi son armée et la réunir sur un petit espace, en couvrant ses bagages et en garantissant sa cavalerie de la première attaque des cavaliers ennemis, que parce que les Marocains n'avaient point d'Artillerie, car ce n'était pas avoir une Artillerie que de traîner onze bouches à feu dont ils n'ont su faire aucun usage, et qui par conséquent leur ont été beaucoup plus nuisibles qu'utiles. Mais c'est encore le cas de dire qu'il leur faudrait plusieurs siècles pour parvenir à posséder une Artillerie mobile et redoutable ; car il ne peut suffire aux Marocains d'acheter un matériel européen pour avoir une Artillerie. L'art d'en faire un usage judicieux et d'adapter à ce matériel l'organisation d'un personnel instruit, est beaucoup trop difficile pour qu'ils puissent y parvenir de longtemps. Il faut, pour cela, que les arts et les sciences, que la civilisation enfin fassent chez eux d'immenses progrès.

Le plan qui donne la disposition des troupes françaises dans l'ordre de marche et dans l'ordre de bataille montre comment, sans imiter entièrement ce qui s'était fait en Égypte, M. le maréchal Bugeaud est parvenu à conserver à son armée de la mobilité devant la cavalerie ennemie, en restant cependant toujours préparé à un ordre de bataille également fort de tous les côtés. Du reste il semble, à l'aspect du plan qui figure le terrain, que les Marocains avaient, avec une inintelligence qu'on a peine à comprendre, porté leur immense cavalerie dans un pays très-montueux, et, par conséquent, très-défavorable à l'action de cette arme.

Aujourd'hui, les musulmans ont la conscience de leur infériorité, ils ont perdu la confiance dans la victoire qui rendait leurs ancêtres si redoutables, et ils ne déploient plus l'audace aveugle et indomptable des mameluks de l'Égypte.

Dans cette bataille il est aisé de voir tout l'effet que produisit sur eux notre Artillerie, puisqu'ils ne purent dépasser le cercle des tirailleurs et arriver jusqu'à nos pièces, qui restèrent toujours libres de se mouvoir dans les intervalles des carrés. Quoique cette mobilité ne pût pas ici donner lieu à de grandes combinaisons, elle a cependant été d'un grand effet. Cet emploi de l'Artillerie est bien préférable à celui qu'on en aurait fait, par exemple, en attachant chaque pièce à l'angle d'un carré.

ESSAI

SUR LA

TACTIQUE DES TROIS ARMES,

et plus particulièrement

DE L'ARTILLERIE DE CAMPAGNE.

ESSAI

SUR LA

TACTIQUE DES TROIS ARMES,

ET PLUS PARTICULIÈREMENT

DE L'ARTILLERIE DE CAMPAGNE.

CHAPITRE PREMIER.

LES TROIS ARMES.

INFANTERIE.

L'infanterie combat dans toute espèce de terrain ; c'est la seule des trois armes qui agisse à la fois par l'offensive et la défensive, de près, par la baïonnette, de loin, jusqu'à 3oo ou 4oo mètres par ses projectiles ; elle seule peut attaquer une position en y marchant, l'occuper, la défendre de pied ferme ; ou bien l'attaquer et la défendre à distance. Ce n'est donc pas sans raison que l'infanterie forme la base des armées ; les propriétés qu'elle possède exclusivement lui assurent cette importance.

L'infanterie, par le perfectionnement de ses armes, de son tir et surtout par celui de ses manœuvres, est devenue, comme nous l'avons vu, au temps de Frédéric, bien plus redoutable qu'elle ne l'était auparavant. Elle a beaucoup étendu le cercle de son action. Elle n'est quelque chose que par l'ordre, parce que c'est l'ordre seul qui permet de diriger vers un but commun tous efforts individuels; mais cet ordre, il n'est pas nécessaire qu'elle le conserve toujours, il suffit qu'elle sache le prendre assez promptement pour que l'ennemi ne puisse pas l'empêcher. C'est cette remarque qui a, dans les dernières guerres, beaucoup étendu l'usage des tirailleurs et donné un accroissement considérable au feu de l'infanterie, en rendant bien plus fréquentes les occasions de s'en servir.

Le feu des tirailleurs a un grand avantage sur celui d'une troupe en ligne, parce que chaque soldat tire et ajuste à volonté, sans gêne; parce que chacun peut souvent trouver individuellement un abri là où il n'y en a aucun pour une ligne. Aussi, l'emploi des tirailleurs a-t-il une grande importance pour la tactique de l'infanterie. Protégées par des tirailleurs, les colonnes ont pu être employées plus souvent, et accomplir des actions de vigueur impossibles à exécuter avec des troupes en ligne. Ajoutons cependant que l'on a quelquefois abusé de ce moyen en employant des colonnes trop longues, trop lourdes, trop difficiles à remuer, et où, par suite, le désordre s'introduisait trop facilement. La bataille de Waterloo en offre un triste et remarquable exemple.

En résumé, l'infanterie est la base des armées, parce que c'est la seule arme qui puisse se passer des deux autres.

CAVALERIE.

A cheval, le cavalier n'agit que par l'arme blanche. Nous avons vu la cavalerie de Frédéric puiser uniquement sa force dans son ordre et sa vitesse. L'offensive est le seul moyen d'action de cette arme. Que ce soit l'ennemi qui attaque ou défende, la cavalerie ne peut agir qu'en se mettant en mouvement. Ainsi, partout où elle ne peut pas se mouvoir, elle est complétement paralysée.

Par sa vitesse et par l'action collective ou individuelle des cavaliers, cette arme est admirablement propre à surprendre l'ennemi ou à déterminer la déroute d'une troupe déjà désunie; mais, comme sa manière de combattre la met elle-même en désordre, elle est facilement ramenée, s'il se présente quelques troupes ennemies en ordre. Une troupe de cavalerie n'a donc réellement qu'une action de peu d'instants. C'est sur cette observation que la cavalerie française a fondé sa tactique.

Nous avons vu que la cavalerie de Frédéric était arrivée à une précision de mouvements au moins aussi admirable que celle des manœuvres de l'infanterie; aussi cette cavalerie obtint-elle de grands succès; formant ses colonnes avec rapidité, elle tournait le flanc de l'ennemi, et, se remettant en bataille, le chargeait en ligne dans un ordre parfait et sur un point inattendu. C'est ainsi que furent obtenus les plus brillants succès de Scheidlitz.

La cavalerie française, sous Louis XIV, chargeait à l'arme blanche; quand la première ligne avait enfoncé celle qui était en face, elle était ordinairement repoussée par la deuxième ligne de l'ennemi. Notre seconde ligne s'avançait alors, et, si l'ennemi résistait, ce n'était plus guère ensuite qu'une scène confuse, où chacun se battait pour son propre compte. Voilà ce qui arrivait encore sous Frédéric, si ce n'est que sa cavalerie, outre sa supériorité de manœuvres, était encore très-bien exercée à se rallier. Mais c'est cette confusion générale, ne durât-elle qu'un instant, que la cavalerie doit chercher à éviter, parce que, si elle est attaquée à ce moment, elle peut être mise en déroute par un ennemi infiniment moins nombreux qu'elle.

Le moyen de remédier à cet inconvénient est de ne jamais faire agir toute la cavalerie à la fois; ce qui ne veut pas dire qu'il faut garder toujours une réserve qui ne combatte pas; mais, au lieu d'un grand effort collectif sur tout le front, la cavalerie peut ne faire que des efforts successifs sur une partie de ce front. De cette manière, les escadrons qui ont chargé ont le temps de se rallier, pendant que d'autres leur succèdent, soit pour poursuivre les succès des premiers, soit pour les recueillir s'ils sont ramenés. D'autres succèdent aux seconds, et ainsi de suite, jusqu'à ce que ceux qui ont agi les premiers soient en état de prendre de nouveau part à l'action. De cette façon, la cavalerie se multiplie, court moins le risque d être défaite et agit bien mieux contre l'ennemi, en ne lui laissant aucun repos. L'ordre en colonne par escadrons, qui est admirablement propre à ce genre d'action, offre, de plus que l'ordre en échelons, le grand avantage de faciliter à la cavalerie les moyens de se mouvoir en ordre pour poursuivre un succès et pour agir sur d'autres points du champ de bataille.

On a toujours cherché à remédier au vice inhérent à la cavalerie, à son manque d'action pour une défensive absolue, pour l'attaque ou la défense dans des terrains coupés ou accidentés, qui ne permettent pas le mouvement vif qui fait toute la force des troupes à cheval. Ce défaut devient plus sensible quand on réunit, comme l'a fait Napoléon, la cavalerie pour marcher et combattre en grandes masses. Alors la cavalerie, soit qu'elle ait à attaquer un poste retranché, soit qu'elle ait à le défendre, est obligée de faire mettre pied à terre à ses cavaliers; et Napoléon pensait que le but qu'il fallait se proposer dans l'instruction et l'organisation de cette arme, était que trois mille cavaliers mis à pied pussent toujours combattre deux mille hommes d'infanterie. C'est un résultat auquel on n'est pas encore parvenu, parce qu'on n'a pas cru devoir sacrifier quelque chose de l'instruction de l'homme à cheval et de son action comme cavalier, pour laquelle il est plus particulièrement fait.

La cavalerie a sur l'infanterie l'avantage d'éclairer le terrain plus facilement et à de plus grandes distances; mais c'est seulement pendant le jour, et dans des terrains favorables.

ARTILLERIE.

L'Artillerie n'agit que comme arme de jet; elle n'a donc qu'une des propriétés de l'infanterie, mais c'est à un degré beaucoup plus énergique et à une plus grande distance; elle a une propriété qui n'appartient qu'à elle; c'est une action puissante contre les obstacles matériels dont les troupes ennemies peuvent se couvrir.

La nature du terrain qui sépare l'Artillerie de l'ennemi a une grande importance; ce n'est plus comme pour la cavalerie, parce qu'il est nécessaire qu'elle puisse le franchir avec rapidité, mais c'est parce qu'il ne doit pas fournir à l'ennemi de couvert contre le feu, l'Artillerie n'ayant qu'un effet à peu près nul quand elle ne voit pas l'objet contre lequel elle tire. La nature de ce terrain influe aussi, comme nous le verrons, sur l'efficacité du tir.

Pour agir contre l'ennemi, l'Artillerie a souvent besoin de se mouvoir. Elle n'a pas besoin d'aller, comme la cavalerie, jusqu'à l'objet qu'elle veut frapper; il faut seulement qu'elle se place à un point qui en soit éloigné de moins de 1200 mètres. Nous avons vu que ses progrès avaient principalement consisté dans le perfectionnement de sa mobilité. Elle en est aujourd'hui arrivée au point de pouvoir passer partout où deux chevaux peuvent marcher de front; mais elle n'y parviendra souvent qu'avec des peines et des fatigues très-grandes.

L'Artillerie a, sur les deux autres armes, un grand désavantage; c'est de ne pouvoir ni éclairer ni protéger ses marches, et d'avoir alors absolument besoin de protection.

FORTIFICATION DE CAMPAGNE.

La fortification de campagne, négligée et oubliée pendant une partie du moyen âge, s'est retrouvée aussitôt que l'on a étudié les écrivains de l'antiquité ; mais elle n'a fait, depuis ce temps, aucun progrès ; elle est encore aujourd'hui ce qu'elle était du temps des Romains, si ce n'est qu'elle a perdu une grande partie de son efficacité, et par suite de son importance. L'Artillerie en est, comme nous l'avons vu, la principale cause.

Du temps de Gustave-Adolphe et de Turenne, les armées, rangées en lignes continues sur un ordre profond, usaient presque constamment de la fortification comme moyen de protection. Alors une Artillerie, placée à l'avance, avait un grand avantage sur celle de l'ennemi qu'il fallait beaucoup de temps et de peine pour amener à sa portée. Maintenant que les armées se sont étendues, qu'il n'est plus possible de construire assez de retranchements pour en couvrir tout le front, qu'il est facile à l'attaquant de réunir une Artillerie supérieure qui, mise promptement en batterie, démonte les pièces des ouvrages, écrête et bouleverse les parapets ; une révolution s'est opérée dans l'emploi de ce moyen de défense, dont on ne doit plus faire usage qu'avec beaucoup de discrétion et d'intelligence. Ce n'est qu'à cette condition que la fortification de campagne peut rendre encore d'importants services, tandis que, employée sans discernement, elle peut paralyser l'action des troupes et devenir fort nuisible. De la supériorité que prend, dans beaucoup de cas, l'attaque sur la défense, dans la fortification de campagne, il résulte qu'il ne faut plus, comme autrefois, y renfermer les troupes les plus faibles, mais, au contraire, les meilleures, celles dont le moral est le plus sûr : tous les exemples des dernières guerres montrent qu'il est bien plus facile de marcher à l'ennemi que de l'attendre dans des ouvrages où, après avoir été écrasé par les boulets, on aura encore à le combattre corps à corps.

Ce discernement, nécessaire dans l'emploi des retranchements, au point où en est actuellement l'art militaire, est loin d'avoir été toujours mis en usage dans nos longues guerres. Un bon traité sur cette matière reste à faire, et serait fort utile, en ne considérant plus seulement la fortification relativement au terrain, mais relativement à la tactique et à la stratégie.

CHAPITRE II.

EMPLOI DE L'ARTILLERIE RELATIVEMENT AU TERRAIN.

La première condition, pour que le terrain soit favorable à l'Artillerie, c'est qu'il n'offre aucun abri aux troupes ennemies et qu'elles soient entièrement à découvert. Si le terrain en avant de l'ennemi est bien uni et ferme, il sera favorable au ricochet, ce qui augmentera la chance de toucher. Cette chance sera la plus grande possible, si le terrain a, vers l'ennemi, une pente de 1 mètre sur 100, parce qu'alors la trajectoire, tombant sur le sol sous un angle aigu, pourra rencontrer l'ennemi dans une plus grande partie de son cours, et fournir des bonds plus rasants. Le terrain sera moins favorable à mesure que la pente s'éloignera de celle indiquée; il ne le sera plus, lorsque la pente sera de 7 mètres sur 100. Si le terrain occupé par l'ennemi est pierreux, les éclats des pierres pourront augmenter beaucoup les effets de l'Artillerie; ces effets seront, au contraire, bien diminués si le terrain est coupé de sillons, mou ou marécageux. Le terrain situé en avant de la batterie devra, pour rendre moins dangereux le feu de l'Artillerie ennemie, remplir des conditions inverses de celles que nous avons indiquées comme favorables à l'effet des projectiles. Ainsi des fossés, de petites élévations, des haies, des murs de moins de 1 mètre de hauteur, un terrain sillonné, mou ou marécageux, une rivière, seront autant de protections pour l'Artillerie. Il ne faut pas oublier toutefois que ces circonstances ne sont avantageuses que pour une défensive absolue, et, qu'offrant des obstacles aux mouvements en avant, elles ne doivent être recherchées que dans des cas particuliers.

La pente du terrain sera défavorable quand elle ira en montant vers l'ennemi, parce que la trajectoire allant ficher sur le sol sous un angle plus grand, ne pourra rencontrer les objets à battre que dans une moindre étendue, et que les bonds du projectile en seront moins rasants.

Le premier cas, que nous avons cité comme le plus favorable au tir, l'inclinaison de un centième au-dessous de l'horizon, n'est pas toujours celui qui produit les plus grands effets. L'emplacement que l'on doit souvent le plus rechercher est celui qu'offre une hauteur d'où l'on domine entièrement la position de l'ennemi, et qui n'est dominée elle-même par aucune hauteur où il puisse s'établir. L'impuissance où votre adversaire se trouve alors de répondre au feu d'une Artillerie qu'il peut à peine apercevoir, tandis que lui est entièrement à découvert, influe si efficacement sur son moral, que les faits prouvent qu'il peut rarement résister. Le seul moyen qui lui reste est d'attaquer la position; c'est aussi le danger contre lequel il faut se précautionner, en se tenant prêt à conduire des pièces sur les pentes et les hauteurs voisines pour le prendre de flanc pendant l'attaque.

En occupant ainsi successivement des positions dominantes, on parviendra à chasser entièrement l'ennemi de celles qu'il peut occuper. C'est alors qu'il faut user des artifices connus pour tirer sous de grands angles au-dessous de l'horizon; nous verrons plus loin quels avantages présentent les obusiers pour ce tir où la trajectoire vient rencontrer le sol sous un grand angle.

Quand l'Artillerie est placée sur le bord d'un escarpement.

c'est un avantage contre le canon de l'ennemi, qui ne peut plus l'atteindre que de plein fouet. Mais c'est un désavantage contre l'infanterie qui, arrivée là, peut souvent y trouver un abri favorable.

Nous l'avons déjà dit, au point surtout où en est arrivée aujourd'hui l'Artillerie, il ne faut plus considérer exclusivement ses avantages relativement au terrain. L'Artillerie doit toujours avoir devant les yeux le but auquel il faut concourir; elle pourrait, en agissant autrement, devenir nuisible à l'action des autres armes près desquelles elle combat, et par suite, au résultat qu'on cherche à obtenir. D'ailleurs, elle serait exposée ainsi à rester trop longtemps dans des emplacements très-beaux pour ses effets, mais dont l'ennemi pourrait ne lui donner jamais l'occasion de se servir. Ce sont donc les mouvements de l'ennemi, bien plus encore que le terrain, qu'elle doit étudier; bien persuadée qu'elle pourra souvent, dans des positions peu favorables pour son feu, obtenir de grands résultats, et que ce n'est pas toujours sur les points les plus avantageux à l'efficacité de son tir qu'elle doit diriger son feu. C'est à développer cette vérité que seront consacrés les chapitres suivants, qui n'auront pas la prétention d'embrasser tous les cas qui peuvent se présenter à la guerre; les combinaisons de terrain, de proportions de troupes auxiliaires et ennemies étant infinies; mais seulement d'énoncer quelques considérations générales. Avant d'entamer ce sujet, il reste encore à parler des diverses pièces et des divers projectiles en usage actuellement dans l'Artillerie, et des terrains particulièrement favorables ou contraires à chacun d'eux.

Les canons de campagne sont ceux de 12 et de 8; les obusiers sont ceux de 16 centim. (6°) et de 15 centim. (24).

L'obusier de montagne est du calibre des canons de 12; chacune de ces pièces a une boîte à balles particulière.

Canons.

Ce qui a été dit des terrains favorables ou défavorables à l'Artillerie s'applique surtout aux canons.

Dans toutes les guerres que nous avons faites jusqu'à ce moment, le canon avait sur l'obusier l'avantage d'une justesse de tir beaucoup plus grande. Ses projectiles sont aussi, par leur densité, d'une plus grande puissance contre les obstacles matériels qui, comme les maçonneries, ne sont pas facilement pénétrés.

Le canon de 12 l'emporte sur le canon de 8 par sa justesse : avec le canon de 12, la chance d'atteindre un peloton d'infanterie à 500 mètres est, comparativement au canon de 8, presque double ; à 1 200 mètres elle est presque triple.

Le grand nombre de chevaux et de voitures qu'exige l'Artillerie pour le transport de ses munitions est un inconvénient grave, et ce nombre a une limite. Si le canon de 12 a plus de justesse, il a, avec le même nombre de chevaux et de voitures, beaucoup moins de coups à sa disposition ; il n'en a guère que les deux tiers de ceux de 8. Pourtant, en faisant la compensation, peut-être trouverait-on que la supériorité reste encore au canon de 12. qui produira, avec un tiers de munitions en moins, plus d'effet que le canon de 8, non-seulement à cause de sa plus grande justesse, mais encore à cause de sa force supérieure qui lui permettra, après avoir renversé des obstacles qui arrêteraient le boulet de 8, d'aller au delà exercer de nouveaux ravages. Mais ce canon de 12 a le grave inconvénient d'exiger plus de fatigue et de temps pour être amené sur le même terrain, désavantage qu'on peut apprécier en songeant que souvent de l'arrivée du canon dépendent la conservation ou la perte d'une position, la victoire ou la défaite.

Obusiers.

Les obusiers n'ont joué que rarement un rôle distinct et important pendant les guerres de la Révolution, à cause du peu de justesse de leur tir. Mais on est parvenu à leur donner une justesse égale à celle des canons; ils seront probablement appelés à jouir d'une bien plus grande importance à l'avenir.

L'obus agissant comme projectile plein, tout ce que l'on a dit des conditions du terrain lui est applicable; seulement il est encore beaucoup plus avantageux pour lui que le terrain soit propice au ricochet, parce que ses bonds, devenant plus courts et plus rasants, sont plus dangereux que ceux du boulet. Les éclats de l'obus sont un moyen d'action qui lui donne une supériorité de plus.

L'obus a des propriétés particulières, qui ressortent précisément quand la puissance du boulet diminue, et qui étendent le cercle d'action de l'Artillerie.

Sur un terrain ordinaire, les projectiles ne donnent plus de ricochets sous un angle de chute de 7 à 8 degrés. Toutes les fois que le terrain où est l'ennemi va en contre-pente, ou qu'il est plus bas que la batterie, si le boulet doit tomber sous un angle de 7 degrés, il aura peu de chance d'atteindre par sa trajectoire, et sera amorti complétement par sa chute. Si c'est un obus, arrêté près de l'ennemi, il deviendra bien plus dangereux; la crainte qu'il inspirera, mettra le désordre dans les rangs, et l'effet le plus avantageux sera produit. Ainsi, ces positions dominantes dont nous avons parlé seront bien plus favorablement occupées par les obusiers que par les canons. Toutes les fois que l'ennemi occupera de petits vallons, des plis de terrain, des creux, un terrain mou, sillonné, l'obus prendra sur le boulet une immense supériorité, et c'est alors qu'il produira son plus grand effet ; car, s'il tue moins de monde que lorsqu'il peut agir d'abord comme projectile plein par sa trajectoire et ses ricochets, pour aller ensuite blesser ou tuer par ses éclats, il inspire plus de terreur au point précis où l'Artillerie veut produire son effet; et ce que l'Artillerie, de même au reste que les autres armes, doit se proposer, ce n'est pas précisément de tuer le plus d'hommes possible, c'est de causer du désordre et de la peur. *Ce n'est pas le nombre des morts qui fait gagner les batailles, c'est le désordre et la peur de ceux qui survivent.*

L'obus, lancé avec peu de vitesse, est souvent très-propre aussi à agir contre des troupes que la position occupée par l'Artillerie ne lui permet pas de voir; c'est alors aux officiers d'Artillerie à s'avancer pour en observer les effets et diriger le tir. Cela peut être un bas fond, un ravin, ou simplement le pied de la hauteur occupée par l'Artillerie. Rappelons-nous quels immenses services des obusiers auraient pu rendre à la bataille de Toulouse en agissant contre la colonne du maréchal Beresford, quand, avec dix mille hommes, il longea le pied des hauteurs que nous occupions pour aller tourner la droite de notre position.

L'obusier est aussi très-propre à agir contre des troupes qui occupent en force un bois. Si ce bois est une haute futaie, les gros calibres de canon ou d'obusier produisent de grands effets en coupant les branches ou même en abattant les arbres tout entiers. L'obus, à cause de son poids considérable, produit très-bien cet effet quand il est lancé avec sa forte charge. Ce projectile, arrêté dans le bois, menacera l'ennemi de ses éclats; mais ici l'ordre est moins nécessaire aux troupes qui occupent le bois; aussi ne faut-il pas ménager les projectiles pour emporter une position qui coûte presque toujours un énorme sacrifice d'hommes, quand on en est réduit à une attaque directe.

La comparaison entre l'obusier de 16 centimètres (6°) et

celui de 15 centimètres (24) est la même que celle qui a été faite entre la pièce de 12 et celle de 8. Le rapport des justesses est moins désavantageux à 500 mètres pour l'obusier de 24, mais il décroît plus rapidement avec la distance. Les nombres des charges sont dans le rapport de 14 à 22. L'obusier de 16 centimètres (6°) est aussi plus lourd que celui de 15 centimètres dans le rapport de la pièce de 12 à celle de 8.

Les obusiers ont l'inconvénient d'avoir beaucoup moins de projectiles que les canons; l'obusier de 15 centimètres n'en a, avec le même nombre de chevaux et de caissons, que les deux tiers de la pièce de 8.

Emploi des grandes et des petites charges.

Ce qui vient d'être dit suffit pour faire concevoir l'utilité des petites charges des obusiers. Elles seront préférables aux grandes, toutes les fois qu'il s'agira de faire éclater l'obus dans un creux qui sera peu éloigné. La grande charge, qui donne une justesse plus grande, sera préférable toutes les fois que l'on voudra se servir de l'obus comme projectile plein, sans avoir pour objet de le faire arrêter et éclater à un point fixe. Elle sera préférable aussi quand il s'agira de faire pénétrer l'obus dans la terre des retranchements pour le faire agir comme fougasse; ou enfin, comme nous l'avons dit, pour tirer contre des bois de haute futaie, couper et abattre les arbres, ou pour briser des abatis dont l'ennemi s'est couvert.

Tir à balles.

Le tir à balles ne doit pas être employé au delà de 500 mètres quand le terrain est avantageux, et au delà de 400 dans le cas contraire. Le tir à balles n'est bien meurtrier que dans le cas où le terrain est très-favorable au ricochet des balles, ce qui exige que ce terrain soit bien uni, les sillons d'un champ labouré suffisant pour arrêter la plupart des balles.

Ce qui constitue peut-être à la guerre, où le terrain est rarement sans accidents, le plus grand avantage de ce genre de tir, c'est d'exiger un pointage moins exact; un peu plus ou un peu moins d'élévation de la pièce n'ayant que peu d'influence sur le résultat du tir à balles. Dans un moment décisif, quand il devient nécessaire de tirer le plus vite possible, que l'ennemi est près, et que la fumée du champ de bataille empêche de voir bien distinctement les objets, le tir à boulet exigerait du temps pour pointer exactement à une distance moindre que celle du but en blanc; il faudrait attendre que la fumée fût dissipée. Le boulet, manquant le but, ne ferait souvent qu'animer l'ennemi; le tir à balles, au contraire, peut s'exécuter avec une grande promptitude; il ne demande que le temps de charger et devient, dans ce cas, bien préférable.

Le peu de précision qu'exige le pointage aura encore un nouvel avantage si l'ennemi est en mouvement; et, s'il est en mouvement pour charger la batterie, c'est le seul tir que l'on doive employer.

Le tir à balles contre une colonne en mouvement prise dans le sens de sa longueur offre de grands avantages; puisque malgré la variation de portée des balles, il y a alors peu de balles perdues.

Le tir à balles des obusiers est plus redoutable que celui des canons; indépendamment du plus grand nombre de balles qu'il projette, il est plus ramassé et plus meurtrier.

Exécution des feux.

On ne doit jamais tirer un seul coup à boulet ou à obus sans pointer exactement. Les causes d'erreur indépendantes de celui qui dirige la pièce sont trop grandes pour qu'il y ajoute encore par sa faute. D'ailleurs les coups qui ne sont pas pointés avec soin, manquant le but, n'ont pas seulement l'inconvénient de la perte du temps et des munitions, ils influent encore sur les suivants en ne permettant pas la rectification du tir. Ainsi, dans quelque circonstance que l'on se trouve, quel que soit le danger, il faut que le pointeur conserve assez de sang-froid pour mettre à exécution les règles de pointage.

Lorsque l'ennemi marche vers la batterie, le pointeur doit surtout éviter de tirer trop haut et de faire passer le projectile par-dessus la tête de l'ennemi; l'instinct du soldat le poussant, dans ce cas, à se porter en avant, parce qu'il lui semble que c'est le moyen de se soustraire au danger.

Plus la distance de l'objet à battre différera de celle du but en blanc, plus le pointage exigera de soins et de temps. L'étendue du but influera aussi sur la difficulté du pointage; ce but restant le même, plus la distance sera grande, plus il sera difficile de diriger la ligne de mire sur l'objet, parce qu'il sera vu sous un angle plus petit.

Ainsi il est établi, en principe, qu'il faudra toujours, avant de tirer, prendre le temps nécessaire pour pointer exactement; mais devra-t-on toujours tirer le plus vite possible en remplissant cette condition? Si l'on n'avait aucune crainte de manquer de munitions, nul doute que ce fût le moyen de faire à l'ennemi le plus de mal possible; mais il faut réfléchir que tout l'approvisionnement d'une pièce, qui à la batterie et au parc n'est que d'environ quatre cents coups, peut être consommé en quelques heures. D'ailleurs, le parc lui-même n'est pas toujours assez près pour qu'on puisse y avoir recours immédiatement. Il y a donc de grandes raisons de ménager les munitions. Faudra-t-il alors tirer le plus vite possible pendant un temps moins long, ou espacer davantage les coups pour tirer plus longtemps?

Les circonstances restant les mêmes, le canon tuera le même nombre d'hommes à l'ennemi; mais l'Artillerie ne doit pas seulement avoir pour but de tuer des hommes: chaque fois qu'elle tire, elle cherche à obtenir un résultat déterminé. Tous les écrivains militaires contemporains recommandent de faire converger tous les coups vers un point, au lieu de les disperser dans une grande étendue. La raison en est simple: en concentrant tous les coups vers un même point, vous le rendez inhabitable; vous en chassez l'ennemi, que vous pouvez ensuite chasser successivement d'un second et d'un troisième; tandis que, si vous eussiez attaqué tous ces points à la fois, vous n'auriez, en aucun d'eux, fait courir à l'ennemi un danger assez grand pour le lui faire abandonner. La concentration du feu a encore un avantage spécial à l'Artillerie, et relatif au pointage: c'est que le tir d'une pièce sert à corriger celui des pièces voisines, et que le tir gagne beaucoup en justesse. Les raisons que nous venons de donner pour la concentration du feu relativement au terrain s'appliquent également au temps. Nous dirons donc que, pour produire le plus d'effet, *l'Artillerie doit rassembler ses coups dans la moindre étendue possible d'espace et de temps.*

Cette règle n'est pas sans exception, et quelques détails sont nécessaires à ce sujet. Quoique, en général, l'Artillerie ne doive tirer que pour obtenir un résultat déterminé, il est des circonstances où le contraire a lieu. L'ennemi est, par exemple, établi à bonne portée; on n'a pas le désir ou les moyens de le déloger immédiatement; faudra-t-il pour cela renoncer à lui faire éprouver des pertes sensibles? C'est au général qui commande ou à l'officier d'Artillerie à voir, dans ce cas, si les munitions qui seront consommées, pourront être assez promptement remplacées, pour qu'il n'ait pas lieu de les regretter dans un moment plus décisif. Cela dépend des circonstances et de la nature de la guerre. Si la guerre est défensive, la ligne d'opérations est courte, l'armée est près de sa base; en général, les munitions ne manquent pas; d'ailleurs, les troupes ont besoin d'être soutenues; celles de l'ennemi ont plus d'audace; il faudra leur faire éprouver le plus de pertes possible, tirer plus souvent quand elles seront à portée. Si, au contraire, la guerre est offensive, que la ligne d'opérations soit longue, les munitions sont exposées à manquer. D'ailleurs, le moral de l'armée n'a pas besoin d'être relevé, l'Artillerie ne tirera que pour produire un effet déterminé, et non plus dans le but de tuer quelques hommes. Souvent le général a des raisons pour sacrifier des coups de canon, soit pour faire croire à l'ennemi qu'il va l'attaquer et détourner ses forces du point véritable de l'attaque, soit pour lui donner le change sur le petit nombre de troupes qu'il a en cet endroit, et éviter d'y être lui-même attaqué. L'Artillerie, qui n'est point juge de ces diverses circonstances, doit sacrifier ses munitions avec plus ou moins de célérité, suivant la contenance de l'ennemi; employant le meilleur moyen pour arriver au résultat, et ce moyen n'est pas toujours de tirer vite; cela ne ferait quelquefois que décider l'ennemi à attaquer pour se soustraire plus tôt à ce feu. Elle doit d'ailleurs, tout en faisant du bruit, tâcher de conserver des munitions pour le cas où l'affaire deviendrait sérieuse. Il faut songer que l'Artillerie sans munitions n'est pas seulement inutile, elle est dangereuse et nuisible, en paralysant les troupes nécessaires à son service et à sa garde.

ATTAQUE ET DÉFENSE D'UN BOIS.

Attaque.—Avant d'attaquer un bois, il importe d'observer les mesures prises par l'ennemi pour la défense : ou l'ennemi occupe avec toutes ses forces le bois qu'il veut défendre, ou il a une partie de ses troupes en dehors, destinées à prendre en flanc celles qui marcheraient à l'attaque. Ce sont celles du dehors qu'il faut attaquer d'abord, ce sont elles qu'il faut battre pour les forcer à se reporter dans le bois.

La reconnaissance que l'on aura faite du bois montrera de quel côté l'ennemi doit faire sa retraite; s'il y a vers cette partie un endroit où le bois se resserre, ce sera ce point qu'il faudra attaquer; y réunir une Artillerie nombreuse, les plus forts calibres, surtout des obusiers. En faisant ainsi une trouée dans ce bois, c'est-à-dire en battant d'un feu considérable une certaine zone, la chute des branches ou des arbres entiers, les éclats des obus en chasseront l'ennemi; et alors, ou il se décidera à effectuer sa retraite précipitamment, ou notre infanterie, occupant la partie du bois que l'Artillerie lui a frayée, viendra couper la retraite à l'ennemi. Dans tous les cas, il est peu prudent d'engager l'Artillerie dans le bois, à moins que ce ne soit pour pousser en avant une trouée qu'elle a commencée, et qui peut amener de grands résultats; car l'Artillerie une fois engagée dans le bois a beaucoup de peine à s'y mouvoir; sa vue est d'ailleurs presque entièrement masquée.

Défense. — Pour la défense des bois, l'Artillerie doit aussi, autant que possible, éviter de s'y engager. Il faut qu'elle tâche de se placer de manière à prendre en flanc les troupes ennemies, quand elles marcheront à l'attaque. Si elle parvient à détourner l'attention de l'ennemi, à attirer sur elle ses efforts, qu'elle se place de manière à être protégée par les troupes qui occupent le bois; que celles-ci puissent prendre en flanc l'ennemi qui marchera contre les pièces.

C'est ici le lieu d'expliquer l'avantage qu'a l'Artillerie à prendre l'ennemi en flanc : on conçoit facilement l'avantage qu'y trouvent les deux autres armes, l'infanterie ou la cavalerie, puisqu'elles attaquent corps à corps un ennemi qui ne leur fait pas front et qui n'est pas préparé à leur résister. C'est le but de la plupart de leurs manœuvres, et l'avantage est immense pour elles. Pour l'Artillerie, il n'est pas tout à fait aussi grand; si c'est une ligne qu'il soit question d'attaquer ainsi, l'avantage résultera de ce que les variations de portée du projectile n'empêcheront pas d'atteindre l'ennemi; un boulet qui frappera la ligne, la parcourant dans sa longueur, lui tuera bien plus de monde. Mais, pour une colonne, il ne sera pas toujours vrai que l'on ait plus de chance de l'atteindre, que l'on doive lui tuer plus de monde, en l'attaquant de flanc que de front. Pourtant, en général, quand cette colonne est sur l'offensive, que c'est elle qui s'avance vers nous, il sera très-avantageux de la prendre de flanc. Dans le cas que nous considérons, par exemple, cette colonne s'avance vers le bois occupé par notre infanterie; si l'Artillerie est placée en face, elle occupe la place de l'infanterie dont une partie au moins se trouve trop éloignée pour que son feu ait quelque action sur la colonne. Si, au contraire, l'Artillerie va se placer sur le flanc, la colonne ennemie a besoin de résister à la fois au feu de l'infanterie, qui la bat de front, et au feu de flanc de notre Artillerie.

Il faut remarquer qu'il n'en est pas du feu de flanc comme de celui qui vient en face. En marchant à celui-ci, l'instinct du soldat lui dit que, quand une fois il aura joint l'ennemi, l'aura mis en fuite, ce danger aura disparu. L'expérience prouve que le feu qui vient de flanc effraye bien davantage; il semble alors au soldat que le succès même ne fera pas cesser le danger. Ainsi, toutes les fois qu'on sera sur la défensive, qu'on se précautionnera contre une attaque, ce sera une règle générale de tâcher de prendre l'ennemi en flanc.

Nous avons dit que l'Artillerie devait éviter de se placer dans le bois, il y a pourtant à cela quelques exceptions. On trouve souvent pour un petit nombre de pièces des emplacements très-avantageux : telles sont les grandes chaussées ou même les chemins qui traversent le bois; ces trouées offrant à l'ennemi les seuls passages dans lesquels il puisse se mouvoir en ordre, il tente ordinairement d'y pénétrer en colonne par une action de vigueur; quelques pièces placées sur la chaussée dans un endroit, où elle est droite et unie, peuvent alors offrir à l'attaque un obstacle insurmontable. Les obus ont toujours l'avantage sur les boulets à cause de leurs ricochets plus nombreux, et de leurs éclats qui sont utilisés dans ces colonnes profondes.

D'après ce qui a été dit précédemment de l'endroit où il est avantageux d'attaquer un bois, on conçoit que l'Artillerie de la défense devra surtout porter son attention sur les points où il serait possible à l'attaque de couper la retraite à une grande partie des troupes qui occupent le bois. Ajoutons enfin que, quand l'Artillerie de la défense est placée dans l'intérieur du bois, il faut choisir un endroit où elle ait la vue le plus étendue possible, et, s'il est nécessaire, faire travailler dans ce but.

DÉFILÉS.

Défense des défilés. — Sans parler des passages de rivière sur des ponts mobiles, qui sont un cas de passage de défilés que nous considérerons à part, il y en a de plusieurs natures : tantôt c'est une rue de village, un pont fixe sur un torrent ou une rivière, une digue dans un marécage; tantôt c'est un col étroit qui traverse une montagne. Il est bien difficile que les mêmes règles s'appliquent complétement à tant de cas différents. L'Artillerie, pour la défense d'un défilé, ne devra se placer en avant que dans le cas où l'armée, disposée à reprendre l'offensive, voudrait avoir la possession complète du défilé. Cette position est tout à fait désavantageuse, parce qu'on est entouré par l'ennemi, qui, occupant un plus grand front, peut diriger sur vous des feux plus nombreux, et qu'en outre, s'il parvient par une action de vigueur jusqu'au défilé, la retraite de toute l'Artillerie qui est en avant se trouve coupée. Même alors tout n'est pas désespéré : pendant qu'une partie des pièces continue le feu contre l'ennemi du dehors, l'Artillerie doit diriger le reste contre les troupes qui sont sur les derrières, à l'entrée du défilé, et tâcher de mettre en fuite ces ennemis, qui, eux aussi, sont là entre deux feux. Quoique, comme nous l'avons dit, cette position de l'Artillerie en avant du défilé soit, en général, désavantageuse, il arrive fort souvent que la possession du défilé a trop d'importance pour ne pas risquer d'y combattre avec désavantage. Ainsi, c'est une raison de plus pour opiniâtrer la défense, et pour ne pas quitter sans ordre la position qu'on occupe. Il vaut mieux encore courir le risque d'être enlevé par l'ennemi, que d'abandonner une position importante, dans laquelle on aurait peut-être reçu des renforts assez à temps pour pouvoir la conserver ; tandis qu'une fois abandonnée, les efforts de toute l'armée pourraient n'être pas suffisants pour la reprendre.

Souvent il s'agit seulement d'empêcher l'ennemi de passer un défilé ; alors la tâche est plus facile ; il y a deux manières d'y parvenir, soit en empêchant l'ennemi d'y entrer, soit en l'empêchant d'en déboucher. Les circonstances du terrain et le temps que l'on aura à sa disposition pourront seuls déterminer le parti le plus convenable. S'il est possible de trouver pour l'Artillerie des positions favorables pour battre l'entrée du défilé, comme seraient deux mamelons qui flanqueraient un défilé pratiqué dans une montagne, il pourra y avoir à les occuper d'autant plus d'avantage, qu'on sera instruit des mouvements de l'ennemi, de ses préparatifs d'attaque, et qu'il sera possible de le battre de loin : quand même de ces mamelons un peu élevés on ne verrait pas bien le sol du défilé, pourvu que les obus y pussent parvenir, ce serait une excellente défense. C'est encore là un des cas où les obus présentent le plus d'avantage ; car les troupes qui cherchent à forcer l'entrée du défilé s'y amoncellent, et les éclats des projectiles creux peuvent produire un ravage et un désordre décisifs.

Si le terrain ne permet pas la défense de l'entrée du défilé, il faut songer à défendre la sortie. Ici on a un bien grand avantage : l'Artillerie, rangée en cercle autour de cet unique débouché, peut foudroyer l'ennemi à sa sortie, et rendre son mouvement tout à fait impossible. Il faut, dans ce cas, placer les obusiers dans la direction qui enfile le mieux le défilé. Les obus iront entraver les préparatifs mêmes de l'ennemi. L'Artillerie doit se placer à bonne portée du débouché, ne pas tirer par salve, prendre des précautions pour que des démonstrations d'attaque ne puissent pas la faire dégarnir de tout son feu. Mais il y a souvent des accidents de terrain qui s'opposent à ce que l'Artillerie se place à bonne portée : c'est quand l'ennemi, maître du défilé, occupe des hauteurs qui l'environnent, et d'où son Artillerie domine et éloigne celle de la défense. Il faut, dans ce cas surtout, bien examiner si la défense de l'entrée du défilé ou celle des hauteurs qui le forment, ne seraient pas plus avantageuses que la défense du débouché.

Attaque des défilés. — Pour forcer l'entrée d'un défilé, l'Artillerie doit chercher une position d'où elle puisse battre l'intérieur de ce défilé, et à force d'obus chasser l'ennemi de l'entrée ; s'il cherche encore à s'y défendre, prendre toujours des positions d'où l'on puisse faire pleuvoir les obus aux points qu'il occupe.

Si l'ennemi est placé en avant du défilé, battre une de ses ailes, y faire une trouée qui permette aux troupes de pénétrer jusqu'au défilé. On a souvent, dans ce cas, la facilité de prendre sa ligne d'écharpe ou d'enfilade, sans qu'il puisse y apporter d'obstacle, en changeant de front, puisqu'il découvrirait le défilé.

Quand l'ennemi défend seulement la sortie du défilé, il

faut chercher si, à droite et à gauche, il n'y a pas, pour l'Artillerie, quelque position avantageuse d'où l'on puisse battre et éloigner la ligne circulaire qui entoure le débouché; si on ne le peut pas, l'Artillerie doit faire déboucher rapidement ses pièces sans caissons, les conduire à portée de mitraille, avoir ses charges à balles toutes prêtes, tirer ensuite rapidement sans interruption. Si nos pièces ne parviennent pas à accabler l'Artillerie ennemie, elles attireront du moins son feu sur elles, et donneront aux troupes la facilité de déboucher. Nos pièces doivent, en exécutant ce mouvement, se placer de manière à ce que le feu dirigé sur elles ne converge pas vers l'entrée du défilé.

Nous ne quitterons pas ce qui regarde les passages de défilés sans parler d'un des inconvénients fréquents que l'on a remarqués dans nos dernières guerres; quand on faisait entrer l'Artillerie dans un défilé étroit, et qu'on voulait opérer un mouvement rétrograde sans avancer jusqu'à la sortie, les voitures, ayant besoin d'un grand espace pour opérer leur demi-tour, occasionnaient un encombrement qui a donné lieu à plusieurs désastres. L'Artillerie actuelle, donnant le moyen de tourner dans un espace beaucoup plus court en opérant un demi-tour sur place par arrière-train et par avant-train pour toutes les voitures, pourra ne plus occasionner ces encombrements, surtout si l'on prend la précaution de faire suivre la colonne par un avant-train, avant de l'engager dans le défilé.

PASSAGES DE RIVIÈRE.

Les passages de rivière sont toujours des opérations très-importantes, qui mettent l'armée dans une position critique, et dans lesquelles l'Artillerie joue le rôle principal; car ce n'est souvent que par son secours qu'elles deviennent possibles. Il y a deux sortes de passages de rivière : ceux qui s'exécutent de vive force en présence de l'ennemi, et ceux, bien plus fréquents, que l'on cherche à lui dérober. Le passage du Lech par Gustave-Adolphe, celui du Danube, en 1809, par Napoléon, sont des exemples des premiers. Les guerres de la Révolution nous ont donné de nombreux exemples des seconds. Il n'est pas rare de trouver, comme à Lodi et à Arcole, des ponts tout faits, que l'ennemi n'a pas détruits, et que l'on peut passer de vive force; ces cas-là rentrent dans les passages de défilé. Les cas que nous avons maintenant à examiner sont ceux où l'armée passe sur des ponts qu'elle construit. Que l'on veuille passer de vive force en présence de l'ennemi, ou que l'on cherche à lui dérober le passage, le lieu que l'on choisit doit, pour être favorable, remplir certaines conditions, qui sont à peu près les mêmes dans les deux cas.

La rivière doit former un rentrant pour que les batteries placées sur la rive, croisant leurs feux en avant du pont, empêchent l'ennemi d'en approcher. La rive d'où l'on part doit dominer un peu la rive opposée, qui ne doit offrir aucun couvert à l'ennemi dans toute l'étendue de la portée du canon. Il ne doit surtout y avoir aucune position où l'ennemi, se trouvant soustrait à notre feu, puisse établir son Artillerie pour battre le pont. Cette condition est de la plus grande importance quand il s'agit d'un pont de bateaux, parce qu'ils peuvent être coulés par les boulets. Comme il est rare de trouver un lieu qui satisfasse complétement à la condition de n'offrir aucun couvert dans toute l'étendue du tir, il faut disposer les pièces suivant la nature du terrain. Les obusiers doivent être placés de manière à pouvoir chasser l'ennemi des couverts; il faut aussi que les plus gros calibres puissent tirer aux points les plus éloignés.

S'il est utile que la rivière forme un rentrant à l'endroit particulier où l'on exécute les ponts, il l'est aussi que la direction générale de la rivière, considérée dans une certaine étendue au-dessus et au-dessous du point de passage, forme un saillant, parce qu'il faudra beaucoup plus de temps à l'ennemi pour y arriver et pour réunir les troupes occupées à surveiller toute l'étendue dans laquelle l'armée peut passer.

Ce serait sortir de notre cadre que de parler ici de toutes les précautions à prendre pour dérober à l'ennemi le passage, ou pour l'exécuter de vive force. Nous ne devons parler que de la part que peuvent y prendre les pièces. On ne saurait avoir trop de canons ni des canons de trop fort calibre sur la rive d'où l'on part. Il faut qu'aussitôt que l'ennemi paraîtra, il soit éloigné par les projectiles. C'est là le cas de ne pas ménager les munitions. On fait, quand on le peut, passer quelques pontonniers sur l'autre rive, pour hâter et faciliter la construction du pont. Si l'on en a les moyens, on passe aussi dans des bateaux quelques troupes et quelques pièces de canon pour éloigner les tirailleurs ennemis, qui pourraient venir troubler le travail.

Les pièces qui ont passé doivent s'attacher surtout à battre le terrain qui ne serait pas bien vu de l'autre rive. Il faut qu'à tout prix elles éloignent l'ennemi. Pour cela, elles doivent l'attaquer, le combattre de près, quel que soit son nombre, en se plaçant de manière à le mettre entre deux feux. L'infanterie doit attaquer à la baïonnette, en manœuvrant de manière à ne pas masquer le canon, et sans songer à la retraite, dont la construction du pont peut seule assurer les moyens.

Les considérations que nous venons de présenter sur le terrain le plus avantageux au passage, importantes pour la tactique, doivent souvent céder à des combinaisons stratégiques qui, en rendant le passage lui-même plus difficile, donneront, en cas de succès, des résultats plus brillants. C'est ce qui arrive quand on entrevoit la possibilité de s'emparer sur l'autre rive d'une ville ou d'une position qui fournira un bon point d'appui, une tête de pont, ou bien de séparer les divers corps de l'ennemi, d'arriver sur sa ligne de retraite ou sur sa base d'opérations. C'est ce qu'on ne doit jamais oublier, quand on est chargé de faire une reconnaissance générale pour déterminer le point de passage.

Celui qui commande l'Artillerie a besoin d'une connaissance parfaite du terrain. Il faut qu'il ait déterminé à l'avance l'emplacement qu'il veut donner à ses pièces, afin de ne pas perdre de temps, et que l'ennemi soit éloigné par le feu du canon au moment même où il découvre le projet de passage.

L'Artillerie étant indispensable pour protéger la construction des ponts, pourra servir aussi à donner le change à l'ennemi sur le point que l'on aura choisi.

DÉFENSE DU PASSAGE D'UNE RIVIÈRE.

La défense est difficile, parce que l'on a ordinairement à garder une grande étendue et que l'ennemi parvient souvent à vous tromper. Il faut donc surtout voir quels sont les points qui lui sont le plus avantageux, soit sous le point de vue tactique, soit sous le point de vue stratégique, et les surveiller particulièrement. Chaque corps de troupes aura à surveiller une certaine étendue du cours de la rivière: celui qui dans chaque corps commande l'Artillerie, doit étudier tous les points de la rivière confiés à sa garde, voir le moyen d'y arriver, faire tracer des passages, s'il n'y en a pas, pour ses voitures, circonstance qui se rencontre fréquemment aux abords des rivières. Il doit, pour chacun de ces points, avoir déterminé à l'avance l'endroit où il placera son Artillerie, si l'ennemi vient y construire son pont. On vient avertir que l'ennemi tente le passage; le commandant de l'Artillerie se dirige le plus vite possible, suivi d'un caisson par pièce vers l'endroit désigné, se place dans la position la plus favorable pour voir le pont dont il doit tout de suite s'approcher à bonne portée, et tirer à boulet ou à obus. Si c'est un pont de bateaux que jette l'ennemi, on ne doit faire tirer que sur les bateaux. Ce n'est pas là le cas de calculer le danger; quelle que soit la force de l'Artillerie opposée, on doit tirer jusqu'à la dernière extrémité. Qu'est-ce que le sacrifice d'une batterie en comparaison du résultat à obtenir, quand du passage de l'ennemi dépend souvent pour lui tout le succès de la campagne? et ce résultat on l'obtiendra, si l'on parvient à couler deux ou trois bateaux à l'ennemi, qui n'en a le plus souvent que le nombre nécessaire. L'Artillerie peut rendre, dans cette circonstance, un service essentiel; mais il faut de l'activité, du coup d'œil, du sang-froid. On ne saurait trop le répéter, ce n'est pas sur les troupes qu'il faut tirer, c'est sur les bateaux. Si l'on peut voir le pont dans sa longueur, on aura plus de chance d'atteindre. Les obus seront aussi particulièrement utiles tant à cause de leur plus grand diamètre qu'à cause de l'effet produit par l'explosion. Si c'est un pont de radeaux, ou de chevalets, on doit surtout inquiéter les hommes occupés à le construire.

Nous nous sommes placés dans l'hypothèse où il était possible à l'Artillerie d'arriver à portée de canon du pont, mais il peut se faire que l'ennemi ait déjà débarqué assez de monde pour l'en empêcher. Les troupes ne doivent pas alors hésiter un seul instant à attaquer l'ennemi corps à corps. L'Artillerie doit venir rapidement se placer à portée de mitraille, tirer le plus vivement et du plus près possible. Il ne s'agit pas seulement ici d'obliger l'ennemi à la retraite, il faut que le résultat soit prompt; la moindre perte de temps peut permettre aux renforts d'arriver. Il y a d'ailleurs une autre raison pour les troupes et l'Artillerie de la défense de combattre de près, c'est qu'elles paralysent ainsi le feu de l'Artillerie de l'autre rive. La vivacité et la vigueur doivent donc caractériser une opération de ce genre. L'habileté consistera, surtout pour l'Artillerie, à se placer de façon que le canon de l'ennemi soit masqué par ses troupes. Si l'on obtient du succès, l'Artillerie laissera aux autres armes le soin de le poursuivre, et dirigera son feu contre le pont aussitôt qu'elle sera en mesure de l'atteindre.

RÉSERVES DES BATTERIES.

Comme il est inutile d'exposer au feu de l'ennemi toutes les munitions, ce qui ne constitue pas la batterie de manœuvre se tient hors de portée pendant toute la durée du combat. Mais la réserve doit, en remplissant cette condition, se tenir le moins éloignée possible de la batterie, pour pouvoir remplacer les munitions au fur et à mesure de leur consommation. Le devoir de l'officier qui commande cette réserve n'est pas sans difficulté, parce que, malgré toutes les précautions qu'il peut prendre, il est souvent exposé à des dangers auxquels il n'a aucun moyen de résister.

La réserve doit se tenir à portée de sa batterie, être avertie de ses mouvements et y conformer les siens. Il faut donc qu'elle soit constamment attelée et prête à se mettre en mouvement. Les incidents du combat sont souvent si multipliés, qu'il peut arriver que la réserve soit séparée de sa batterie par des troupes ennemies. Il faut alors qu'elle fasse un détour pour aller se mettre en communication avec elle; mais dans tous les mouvements qu'elle exécute, étant incapable d'aucune action, il faut qu'elle soit protégée par les autres troupes. Si elle a des troupes préposées à sa garde, qui doivent marcher avec elle, la difficulté se simplifie beaucoup; mais elle paralyse des troupes, et il faut qu'elle sache s'en passer. Le commandant de la réserve doit donc, dans tous les mouvements qu'il exécute, ne pas se préoccuper seulement du soin de suivre sa batterie, mais aussi il faut qu'il observe le combat, ses divers incidents, de manière à suivre un chemin qui soit couvert par la disposition des troupes.

Par suite d'un mouvement dérobé, l'ennemi arrive sur le flanc de la position, et la prenant à revers s'avance vers la réserve; quel parti prendra l'officier qui la commande? Si, voyant ce mouvement, il lui reste assez de temps pour éviter ce danger, se retirera-t-il vers le chemin de retraite de l'armée, se séparant de sa batterie, qu'il laissera sans munitions dans la circonstance la plus critique? c'est le mouvement le plus naturel, celui qui est dicté par le désir de la conservation de cette réserve, et pourtant quelle faute! les pièces sans munitions ne seront plus qu'un corps inerte, embarrassant le mouvement des troupes et les obligeant à combattre pour sa conservation. Lorsque la réserve se trouvera dans cette position critique, ne devra-t-elle pas plutôt se replier sur sa batterie et se rapprocher des troupes pour en être couverte en s'efforçant de ne pas gêner leurs mouvements?

La réserve est rarement attaquée par l'infanterie sans avoir le temps de se soustraire au danger; c'est ce qu'elle doit toujours chercher à faire, puisqu'elle n'a aucun moyen de résistance quand elle n'est pas directement défendue. L'officier qui la commande devra donc toujours la placer dans un terrain qui la laisse libre de ses mouvements. Mais le danger est plus grand avec la cavalerie. C'est de cette arme que la réserve a tout à craindre. Les charges de l'ennemi, même quand elles ne réussissent pas, dépassent quelquefois les lignes de troupes, et peuvent arriver jusqu'à l'emplacement des réserves. Il est vrai qu'elles en seront bientôt chassées, mais pendant un instant les réserves sont à leur discrétion. Si la cavalerie de l'ennemi a une grande supériorité, s'il a des corps de partisans actifs et audacieux, ce danger se présentera bien plus souvent encore. Que devront alors faire les réserves? devront-elles, chaque fois qu'elles aperçoivent la cavalerie ennemie dans le lointain, battre en retraite et s'éloigner des batteries? Ce n'est pas admissible. Il faut donc qu'elles restent exposées à ce danger, qu'elles l'affrontent passivement; le terrain et les circonstances fourniront souvent des moyens de protection. Dans le cas où il n'y en aura pas, les réserves devront adopter un ordre qui leur rende le moins redoutable possible ces incursions de la cavalerie ennemie. En voici un, qui n'est autre chose qu'une manière particulière de parquer.

Supposons que les voitures de la réserve soient placées dans l'ordre de la colonne par section, il y a alors deux files de voitures : la première voiture de la file de droite fera trois pas en avant, exécutera un à-gauche et s'arrêtera dans cette direction. La première voiture de la file de gauche fera un à-droite, et viendra se placer à côté de la première dans la même direction. Les chevaux de devant de la première voiture seront à la hauteur des roues de derrière de la seconde. Les autres voitures exécuteront successivement le même mouvement, chacune d'elles se conformant à celui de la voiture qui la précède dans sa file. On formera ainsi un rectangle plein, qui n'offrira que peu de prise à la cavalerie, moyennant quelques précautions fort simples. Les conducteurs pourraient, sans beaucoup de danger, rester à cheval, l'ennemi, arrêté par les voitures, ne pouvant guère les atteindre ; mais leur danger sera moindre encore, en leur faisant mettre pied à terre à la tête de leurs chevaux. Les conducteurs des chevaux de devant attacheront la longe de leur porteur à la voiture qui est à leur gauche, et se serviront de leurs armes pour se défendre. On fera aussi attacher aux roues les chaînes d'enrayage pour que les mouvements des chevaux effrayés dérangent moins facilement les voitures. Si l'ennemi arrive, on lui fera essuyer de très-près le feu des canonniers qui seront réfugiés entre les voitures.

Il ne faut pas se dissimuler que les armes à feu, tirées près des caissons chargés, feront courir aux défenseurs le danger de sauter avec les munitions ; mais aussi ils auront beaucoup de chance de parvenir à résister assez longtemps pour être secourus, ou même pour que la cavalerie ennemie renonce à un succès qui n'a pas pour elle une grande importance. Quand même cette cavalerie s'opiniâtrerait à cette attaque, on pourrait espérer lui résister longtemps. Des capitaines de vaisseau se sont immortalisés en se faisant sauter avec leurs navires plutôt que de se rendre; pourquoi un capitaine d'Artillerie n'aspirerait-il pas à la même gloire? La terreur qu'en aurait l'ennemi, s'il croyait à une pareille résolution, suffirait pour l'empêcher d'approcher.

On pourra peut-être trouver pour la réserve des dispositions préférables à celle que nous venons de donner; celle-ci a toutefois l'avantage de ne nuire en rien à la mobilité.

Nous n'avons parlé, jusqu'à présent, que des devoirs du commandant de la réserve relativement à sa batterie ; il en a d'autres encore pour se tenir en communication avec le parc de réserve de son corps d'armée, afin de pouvoir renouveler ses munitions ; il faut qu'il soit toujours bien instruit de la position du parc, qu'il connaisse parfaitement les chemins qui peuvent y conduire.

Ce que le commandant de la réserve doit surtout éviter dans les mouvements qui ont pour but de se conformer à ceux de la batterie, c'est de s'engager dans des défilés où il arrête les manœuvres des troupes en mouvement pour le combat; de semblables rencontres peuvent produire en un instant un encombrement d'autant plus fatal que, la communication des ordres étant entravée, les efforts que chacun fait pour se dégager augmentent le désordre : les batailles de la Trébia et de Vittoria présentent de funestes exemples qui ne doivent pas être perdus. Les réserves devront donc éviter d'avoir à dos un pont, un village ou un défilé ; elles rétrograderont plutôt pour avoir l'obstacle sur leur front. Laisser la liberté des mouvements, soit en avant, soit en arrière, ne pas embarrasser les chemins que les autres troupes peuvent avoir à parcourir, telles sont les conditions que leurs emplacements doivent remplir autant que possible.

Nous voyons que les commandants des réserves, outre les soins si compliqués et si minutieux qu'ils doivent avoir d'un personnel et d'un matériel considérables, doivent encore s'occuper constamment de l'étude du terrain qui les environne, et des mouvements des troupes pendant le combat. Ce n'est qu'à ces conditions qu'ils pourront se bien acquitter de leurs fonctions.

DES PARCS DE RÉSERVE DES CORPS D'ARMÉE ET DU GRAND PARC.

Les considérations qui viennent d'être présentées sur les mouvements de la réserve d'une batterie s'appliquent sur une plus grande échelle aux parcs de réserve des corps d'armée et au grand parc.

Le parc de réserve de chaque corps d'armée doit être placé de manière à avoir, autant que possible, des communications promptes et faciles avec toutes les batteries des divisions et avec le parc général ou les places de dépôt. Comme il faut aussi qu'il soit placé de manière à être couvert le plus possible par les positions des troupes contre les entreprises de l'ennemi, que ses mouvements en avant ou en arrière peuvent occasionner de grands encombrements, surtout si les chemins qu'il doit suivre ne sont pas en bon état, le choix de son emplacement est important et difficile.

Ce choix exige une connaissance parfaite du pays, surtout des chemins qui le traversent. Il exige aussi que l'on connaisse les mouvements des divisions du corps d'armée, et autant que possible, ceux des troupes ennemies, pour n'être pas surpris par elles. Quand le corps d'armée n'est pas placé à une aile de l'armée, la position du parc se trouve ordinairement en arrière du milieu de la ligne occupée par le corps d'armée. Il n'en est plus de même quand le corps d'armée est à une aile; alors le parc sera mieux placé en le rapprochant du reste de l'armée. La distance du parc de réserve aux divisions devra varier surtout avec l'étendue du front occupé par le corps d'armée. Si ce front s'étend, le parc pourra rester un peu plus loin, mais son escorte devra être assez forte pour résister aux troupes qui pourraient percer la ligne. Quand le front se resserre, ce qui a lieu en général à l'approche des batailles, le parc devra se rapprocher pour être à couvert contre les troupes ennemies qui tourneraient le corps d'armée. Il est d'ailleurs nécessaire qu'il soit plus près quand il faut pouvoir renouveler promptement les munitions consommées. Les projets du général doivent surtout avoir de l'influence sur l'emplacement du parc; si le général veut, par exemple, faire un grand effort par sa droite, c'est de ce côté qu'il sera consommé une grande quantité de munitions; on aura besoin d'en avoir sous la main pour le remplacement. L'emplacement du parc ne doit pas seulement satisfaire aux conditions précédentes, il doit être favorable à la défense, surtout à la défense contre la cavalerie; car, malgré toutes les précautions, le parc est toujours exposé à être assailli par des partisans ennemis qui se seront glissés entre les colonnes, ou qui se seront formés sur les derrières de l'armée. Si le parc était surpris en mouvement, il faudrait agir comme pour la réserve d'une batterie. Chaque portion devrait prendre, au moment où elle serait menacée, un ordre favorable à la défense, et se remettre en marche quand l'ennemi serait éloigné.

En donnant quelques règles pour la défense d'un parc,

notre intention n'est pas, comme pour la réserve d'une batterie, de le mettre, par ses mouvements et ses ordres de formation, en état de résister seul aux troupes qui peuvent l'attaquer. Il est souvent trop loin des divisions en ligne et trop difficile à mouvoir. D'ailleurs les positions qu'il peut prendre sont trop restreintes par la nécessité d'avoir de grandes routes qui assurent ses communications, pour qu'on puisse espérer y parvenir; mais il s'agit de paralyser pour sa garde et son escorte le moins de troupes possible.

Voyons quelles sont les dispositions à prendre lorsque le parc est attaqué dans sa position.

Si l'on a à craindre d'être attaqué sérieusement, ce qui est ordinairement indiqué par les positions des divisions de l'armée et des forces de l'ennemi, il faut ne plus consulter, dans le choix de l'emplacement du parc, la commodité, mais la sûreté. Si le terrain oblige de diviser le parc en plusieurs portions, il faut les placer en échiquier, de manière qu'elles se protégent mutuellement. Le parc doit pourtant offrir le moins de terrain possible à défendre; car c'est surtout l'étendue du contour qui augmentera la difficulté, l'ennemi vous obligeant à partager vos forces par des démonstrations faites sur divers points. Comme c'est surtout la cavalerie que la rapidité de sa marche met à même de venir attaquer un parc, c'est contre elle qu'il faut se précautionner. Si le terrain qui entoure le parc est coupé de fossés, de haies, de marécages, il sera très-favorable à la défense. Les terrains couverts, les bois lui seraient désavantageux, parce qu'il serait trop facile aux cavaliers ennemis, après avoir mis pied à terre, de s'en approcher sans être vus.

Il faudra d'abord faire des efforts pour s'opposer à l'approche de l'ennemi, puis mettre des obstacles à ce qu'il puisse emmener les voitures en cas de succès. Pour satisfaire à ces conditions, les voitures devront être dételées;

les sous-verges seront attachées aux voitures; les conducteurs montés sur leurs porteurs formeront des pelotons destinés à agir comme dernière ressource, en prenant en flanc la cavalerie ennemie lorsqu'elle sera proche, et se ralliant dans les intervalles des portions du parc. Sans se compromettre au loin, ils pourront rendre d'importants services. Il s'agit ici d'imiter les Russes, qui ont conservé longtemps l'habitude qu'ils avaient prise dans leurs guerres contre les Turcs, de former des retranchements avec leurs voitures; il faut prendre pour cela celles qui ne contiennent pas de poudre, et les mettre à l'extérieur du parc. On peut attacher des prolonges à des voitures placées de distance en distance; ce moyen est bon surtout pour fermer une trouée quand une grande partie du terrain qui entoure le parc est inaccessible.

L'Artillerie qui se trouve avec le parc doit contribuer à sa défense. Si la forme générale du parc est celle d'un carré, ce que l'on doit toujours chercher, parce que l'on aura à défendre un moins grand contour, l'Artillerie doit être placée aux angles. Alors elle peut, quel que soit le point que choisisse l'ennemi pour son attaque, diriger contre lui au moins la moitié des pièces. Comme cette Artillerie doit pouvoir se défendre sans le secours des autres armes contre les attaques de la cavalerie, il est nécessaire que les batteries ne soient pas trop faibles, et il peut être préférable de ne former que deux batteries à deux angles opposés, au lieu d'en placer une à chacun des quatre angles. On devra, dans ce cas, choisir les deux angles opposés, qui donnent l'emplacement le plus favorable à l'action de l'Artillerie. Nous avons dit que les voitures du parc devaient être dételées; il n'en est pas de même des batteries de manœuvre qui ne doivent jamais se priver de leur mobilité.

Un parc en position qui n'est, comme nous venons de le dire, attaqué que par la cavalerie, peut espérer de se défendre, pour ainsi dire, par sa seule force d'inertie. Il n'en sera plus de même s'il est attaqué par l'infanterie, et surtout s'il l'est par l'Artillerie. Dans ce cas, il faut que les troupes et l'Artillerie qui les défendent ne laissent pas l'ennemi arriver jusque sur les voitures; il faut éteindre promptement le feu de l'Artillerie ennemie, qui peut le faire sauter. Attaquant l'Artillerie ennemie, celle de la défense doit se multiplier par sa mobilité, se réunir et s'avancer courageusement jusqu'à portée de mitraille, pour l'écraser ou du moins attirer sur elle tous ses coups et sauver le parc.

Dans aucun cas, il n'est permis de capituler et de rendre un parc, on doit toujours conserver l'espoir que les troupes voisines, prévenues de l'attaque par le bruit du combat ou par les ordonnances envoyées dans ce but, arriveront assez à temps pour le sauver.

Nous ne nous sommes occupés que de la défense d'un parc en station; s'il est en mouvement, sa défense offre bien plus de difficultés encore, l'ennemi pouvant l'attaquer dans une bien plus grande étendue; c'est une affaire qui regarde les trois armes, et qui rentrera dans un des cas traités plus tard. La seule règle générale que l'on puisse donner, qui s'applique également à la défense d'un parc en station, c'est de ne jamais s'abandonner à la poursuite de l'ennemi.

D'après tout ce qui vient d'être dit pour les positions et la défense d'un parc de corps d'armée et du parc général, on doit comprendre que cela exige une grande connaissance de la guerre. Si l'officier qui dirige les mouvements de la réserve d'une batterie a besoin de connaissances tactiques, celui qui dirige les mouvements d'un parc a besoin d'être constamment au courant des mouvements de l'armée, et d'avoir de grandes connaissances stratégiques. Comme à cette difficulté se joint une administration minutieuse et très-compliquée, on comprendra, j'espère, tout le mérite qu'il peut y avoir à se bien acquitter de fonctions en apparence peu brillantes.

Combinaison de l'Artillerie avec les deux autres armes.

Il sera souvent question, dans cette partie, des mouvements à faire exécuter à l'Artillerie, et l'on pourra apprécier tous les avantages de sa mobilité. Il est cependant nécessaire de faire à ce sujet une observation : l'Artillerie, nous l'avons déjà vu, n'a point, comme les deux autres armes, d'action par son mouvement; le mouvement est toujours pour elle un moment de crise. Outre cela, les pièces dans une position nouvelle perdent toujours quelques coups par l'ignorance de la distance, dont le pointage dépend. Il ne faut donc pas abuser de cette mobilité, et le mouvement de l'Artillerie pendant le combat doit toujours avoir un but déterminé, et s'exécuter avec la rapidité que les circonstances permettent. L'Artillerie étant en batterie sur un point, celui qui la commande doit, autant que possible, avant de la déplacer, avoir reconnu et déterminé la nouvelle position qu'il veut lui faire prendre et le chemin à suivre pour y arriver.

CHAPITRE III.

ARTILLERIE AVEC INFANTERIE.

Ces armes ont toutes deux la propriété de se défendre très-bien de pied ferme; ainsi c'est surtout dans le cas où il y aura besoin d'une défensive absolue que leur combinaison pourra être, non pas seulement utile, mais indispensable. Dans ce cas elles devront agir avec sang-froid et opiniâtreté, s'aidant de leur action mutuelle jusqu'au dernier moment.

La combinaison de ces deux armes, la plus fréquente de toutes celles que nous avons à examiner, a une action très-compliquée qui ne se borne pas à la défensive. Dans l'offensive, l'Artillerie, suivant sa force relative et suivant les circonstances, prépare le succès ou le détermine. Dans le premier cas, l'attaque est faite par l'infanterie; dans le second, le rôle de cette arme consiste à achever la déroute de l'ennemi en l'empêchant de se rallier. C'est ce que sa facilité à diviser et à mouvoir ses éléments dans toute espèce de terrain lui permet de faire avec succès.

Toutes les fois que l'attaque réelle peut être faite et que le succès peut être obtenu par l'action de l'Artillerie, on a l'avantage de perdre beaucoup moins de monde, et de pouvoir pousser l'ennemi pendant sa retraite avec bien plus de vivacité, avec des troupes qui n'ont pas encore combattu et qui sont animées par le succès dont elles ont été témoins.

ARTILLERIE ET INFANTERIE CONTRE INFANTERIE.

Quand le terrain n'est pas défavorable, l'Artillerie a maintenant une mobilité supérieure à celle de l'infanterie; il en résulte que, quand elle a à combattre cette arme seule, c'est le cas pour elle d'agir avec audace et de ne tirer que de près.

Pour apprécier l'avantage qui en résulte, il faut savoir que, si le but sur lequel on tire a les dimensions d'un peloton de cavalerie en bataille, il y aura à 500 mètres au moins deux fois plus de boulets qui atteindront le but qu'à 800 mètres, et au moins quatre fois plus qu'à 1200 mètres.

Supposons qu'il s'agisse d'attaquer une ligne d'infanterie en bataille; l'Artillerie pourra se porter vers le flanc de cette ligne et, la prenant de flanc ou d'écharpe à bonne portée, la forcer à quitter sa position et à manœuvrer pour changer de front; elle facilitera ainsi le succès de son infanterie, qui doit saisir ce moment pour marcher à l'ennemi.

On peut encore, par des démonstrations d'attaque faites avec l'infanterie, forcer l'ennemi à se masser ou à manœuvrer; l'Artillerie, se portant alors rapidement à bonne portée, jettera le désordre dans les rangs de l'ennemi et le mettra en fuite.

Toutes les actions de guerre ne sont pas aussi simples que nous sommes obligés de les représenter pour généraliser; l'ennemi a des réserves qui marcheront contre notre infanterie quand elle s'avancera pour profiter du désordre, et que sa marche l'aura un peu désunie. Comme le succès dépend de ces instants, c'est à l'Artillerie à protéger l'infanterie que son succès même désorganise. Il faut qu'elle se porte rapidement vers un point d'où elle puisse agir contre les troupes fraîches que l'ennemi enverra au soutien des siens.

Dans tous les mouvements assez rapides que, comme nous venons de le dire, l'Artillerie peut faire, elle n'est plus soutenue de près par aucune troupe, l'ennemi peut alors l'attaquer; c'est à elle à juger si elle peut résister à cette attaque, ou si elle doit remettre ses avant-trains pour se porter à un autre point du champ de bataille. Il a déjà été dit précédemment que l'Artillerie ne devait aucunement s'occuper des tirailleurs ennemis; il faudra donc généralement que des tirailleurs la protégent. Il sera donc toujours bon que dans tous ces mouvements elle soit suivie par quelques pelotons d'infanterie qui la rejoindront pour écarter les tirailleurs ennemis.

Nous avons supposé, jusqu'à présent, que nous prenions l'offensive : supposons que nous restions sur la défensive, et voyons ce que nous aurons à faire dans ce cas.

L'infanterie ennemie, voulant attaquer notre position, le fera en ligne ou en colonne. En ligne, elle sera moins en prise au feu de l'Artillerie, mais elle marchera lentement; le désordre s'introduira facilement dans ses rangs. L'Artillerie peut se porter sur le flanc de cette ligne et la prendre ainsi d'enfilade pendant une partie de sa marche, et pendant qu'elle sera exposée au feu de l'infanterie; mais si quelque obstacle empêche l'Artillerie d'exécuter cette manœuvre, les pièces, divisées en deux batteries, croiseront leurs feux en avant du milieu de la ligne qui joint les deux batteries. Lorsqu'elles auront jeté le désordre dans les rangs ennemis, une partie de notre infanterie débouchera en colonne dans cet espace et, perçant la ligne ennemie, prendra ses deux parties en flanc et à revers. Pendant ce temps, les deux batteries tireront contre les troupes latérales. C'est ici encore qu'il peut être utile que quelques pièces suivent l'infanterie dans son mouvement en avant, pour s'opposer à la seconde ligne et aux réserves qui entreront en action contre notre tête de colonne.

Si l'ennemi, au lieu d'attaquer en ligne, comme nous l'avons supposé, attaque en colonne, l'Artillerie jouera encore un rôle plus important. Elle aura plus d'efficacité; elle battra les têtes de colonnes et aura toujours pour but d'y croiser les feux de deux batteries, dont une au moins soit latérale. Il a été dit précédemment pourquoi les projectiles arrivant de divers côtés avaient plus d'efficacité en décourageant l'ennemi.

Si l'Artillerie reste réunie en une seule batterie, elle devra avoir pour but d'attirer l'attaque sur elle. Alors elle résiste et tire jusqu'au dernier moment, pour que l'infanterie auxiliaire puisse attaquer en flanc la colonne ennemie.

Si, pour diviser nos forces, l'ennemi attaque sur plusieurs colonnes, à moins d'avoir assez d'Artillerie pour agir contre toutes à la fois, nous concentrerons notre feu sur une seule, contre laquelle nous agirons le plus promptement possible, sans nous préoccuper du succès des autres. Cette colonne étant rompue, nous agirons contre celle qui sera la plus menaçante.

ARTILLERIE ET INFANTERIE CONTRE INFANTERIE ET ARTILLERIE.

Ici tout est égal de part et d'autre; quoique, dans ce cas, notre Artillerie, pendant ses mouvements, coure le risque d'être atteinte de loin par l'Artillerie ennemie, elle conserve cependant encore une grande liberté d'action, qui ouvre un vaste champ aux combinaisons.

C'est ici le lieu de signaler un écueil dans lequel on est souvent tombé; quand il y a de l'Artillerie en présence de part et d'autre, il ne faut point, tirant sur les pièces, préluder au combat par une longue canonnade de fort loin, qui consomme beaucoup de munitions, sans autre résultat que quelques chevaux tués, quelques roues brisées, et paralyse l'Artillerie, qui alors ne concourt en rien au résultat de l'affaire.

Il ne faut donc pas commencer le feu de l'Artillerie trop tôt ni sans but précis. S'agit-il d'attaquer l'ennemi et de le chasser d'une position; l'attaque devant se diriger sur un des points occupés par l'ennemi, c'est le plus souvent sur ce point que l'Artillerie devra diriger ses coups. Elle s'établira de manière à n'être pas trop en prise au feu de l'Artillerie ennemie, et tirera sans relâche. Soit qu'elle chasse l'ennemi, soit qu'elle facilite seulement l'action de l'infanterie, elle aura concouru au résultat du combat, et l'Artillerie ennemie suivra la retraite des troupes battues. Ce qu'il ne faut pas perdre de vue, c'est que, en tuant beaucoup d'hommes à l'ennemi en un point déterminé, vous le forcez à l'abandonner; tandis qu'en tirant contre l'Artillerie, l'affaire se décide sans vous, ou du moins traîne en longueur; et vous n'avez encore rien décidé, même quand vous avez réduit les pièces ennemies au silence. Il peut cependant se présenter des circonstances où, pouvant tirer contre des troupes, on doive tirer contre les pièces.

On est sur l'offensive, ayant une grande supériorité numérique ou morale sur l'ennemi, dont il est important d'enlever promptement la position. L'Artillerie ennemie, heureusement placée, repousserait certainement nos colonnes d'attaque. Le succès que nous pourrions, par notre feu, avoir sur l'infanterie ne nous conduirait pas au résultat. C'est l'Artillerie ennemie qu'il faut paralyser, et le succès de l'attaque sera certain.

Nous sommes sur la défensive, l'ennemi est parvenu à placer son Artillerie de manière à tourmenter beaucoup les troupes massées sur notre position; tandis que nous n'avons qu'un faible effet sur les troupes qu'il tient en longues lignes déployées avant de commencer son attaque. Alors notre Artillerie doit attaquer la sienne; mais aussitôt que le moment décisif sera arrivé, que l'ennemi aura formé ses colonnes et marchera contre nous, alors c'est sur son infanterie qu'il faudra tirer. C'est en agissant de cette manière que l'Artillerie française empêcha la réussite de l'attaque des Prussiens à Valmy.

Il est nécessaire de bien distinguer ces divers cas, et de ne pas laisser détourner son attention par le feu de l'Artillerie de l'ennemi. Toutes les fois qu'il y a un plus grand avantage à agir contre les troupes, on doit essuyer sans y répondre le feu de l'Artillerie pour concourir efficacement au succès.

ARTILLERIE ET INFANTERIE CONTRE CAVALERIE.

Contre la cavalerie, l'Artillerie ne peut plus agir avec autant d'indépendance et de liberté; elle ne peut faire un mouvement sans appui que quand elle est sûre d'être en batterie dans sa nouvelle position avant d'être attaquée par une partie, même très-faible, de la cavalerie ennemie, qui en aurait bon marché. La prudence et le sang-froid doivent la caractériser.

La cavalerie est l'arme la plus dangereuse pour l'Artillerie; sa rapidité lui permet d'arriver sur les pièces en restant pendant peu d'instants exposée à leur feu. Cette arme peut souvent profiter des plis du terrain, saisir un moment où les pièces tirent d'un autre côté, où la fumée les empêche de voir : les cavaliers, dispersés en fourrageurs, peuvent attaquer de tous côtés, sans donner beaucoup de prise au feu du canon. C'est contre tous ces dangers que l'infanterie doit protéger l'Artillerie, pendant que ses pièces s'occupent d'arriver au but du combat. Supposons que nous soyons sur la défensive : la cavalerie ne peut nous faire aucun mal de loin; il faut qu'elle arrive jusqu'à nous. L'infanterie se placera, du moins en partie, en colonnes ou en carrés, de manière à pouvoir manœuvrer et résister le mieux possible à ses charges. L'Artillerie, placée de manière à découvrir au loin, entrera de bonne heure en action, et tourmentera cette cavalerie, pour mettre le désordre dans ses manœuvres, la forcer à s'éloigner ou à commencer ses charges de fort loin.

La cavalerie n'est redoutable, à l'infanterie en ordre, que quand elle arrive sur elle en conservant ses rangs pour agir avec ensemble. La forcer à commencer ses charges de fort loin, c'est la mettre dans l'impossibilité de les achever avec succès. C'est un principe que l'Artillerie ne doit pas perdre de vue, toutes les fois qu'elle a la cavalerie à combattre. Dans le cas que nous examinons, l'infanterie se tiendra donc toujours prête à protéger les flancs de l'Artillerie, et à la garantir des incursions des fourrageurs. L'Artillerie jettera de loin le désordre dans la cavalerie, la forcera à précipiter sa marche, et permettra ainsi à l'infanterie de garder son feu pour l'accabler de près, si elle arrive jusqu'à elle.

Si la cavalerie ennemie forme plusieurs attaques, l'Artillerie, à moins d'être très-nombreuse, doit s'attacher à une seule, à la plus dangereuse, se hâter de la repousser, en y concentrant son feu, et, sans perdre de temps, le diriger ensuite sur une seconde.

Supposons maintenant qu'il s'agisse de prendre l'offensive, et de chasser la cavalerie ennemie de la position qu'elle occupe. Nous atteindrons le but si nous parvenons à une position d'où l'Artillerie puisse battre la cavalerie ennemie, sans qu'aucun pli de terrain lui fournisse d'abri. Il est vraisemblable que, dans ce cas, la cavalerie ennemie ne restera pas sous le feu de notre Artillerie, essuyant de grandes pertes sans nous en faire éprouver, et qu'elle n'aura d'autre parti à prendre que de se retirer ou de venir nous attaquer dans notre position, ce qui rentrerait dans le cas précédent.

S'il n'existe pas de position d'où nous puissions, avec notre Artillerie, battre la cavalerie ennemie, il faudra marcher à elle et l'attaquer de vive force. Les dispositions de cette marche doivent être telles que, si nous nous arrêtons à un instant quelconque, nos troupes se trouvent placées d'après les règles données tout à l'heure pour la défensive. En effet, la cavalerie ne peut pas se défendre en restant immobile; il faudra qu'à un instant quelconque elle se décide à nous attaquer. Comme elle peut le faire avec promptitude et vigueur, que chacune de nos deux armes ne peut pas lui résister étant en marche, il faut qu'à chaque instant nos dispositions de défense se trouvent toutes faites, et il est probable qu'alors la cavalerie ennemie, après quelques démonstrations, prendra le parti de se retirer.

Nous allons considérer plus particulièrement le cas où l'infanterie et l'Artillerie sont en présence d'une cavalarie nombreuse et brave, et où l'infanterie se forme en carrés. Quelle est alors la place et le mode d'action de l'Artillerie?

Les nombreux exemples qui nous ont été fournis par la campagne d'Égypte nous mettraient à même de résoudre la question; mais le raisonnement doit pouvoir nous conduire au même résultat. Supposons d'abord un seul carré et quatre pièces de canon. Placerons-nous une pièce à chaque angle, comme on le fait habituellement dans les manœuvres des parades? La cavalerie trouve de l'avantage à s'avancer dans la direction des diagonales; elle attaque les angles des carrés préférablement aux faces. L'infanterie devra donc former son carré de telle façon que un ou plusieurs angles soient, s'il est possible, dans des directions telles, que la nature du terrain les protége. Si l'on y parvient, tous les angles n'ont plus le même besoin de protection, et l'on n'a aucune raison de répartir l'Artillerie partout également.

Ce qui serait une faute dans cette supposition en serait encore une dans le cas où le carré se trouverait dans une vaste plaine, qui n'offrirait pas plus de protection d'un côté que de l'autre, car le carré sera bien partagé également sur tous les points; mais l'Artillerie ne sera qu'un auxiliaire, dont le feu divergent fera beaucoup moins d'effet que s'il était concentré successivement sur des points différents. Tant que l'ennemi sera loin, nos quatre pièces réunies à quelque distance du carré, ayant avec elles leurs avant-trains, suivront les mouvements de l'ennemi, troublant ses manœuvres et ses démonstrations; ces pièces n'ayant autour du carré qu'un petit cercle à parcourir, pendant que l'ennemi aura un grand cercle à décrire, s'il veut aller charger un autre point que celui qu'il menaçait d'abord ; il en résulte que les quatre pièces pourront toujours s'opposer au principal effort que fera la cavalerie ennemie, et, forçant cette cavalerie à commencer ses charges de loin pour se soustraire à un feu redoutable, elles pourront peut-être, chose impossible, si elles étaient divisées, empêcher seules ces charges d'arriver jusqu'à l'infanterie. Mais, comme il faut prévoir le cas où ces charges, faites à fond par une cavalerie brave et aguerrie, arriveraient jusqu'aux baïonnettes, il faut que les pièces se placent de manière à concourir à la défense, sans l'entraver en rien. Si l'Artillerie se plaçait dans l'angle même qui est attaqué, elle aurait une action avantageuse contre la cavalerie ; mais elle entraverait le feu de l'infanterie, qui, quoique oblique, est cependant le plus redoutable quand la cavalerie est très-proche. Il sera donc préférable que nos quatre pièces se placent dans un angle voisin de celui qui est directement attaqué, elles pourront faire feu jusqu'au dernier moment, sans nuire au feu du carré. Les avant-trains rentreront dans le carré assez tôt pour n'avoir rien à craindre de la charge ; un petit nombre de canonniers seulement resteront près des pièces pour tirer le dernier coup, lorsque l'ennemi sera à très-bonne portée de mitraille, et ces canonniers rentreront aussitôt dans le carré, afin que si quelques cavaliers ennemis arrivent près des pièces, l'infanterie puisse tirer sur eux sans crainte de tuer les canonniers. L'ennemi ne restera pas longtemps près du carré, et il faut que les canonniers courent promptement à leurs pièces pour tirer de nouveau contre une seconde charge qui succédera probablement à la première : car c'est surtout par la succession de ses efforts, que la cavalerie peut réussir contre des troupes qui manquent de sang-froid.

Il est, en général, plus avantageux que l'infanterie

forme plusieurs carrés qu'un seul, parce qu'ils se protégent mutuellement. L'Artillerie se trouve mieux couverte pendant les mouvements qu'elle peut avoir à exécuter. Il faut qu'elle sache encore ne pas trop se morceler, et qu'elle s'attache à protéger les points les plus faibles. C'est déjà gagner beaucoup que de forcer l'ennemi à faire une attaque qui le mette en prise aux feux croisés de plusieurs carrés.

Supposons qu'il y ait deux carrés se flanquant mutuellement; il n'y a pour chacun d'eux qu'un seul angle que l'ennemi puisse attaquer sans être en prise aux feux de l'autre carré. C'est donc pour chacun d'eux, cet angle que les pièces doivent plus particulièrement protéger, et pour cela elles ne doivent pas se placer dans cet angle, mais se mettre en batterie dans un angle voisin.

Il n'est pas toujours possible à l'infanterie de former plusieurs carrés; car, outre le cas d'un nombre d'hommes peu considérable, comme il faut que les caissons et les bagages trouvent place dans le carré, il peut en résulter la nécessité d'en faire un grand au lieu de plusieurs petits, puisque c'est le moyen d'embrasser un plus grand espace. La même raison pourra obliger de ranger l'infanterie sur un ordre plus mince qu'il ne serait à désirer, car un ordre profond est un grand motif de sécurité à cause de l'extrême importance qu'il y a à ce que le carré ne soit pénétré sur aucun point.

Si les voitures de bagages sont souvent embarrassantes, elles peuvent aussi quelquefois être utilisées pour la défense, quand on a le temps de les dételer. Les arrière-trains de nos caissons actuels, s'il s'en trouve de vides, pourront surtout être promptement placés devant le front; en tendant des prolonges de l'un à l'autre, on aura un retranchement d'autant meilleur qu'il ne gênera en rien le feu de l'infanterie. Il ne faudrait pas se hasarder à se servir de caissons chargés, parce que le feu de l'infanterie pourrait les faire sauter.

C'est surtout lorsqu'on combat contre la cavalerie, que le terrain joue un grand rôle pour la tactique des deux autres armes. Il est bien entendu que ce que nous avons dit des accidents favorables ou défavorables à chaque arme doit trouver son application ici comme dans toutes les circonstances que nous examinerons.

C'est encore ici le lieu de remarquer le grand avantage de la cavalerie, quand rien n'entrave ses mouvements. Le succès que les autres armes peuvent avoir sur elle n'est jamais poussé qu'au point où elle le veut. Sa vitesse lui donne toujours le moyen de se soustraire sans grande perte au danger, et d'éviter les suites d'une déroute qu'elle rend si dangereuses pour les autres armes.

ARTILLERIE ET INFANTERIE CONTRE CAVALERIE ET ARTILLERIE.

L'ennemi que nous combattons n'est plus réduit à l'impuissance de nous nuire de loin, et il devient bien plus dangereux.

Si la cavalerie est à bonne distance et en prise, notre Artillerie tirera contre elle; elle la contraindra à s'éloigner ou à commencer son attaque; son Artillerie se trouvera annulée. Si la cavalerie ennemie s'éloigne, seulement pour se soustraire à notre feu, alors nous le dirigerons contre l'Artillerie de l'ennemi, qui restera seule en prise, et notre infanterie pourra aussi s'éloigner un peu pour se mettre à l'abri.

Si, au lieu de se défendre, il s'agit d'attaquer, les mêmes règles existeront encore, et ce sera sur la cavalerie qu'il faudra diriger tout son feu, quand elle sera en prise, et ne tirer contre l'Artillerie que quand la cavalerie se trouvera hors d'atteinte.

Il faut, dans toutes ces circonstances, non-seulement le courage d'essuyer le feu de l'Artillerie ennemie sans y répondre, mais celui de résister aux clameurs des troupes qui se plaignent qu'on ne les dérobe pas au feu de l'ennemi.

Je crois qu'en y réfléchissant, on verra que cet emploi de l'Artillerie est le meilleur, parce qu'il abrége la durée du combat auquel elle prend une part bien autrement efficace, que si elle engageait avec l'Artillerie ennemie une de ces canonnades qui se prolongent fort longtemps sans résultat.

Il y aura cependant un assez grand nombre de cas où il faudra tirer contre les pièces de l'ennemi. Si sa cavalerie, par exemple, est rangée dans un ordre mince avec des intervalles, qu'elle se meuve et se déplace pour donner peu de prise à nos coups, c'est contre son Artillerie qu'il faudra tirer; car cette Artillerie ferait bien plus de mal à notre infanterie, placée dans un ordre profond, que nous n'en ferions à la cavalerie. Ce n'est que quand la cavalerie ennemie, ayant fait ses dispositions d'attaque, sera prête à charger, que nous aurons de l'avantage à hâter ce moment pour nous dérober plus promptement au feu de l'Artillerie, et c'est alors contre la cavalerie seule qu'il faudra tirer. Après avoir repoussé ses attaques, nous pourrons trouver un grand avantage à prendre nous-mêmes l'offensive et à marcher contre l'Artillerie. La cavalerie, qui ne sera pas encore bien remise de sa défaite, agira avec peu de confiance. Nous avons vu que Desaix employa ce moyen avec succès au combat de Sédiman, qu'il livra en Égypte au bey Mourad. Cet exemple n'est pas le seul que nous ayons cité; nous avons vu souvent l'infanterie et l'Artillerie, se trouvant, dans une circonstance critique, en présence de la cavalerie unie à l'Artillerie, se tirer du danger en prenant hardiment une offensive qui déconcertait l'ennemi et ne lui laissait pas le temps de faire ses préparatifs.

Dans la combinaison que nous examinons, les caissons et les réserves des batteries ne peuvent plus, comme dans celle qui précède, se réfugier dans les carrés de l'infanterie. On courrait le risque de voir les munitions enflammées par les projectiles creux de l'ennemi, anéantir peut-être un carré tout entier. L'explosion de toutes ces munitions réunies entraînerait un trop grand désastre pour qu'il soit prudent de s'y exposer.

C'est donc, surtout dans cette circonstance, que l'on pourra utiliser ce qui a été dit antérieurement sur les précautions à prendre par la réserve contre la cavalerie. Les caissons de la batterie de manœuvre feront bien de se former aussi dans un ordre défensif, à couvert le plus possible du feu de l'Artillerie ennemie, dans une position peu éloignée de celle des pièces, mais assez distante de l'infanterie pour qu'elle n'ait que peu de chose à craindre de l'explosion.

ARTILLERIE ET INFANTERIE CONTRE INFANTERIE ET CAVALERIE.

Contre laquelle des deux armes l'Artillerie devra-t-elle diriger son feu? Cela devra varier suivant la nature du terrain, les proportions des armes des deux côtés, et suivant que l'on prendra le parti d'attaquer ou de se défendre. Quelques suppositions pourront seules éclairer la question.

Nous sommes sur la défensive, la cavalerie ennemie est peu redoutable, la plus grande partie de notre infanterie reste déployée, la cavalerie ennemie ne peut pas attaquer avec grande chance de succès notre infanterie tant qu'elle sera intacte; c'est donc l'attaque de l'infanterie qui est à craindre, c'est contre elle que l'Artillerie devra diriger son feu. Si l'infanterie ennemie, restant déployée, s'avance dans cet ordre, chaque coup de canon lui fera essuyer peu de pertes ; mais comme elle marchera lentement, elle restera longtemps exposée à notre feu. Si elle prend le parti de se former en colonne, l'Artillerie acquerra la plus grande efficacité et pourra souvent décider seule le succès.

Maintenant, nous sommes encore sur la défensive, mais la cavalerie est plus redoutable ; toute notre infanterie est obligée de se former en carrés ou en colonnes serrées ; l'ennemi, au lieu de lancer de suite sa cavalerie contre nos masses, fait avancer son infanterie déployée, afin que par son feu elle commence à jeter le désordre dans nos troupes, qui ne peuvent pas lui répondre par un feu aussi vif. C'est encore contre l'infanterie que nous dirigerons l'Artillerie, parce que, comme cette infanterie est indispensable à l'attaque de l'ennemi, en entravant son action, l'Artillerie concourra efficacement à notre succès : or, ici, l'Artillerie peut, sans trop de difficulté, entraver l'action de cette infanterie, qui est obligée, pour agir contre la nôtre, de s'avancer plus près que la bonne portée de mitraille, et de s'arrêter pour exécuter ses feux. L'Artillerie ne devra pas agir sur toute la ligne de l'ennemi à la fois, il faut qu'elle concentre son feu sur un point pour passer ensuite à un autre.

Supposons maintenant que l'ennemi soit sur la défensive ; l'Artillerie pourra souvent le chasser seule de sa position, puisqu'il aura à souffrir de son feu sans pouvoir y répondre. Il faudra donc chercher l'emplacement le plus favorable pour les pièces. La position de l'infanterie sera subordonnée à celle de l'Artillerie.

Il peut arriver que l'ennemi se décidant à la retraite, ou bien ayant une contenance moins ferme, ou bien encore étant protégé par les plis du terrain, notre infanterie se mette en mouvement pour aller attaquer en colonne : quelle sera alors l'action de l'Artillerie? L'infanterie, en marche, a tout à craindre de la cavalerie ; pour lui résister, il faut qu'elle s'arrête et se forme. La cavalerie ennemie pourrait donc, par ses charges ou ses manœuvres, entraver l'action de notre infanterie ; c'est à l'Artillerie à la protéger. Il faut donc chercher, pour les pièces, des emplacements favorables, suivre toujours des yeux les mouvements de la cavalerie, l'éloigner ou la mettre en désordre par notre feu, aussitôt qu'elle est en prise. Si l'Artillerie est plus que suffisante pour remplir ce but, une partie seulement des pièces y sera consacrée ; le reste, se portant rapidement en avant des colonnes, fera feu contre l'infanterie ennemie, jusqu'à ce que la nôtre soit assez avancée pour masquer le feu du canon. Il ne faut pas oublier que, dans ces divers mouvements, l'Artillerie a peu de liberté d'action, parce qu'elle ne doit pas s'exposer à être surprise en marche par la cavalerie.

Si le terrain sur lequel notre infanterie s'avance la protége contre la cavalerie, il n'est plus nécessaire de s'en inquiéter, il faut alors tirer contre l'infanterie.

ARTILLERIE ET INFANTERIE CONTRE INFANTERIE, CAVALERIE ET ARTILLERIE.

Ici, tous les désavantages sont de notre côté. L'ennemi, avec sa cavalerie, pourra nous forcer à former notre infanterie en ordre profond ; son Artillerie l'accablera jusqu'à ce que son infanterie déployée se soit avancée pour lui faire essuyer à son tour un feu meurtrier.

Nous sommes sur la défensive, l'ennemi prend le parti qui vient d'être indiqué. Dans ce cas, si les troupes ennemies sont en prise, que le terrain fournisse aux nôtres quelque couvert, le mieux sera de diriger le feu de notre Artillerie contre celles des troupes qui seront le plus exposées. Il est probable que l'ennemi, qui a le projet d'attaquer, ne se résoudra pas à essuyer de pied ferme notre feu ; il avancera le moment de l'attaque. Notre infanterie, dérobée ainsi au feu de son Artillerie, sera mieux en état de résister et de repousser l'attaque. Si l'ennemi prend tout de suite le parti de lancer sa cavalerie, c'est contre elle qu'il faut diriger notre feu, tâcher d'y jeter le désordre avant qu'elle arrive sur nos baïonnettes, et donner à notre feu, aussitôt que la charge est passée, sa première direction. Si l'ennemi fait avancer son infanterie, nous rentrons dans une circonstance examinée tout à l'heure ; c'est contre elle qu'il faut tirer.

Si l'ennemi, en faisant agir son Artillerie, trouve moyen de dérober à notre feu les deux autres armes, il est inutile de dire que c'est contre son Artillerie que la nôtre doit être dirigée.

Au lieu de diriger le feu de son Artillerie contre nos masses d'infanterie, l'ennemi le dirigera peut-être d'abord contre notre Artillerie ; celle-ci cherchera alors une position qui puisse la soustraire au feu de l'ennemi sans l'empêcher d'agir contre ses troupes. Si elle n'en trouve pas, elle engagera un combat d'Artillerie contre Artillerie ; car elle ne peut pas laisser démonter ses pièces, pour que l'infanterie reste seule ensuite contre les trois armes réunies.

Pour nous dérober au danger qui nous menace, nous prenons le parti d'attaquer vivement. Contre quelle arme devra tirer l'Artillerie ? Notre infanterie s'avance en colonnes ; la première condition est de la protéger contre la cavalerie, qui la forcerait à s'arrêter sous le feu des deux autres armes. Ce but rempli, notre feu devra être dirigé contre l'Artillerie de l'ennemi, qui ferait bien plus de mal aux colonnes serrées de notre infanterie que nous n'en pourrions faire à sa ligne. Il faut, contre les pièces de l'ennemi, agir vivement et attirer leur feu vers nous, pour laisser libre l'action de notre infanterie, à qui il appartient alors de déterminer promptement le succès.

ARTILLERIE ET INFANTERIE CONTRE ARTILLERIE.

Notre Artillerie n'ayant plus de cavalerie à craindre reprend toute sa mobilité.

Que notre infanterie se place en ordre mince, que la plus grande partie se divise en pelotons, se disperse en tirailleurs, et, s'approchant des pièces, vise avec soin les canonniers qui les servent; pendant ce temps notre Artillerie manœuvrera pour aller prendre en rouage l'Artillerie ennemie; celle-ci n'aura que deux partis à prendre : ou elle manœuvrera pour changer de front et tirer contre la nôtre. et, réduite pendant ce mouvement à une impuissance complète, elle pourra être prise ou au moins être arrêtée par notre infanterie, qui tuera les chevaux des attelages; ou bien, la crainte de ce danger la rendant immobile, elle en sera réduite à tirer contre de faibles troupes d'infanterie. pendant que le feu de nos pièces démontera les siennes.

CHAPITRE IV.

ARTILLERIE AVEC CAVALERIE.

La combinaison permanente de ces deux armes n'est point ancienne, elle date seulement des guerres de la Révolution; mais depuis qu'elle a pris naissance, elle a rendu d'immenses services : c'est, du reste, la plus grande innovation tactique qui soit résultée de nos longues guerres. Si cette combinaison n'a presque pas été mise en usage plus tôt, ce n'est pas parce qu'une idée aussi simple n'était pas venue, mais parce que l'état de l'Artillerie s'opposait à ce qu'elle pût être bien utilement employée ainsi.

Dans l'emploi de l'Artillerie avec l'infanterie, nous

avons vu qu'on a souvent occasion d'utiliser la mobilité de l'Artillerie; ici une grande mobilité est indispensable, car il faut que l'Artillerie ne soit pas pour la cavalerie une entrave, qu'elle ne lui fasse pas perdre ses principaux avantages, la rapidité de ses marches et de ses manœuvres, la propriété de ne combattre contre l'infanterie que lorsqu'elle le juge à propos. Pour arriver à ce résultat, il n'est pas nécessaire que chaque voiture d'Artillerie puisse se mouvoir aussi rapidement qu'un cavalier isolé, mais seulement aussi vite qu'une cavalerie nombreuse marchant en ordre. Nous l'avons vu, on est parvenu à ce résultat en faisant monter sur des chevaux les canonniers servants, et l'inconvénient du surcroît de dépenses et d'embarras a été bien moindre que les avantages qui en sont résultés.

Il est bien facile de se rendre compte des raisons pour lesquelles la combinaison que nous examinons a produit tant de résultats; c'est que chacune des deux armes, Artillerie et cavalerie, supplée aux qualités qui manquent à l'autre.

L'ennemi est-il réuni en masse immobile et protégé par de légères coupures de terrain, la cavalerie ne peut rien contre lui; l'Artillerie est, au contraire, dans une des circonstances les plus favorables.

Si l'ennemi est retranché, s'il est dans des bois, des maisons, la cavalerie ne peut rien contre lui; l'Artillerie est l'arme la plus efficace.

S'agit-il de défendre un point qu'on ne peut pas quitter, une position dans laquelle on ne peut pas se mouvoir, la cavalerie ne peut rien; elle se fera tuer inutilement; l'Artillerie, au contraire, se trouve dans une circonstance favorable.

Pendant les marches, dans des chemins creux, des terrains accidentés, l'Artillerie est paralysée sans aucun moyen de défense; la cavalerie éclaire le pays et éloigne l'ennemi.

L'ennemi rompt ses rangs et se disperse, soit pour l'attaque, soit pour la fuite. L'Artillerie ne peut rien contre lui, et c'est alors que la cavalerie est le plus redoutable.

Il ne faut cependant pas se dissimuler que l'Artillerie ne trouve pas dans la cavalerie un appui aussi solide que dans l'infanterie. La cavalerie, ne pouvant défendre qu'en se mettant en mouvement, laisse souvent les batteries en prise à la cavalerie ennemie; mais celle-ci ne fait le plus souvent que traverser la batterie, sans avoir le temps de faire beaucoup de mal. C'est un danger que l'Artillerie doit prévoir, et dont il ne faut pas trop s'effrayer; elle peut, d'ailleurs, à l'approche d'une attaque de flanc, contre laquelle elle n'est pas protégée, emmener rapidement les avant-trains et les caissons, laisser les pièces seules et revenir continuer le feu quand la charge a été repoussée. Ce moyen a été, d'après ce que rapporte le général Tirlet, employé plusieurs fois avec succès par l'Artillerie anglaise.

ARTILLERIE ET CAVALERIE CONTRE INFANTERIE.

Si l'infanterie est en plaine, elle doit être détruite ou dispersée.

Menacée par la cavalerie, l'infanterie se formera sur un ordre profond, en carrés ou en colonnes serrées; mais, nous l'avons déjà dit, quand l'infanterie est en marche, son flanc est tout à fait en prise, puisque chaque homme ne peut agir que du côté où il marche. L'infanterie est donc obligée de s'arrêter chaque fois qu'elle est chargée en flanc par la cavalerie. Par ses manœuvres et ses démonstrations d'attaque, la cavalerie forcera l'infanterie à l'immobilité sous le feu de l'Artillerie. Ce feu durera jusqu'à ce que le désordre se mette dans les rangs de l'infanterie; alors la cavalerie achèvera la déroute et fera des prisonniers; le rôle de l'Artillerie aura cessé.

On peut ainsi, presque sans risques et sans pertes, parvenir à un succès complet; mais il ne faut pas que la cavalerie entre trop tôt en action, autrement que par des démonstrations, ni qu'elle engage toutes ses forces à la fois, sans quoi l'infanterie, après l'avoir repoussée, pourrait effectuer sa retraite.

L'infanterie est ici immobile et en ordre profond; le tir à boulet sera préférable au tir à balles. Le bruit du boulet, les blessures qu'il fait, sont plus effrayants, et il y a peut-être chance de mettre autant d'ennemis hors de combat. L'Artillerie se tiendra à 500 mètres environ, distance favorable au tir, et à laquelle on a très-peu de choses à craindre du feu de l'infanterie.

Toutes les pièces seront, autant que possible, dirigées contre un angle. L'ennemi est là dans un ordre plus profond, et on le prend d'écharpe. C'est d'ailleurs un point d'attaque de la cavalerie, quand elle se lancera sur les débris du carré. L'angle à battre sera donc celui où la cavalerie doit faire son attaque.

Le tir à obus sera très-supérieur au tir à boulet, puisque l'obus, en éclatant au milieu de cette masse d'hommes, pourra y faire de grands ravages.

Si, au lieu de s'arrêter, comme nous l'avons supposé, pour recevoir la charge, l'infanterie continue son mouvement, la cavalerie devra charger de suite à fond; mais il faut, dans cette circonstance, beaucoup de prudence et de sang-froid dans la conduite de cette arme, pour ne pas la lancer mal à propos sur une infanterie intacte, rangée dans un ordre profond.

Si, au lieu de se mettre en carrés ou en colonnes serrées, l'infanterie reste en ordre mince, elle aura moins à craindre du feu de l'Artillerie, mais bien plus à craindre de la cavalerie. Cette arme devra alors chercher à percer en un point, pour aller prendre à revers les lignes ennemies. Elle y parviendra facilement à l'aide de l'Artillerie, qui dirigera tout son feu sur un seul point jusqu'à ce qu'elle ait fait un passage pour la cavalerie. Comme alors l'ennemi n'aura pas d'autre ressource que de faire changer de front à une partie de sa ligne pour arrêter la cavalerie, l'Artillerie ira se placer dans le prolongement de ce nouveau front et rendra facile le succès de la cavalerie. Si les troupes qui combattent sont nombreuses et que la trouée qui livre passage à la cavalerie soit considérable, quelques pièces de canon marcheront avec la cavalerie et se placeront de manière à protéger ses manœuvres contre l'action de la seconde ligne et des réserves.

Il est bien entendu que le mouvement n'est exécuté que par une partie de notre cavalerie; le reste est destiné à imposer à l'ennemi pour l'empêcher de manœuvrer, et à éloigner des pièces les tirailleurs ennemis qui pourraient s'en approcher.

L'Artillerie peut s'approcher jusqu'à bonne portée et tirer à balles contre la ligne ennemie, qui n'osera pas se dégarnir de son feu, si elle craint d'être immédiatement chargée par la cavalerie.

Nous avons supposé que l'affaire se passait en plaine; c'est le cas le plus avantageux pour nous. Si l'infanterie ennemie est dans un lieu couvert, à l'abri de la cavalerie, l'Artillerie agira vivement pour l'en déloger. Elle se placera, s'il est possible, de manière à la forcer à se retirer d'un côté par lequel elle ait à traverser des terrains favorables à la cavalerie; une portion de cette arme s'y sera portée à l'avance et agira de manière à retarder la marche de l'ennemi, jusqu'à l'arrivée de l'Artillerie, qui devra s'y porter le plus vite possible.

Dans cette circonstance, où il s'agit de chasser l'ennemi d'un couvert, les obusiers ont encore un grand avantage sur les canons.

L'ennemi, au lieu de ne faire de son infanterie qu'une seule colonne ou un seul carré, peut en faire plusieurs. Il faut, dans ce cas, que l'Artillerie s'attache, s'il est possible, tout entière à un seul ; pendant ce temps une partie de notre cavalerie, si elle est assez nombreuse, surveillera les autres pour entraver leur marche dans le cas où ils prendraient le parti d'abandonner celui qui est en butte à nos coups.

ARTILLERIE ET CAVALERIE CONTRE INFANTERIE ET ARTILLERIE.

Nous perdons en grande partie les avantages que nous avions tout à l'heure. L'Artillerie ennemie éloignera notre cavalerie, entravera ses manœuvres, ses démonstrations et ses attaques. Ce ne sera donc plus presque sans danger et sans perte que nous pourrons vaincre.

Supposons d'abord que, protégée par son Artillerie, l'infanterie ennemie reste presque tout entière déployée. Une partie de notre cavalerie restera devant elle pour lui imposer, le reste manœuvrera pour tourner ses flanc et la prendre à dos. Notre Artillerie suivant cette cavalerie ira se mettre en batterie dans le prolongement de la ligne de l'infanterie pour la prendre d'enfilade, d'écharpe ou de revers. Dans cette position, l'ennemi sera obligé de manœuvrer pour faire face des divers côtés où il est menacé. C'est le moment pour l'Artillerie d'agir avec toute la vivacité possible contre les troupes en mouvement, pour mettre du désordre dans leurs manœuvres. La cavalerie chargeant à propos déterminera la déroute.

Si l'Artillerie ennemie quitte sa position pour venir au secours du flanc menacé, la cavalerie restée en observation saisira la première occasion favorable pour l'attaquer pendant sa marche.

Si les flancs de la ligne ennemie n'étaient point appuyés, le succès serait trop facile, et l'ennemi ne resterait probablement pas déployé. Disons cependant que, s'il commettait cette faute, la cavalerie, qui l'aurait tourné, devrait détacher quelques troupes pour s'emparer des réserves des batteries, couper du moins la communication de ces réserves avec les pièces et priver l'Artillerie ou même l'infanterie ennemie de ses munitions.

Prenons maintenant le cas où les deux flancs de l'ennemi sont bien appuyés et ne peuvent être ni tournés ni pris d'enfilade.

Nous réunirons toute notre Artillerie que nous dirigerons rapidement sur un point de la ligne ennemie, pour y faire une trouée, par laquelle notre cavalerie ira prendre les lignes ennemies à revers. L'infanterie ennemie sera encore obligée de manœuvrer pour changer de front; et c'est à l'obliger à manœuvrer en présence de la cavalerie que doivent tendre tous nos efforts. Prenant d'enfilade la portion de l'infanterie ennemie qui aura formé un nouveau front, l'Artillerie rendra facile le succès de la cavalerie.

Nous agissons comme si l'Artillerie ennemie n'existait pas, ce qui exige beaucoup de vivacité et de décision pour l'exécution, sans quoi cette Artillerie, venant s'opposer à la nôtre, pourrait garantir l'infanterie. Mais, ici, notre Artillerie a sur celle de l'ennemi le grand avantage de la liberté de ses mouvements; il faut qu'elle s'en serve pour aller attaquer un point que l'Artillerie ennemie n'est pas à même de défendre.

Tant qu'il s'agit d'attaquer de front une ligne d'infanterie, le tir à balles est préférable au tir à boulet; c'est le contraire quand nous prenons la ligne d'enfilade. Il n'est pas nécessaire de faire remarquer que le point que l'Artillerie bat doit être facilement accessible à notre cavalerie.

Il est bien entendu que l'Artillerie ennemie est supposée n'être pas très-inférieure à la nôtre, sans quoi il pourrait être préférable de diriger d'abord sur elle tous nos coups pour la réduire au silence, et rentrer dans le cas si avantageux qui a été examiné précédemment. Il serait encore bon de prendre ce parti si l'on trouvait pour nos pièces un emplacement qui leur donnât beaucoup d'avantage sur celles de l'ennemi.

Nous entrons dans une autre hypothèse : l'infanterie ennemie se forme en ordre serré, en carrés ou en colonnes avec l'Artillerie en dehors; si celle-ci laisse les caissons et les réserves des batteries loin de son infanterie, des détachements de notre cavalerie iront les attaquer, et priver l'ennemi de ses munitions. Dans ce cas, il sera avantageux de tirer d'abord sur les pièces pour leur faire épuiser le peu de munitions qui leur reste; après quoi elles seront un embarras et non un avantage pour l'ennemi. Si notre adversaire, pour mettre ses munitions à l'abri, les renferme dans ses carrés, ou entre ses colonnes, cela nous donnera un nouvel avantage : d'abord, parce que l'étendue du but à frapper sera augmentée, mais, principalement, parce qu'un seul éclat d'obus pourra, en mettant le feu à un caisson, amener la destruction complète de tout le carré, hommes et matériel.

Comment devrons-nous donc, dans ce cas, nous servir de notre Artillerie? devrons-nous tirer exclusivement contre les carrés ou contre les pièces? Le but, c'est la défaite de l'infanterie; la prise de l'Artillerie en sera la conséquence; aussi, si nous pouvons placer notre Artillerie de manière à ce qu'elle ait peu de chose à craindre des pièces de l'ennemi, c'est sur son infanterie qu'elle devra tirer pour arriver au but le plus promptement possible; mais, si elle ne trouve pas de position avantageuse, ou bien que l'Artillerie ennemie, peu nombreuse et dispersée, puisse être promptement réduite au silence, notre Artillerie fera bien de commencer par là, et de ne pas faire démonter ses pièces pour laisser la cavalerie seule, ce qui diminuerait beaucoup la chance du succès.

Si, au contraire, l'Artillerie ennemie est supérieure, ou trop bien placée pour qu'il soit possible de la contre-battre avec avantage, la nôtre s'avancera contre les troupes à bonne portée, espaçant ses pièces et dérobant, autant que possible, chacune d'elles au feu du canon de l'ennemi; elle ne s'occupera de tirer que sur les masses d'infanterie, donnant à son feu le plus de vivacité possible; pour préparer promptement le succès de la cavalerie, elle dirigera son feu sur l'angle que la cavalerie veut attaquer. Ici, comme nous l'avons dit, un seul obus peut déterminer le succès; on ne doit donc pas en désespérer tant qu'il reste un projectile à tirer.

Quand l'ennemi occupe une position inabordable à la cavalerie, ce n'est qu'en tirant contre les troupes qu'on pourra espérer l'en déloger.

Les obusiers offrent, dans cette combinaison, des avantages fort notables sur les canons.

ARTILLERIE ET CAVALERIE CONTRE CAVALERIE.

On masque, si on le peut, la plus grande partie de sa cavalerie, on porte son Artillerie en avant pour tirer contre la cavalerie ennemie; celle-ci n'a que deux partis à prendre pour se dérober à ce feu : avancer ou reculer. Si elle charge notre Artillerie, notre cavalerie, la prenant en flanc, la culbutera; si elle marche contre la cavalerie, l'Artillerie, tirant à mitraille, jettera le désordre dans ses rangs, et facilitera la victoire de notre cavalerie.

Si l'ennemi prend le parti de la retraite, nous le poursuivons dans le même ordre, l'Artillerie en tête, éclairée seulement par quelques pelotons jusqu'à ce que le désordre s'introduise dans les rangs de l'ennemi; alors notre cavalerie l'attaquera avec grand avantage. Mais la scène présentée par un combat de cavalerie n'est pas aussi simple, et il est nécessaire d'entrer à ce sujet dans quelques détails.

La cavalerie, quand elle a à combattre une troupe de même arme, ne peut rien que par son ordre, qui offre le seul moyen de faire concourir tous les efforts individuels au même but. Il est aisé de concevoir avec quelle facilité le bruit du canon, le sifflement des projectiles, la vue des morts, des blessés, l'effroi des chevaux jettent le désordre dans des escadrons, que les difficultés du terrain et de la marche, à des allures vives, suffisent le plus souvent pour désunir.

L'Artillerie a donc une grande puissance contre la cavalerie, et, si elle est secondée par une arme qui puisse profiter immédiatement de la désunion et du désordre qu'elle occasionnera, la victoire deviendra facile. Le but de l'Artillerie, dans le cas qui nous occupe, est moins de tuer des hommes et des chevaux que de produire du désordre; le rôle de la cavalerie est d'en profiter.

Mais la cavalerie ne doit pas perdre de vue un principe vrai presque dans toute espèce de combats, mais surtout dans ceux de cavalerie : c'est que la victoire appartient au parti qui a encore des troupes en ordre quand son adversaire ne conserve plus que des troupes mises en désordre par la chaleur de l'action.

Notre cavalerie évitera donc de charger ou d'entrer en action tout à la fois; un seul peloton intact peut ramener et mettre en déroute plusieurs escadrons qui se trouvent dans le désordre qui suit une charge faite à fond.

Le combat que nous avons supposé ne sera donc pas une action simple, mais une scène très-compliquée, qui exigera, de la part de l'officier d'Artillerie, du coup d'œil et une grande promptitude d'exécution.

La scène engagée d'une des manières que nous avons précédemment supposées, ceux de nos escadrons qui auront d'abord chargé, mis en désordre par leur succès même, seront ramenés par des troupes fraîches de l'ennemi, contre lesquelles nous lancerons de nouveaux escadrons. Que fera. pendant ce temps, l'Artillerie? croira-t-elle avoir assez fait d'abord, et abandonnera-t-elle tout le reste du succès à la cavalerie sans lui venir en aide? Elle peut se retirer en arrière et former une réserve qui servira au ralliement de notre cavalerie, si elle est battue. C'est l'avis de plusieurs auteurs, qui s'appuient sur ce que, de cette manière, l'Artillerie ne court pas tous les risques occasionnés par les alternatives de succès et de revers, de poursuites et de retraites, qui composent un combat de cavalerie, et qui laissent souvent les pièces à découvert. Mais, si l'Artillerie est un peu nombreuse, elle peut, surtout avec la protection d'une très-faible portion de cavalerie qui la suive toujours dans ses mouvements, continuer à prendre part au combat d'une manière efficace.

Nous avons laissé notre affaire supposée au moment où notre cavalerie se porte en avant de l'Artillerie contre la cavalerie ennemie; au milieu de la confusion, l'Artillerie ne peut rien décider entre les deux troupes qui sont aux prises; mais l'ennemi n'a pas lancé tout d'un coup sa cavalerie tout entière; parmi ce qui reste, une partie se disposera à s'avancer contre nos escadrons s'ils sont victorieux, et à les poursuivre s'ils ne le sont pas. C'est contre cette troupe que l'Artillerie doit agir, c'est pour se porter rapidement sur un emplacement favorable à cette action aussitôt que sa batterie se trouve masquée, que l'officier d'Artillerie a besoin de coup d'œil, qu'il a besoin de n'être pas absorbé uniquement dans le soin de son feu, de suivre aussi tout le combat et de connaître la tactique de la cavalerie. Bientôt la troupe qu'il bat ne sera plus en prise, quelques-uns de nos escadrons en viendront aux mains avec elle; c'est à protéger ceux-là contre de nouvelles attaques, qu'il doit s'attacher, soit qu'il faille pour cela diriger ses coups contre des troupes fraîches que l'ennemi peut faire avancer, soit qu'il faille les diriger contre des escadrons qui se rallient.

C'est surtout contre ces derniers que l'action de l'Artillerie pourra être efficace. Le désordre où ils se trouvent est déjà difficile à réparer dans le tumulte du combat; que sera-ce donc si nos projectiles, si des éclats d'obus surtout, viennent distraire les cavaliers du soin de se rallier en les forçant à s'occuper de leur sûreté?

Mouvoir sa batterie de manière à remplir le but que nous venons de lui assigner; éviter le danger d'être surpris en marche, sans paralyser pour sa garde une portion notable de la cavalerie, voilà, je crois, la tâche la plus difficile, mais aussi la plus brillante que l'officier d'Artillerie puisse avoir à remplir.

Ce qui vient d'être dit du meilleur emploi à faire de l'Artillerie dans ce cas ne veut pas faire entendre qu'il ne doit rester aucune portion de l'Artillerie en réserve, mais seulement que l'arme elle-même peut jouer un autre rôle que celui qu'elle aurait en assistant passivement au combat des deux cavaleries pour servir seulement de soutien à sa cavalerie auxiliaire dans le cas où elle serait ramenée.

Comme il s'agit seulement ici de donner un aperçu des propriétés et de l'action particulières à chaque arme, surtout à l'Artillerie, nous n'entrons dans aucun détail sur la conduite à tenir dans les affaires que nous supposons, sur la manière d'engager ses forces pour se ménager une réserve qui n'entre en action que lorsque toutes les troupes de l'ennemi y ont pris part. Il sera question de tout cela à l'article Batailles. Il doit seulement être bien entendu que l'Artillerie doit souvent, comme les deux autres armes, ne pas entrer de suite tout entière en action, mais se ménager une réserve pour parer aux accidents qui peuvent survenir.

Puisqu'un officier d'Artillerie a besoin de connaître la tactique de la cavalerie, on doit faire remarquer l'immense avantage qu'aura la nôtre quand elle pourra prendre celle de l'ennemi en flanc.

L'infanterie, quand elle est menacée à la fois sur son front et sur son flanc, s'arrête et fait face des deux côtés; mais chaque cavalier ne peut pas tourner sur place comme le fantassin. Une troupe de cavalerie ne peut donc pas se défendre des deux côtés à la fois; si une troupe, très-peu nombreuse comparativement à elle, parvient à la surprendre en flanc ou à revers, si surtout le fait a lieu quand elle est occupée d'un ennemi qui lui fait face, pendant une charge par exemple, elle est infailliblement battue et dispersée.

Dans le combat, l'Artillerie doit donc surtout s'attacher à battre les troupes qui peuvent prendre en flanc notre cavalerie, ou celles qui peuvent s'opposer à une attaque de flanc faite par nous et qui doit devenir décisive.

Cette observation est importante, parce que si notre cavalerie prend le parti de manœuvrer pour attaquer ainsi l'ennemi avec avantage, l'Artillerie pourra la protéger efficacement pendant son mouvement et entraver les dispositions que l'ennemi voudra prendre pour s'y opposer; car c'est surtout quand la cavalerie ennemie sera forcée de manœuvrer, que notre Artillerie parviendra à jeter dans ses rangs un désordre qui sera difficilement réparé.

Si nous sommes sur la défensive, que la cavalerie ennemie manœuvre contre nous, notre Artillerie observera ses mouvements, la tiendra éloignée et nous donnera le temps et le moyen de prendre nos dispositions, soit pour attaquer avec avantage, soit pour parer l'attaque dont nous sommes menacés.

Au lieu de masquer notre cavalerie, comme nous l'avons d'abord supposé, pour prendre en flanc l'ennemi lorsqu'il chargera l'Artillerie, il sera souvent plus facile ou plus avantageux de masquer nos pièces et de faire manœuvrer la cavalerie de manière à attirer l'ennemi sous leur feu.

Les obusiers seront encore ici bien plus efficaces que les canons : l'explosion des obus, même en ne tuant personne, remplira un objet important en effrayant les chevaux et en semant du désordre. Le tir à balles des obusiers, plus meurtrier que celui des canons, sera précieux quand il s'agira de repousser les charges réitérées de la cavalerie ; car, nous l'avons dit plus haut, c'est contre une troupe en mouvement, surtout quand elle se meut rapidement, que le tir à balles est infiniment supérieur au tir à boulet.

ARTILLERIE ET CAVALERIE CONTRE CAVALERIE ET ARTILLERIE.

Un combat de cavalerie est ordinairement terminé en peu d'instants. Si notre Artillerie s'attache à combattre l'Artillerie de l'ennemi, il est probable qu'elle ne l'aura pas réduite au silence avant que l'affaire soit décidée entre les deux cavaleries. Si notre cavalerie bat en retraite, l'Artillerie sera obligée de se retirer avec elle. Ce serait donc seulement du combat entre les deux cavaleries que, dans cette manière d'agir, dépendrait la victoire ou la défaite. L'Artillerie aurait bien pu paralyser celle de l'ennemi, mais elle n'aurait pris au résultat de l'action aucune part efficace. Ce n'est pas là le rôle que doit jouer l'Artillerie, elle doit concourir directement au succès.

Si la cavalerie ennemie est en prise, c'est contre elle qu'il faut diriger nos coups. Si nous voulons prendre l'offensive, le désordre que nous aurons jeté dans les rangs ennemis facilitera la victoire de notre cavalerie. Si c'est l'ennemi qui doit commencer l'attaque, il sera obligé de la hâter et de la faire en désordre. Quand même l'Artillerie ennemie ferait éprouver des pertes à notre cavalerie, songeons que le meilleur moyen de la soustraire au danger, c'est de battre avec efficacité la cavalerie ennemie, qui se décidera à se retirer ou à se porter en avant.

Si, pendant que nous tirons sur la cavalerie de l'ennemi, son Artillerie tire contre nos pièces pour les démonter, ne nous laissons pas distraire pour cela de notre but; redoublons d'efforts; notre cavalerie peut éloigner de nos pièces le feu de l'ennemi par ses démonstrations. A cet effet, elle fera le simulacre d'une attaque sur la batterie ennemie et détournera son attention. D'ailleurs la scène ne peut pas être longue; notre cavalerie, qui n'a point à souffrir, profitant du désordre que nous jetons dans les escadrons ennemis, se hâtera de les attaquer, et nous aurons doublement concouru au succès, d'abord en tourmentant la cavalerie adverse, puis en attirant sur nous le feu du canon qui laissera notre cavalerie intacte et libre.

Dans le courant de l'action, nous devrons toujours diriger notre feu sur les points où il pourra amener les plus grands résultats; cela exige, nous l'avons dit, beaucoup de coup d'œil et de connaissances tactiques. Quoique ce soit, en général, contre des portions de la cavalerie que notre canon doit tirer, il y aura cependant des circonstances où ce sera contre l'Artillerie.

La cavalerie ennemie, repoussée, a trouvé un abri derrière l'Artillerie; les attaques de notre cavalerie, obligées de passer à la portée du canon, deviennent infructueuses: dans ce cas, nous devons porter rapidement nos pièces contre la batterie ennemie à très-bonne portée, et l'obliger à tout prix à répondre à notre feu ou à voir toutes ses pièces promptement démontées.

Il serait, au reste, très-facile de trouver des circonstances où, dès le commencement de l'action, notre Artillerie devrait contre-battre celle de l'ennemi. Il en est de ce qui vient d'être dit comme de toutes les règles précédentes, auxquelles les circonstances du terrain et la proportion des armes peuvent amener beaucoup d'exceptions.

L'ennemi trouve moyen de dérober sa cavalerie à nos

coups, son Artillerie seule est en prise; la nôtre doit, si elle ne peut pas trouver une position favorable contre la cavalerie, agir contre les pièces, mais changer la direction de son feu aussitôt que la cavalerie ennemie, entrant en action, se met en prise.

Notre cavalerie est, au contraire, dérobée au feu de l'ennemi, la sienne est en prise; c'est contre elle que nous tirerons; c'est à notre cavalerie à diminuer, par ses manœuvres, un danger que nous devons, nous, braver courageusement. Il ne faut pas, au reste, s'exagérer un pareil courage. Les autres armes sont souvent obligées de rester immobiles sous le feu du canon; pourquoi l'Artillerie ne pourrait-elle pas, comme elles, essuyer ce feu sans y répondre?

C'est surtout quand l'Artillerie n'est soutenue que par la cavalerie, que les réserves courent le danger d'être enlevées, et qu'elles doivent prendre un ordre défensif. Quelques détachements de notre cavalerie chercheront à agir contre les réserves de l'ennemi; s'ils ne réussissent pas à s'en rendre maîtres, ils obligeront du moins l'ennemi à faire des détachements pour les garder.

Nous avons déjà dit que, quand l'Artillerie doit tirer sur la cavalerie, les obusiers sont bien préférables aux canons. Dans la combinaison que nous examinons, il s'agira quelquefois de tirer sur l'Artillerie ennemie, et il sera démontré plus tard que les obusiers conservent encore, dans ce cas, la supériorité.

ARTILLERIE ET CAVALERIE CONTRE INFANTERIE ET CAVALERIE.

Est-ce contre l'infanterie ou contre la cavalerie que l'Artillerie tirera d'abord? notre cavalerie combattra-t-elle la même arme?

Les raisons qui font concentrer le tir des pièces sur un même point feront concentrer les efforts des deux armes sur une seule.

Si nous tirons sur l'infanterie, elle pourra se mouvoir et se retirer sous la protection de sa cavalerie, qui, étant intacte, prendra la nôtre en flanc quand elle chargera cette infanterie. Ce qui a été dit sur la tactique de la cavalerie a suffi pour montrer que notre cavalerie, même en la supposant beaucoup plus nombreuse que celle de l'ennemi, peut, si elle entre en action contre l'infanterie, sans prendre de précautions contre la cavalerie, être ramenée et mise en déroute; et que si, au contraire, nous parvenons à nous débarrasser de la cavalerie, nous aurons un immense avantage contre l'infanterie. Nous commencerons donc par tirer contre la cavalerie; le désordre que nous mettrons dans ses rangs pourra l'obliger à s'éloigner de son infanterie; nous la poursuivrons, et notre cavalerie l'attaquera aussitôt qu'elle en trouvera l'occasion. Nous réussirons ainsi à isoler l'infanterie, qui ne pourra plus résister seule, à moins qu'elle ne se trouve dans un terrain entièrement défavorable à la cavalerie.

Si nos forces le permettent, nous devrons, pendant le combat et la poursuite de la cavalerie ennemie, laisser en présence de son infanterie assez de cavalerie pour entraver sa marche et l'empêcher de prendre des positions avantageuses.

Il pourra se présenter des circonstances où nous serons obligés de commencer par agir contre l'infanterie; alors nous laisserons en réserve assez de cavalerie pour observer celle de l'ennemi, la neutraliser et l'empêcher de profiter de l'avantage qu'elle aurait à nous attaquer au moment où nous chargerions l'infanterie. L'Artillerie devra, aussitôt qu'elle sera masquée par la cavalerie auxiliaire, qui tentera de profiter de la brèche qu'elle aura faite dans l'infanterie, aller prendre une position favorable pour agir contre la cavalerie ennemie.

En résumé, c'est contre la cavalerie ennemie que nous dirigerons nos coups aussitôt qu'elle entrera en action.

ARTILLERIE ET CAVALERIE CONTRE INFANTERIE, CAVALERIE ET ARTILLERIE.

C'est encore contre la cavalerie ennemie que nous dirigerons d'abord nos coups; c'est elle que nous devons chercher à isoler des deux autres armes et à mettre en déroute; elle seule peut amener pour nous un désastre. Devant les deux autres armes, nos mouvements deviennent entièrement libres, le combat n'a lieu que lorsque nous le voulons; l'insuccès ne nous empêche pas de nous retirer en sûreté.

Si nous parvenons à notre but, nous rentrons dans un des cas examinés précédemment, celui où nous n'avions à combattre que l'infanterie et l'Artillerie.

ARTILLERIE ET CAVALERIE CONTRE ARTILLERIE.

Pendant que nous dirigerons nos coups contre l'Artillerie de l'ennemi, et que nous la combattrons d'après les règles qui seront établies plus tard, la cavalerie la tournera si elle le peut, s'emparera de ses munitions et s'avancera en fourrageurs contre les pièces. Si l'ennemi n'a pas une position très-favorable, ne peut pas faire face de tous côtés, ou s'il n'occupe pas une position dont les flancs soient assurés, il ne pourra pas longtemps résister. Mais si son Artillerie, nombreuse et bien placée, ne peut être abordée que sur un front peu étendu, la cavalerie n'en aura pas bon marché.

Pour se favoriser mutuellement, nos deux armes n'attaqueront pas du même côté, parce que leur action ne pourrait être que successive. Notre Artillerie, profitant de la liberté entière de ses mouvements, pourra manœuvrer pour obliger l'ennemi à faire dans sa position quelques changements pendant lesquels l'attaque de la cavalerie deviendra plus facile. Nous savons que si les manœuvres sont des moments critiques pour toutes les armes, cela a lieu pour l'Artillerie bien plus que pour les deux autres.

Nous pourrons, au lieu de faire manœuvrer notre Artillerie, surtout si elle est dans une bonne position, faire manœuvrer la cavalerie, lui faire faire des démonstrations d'attaque pour attirer le feu de l'ennemi et faciliter le succès de notre Artillerie, en diminuant ses dangers et ses pertes.

CHAPITRE V.

ARTILLERIE AVEC INFANTERIE ET CAVALERIE.

Quoique nous ne fassions aucune supposition particulière sur la quantité de troupes qui entrent en action de part et d'autre, cependant il doit être entendu ici que les trois armes sont dans la proportion ordinaire dans nos armées, sans quoi les combinaisons seraient changées et se rapprocheraient de celles auxquelles donnerait lieu l'arme qui domine, si elle était seule.

ARTILLERIE, INFANTERIE ET CAVALERIE CONTRE INFANTERIE.

L'ennemi, menacé par notre cavalerie, se formera en ordre mince ou en ordre profond. S'il reste en ordre mince, l'Artillerie manœuvrera sous la protection de la cavalerie pour prendre sa ligne d'écharpe; elle concentrera ses coups sur une petite étendue. Notre infanterie déploiera ses tirailleurs en face de la ligne ennemie. Quelques pelotons de notre cavalerie chargeront les tirailleurs de l'ennemi, et les forceront à se replier sur sa ligne. La partie de cette ligne, qui sera battue à la fois par le feu de nos tirailleurs et par celui de notre Artillerie, ne pourra pas résister longtemps; son désordre la livrera bientôt à notre cavalerie, qui manœuvrera pour la prendre à dos. Si le front de l'ennemi était sans protection et facile à tourner, il ferait au moins un crochet pour le protéger; c'est l'angle que, dans ce cas, il faudrait battre pour livrer à nos troupes un passage qui leur permettrait de prendre à la fois de revers les deux portions de la ligne ennemie. Si les deux flancs de la ligne ennemie sont appuyés à des obstacles qui ne permettent pas de la tourner, notre adversaire aura plus de chance pour résister en ordre mince. Dans ce cas, notre attaque sera concentrée sur un point; nous observerons seulement le reste de sa ligne pour le neutraliser. Sur tout le front, la cavalerie repliera les tirailleurs de l'ennemi pour que les nôtres puissent agir efficacement. Au point d'attaque, le feu des tirailleurs sera concentré avec celui de l'Artillerie, et quand la brèche sera faite, nos troupes y entreront en colonne et prendront les lignes de l'ennemi à revers. C'est là le moment décisif. L'ennemi est obligé de changer de front pour s'opposer aux troupes qui le débordent; partout où il se met en prise, nos troupes doivent marcher à l'attaque; l'important est de ne pas lancer trop tôt la cavalerie, de ne pas la faire charger sur de l'infanterie intacte et prête à la recevoir, de ne pas épuiser ses efforts dès le commencement de l'action, mais de la garder au moins en grande partie pour la fin de l'affaire, pour le moment où il s'agira de profiter d'un succès qu'elle aura concouru à amener par des démonstrations, et en forçant les tirailleurs ennemis à se replier.

L'Artillerie ne doit pas se contenter de faire, dans la ligne ennemie, une brèche qui donne passage aux deux autres armes, elle doit encore concourir à étendre ce succès. Partout où l'ennemi aura préparé à la hâte des moyens de défense, partout où les colonnes de notre infanterie éprouveront une forte résistance, elles doivent trouver l'Artillerie à leur tête pour leur frayer le chemin. Ce n'est pas tout; pendant que nos colonnes sont aux prises avec une partie de l'infanterie ennemie, des troupes tirées de sa seconde ligne ou de ses réserves manœuvreront vraisemblablement pour entraver notre marche et pour nous attaquer en flanc: l'Artillerie doit être là pour protéger les colonnes et pour leur permettre de poursuivre nos premiers succès.

Si, au lieu de se ranger en ordre mince, l'ennemi combat en ordre profond et forme plusieurs carrés ou colonnes, la part que l'Artillerie prendra au succès sera plus grande encore. Qu'elle ne disperse pas son feu; qu'elle le concentre sur un seul point; qu'elle batte un seul angle d'un carré; que quelques pelotons de notre cavalerie soient employés, concurremment avec nos tirailleurs, à repousser ceux de l'ennemi; et bientôt le feu de notre infanterie, atteignant ces carrés en même temps que le feu de l'Artillerie, rendra le succès facile; la cavalerie aura peu d'efforts à faire pour en profiter. Après avoir concentré nos efforts sur un premier carré, nous en attaquerons un second, pendant qu'une partie de notre cavalerie empêchera le ralliement des débris du premier.

Il faut bien comprendre dans quelle position désavantageuse se trouve un carré d'infanterie ayant à combattre de l'infanterie et de la cavalerie. La cavalerie reploie les tirailleurs ennemis; l'infanterie qui peut rester déployée concentre son feu sur le carré, celui-ci, pouvant être à chaque instant chargé par la cavalerie, ose à peine se servir de son feu: qu'on juge de sa situation, s'il est avec cela battu par l'Artillerie.

Une règle importante ici, c'est de ne pas trop diviser la cavalerie, de la concentrer sur le point où l'on veut faire effort. Quelques pelotons répartis sur le reste de notre ligne suffiront pour donner de la supériorité à nos tirailleurs; d'ailleurs, sur les autres points, nous nous battons avec l'ennemi à armes égales. Il est donc bien difficile qu'il obtienne un succès aussi prompt et aussi décisif que celui que nous donnera la réunion des trois armes à notre point d'attaque.

Cette règle tire son importance de ce que l'action d'une troupe de cavalerie dure peu d'instants, qu'il faut peu de chose pour faire manquer une charge et beaucoup de temps pour le ralliement. D'ailleurs une charge à fond faite par un escadron n'amène de grands résultats que quand un second escadron peut profiter du succès du premier, qui est, le plus souvent, trop en désordre pour en tirer parti.

Aussitôt que l'Artillerie voit une des deux autres armes en venir aux mains de près avec les troupes sur lesquelles elle avait concentré son feu, elle doit manœuvrer à l'effet de se diriger immédiatement contre les troupes qui pourraient venir à leur secours.

ARTILLERIE, INFANTERIE ET CAVALERIE CONTRE INFANTERIE ET ARTILLERIE.

L'adjonction de l'Artillerie à l'infanterie ennemie diminuera beaucoup nos avantages. Nous ne pourrons plus, comme tout à l'heure, replier, avec quelques pelotons de cavalerie, les tirailleurs ennemis. L'Artillerie les protégera et nous empêchera de faire approcher notre ligne aussi près des masses ennemies. Notre cavalerie ne pourra plus faire ses démonstrations et ses manœuvres aussi près, et, par conséquent, entraver autant les mouvements de l'ennemi.

Tous ces changements sont produits par l'Artillerie; c'est donc elle que nous devons chercher à annuler.

Si l'ennemi divise son Artillerie pour la répartir sur tout son front, ce à quoi nos premières démonstrations tendront à l'engager, nous réunirons toute la nôtre sur un seul point, où nous aurons bientôt fait taire la sienne, et nous rentrerons sur ce point dans le cas précédent.

Si l'ennemi réunit toute son Artillerie sur un point, nous y ferons quelques démonstrations, pendant que les trois armes iront faire la véritable attaque sur un autre.

Si nous ne parvenons pas à donner le change à l'ennemi, qui tient son Artillerie réunie pour la porter promptement au point de l'attaque, il ne nous reste plus qu'à choisir ce point le mieux possible. Là notre canon combattra l'Artillerie, pendant que notre cavalerie le secondera, en cherchant à donner le change aux adversaires par quelques démonstrations. Si nos pièces n'ont pas l'espoir d'une prompte supériorité, l'infanterie et la cavalerie emploieront le temps de cette canonnade à faire leur attaque. La cavalerie repliant les tirailleurs de l'ennemi, les nôtres feront essuyer à sa ligne des pertes cruelles ; notre ligne s'approchant forcera l'ennemi à essuyer son feu presque sans y répondre, ou à se voir chargé par la cavalerie s'il se dégarnit du sien.

Pendant ce temps, notre Artillerie redoublera son feu, se rapprochera de l'Artillerie ennemie, s'il est nécessaire, pour l'occuper tout entière et l'empêcher de tirer contre nos troupes. On emploiera seulement à cela le nombre de pièces nécessaires pour remplir ce but; l'excédant, s'il y en a, sera dirigé sur le point d'attaque pour concourir au succès.

Si l'ennemi était assez nombreux pour prendre l'offensive, il ne pourrait probablement faire marcher ses troupes qu'en ordre profond, en présence de notre cavalerie; notre Artillerie devrait alors diriger son feu contre une des colonnes en se plaçant de manière à se dérober au feu des pièces.

ARTILLERIE, INFANTERIE ET CAVALERIE CONTRE CAVALERIE.

Notre but sera de protéger notre cavalerie. Elle ne doit pas s'engager contre celle de l'ennemi, qui profiterait de sa supériorité pour l'accabler, et n'aurait plus à combattre que les deux autres armes. En la réservant ainsi, nous en ferons un objet de crainte pour l'ennemi, qui dans ses charges contre l'infanterie et l'Artillerie courra le risque d'être pris en flanc. Nous nous en servirons pour pousser nos succès, si nous en obtenons, quand l'ennemi se sera épuisé en vains efforts contre nos canons et nos baïonnettes.

Le cas que nous examinons est celui qui s'est présenté à la plupart des affaires de l'expédition d'Égypte. Dans les premiers combats, la cavalerie française, trop peu nombreuse, se mit à l'abri dans les carrés; mais plus tard, lorsqu'elle fut remontée et qu'elle eut pris confiance, elle fut toujours employée comme nous venons de l'indiquer, et rendit souvent les victoires très-décisives.

Tous les exemples que nous avons cités de cette campagne montrent suffisamment la conduite à tenir en pareille circonstance. Les carrés d'infanterie, se protégeant mutuellement, pourront se mouvoir en s'avançant alternativement, s'il est nécessaire, pour faire rester toujours l'un sous la protection des autres. L'Artillerie, placée de manière à ne pouvoir être attaquée ni en flanc ni à revers, conservera cependant toute la liberté nécessaire pour être dirigée tout entière sur l'ennemi, dans quelque direction qu'il se présente.

ARTILLERIE, INFANTERIE ET CAVALERIE CONTRE CAVALERIE ET ARTILLERIE.

Notre cavalerie n'est pas assez nombreuse pour aller combattre la cavalerie de l'ennemi; si notre infanterie, craignant une attaque, est obligée de se former en ordre profond, l'Artillerie ennemie pourra faire de grands ravages dans ses rangs.

Comment notre Artillerie devra-t-elle agir dans ces circonstances?

Elle restera sous la protection de l'infanterie. Si l'ennemi dispose sa cavalerie pour être tout prêt à l'attaque, et la tient assez proche, nous tirerons sur cette cavalerie ; c'est, nous l'avons vu, le meilleur moyen de nous dérober au feu de l'Artillerie de l'ennemi : car la cavalerie, ne pouvant pas rester immobile à bonne portée de notre Artillerie, prendra le parti de charger ou de se retirer. Si elle charge, l'infanterie qu'elle attaque est, pendant ce temps, à l'abri de l'Artillerie ennemie ; nos pièces tirent jusqu'au dernier moment sur la cavalerie, non pas toujours sur les mêmes escadrons, mais successivement sur ceux qui sont les plus menaçants.

Si nous réussissons à repousser toutes les attaques, notre cavalerie doit entrer en action, poursuivre la cavalerie ennemie, l'empêcher de se rallier et l'occuper, pendant que notre infanterie, saisissant ce moment pour prendre l'offensive, fera avancer ses tirailleurs, qui, soutenus par des colonnes, marcheront contre les pièces pour s'en emparer ou les obliger à fuir.

Quand la cavalerie ennemie sera soutenue par l'Artillerie, et que cette cavalerie ne se hâtera pas de charger, mais se contentera de protéger les pièces, notre infanterie pourra être obligée de prendre l'offensive. Elle devra, pour cela, former ses carrés ou ses colonnes en échelons ou en échiquier, comme Napoléon le fit en Égypte, ou avoir seulement un grand carré flanqué de plusieurs petits poussant en avant des tirailleurs, comme le fit Desaix.

Cette offensive, que l'infanterie prend contre la cavalerie ennemie, est ici soutenue par notre cavalerie. Celle-ci ne devra pas s'éloigner beaucoup ; mais, se tenant à portée, un peu en arrière de l'infanterie, elle se disposera à prendre en flanc l'ennemi qui chargera ; mais, au lieu de le poursuivre, elle reviendra prendre sa place en arrière de l'infanterie, tant que l'ennemi aura de nouveaux escadrons à envoyer à l'attaque.

Pendant que notre infanterie se portera en avant, l'Artillerie devra s'occuper d'éloigner la cavalerie ennemie en s'avançant par échelons comme l'infanterie.

Ce qui doit convaincre de l'utilité d'employer notre Artillerie contre la cavalerie, plutôt que contre les pièces de l'ennemi, c'est qu'en forçant cette cavalerie à s'éloigner, on obligera les pièces à suivre le mouvement ; elles ne pourraient rester éloignées de la cavalerie, sans courir de risque d'être prises en flanc et à dos par nos escadrons.

En résumé, en tirant contre la cavalerie, l'Artillerie peut déterminer le succès du combat, et obliger toutes les troupes ennemies à la retraite. En contre-battant les pièces ennemies, nous pouvons à peine espérer les annuler, car elles ont une liberté de mouvements bien plus grande que la nôtre.

Si l'ennemi, tenant sa cavalerie masquée en arrière, emploie son Artillerie contre nos troupes, il n'est pas besoin de dire que c'est contre les pièces qu'il faudra tirer. Si cette Artillerie parvient à se placer de manière à faire beaucoup de mal à nos troupes sans avoir beaucoup à craindre de notre feu, ce sera un des cas nombreux de cette combinaison où nous serons obligés de prendre l'offensive. Mais, dans tous les cas, le feu de l'Artillerie doit être dirigé contre la cavalerie, aussitôt qu'elle commence à charger.

L'action de la cavalerie est si prompte, sa victoire ou sa défaite sont si vite décidées, que l'Artillerie qui a contre elle une action puissante doit toujours, au milieu du tumulte de l'action, avoir l'œil ouvert pour l'observer.

ARTILLERIE, INFANTERIE ET CAVALERIE CONTRE INFANTERIE ET CAVALERIE.

Nous supposons les diverses armes dans la proportion ordinaire. Notre cavalerie n'est pas assez considérable pour que nous puissions isoler et battre la cavalerie ennemie. De la défaite de l'infanterie doit résulter la retraite de la cavalerie, qui, seule, ne peut espérer remporter la victoire. La déroute de la cavalerie n'entraîne pas nécessairement celle de l'infanterie, qui, quoique seule, peut résister et même vaincre. C'est donc l'infanterie que nous devons chercher à désorganiser le plus promptement possible ; c'est contre elle que l'Artillerie doit diriger tout son feu. Si les deux autres armes entraient de suite en action, elles contrarieraient et même annuleraient l'effet de l'Artillerie, qui, à elle seule, déterminera peut-être le succès. Elles doivent donc se contenter de donner à l'Artillerie la protection nécessaire pour qu'elle puisse prendre les positions les plus avantageuses et s'avancer à bonne portée pour foudroyer l'infanterie. Elles doivent se tenir constamment dans l'ordre le plus favorable pour manœuvrer contre l'ennemi, soit qu'il faille le poursuivre s'il se retire, soit qu'il faille l'attaquer s'il s'avance contre notre Artillerie.

Souvent l'impatience et l'ardeur des troupes qui, en voyant les rangs ennemis désorganisés par l'Artillerie, croyaient marcher à une victoire facile, ont causé de grands revers et fait manquer des succès certains. L'ennemi est trop heureux de se voir attaqué par des troupes qui le dérobent à un danger contre lequel il ne peut rien.

L'ennemi prendra souvent le parti de l'offensive. L'Artillerie agira suivant les principes précédemment développés pour battre, s'il est possible, ses colonnes à la fois sur les deux flancs, ou de front et de flanc. Si nos troupes en viennent aux prises avec l'ennemi, l'Artillerie, ne pouvant continuer à agir en tirant sur le point décisif, en détournera son feu pour le diriger contre les troupes, infanterie ou cavalerie, qui s'avanceraient vers le lieu du combat. C'est dans ces circonstances qu'il est nécessaire que l'officier qui commande l'Artillerie connaisse bien la tactique des deux autres armes.

Nous ne devons engager notre cavalerie que le plus tard possible ; car, si nous pouvons la conserver intacte, elle nous sera de la plus grande utilité à la fin de l'action, soit pour protéger notre retraite, soit pour achever la déroute de l'ennemi en le poursuivant vivement.

ARTILLERIE, INFANTERIE, CAVALERIE CONTRE INFANTERIE, CAVALERIE, ARTILLERIE.

C'est encore ici l'infanterie qu'il faut vaincre ; c'est l'arme la plus nombreuse, la plus importante, celle dont la retraite entraîne la retraite des deux autres. C'est donc en tirant contre l'infanterie que l'Artillerie peut concourir le plus efficacement au succès.

Ici tout est égal des deux parts ; la victoire sera au plus brave ou au plus habile.

Placer et mouvoir les trois armes de la manière la plus avantageuse relativement au terrain, à la position de l'ennemi, à des mouvements qu'on ne peut pas prévoir, quand on ignore les forces exactes d'un adversaire, dont on ne voit pas toutes les troupes, c'est un problème d'une telle complication, d'une telle difficulté, qu'on ne peut pas être sûr que dans une seule circonstance il ait été résolu le mieux possible.

Sans chercher à traiter une pareille question, nous devons cependant l'indiquer pour faire comprendre combien il est nécessaire que chaque arme n'agisse pas comme si elle était seule.

Un combat amène tant de circonstances imprévues, que la maxime la plus générale qu'on puisse donner, c'est de ne pas se hâter d'engager toutes ses forces ; avoir encore des troupes fraîches quand toutes celles de l'ennemi sont déjà engagées, c'est là, Napoléon l'a souvent montré, un moyen très-efficace de succès. Ce qui est vrai pour les deux autres armes l'est aussi pour l'Artillerie, et si jusqu'à présent nous avons paru supposer toute l'Artillerie réunie agissant à la fois, c'est que dans tous les articles précédents, pour pouvoir poser des règles, nous n'avons parlé que de l'Artillerie qui entrait en action, en faisant abstraction de celle qui restait en réserve.

ARTILLERIE, INFANTERIE, CAVALERIE CONTRE ARTILLERIE.

Ici nous sommes obligés de prendre l'offensive pour avoir moins à souffrir du feu de l'ennemi, nous nous étendrons le plus possible autour de sa position. Notre cavalerie cherchera à la tourner, pour s'emparer des munitions et des réserves. Si elle y parvient, la lutte sera moins longue et moins dangereuse. Si elle n'y parvient pas, les réserves seront peut-être obligées de s'éloigner ou bien elles se rapprocheront des batteries; et dans ce dernier cas, le feu de notre Artillerie deviendra plus dangereux.

Chacune des trois armes choisira, pour l'attaque, le terrain qui lui est le plus favorable: l'infanterie, celui où ses tirailleurs pourront trouver le plus de couvert pour s'approcher des pièces; la cavalerie, celui où elle trouvera le moins d'obstacles à la rapidité de sa marche; l'Artillerie, celui où elle pourra dominer, prendre d'écharpe ou d'enfilade.

Notre Artillerie ouvre son feu; l'infanterie fait avancer ses tirailleurs, la cavalerie lance quelques fourrageurs. Si notre Artillerie attire le feu de l'ennemi, la cavalerie en profite pour lancer ses escadrons de toute leur vitesse. L'infanterie gagne du terrain; mais l'ennemi ne prend pas le change et a assez de pièces pour faire face de tous les côtés où il peut être attaqué. Il faut alors plus d'habileté et de courage; on prépare tout pour un grand effort fait avec ensemble: l'Artillerie se porte rapidement à petite portée de mitraille et fait le feu le plus vif, l'infanterie marche à la charge, la cavalerie s'avance en ordre mince, mais par échelons; un escadron se lance de toute sa vitesse : s'il attire à lui tout le feu de l'ennemi et ne réussit pas, celui qui lui succédera pourra, s'il ne perd pas de temps, arriver sur les pièces, avant que l'ennemi ait eu le temps de les recharger. Si ce n'est pas le second, un troisième escadron y réussira peut-être. Si les escadrons n'y parviennent pas, l'infanterie, dont ils auront protégé la marche, arrivera peut-être jusque dans les batteries.

La cavalerie, par ses attaques successives, a une grande chance de succès; il sera bien difficile à l'ennemi de ne pas diriger à la fois tout son feu contre un escadron qui s'avancera avec assurance. La vivacité de l'attaque doit empêcher que le feu des pièces ennemies soit assez bien concerté pour que nos escadrons ne trouvent pas à pénétrer par un endroit dégarni de feux.

Ce qui fait le grand avantage de la cavalerie dans cette circonstance, c'est qu'elle n'a plus besoin de cet ordre et de cet ensemble qu'elle perd si facilement. Si quelques cavaliers seulement d'un escadron pénètrent dans la batterie ennemie, ils y seront un immense embarras, en entraveront le service et faciliteront le succès à toutes nos troupes.

CHAPITRE VI.

ARTILLERIE SEULE.

Si nous traitons des diverses combinaisons de l'Artillerie combattant seule, ce n'est pas en prétendant qu'il soit possible de la faire combattre comme les deux autres armes, c'est-à-dire de faire une expédition avec l'Artillerie seule. Mais souvent, sur un champ de bataille, cette arme peut, pendant un temps plus ou moins long, résister seule aux efforts de l'ennemi. Là elle n'est pas nécessairement toujours en tutelle, condamnée à rester sous la protection immédiate d'une autre arme chargée de prendre sa place quand on vient l'attaquer. Quand même elle voudrait rester toujours sous cette protection, cela ne serait pas en son pouvoir; car les troupes qui la protégent se trouvant engagées, l'ennemi peut envoyer de nouvelles forces destinées à l'attaquer. Il est donc de notre devoir de donner des principes ou du moins des idées pour les cas où l'Artillerie a à repousser par elle-même les attaques de l'ennemi, sans espérer de secours. En général, elle ne sera pas attaquable de tous côtés; ses flancs, ses derrières peut-être seront protégés par les troupes qui combattent à ses côtés. Elle est pour nous dans le même cas que si une portion du terrain qui l'entoure était complétement inabordable.

En voilà trop, sans doute, pour une chose qui n'avait pas besoin de justification.

ARTILLERIE CONTRE INFANTERIE.

L'Artillerie, combattant seule contre l'infanterie ou la cavalerie, doit conserver une réserve pour pouvoir parer aux dangers imprévus et porter un renfort sur un point particulier où l'ennemi, faisant un plus grand effort, aurait un commencement de succès.

Les raisons pour lesquelles on ne doit pas engager à la fois toutes ses forces ne sont pas tout à fait les mêmes pour l'Artillerie que pour l'infanterie et la cavalerie.

Il est indispensable, pour les deux autres armes, de ne pas engager toutes les troupes à la fois, parce que l'ordre qui leur est nécessaire est toujours en partie rompu par cet engagement; que, d'ailleurs, elles se trouvent alors près de l'ennemi, et qu'il n'est pas possible de les retirer promptement pour leur faire repousser une attaque imprévue d'un côté opposé.

Pour l'Artillerie, il n'en est pas de même ; l'ordre qui lui est nécessaire n'est pas aussi rigoureux, et elle ne le perd pas par sa manière de combattre. D'ailleurs, comme à l'exception de moments très-courts elle combat à de grandes distances, elle a plus de temps pour retirer les pièces d'un point et pour les porter sur un autre. Ce qui déterminera à conserver à l'Artillerie une réserve, c'est que les pièces en batterie peuvent se trouver éloignées du nouveau point à défendre ; c'est que, quand on retire des pièces comme des troupes engagées, on augmente l'ardeur de l'ennemi qui attaque de ce côté ; il voit son danger diminué et s'avance avec une nouvelle audace. L'Artillerie, combattant seule, aura donc une réserve, mais cette réserve sera beaucoup moins considérable que pour les deux autres armes. Celles-ci engagent généralement, au premier abord, moins de la moitié de leur effectif ; l'Artillerie en engagera beaucoup plus. La conduite du général Sénarmont à Friedland est un modèle que nous devons toujours avoir devant les yeux. Pour trente-six bouches à feu en batterie, il en avait six en réserve.

L'Artillerie, combattant seule contre l'infanterie, a intérêt à occuper un espace peu étendu : pour pénétrer jusqu'à ses pièces, l'ennemi qui attaquera de front courra plus de danger, car elles couvriront un espace peu étendu de la même quantité de feux.

L'Artillerie doit donc tenir ses pièces rapprochées l'une de l'autre. L'intervalle fixé pour les manœuvres est à peu près un minimum, parce qu'il ne faut pas que la proximité des pièces entrave leur feu ni leur mobilité.

La nécessité de couvrir ses flancs et diverses autres circonstances pourront occasionner des exceptions à cette règle ; mais on devra y avoir égard, quand on le pourra, dans le choix des positions.

Supposons que l'Artillerie soit sur la défensive; la nature du terrain aura la plus grande influence sur son efficacité. Si elle pouvait se placer de manière à être séparée de l'ennemi par un obstacle infranchissable, ce serait le mieux, du moins pour la défensive, mais cette circonstance est rare, et à son défaut, ce que l'Artillerie devra rechercher, c'est un terrain uni, qui ne fournisse aucun couvert à l'ennemi jusqu'à la plus grande portée du canon, s'il est possible, et au moins jusqu'à la portée du fusil.

Mais cette circonstance est encore difficile à trouver. Supposons que le terrain soit accidenté. On pourra, surtout si le nombre des pièces est considérable, les diviser en plusieurs batteries, que l'on placera de manière que l'une batte les plis du terrain que l'autre ne peut pas voir. S'il se trouve, malgré cela, des plis qui ne puissent pas être vus, on pourra y diriger les obusiers.

Cette division de l'Artillerie en plusieurs batteries sera avantageuse dans beaucoup de cas pour protéger des flancs qui n'auront aucun appui. On peut obtenir ce résultat de bien des manières: par l'ordre en échelons par exemple. Une batterie en avant sera protégée par deux autres placées un peu en arrière, à droite et à gauche. Mais, comme nous avons dit que la concentration du feu était la seule manière de produire de grands effets, il ne faut pas que ces batteries aient un tir divergent. Ainsi, les deux batteries latérales tireront sur le même but que celle qui est en avant; seulement, si l'ennemi manœuvre et détache des troupes pour la prendre en flanc, les deux batteries latérales tireront sur ces troupes pour les éloigner et permettre à la batterie principale de continuer son feu sur le même point.

C'est surtout pour prendre l'offensive que cette division en plusieurs batteries est indispensable; car, comme nous l'avons dit, l'Artillerie en mouvement est tout à fait impuissante. Mais si nous avons deux batteries, l'une pourra se mouvoir sous la protection de l'autre.

L'infanterie ennemie, rangée en bataille ou en colonne, sera précédée de tirailleurs; sur quelles troupes tirerons-nous? A moins que les tirailleurs ne soient très-proches, nous tirerons sur les masses ennemies; car, si nous déterminons la retraite de ces masses, cette retraite sera suivie de celle des tirailleurs. Le tir, dirigé sur les masses, fera d'ailleurs courir aussi des dangers aux tirailleurs. Si nous nous amusions à tirer sur eux, les masses ennemies pourraient arriver pendant ce temps à proximité, et soit par leur feu, soit en se mettant à la course, parvenir à s'emparer des pièces. Cependant, il ne faut pas l'oublier, les tirailleurs sont un grand danger pour l'Artillerie, quand elle n'est pas protégée par une autre arme. Si les tirailleurs ennemis sont braves et intelligents, que le terrain offre de légers couverts, ils en profiteront pour s'y loger et nous tourmenter de leur feu. Dans ces circonstances, quelques coups à balles devront être tirés contre eux ou contre leurs réserves les plus proches. Si le terrain n'est pas trop défavorable et que notre Artillerie soit assez nombreuse, quelques décharges suffiront pour les éloigner. S'il se trouve un couvert qui les protége et les rende trop dangereux, on pourra porter rapidement quelques pièces à un point d'où elles puissent avoir action sur eux. Leur but rempli, ces pièces reviendront prendre leur première position.

Il faut avoir l'attention, en faisant ce mouvement, de ne pas masquer le feu du reste de l'Artillerie, sans quoi il serait préférable de supporter le feu avec résignation ou d'éloigner les pièces du couvert occupé par les tirailleurs ennemis.

L'infanterie ennemie pourra, quoique cela paraisse au premier abord extraordinaire, préférer, pour nous attaquer, l'ordre profond à l'ordre mince. Une colonne est plus facile qu'une ligne à décider à une action de vigueur, à faire marcher au-devant du danger.

Si l'ennemi forme une seule colonne, que nous ayons deux batteries, celle sur laquelle l'ennemi ne marchera pas se portera sur le flanc et croisera, avec l'autre batterie, son feu sur la tête de la colonne.

Si nous avons trois batteries, deux se porteront sur les flancs, pendant que la troisième prendra la colonne dans sa profondeur. N'oublions pas l'effet des batteries commandées par Foy à la bataille de Zurich.

Si l'ennemi s'avance à la fois sur plusieurs colonnes, concentrons presque tout le feu sur une seule, la plus proche, la plus menaçante ; de cette façon, elle sera promptement anéantie ou en déroute, et nous pourrons agir sur une autre avant qu'elle soit tout près de nous.

Le tir des pièces contre l'infanterie doit être réglé de manière à ce que la batterie ne soit jamais complétement dégarnie de feux. Il ne faut donc pas tirer par salve, mais coup par coup. Moins la batterie est considérable, et plus il est nécessaire de se conformer à cette règle.

Il est probable que les paysans vendéens se seraient emparés moins souvent de l'Artillerie républicaine, si elle avait fait plus d'attention à cette règle.

ARTILLERIE CONTRE CAVALERIE.

Dans la confusion d'une bataille, la cavalerie est l'arme qui peut le mieux saisir le moment et le point où l'Artillerie reste à découvert ; sa vitesse la rend alors la plus dangereuse. Il ne faut cependant pas, pour cela, s'exagérer la puissance de la cavalerie contre les pièces. S'il y a beaucoup d'exemples d'Artillerie prise par la cavalerie, on peut citer un aussi grand nombre de combats où l'Artillerie a mis en fuite la cavalerie.

Il y a pour la cavalerie deux manières différentes d'attaquer l'Artillerie : la charge en ligne et la charge en fourrageurs. Occupons-nous d'abord de la première.

Dans cette manière d'attaquer, les chevaux, s'animant les uns les autres, sont plus faciles à lancer sur les pièces malgré le bruit, la flamme et la fumée. Mais cet ordre se perd facilement, la ligne flotte, chaque cavalier perd sa confiance, et la ligne est mise en déroute avec une perte sensible.

Quelle sera la manière la plus avantageuse de tirer contre une charge en ligne ? Aurons-nous encore, comme pour les colonnes d'infanterie, un grand avantage à prendre en flanc cette ligne en mouvement ? Il est facile de voir que non. La rapidité avec laquelle elle passe rendrait le tir fort incertain.

A part l'effet moral que nous avons constaté pour toute attaque de flanc, il y aura pour l'Artillerie tout avantage à être placée dans la direction où l'ennemi se meut. La trajectoire peut alors l'atteindre dans toute la partie de son cours où elle reste à moins de 2^m,50 au-dessus du terrain. La vitesse de l'ennemi le dérobera donc moins vite à nos coups. Le tir aura moins d'incertitude.

Pourtant nous devons convenir que, contre un mouvement aussi rapide que celui d'une charge, le tir à boulet ou à obus est fort incertain ; c'est alors que le tir à balles reprend toute sa supériorité, pourvu qu'il soit employé avec discernement.

Les pièces doivent, avec plus de raison encore que quand elles ont à craindre de l'infanterie, garder peu d'intervalle, afin de battre leur front avec plus d'intensité. Elles doivent être placées de manière que le flanc de la batterie se trouve couvert, soit par la nature du terrain, soit par la disposition des pièces des ailes. Le terrain en avant du front peut, sans inconvénient, être un peu accidenté, tout ce qui entravera les mouvements de la cavalerie sans la couvrir nous sera avantageux.

Voyons maintenant comment le tir devra être dirigé. Tant que l'ennemi sera occupé de ses préparatifs d'attaque, qu'il fera des manœuvres, nous tirerons contre lui à boulets ou à obus, dirigeant sur un même point assez de feux pour y produire le désordre. Si pendant ces manœuvres, nous pouvons prendre ses colonnes en flanc, nous arriverons plus promptement au résultat : car ici ce n'est pas comme pour la charge d'une ligne; la colonne ne se dérobe pas aussi vite à nos coups; ceux qui manqueront un escadron pourront atteindre le suivant.

Pendant ces manœuvres, notre Artillerie doit changer de front, s'il est nécessaire, pour faire face tout entière du côté où l'ennemi menace d'attaquer. S'il est encore loin et qu'il s'avance contre nous au trot, nous tirerons à boulet ou à obus, en redoublant notre feu et pointant toujours un peu en avant et sur un point qu'il n'occupe pas encore. Notre but doit être ici de forcer l'ennemi à commencer la charge de très-loin, parce que le désordre s'y mettant, il est probable qu'elle n'arrivera pas jusqu'à nous.

Nous devons remarquer combien les obus ont ici d'avantage sur les boulets : la lenteur de leur mouvement, en permettant souvent de les voir venir, peut effrayer l'ennemi et jeter du désordre dans les escadrons. L'effet de leur explosion est ici très-grand, parce que, indépendamment du mal que peuvent faire les éclats, le bruit produit près des chevaux les effraye, et alors les cavaliers n'en sont plus maîtres.

La ligne ennemie est arrivée à 700 mètres et commence la charge; on aura fait prendre dans les coffres, et apporter près des pièces, des boîtes à balles : c'est le moment d'en mettre une dans chaque pièce; mais il ne faut pas se hâter de les tirer. Le plus grand effet des balles a lieu à 300 mètres :

c'est à cette distance qu'il faut attendre l'ennemi ; la fumée se sera un peu dissipée, et chaque pièce pourra être dirigée avec exactitude. Si le nombre des pièces est un peu considérable, la cavalerie ennemie sera dispersée comme à Friedland, où elle ne put faire ainsi qu'une seule tentative. La cavalerie pour parcourir 400 mètres au galop met une minute ; nous aurons donc encore le temps de recharger avant que les cavaliers qui seraient emportés soient arrivés jusque sur nos pièces.

Cette manière de tirer, pour ainsi dire par salve, contre la cavalerie me paraît la plus avantageuse, parce qu'en agissant autrement on court le danger de tirer à balles un premier coup de trop loin, un second de trop près, et de ne pas produire autant d'effet. Il y a encore à cela un autre avantage : l'ennemi fera peut-être plusieurs tentatives ; par le moyen que nous venons d'indiquer, l'Artillerie se sera fait, en un point, un rempart de chevaux qui suffirait presque pour rendre inutiles en ce point les autres charges de la cavalerie ennemie ; c'est ce qui n'arriverait pas si les cadavres des chevaux et des hommes tués étaient dispersés sur une grande étendue de terrain.

On devra agir d'après les mêmes principes contre des attaques successives. Il est indispensable que celui qui commande conserve le plus grand sang-froid ; qu'avant même que la première charge soit repoussée, il ait observé le mouvement des autres escadrons et déterminé les mesures à prendre contre eux. C'est alors que ses fonctions deviennent difficiles ; car la fumée empêche souvent de voir, et les mouvements de la cavalerie sont rapides. Il sera souvent nécessaire que cet officier se porte à une assez grande distance de sa batterie pour observer les mouvements de l'ennemi.

Les attaques en fourrageurs présentent un danger particulier : l'ennemi peut attaquer sur une plus grande circontérence, il est plus difficile de le tenir éloigné. Il devient encore plus important pour l'Artillerie d'occuper un terrain favorable, et de ne pouvoir pas être attaquée dans tous les sens.

Dans la confusion d'une action où l'Artillerie, se croyant couverte par les autres troupes, ne s'occupe qu'à remplir son but, les fourrageurs qui arrivent sur son flanc ou sur ses derrières suffisent pour l'annuler ou s'en rendre maîtres, du moins pour un moment. Mais l'Artillerie, si elle est seule, assez nombreuse et bien placée, peut parvenir à repousser les attaques des fourrageurs ; car si des cavaliers isolés donnent moins de prise au feu du canon, les hommes et surtout les chevaux sont bien plus effrayés et plus difficiles à décider à avancer sur les pièces. Dans ce cas, il faut tirer coup par coup, pour n'être jamais dégarni de tout son feu, et tirer à balles quand les fourrageurs sont à portée.

Le tir à obus aura ici plus qu'ailleurs une grande supériorité sur le tir à boulet, parce que les chevaux isolés seront bien plus effrayés des explosions que s'ils étaient dans le rang.

S'il se trouve à portée du canon des plis de terrain, il faudra réunir les obusiers de ce côté, pour qu'ils puissent chasser l'ennemi de ce couvert dans le cas où il voudrait en profiter.

La campagne d'Égypte nous donne une idée de ce que peut l'Artillerie contre la cavalerie chargeant en fourrageurs. A mesure que l'on a acquis l'expérience du genre de guerre à faire aux mamelucks, l'Artillerie les a moins redoutés. La cavalerie était d'abord mise dans les carrés, l'Artillerie tout près et dans les angles. Plus tard, à la bataille d'Héliopolis, l'infanterie était en carrés, l'Artillerie par batteries dans les intervalles, et la cavalerie en ligne en arrière. L'Artillerie a suffi presque seule pour repousser les charges de l'ennemi ; elle avait là plus de liberté d'action dans tous les sens. Il n'est pas arrivé un seul cavalier jusque sur les baïonnettes, et l'Artillerie n'a point eu de danger grave à courir.

Quand on est parvenu à repousser les charges de l'ennemi, que toute sa cavalerie est en désordre, l'Artillerie peut prendre l'offensive et empêcher l'ennemi de se rallier. Elle peut s'avancer contre lui par échelons ou par demi-batterie ; mais elle ne doit jamais se priver de tout son feu, quand elle combat seule; elle courrait le risque de se voir enlevée avant de pouvoir être en état de défense. Les guerres de la Révolution nous ont souvent montré l'Artillerie légère poursuivant ainsi et mettant en déroute la cavalerie ennemie.

Il peut même se présenter des cas où l'Artillerie ait intérêt à prendre contre la cavalerie l'initiative de l'attaque. Si la cavalerie est obligée de manœuvrer, si elle débouche d'un défilé, l'Artillerie peut s'avancer rapidement, et, rejetant sur les autres les escadrons qui ont passé, les empêcher de déboucher.

Si l'Artillerie n'est pas assez nombreuse pour faire face de tous les côtés, où elle court risque d'être attaquée, elle peut, pour se couvrir, employer ses caissons et ses prolonges à se faire promptement un retranchement presque impénétrable à la cavalerie, ou du moins suffisant pour l'arrêter un moment et diminuer le danger. Des prolonges fixées aux voitures et maintenues à un peu plus de 1 mètre au-dessus du terrain, suffiront pour remplir ce but.

C'est surtout ici qu'il est nécessaire de donner à la réserve un ordre qui lui permette de résister.

ARTILLERIE CONTRE ARTILLERIE.

Nous avons vu précédemment quels sont les terrains et les positions favorables à l'Artillerie; la nôtre aura tous les avantages possibles si, en même temps qu'elle est bien placée, celle de l'ennemi ne peut trouver que des emplacements désavantageux. Ces deux considérations devront nous guider dans le choix de nos positions.

La supériorité de calibre a, nous l'avons vu, de notables avantages de justesse. Ces avantages augmentent avec la distance; c'est une considération importante quand on a à contre-battre l'Artillerie ennemie. A-t-on la supériorité du calibre; on a intérêt à ce que l'Artillerie ennemie reste éloignée, à ce qu'elle ne puisse pas venir se placer près de nous. Si, au contraire, notre calibre est le plus faible, notre désavantage sera moindre en nous approchant jusqu'à la portée du but en blanc de nos pièces. Plus près, si l'ennemi pouvait tirer à balles sans que nous pussions le faire, notre désavantage augmenterait.

Les remarques qui précèdent ne doivent pas être considérées comme indiquant une conduite à tenir dans tous les cas. Souvent avec un faible calibre, on devra se tenir éloigné, et se rapprocher avec un calibre supérieur. Si l'on est sur la défensive, qu'on attende des secours, on a intérêt à prolonger le combat, à le rendre peu décisif. Quel que soit le calibre, on se tiendra éloigné. Si, au contraire, on est sur l'offensive, qu'il soit très-important de forcer, et de forcer très-vite l'Artillerie ennemie au silence; on la combattra de près.

Dans ce dernier cas, si l'on a le plus fort calibre, le plus avantageux est de s'avancer jusqu'à la portée des balles pour notre calibre; celles de l'ennemi seront encore peu dangereuses.

Quoique la fixité dans la position des pièces augmente la justesse du tir, on peut cependant encore, dans la combinaison que nous examinons, tirer un grand avantage d'une Artillerie mobile et manœuvrière.

Pour attaquer une Artillerie supérieure soit en nombre, soit en calibre, on peut s'avancer vivement et se mettre en batterie soit à la distance du but en blanc, soit même à portée de mitraille. La supériorité de courage et de sang-froid, décidant promptement l'affaire, peut donner la victoire à l'attaquant. C'est ce qui est souvent arrivé dans nos dernières guerres où notre Artillerie à cheval a de cette manière obtenu de beaux succès.

C'est ainsi qu'une infanterie moins nombreuse, et ayant l'infériorité du feu, prend le parti d'attaquer celle de l'ennemi à la baïonnette.

Le désavantage que donne ce déplacement est, au reste, moins grand ici qu'on ne pourrait l'imaginer. Le tir de l'ennemi pendant le mouvement est fort incertain, surtout si ce mouvement est rapide.

On peut, si l'on prend le parti que nous venons d'indiquer, joindre l'habileté au courage et se donner plus de chances de succès.

On a un grand avantage, quand on contre-bat l'Artillerie, à la prendre en rouage. On produit d'abord l'effet moral dont nous avons parlé pour une troupe prise en flanc, et on augmente de plus la chance de toucher, puisque les déviations sur les longueurs des portées pourront faire toucher une pièce au lieu d'une autre, et que le même boulet pourra en atteindre plusieurs. Enfin, aussi longtemps que l'ennemi n'a pas changé de front, on est à l'abri de son feu.

Pour attaquer vivement une Artillerie ennemie, il ne faudra pas se contenter de se porter avec courage, droit devant soi, pour venir se placer en batterie à petite portée, mais se diriger en colonne sur le flanc de l'ennemi et se former par un des mouvements à droite, à gauche, sur la droite ou sur la gauche en batterie. La marche est un peu plus longue ; mais elle est bien moins périlleuse que celle de tout à l'heure. L'ennemi est obligé d'exécuter un changement de front qui, s'il ne sait pas bien manœuvrer, lui prendra plus de temps que notre mouvement.

Il peut arriver que la manœuvre seule que nous exécuterons nous donne la victoire. Si l'ennemi, par exemple, occupe une position fort avantageuse du reste, mais qui manque de profondeur et qui ne lui permette pas de mettre toutes ses pièces en batterie dans la direction que devrait avoir son nouveau front, c'est là ce que nous observerons avant d'exécuter notre mouvement et ce qui déterminera le choix de la position que nous irons prendre.

Ce qui vient d'être dit, fait voir qu'il faut éviter de prendre une position qui, laissant une grande liberté d'action à l'ennemi, nous en priverait nous-mêmes et ne nous permettrait pas de changer de front dans toutes les directions où nous pourrions être attaqués.

Notre batterie est en face de celle de l'ennemi : comment dirigerons-nous notre feu ? sur quel objet nos pièces seront-elles dirigées ? chacune tirera-t-elle sur celle de l'ennemi qui est la plus à craindre pour elle ? C'est là la manière la plus naturelle, celle que l'on a employée fort longtemps ; il est cependant facile de faire voir que ce n'est pas la plus avantageuse.

Chacune de nos pièces tue, je suppose, du premier coup, un des servants de la pièce sur laquelle elle tire ; cela n'empêchera pas chacune des pièces de continuer son feu ; si, au contraire, nous avions tué tous ces servants à la même pièce, son feu serait interrompu et nous aurions, à partir de ce moment, une pièce de moins à craindre.

Le raisonnement que nous faisons pour les servants, que l'ennemi peut à la rigueur remplacer, sera bien plus concluant pour le matériel. Un certain nombre de boulets touchent les pièces sur lesquelles ils sont dirigés ; il peut arriver qu'aucune de ces dégradations n'arrête le feu, tandis que plusieurs d'entre elles réunies sur la même pièce l'auraient mise hors de service.

Ainsi, nous concentrons notre feu au lieu de l'éparpiller ; nous dirigeons sur une même pièce le feu de toutes celles qui peuvent l'atteindre ; nous avons soin de choisir une pièce qui ne soit pas à une aile, afin que les déviations de nos projectiles puissent atteindre celles qui sont voisines. De cette manière, nous n'avons pas seulement l'avantage de mettre plus tôt les pièces hors de service, nous inspirons sur un point de la ligne ennemie une terreur qui peut se communiquer à toute la batterie et faire abandonner à l'ennemi le champ de bataille. Quoi qu'il en soit, nos pièces tireront chacune séparément et seront pointées avec exactitude. Aussitôt qu'une pièce ennemie sera hors de service, on dirigera le feu sur celle qui en est voisine.

Cette méthode fort avantageuse exige plus de courage que l'autre, le naturel portant chacun de nous à s'occuper du danger qui le menace le plus.

Il est facile de voir que, dans les combats contre l'Artillerie, nous aurons intérêt à chercher pour chacune de nos pièces une position qui la dérobe à une partie du feu de l'ennemi ; nous devrons les espacer beaucoup, pour que l'ennemi ait une moindre chance d'atteindre une autre pièce que celle sur laquelle il tire. C'est ici le contraire de ce que nous avons vu quand il s'agissait de combattre contre l'infanterie ou la cavalerie.

Il faut pourtant remarquer que cette manière d'espacer les pièces, avantageuse quand on veut rester dans sa position, le serait beaucoup moins si l'on voulait manœuvrer ; dans ce cas, la grande distance d'une pièce à l'autre ferait perdre du temps, le manque d'ensemble dans les mouvements les rendrait moins décisifs, et ils pourraient tourner à notre désavantage. C'est à l'officier qui commande à juger des circonstances, à décider s'il vaut mieux renoncer aux avantages de l'offensive, ou s'il est préférable de tenir ses pièces réunies.

Pour éviter, autant que possible, le danger des explosions, les caissons seront, pour la plupart, tenus éloignés et dérobés, autant que possible, à la vue de l'ennemi.

D'après l'*Aide-mémoire*, les obusiers actuels ont, avec les grandes charges, à toutes les distances, au moins autant de chances de toucher que les pièces du calibre correspondant; les éclats des obus qui peuvent atteindre les hommes et les chevaux, qui peuvent surtout faire sauter les caissons de l'ennemi, assurent donc ici aux obusiers un grand avantage sur les canons. Nous avons vu que leur tir à balles est aussi plus redoutable.

ARTILLERIE CONTRE INFANTERIE ET ARTILLERIE.

L'infanterie est ici l'arme principale. Si elle se retire, son Artillerie sera obligée de suivre le mouvement. C'est donc contre elle que nous devons agir, en dérobant, autant que possible, aux coups de l'Artillerie ennemie nos pièces, dont la mobilité nous permettra souvent de manœuvrer en présence de l'infanterie.

Sommes-nous sur l'offensive : nous cherchons, comme nous venons de le dire, des couverts contre le feu de l'ennemi. Si le terrain n'en fournit pas, nous aurons soin d'attaquer toujours le point où l'ennemi n'aura pas d'Artillerie, agissant toujours avec décision et rapidité afin de déterminer la retraite de l'infanterie, avant que son Artillerie ait pu venir à son secours.

Pour la défensive, nous rechercherons des terrains étroits. L'ennemi commencera par faire agir son Artillerie. Si l'infanterie est en prise, nous tirerons contre elle. Si elle est en ordre très-mince ou à couvert, et que nous ne puissions pas espérer l'obliger promptement à la retraite, nous contre-battrons l'Artillerie jusqu'à ce que l'infanterie commence à agir. C'est alors contre elle que nous dirigerons nos efforts.

Si l'Artillerie ennemie se trouvait placée de manière à nous dominer et nous prendre en rouage quand nous nous avancerions pour attaquer l'infanterie, c'est contre elle qu'il faudrait tirer. Si nous ne voulions pas consacrer à cela toute notre Artillerie, il faudrait au moins en employer assez pour nous assurer la supériorité sur les pièces de l'ennemi pendant que le reste de notre Artillerie attaquerait l'infanterie ennemie. C'est ce que fit le général Sénarmont à Friedland.

Notre Artillerie aura, dans cette combinaison, un désavantage contre celle de l'ennemi, parce que, ayant à craindre l'infanterie, elle ne pourra pas espacer beaucoup ses pièces, tandis que l'ennemi pourra choisir pour chacune des siennes l'emplacement le plus favorable.

ARTILLERIE CONTRE CAVALERIE ET ARTILLERIE.

A moins d'une grande supériorité, qui nous permette de faire quelques mouvements par échelons, nous ne pouvons presque pas manœuvrer en présence de la cavalerie; nous devons donc chercher des positions défensives.

Il faut que l'Artillerie et la cavalerie ennemies ne puissent pas combiner leurs efforts de telle sorte que, la cavalerie, par ses démonstrations, nous forçant à changer de front, l'Artillerie nous prenne en rouage sans avoir rien à craindre de notre feu. Si l'Artillerie se trouvait dans une pareille position, l'audace serait sa seule ressource. Il faudrait qu'elle se portât rapidement près de la cavalerie pour la forcer à fuir ou à charger.

En admettant, comme nous le faisons toujours, que la cavalerie et l'Artillerie ennemies sont dans la proportion ordinaire, il résulte de ce qui précède, que la cavalerie étant l'arme décisive, c'est elle que nous aurons principalement en vue, c'est contre elle que nous agirons quand elle sera en prise.

ARTILLERIE CONTRE INFANTERIE ET CAVALERIE.

Si l'ennemi peut développer son attaque sur un grand arc de cercle, que l'infanterie et la cavalerie y puissent trouver chacune un terrain favorable, notre Artillerie sera dans la circonstance la plus désavantageuse. C'est là ce que le choix de nos positions doit avoir pour but d'éviter.

Si les deux armes ne pouvaient nous attaquer que successivement sur un front étroit, notre manière d'agir serait déterminée par ce qui précède. Nous supposerons donc le cas désavantageux dont nous venons de parler.

Si l'ennemi tient son infanterie et sa cavalerie prêtes à agir et à bonne portée, sur quelle arme dirigerons-nous notre premier effort ?

Notre but doit être de séparer les deux armes, pour agir sur chacune successivement. Celle qui, par la rapidité de ses mouvements, peut être la plus dangereuse, si nous sommes occupés de l'autre, c'est la cavalerie. Cette arme est aussi celle qui est le moins susceptible d'essuyer notre feu avec patience, sans se désunir ou se retirer; c'est celle enfin que nous avons le plus d'intérêt et de facilité à tenir éloignée ou à décider à une attaque immédiate; c'est donc contre elle que nous tirerons d'abord. Qu'elle s'éloigne ou qu'elle charge, la question pour nous n'est plus douteuse; après l'avoir repoussée, nous dirigerons nos efforts contre l'infanterie. Il faut que celui qui commande ait assez de sang-froid pour ne pas s'occuper exclusivement des troupes qu'il combat et pour surveiller tout le terrain qui l'environne. Une réserve lui est nécessaire pour s'opposer à la cavalerie, faire face immédiatement du côté où elle se présentera, et donner au reste de l'Artillerie un point d'appui pour le changement de front que cette attaque peut nécessiter.

Cette réserve pourra être composée d'obusiers; nous avons vu qu'ils étaient très-avantageux contre la cavalerie.

S'il se trouve, ce qui arrive le plus souvent, des plis de terrain qui puissent favoriser l'approche de l'ennemi, ceux des obusiers qui ne seront pas gardés en réserve devront être réunis pour tirer de ce côté.

Quand nous disons que, pendant l'attaque de la cavalerie, toute l'Artillerie sera dirigée contre elle, il doit être entendu qu'ici comme dans beaucoup d'autres cas, nous parlons d'une manière absolue pour généraliser; car des tirailleurs ennemis rapprochés pourront nous obliger à conserver contre eux assez de pièces pour les tenir éloignés jusqu'à ce que la cavalerie soit repoussée.

ARTILLERIE CONTRE INFANTERIE, CAVALERIE, ARTILLERIE.

Le but de l'Artillerie doit être de combattre les trois armes successivement, pour n'avoir pas à repousser un effort simultané qui, fait sur divers points, serait bien plus dangereux.

Pour arriver à ce but, si les trois armes sont en ligne à portée, l'Artillerie tirera contre la cavalerie, pour la forcer à charger ou à se retirer. Si l'infanterie reste en prise, c'est contre elle que les coups seront dirigés; si elle attaque, elle nous dérobe au feu de l'Artillerie; si elle se retire pour se mettre à l'abri, il ne reste plus que cette dernière arme, contre laquelle nous dirigeons tous nos coups.

Si l'ennemi suit la marche la plus ordinaire, celle qui

consiste à ne faire avancer que son Artillerie d'abord, puis son infanterie et sa cavalerie, quand la canonnade est engagée, nous dirigerons d'abord tout notre feu sur l'Artillerie, et nous cesserons de tirer contre elle pour canonner les troupes, aussitôt que les préparatifs de l'attaque les mettront en prise. Il n'y a rien là de nouveau, rien qui ne soit compris dans tout ce qui précède; seulement, le choix des positions sera plus difficile, puisqu'il faut, autant que possible, qu'elles ne laissent à l'ennemi aucun terrain favorable à l'action d'une de ses armes.

CHAPITRE VII.

ARTILLERIE DANS LA DÉFENSE ET DANS L'ATTAQUE DE LA FORTIFICATION DE CAMPAGNE.

ARTILLERIE DANS LA DÉFENSE DE LA FORTIFICATION DE CAMPAGNE.

Nous considérerons dans la fortification de campagne deux cas : dans l'un, il s'agit d'un ou de plusieurs ouvrages qui doivent se défendre par eux-mêmes; dans l'autre, les ouvrages, répandus sur le front d'une ligne de bataille, sont seulement des points d'appui pour les troupes qui sont en ligne.

Supposons qu'il s'agisse d'un ouvrage isolé. On ne pourra s'attendre à une longue défense que s'il est placé de manière à ne pouvoir pas être battu par une Artillerie supérieure. On trouve beaucoup de positions de cette nature dans les pays de montagne; tel est un plateau, situé sur un pic plus élevé que le terrain qui l'entoure à portée de canon.

La fortification passagère reprend là tous ses avantages. Les ouvrages doivent être construits avec le plus grand soin ; mais les parapets n'exigent pas une grande épaisseur.

L'ouvrage devra être assez éloigné des pentes pour que l'Artillerie ait encore le temps d'agir avant que les assaillants arrivent jusqu'aux pièces. Il ne devra pas être trop éloigné, sans quoi l'Artillerie ennemie trouverait sur le plateau même un emplacement où, n'ayant pas à craindre le feu de la mousqueterie, elle pourrait espérer réduire nos pièces au silence par sa supériorité numérique. Les distances de 300 à 350 mètres de l'ouvrage aux pentes qu'il ne peut pas battre, seront les plus favorables. L'Artillerie qui voudrait monter sur le plateau serait en prise aux balles des fusils et des canons. L'ennemi ne doit pas, si nous agissons avec vigueur, pouvoir l'y mettre en batterie.

Si l'ouvrage est armé d'obusiers, on pourra agir plus tôt contre l'ennemi et troubler les préparatifs qu'il fera dans les ravins. Il faudra pour cela que quelques tirailleurs détachés de l'ouvrage aillent reconnaître les points qu'il occupe, pour que les obusiers puissent y être dirigés. Le tir sera plus efficace si l'on a pris la précaution de mesurer la distance ou de tirer quelques coups d'essai, avant l'arrivée de l'ennemi, pour que les projectiles s'arrêtent et éclatent à l'endroit convenable. Quand l'ennemi sera parvenu sur le plateau, le tir à balles sera seul employé. Les obusiers auront encore l'avantage sur les canons ; mais leur peu de longueur, qui exige des embrasures plus larges, deviendra un inconvénient, puisque les canonniers seront plus exposés au feu des tirailleurs.

Le moyen de tirer un bon parti de l'Artillerie, c'est ici, comme toujours, de ne pas trop la diviser et de concentrer son feu. Il vaut mieux ne l'employer que d'un seul côté, qu'elle pourra défendre efficacement, que de la partager pour qu'elle serve également partout. Une pièce occupe une certaine étendue du parapet qui n'est pas défendue par la mousqueterie; après un coup tiré, cet espace reste faible, si ce n'est sans défense, jusqu'à ce que la pièce soit rechargée; il arrive souvent que l'ennemi en profite pour l'escalade, parce que mille accidents, la mort, la blessure d'un canonnier, etc., rendent plus long le temps nécessaire pour charger. Il faut donc, toutes les fois que cela est possible, employer deux pièces au moins à battre le même point, et avoir soin de ne les tirer que l'une après l'autre.

Un ouvrage isolé n'est pas toujours aussi favorablement placé que nous l'avons supposé : il peut arriver que le terrain offre à l'Artillerie ennemie un emplacement favorable; comme dans ce cas la nôtre, qui est limitée, ne peut pas avoir l'espoir de lutter avantageusement, il faut, autant que possible, choisir pour nos pièces des emplacements où elles puissent concourir à la défense, sans être en prise au canon de l'ennemi. S'il n'est pas possible d'y parvenir, le meilleur parti à prendre sera d'élever des barbettes. Alors, si l'Artillerie ennemie tire sans que les troupes s'avancent pour attaquer, nous descendons nos pièces, pour qu'elles soient à l'abri de ce feu. Si les colonnes ennemies se mettent en mouvement, nous mettons nos pièces en batterie et nous tirons contre elles sans répondre à l'Artillerie.

Dans cette circonstance, nous évitons de construire des embrasures en vue du canon de l'ennemi, qui pourrait les détériorer assez pour empêcher nos pièces de tirer, quand nous voudrions les remettre en batterie.

L'infanterie étant presque toujours obligée, pour marcher à l'attaque d'un retranchement, de se mettre en colonne, les obusiers ont un grand avantage sur les canons. Les obus peuvent d'ailleurs servir à la défense du fossé, quand l'ennemi parvient à y descendre.

Le but qu'on doit se proposer, dans la disposition des pièces pour la défense de plusieurs ouvrages, c'est que l'Artillerie de l'un puisse concourir à la défense de l'autre, et que, s'il est possible, l'ennemi en attaquant un ouvrage ait à essuyer des feux de face et de flanc.

Supposons qu'il s'agisse de la défense d'ouvrages qui doivent servir d'appui à une ligne de bataille. Des considérations fort compliquées servant à déterminer la position et le tracé de ces ouvrages, le plus souvent il ne sera pas possible de leur trouver des emplacements tels que l'ennemi ne puisse pas réunir contre chacun d'eux une Artillerie supérieure. La bataille de Fontenoy nous offre un modèle de la manière de placer l'Artillerie dans ce cas.

Nous n'aurons pas pour but d'atteindre l'ennemi le plus loin possible, de pouvoir contre-battre son Artillerie; mais nous tâcherons de conserver la nôtre pour l'action décisive, qui est l'attaque de l'infanterie et non celle de l'Artillerie.

Nous parviendrons souvent à ce but, en plaçant l'Artillerie d'un ouvrage de manière qu'elle puisse flanquer les deux ouvrages latéraux; cette position la soustraira aux pièces que l'ennemi réunira pour battre l'ouvrage. Mais toutes les fois qu'un ouvrage sera, par sa position, à l'abri du feu de l'Artillerie ennemie, une partie des pièces sera placée de manière à concourir le plus efficacement possible à la défense même de l'ouvrage dans lequel elles sont placées; car cette défense devient beaucoup plus sûre quand elle peut se faire sans secours étranger.

Une autre question se présente, celle de savoir si l'on devra renfermer toute l'Artillerie dans les ouvrages.

Si le terrain qui est en arrière des ouvrages est de nature à permettre les mouvements de l'Artillerie, ce serait une énorme faute de renfermer toutes les pièces dans les ouvrages; c'est le moyen certain d'être très-inférieur à l'ennemi à l'endroit qu'il choisira pour son attaque principale. Rappelons-nous que la bataille de Fontenoy fut gagnée par l'emploi de l'Artillerie restée par hasard en réserve; qu'à la bataille de Toulouse, la colonne du maréchal Béresford n'aurait peut-être pas eu tant de succès, s'il y avait eu soit sur la hauteur, soit en arrière, une réserve d'obusiers pour la prendre en flanc et à dos pendant son mouvement. Il n'est donc pas nécessaire d'insister sur ce sujet; une portion notable de l'Artillerie devra rester en réserve. Quand les attaques de l'ennemi seront bien dessinées, elle se portera successivement au secours des points les plus menacés.

Cette réserve devra être d'autant plus forte, que la position à défendre aura plus d'étendue relativement aux troupes qui doivent la défendre.

Notre réserve pourra se porter en avant des ouvrages pour tirer contre les troupes de l'ennemi, troubler ses préparatifs ou le forcer à attaquer, sans attendre tout l'effet de son Artillerie. Elle pourra aussi, si elle espère le faire avec succès, contre-battre cette Artillerie et l'empêcher de ruiner les ouvrages.

Maintenant les colonnes de l'ennemi sont en marche, elles attaquent un ou plusieurs de nos ouvrages; que fera notre Artillerie? elle ne restera pas en avant des ouvrages pour gêner leur action; elle ne restera pas à leur hauteur pour être attaquée en même temps, parce que, alors occupée de sa propre défense, elle ne leur serait peut-être pas d'un grand secours. Il faut, pour remplir son but, qu'elle se mette à l'abri d'attaque soit sur le côté, si elle y trouve une position sûre qui lui permette de battre de flanc les troupes de l'attaque sans masquer le feu d'aucun ouvrage, soit en arrière, pour que l'ennemi ne puisse pas l'attaquer sans passer sous le feu des retranchements.

Que l'ennemi parvienne ou non à s'emparer de l'ouvrage, il sera dans un grand désordre, qui permettra de l'attaquer avec avantage. Si nos troupes ne se décident pas à prendre l'offensive, c'est à l'Artillerie à tirer sur l'ouvrage pris pour tâcher de le faire abandonner. Elle doit surtout tirer sur les troupes qui voudraient déboucher par la trouée que l'ennemi vient de faire. C'est ordinairement une circonstance grave, où il faut déployer toute son énergie pour éviter le désastre que l'on a à craindre si l'ennemi parvient, en poursuivant son succès, à prendre notre ligne à revers.

Supposons au contraire que, l'ennemi ayant emporté l'ouvrage, nos troupes se décident à tomber vivement sur les assaillants en désordre; que fera l'Artillerie dépassée par l'infanterie ou la cavalerie? restera-t-elle inutilement au même endroit, exposée à se voir annulée par les fuyards, si l'attaque ne réussit pas? Non, elle se mettra en mouvement pour protéger cette attaque. L'ennemi n'aura probablement pas engagé toutes ses troupes à la fois; celles qui auront pris l'ouvrage seront soutenues par d'autres qui ne partageront pas leur désordre; ce sont celles-là que les nôtres ont à craindre, c'est contre elles que nos pièces doivent agir. Il faut qu'elles manœuvrent dans le but de les repousser, sans gêner ni l'action des ouvrages ni celle de nos troupes.

La défense d'un village rentre dans le cas que nous examinons; mais comme la forme irrégulière de l'enceinte à défendre ne laisserait souvent qu'un faible champ de tir à l'Artillerie, et que l'ennemi peut, la plupart du temps, incendier le village, il est alors préférable de laisser les pièces hors du village où elles auront toute la liberté de leurs mouvements pour agir contre l'ennemi dans quelque direction qu'il se présente. Souvent pourtant les avenues qui conduisent au village sont étroites; quelques pièces placées dans leur direction sont le moyen le plus efficace d'arrêter l'ennemi.

Les ouvrages fortifiés ne pouvant guère être attaqués que par l'infanterie en colonne, les obusiers ont une grande supériorité sur les canons. Ce sera surtout quand le terrain sera accidenté et pourra offrir à l'infanterie des abris contre les boulets, que les obus tirés à faible charge seront avantageux. Il faut donc, dans l'armement de l'ouvrage, bien discerner les endroits où les obusiers devront être placés et ne pas les répartir au hasard.

ARTILLERIE DANS L'ATTAQUE DES OUVRAGES DE CAMPAGNE.

Dans l'attaque d'un ouvrage de campagne isolé, tout se réduit le plus souvent, après en avoir fait la reconnaissance, à réunir une Artillerie supérieure qui démonte les pièces et ruine les parapets et les palissades. L'Artillerie doit se placer de manière à agir le plus efficacement possible sur le point que l'infanterie choisit pour son attaque. Si nos pièces se trouvent paralysées, quand cette arme se mettra en mouvement, elles devront aller alors se placer rapidement dans une autre position qui leur permette de tirer le plus longtemps possible pour effrayer les défenseurs et les empêcher de monter sur les banquettes.

L'ennemi aura peut-être choisi pour son ouvrage un emplacement qui ne peut être que très-difficilement battu par l'Artillerie; nous ne devons rien négliger pour faire arriver au moins quelques-unes de nos pièces dans des positions qui puissent voir le retranchement. On est souvent parvenu, avec du travail et de la persévérance, à faire monter l'Artillerie sur des rochers où on ne l'aurait jamais cru possible. L'ennemi, qui se croyait à l'abri de tout danger, en est effrayé, et l'expérience a prouvé que, dans ces circonstances, l'Artillerie avait un effet moral bien supérieur à l'effet réel qu'elle aurait pu produire.

Nous avons déjà dit que dans l'attaque d'un retranchement il y a pour les troupes attaquantes un instant critique, c'est celui où, parvenues près de l'ouvrage, leur succès même les met en désordre; un mouvement offensif de l'ennemi est alors très-redoutable. L'Artillerie devra se placer de manière à protéger nos troupes contre cette attaque, et songer surtout à rendre le succès de l'ennemi moins dangereux, s'il parvient à repousser les assaillants.

Dans l'attaque d'une ligne de retranchements soutenus par des troupes placées en arrière, le rôle de l'Artillerie est moins simple et moins facile.

Elle doit d'abord tâcher de démonter les pièces qui ont vue sur le point choisi par l'infanterie pour son attaque, puis de ruiner les parapets et les défenses en ce point. Mais souvent l'ennemi sera parvenu à dérober ses pièces à notre Artillerie par leur emplacement sur les ouvrages latéraux. Nos troupes, pendant leur attaque, auront donc à essuyer le feu de ces pièces; mais elles auront encore un autre danger à craindre; car, à mesure qu'elles s'approcheront des ouvrages, l'Artillerie, placée en arrière, deviendra plus redoutable. Comme nos troupes ne pourront pas se hasarder à dépasser l'ouvrage pour aller de suite attaquer les ennemis placés en arrière, ceux-ci, saisissant le moment favorable, pourraient, en prenant l'offensive, nous mettre en déroute et nous chasser de l'ouvrage dans lequel nous aurions pénétré. C'est contre tous ces dangers que l'Artillerie peut et doit apporter une protection efficace.

L'infanterie ne pouvant attaquer qu'en colonne, le feu de l'Artillerie est le plus dangereux; c'est de lui que nous nous occuperons d'abord.

Si l'ennemi, agissant conformément aux principes donnés pour la défense, nous a dérobé les pièces des ouvrages latéraux, l'Artillerie doit, au moment où s'ébranlent les colonnes d'attaque, aller contre-battre ces pièces à tout prix. On a vu, dans nos guerres de la Révolution, l'Artillerie à cheval s'avancer à portée de mitraille des retranchements latéraux, et parvenir à éteindre les feux qu'ils dirigeaient sur les colonnes d'attaque. Cette belle conduite doit nous servir de modèle. Nous ne parviendrons peut-être pas à éteindre les feux de l'ennemi; mais il suffira, pour que notre but soit atteint, que nous ayons, pendant un temps assez court, détourné ce feu des colonnes d'attaque. Dans une action comme celle-ci, l'Artillerie doit songer à protéger son flanc contre les troupes et les pièces qui peuvent se trouver à proximité.

Quand il s'agit de protéger l'infanterie dans son mouvement contre l'Artillerie, et les troupes placées en arrière, l'action est moins périlleuse et exige moins d'audace. Il suffit à l'Artillerie de prendre, à mesure que les colonnes s'avancent, des positions successives qui lui permettent de tirer contre l'Artillerie ennemie. Si les troupes de l'ennemi se mettent en mouvement pour l'attaque, c'est contre elles que nous dirigerons le feu.

C'est surtout dans le moment de désordre qui, pour les autres armes, suit ordinairement la prise d'un ouvrage, que l'Artillerie doit conserver son sang-froid, pour ne s'occuper que de repousser les retours offensifs que l'ennemi peut faire. Il ne faut pas qu'elle songe de suite à se renfermer dans l'ouvrage pour s'y mettre à l'abri. Dans l'état où notre attaque a mis cet ouvrage, il est probable qu'il y aura besoin de travaux un peu longs avant que nos pièces y puissent être placées. Que notre Artillerie reste donc en dehors, elle aura contre les colonnes de l'ennemi l'efficacité qu'aurait pu avoir son Artillerie contre les nôtres.

Si c'est une ligne continue que l'on attaque, l'Artillerie ne peut pas remplir aussi facilement la dernière partie de son rôle; elle ne peut pas s'avancer ainsi presqu'à hauteur des colonnes, mais il faut du moins qu'elle se fraye un passage le plus promptement possible pour aller protéger les troupes qui ont pénétré dans les retranchements. Je sais bien qu'elle court le risque d'être prise si l'ennemi obtient un moment de succès, puisqu'elle ne pourra pas faire sa retraite par l'espace étroit préparé à la hâte pour son entrée ; mais ce risque est préférable à celui de laisser accabler sans soutien les troupes qui auront passé.

Dans l'attaque d'un village ou d'un bâtiment, le rôle de l'Artillerie est le même. Elle doit, aussitôt que son action a cessé, pour faire place à celle de l'infanterie, s'occuper de protéger cette dernière contre les mouvements offensifs de l'ennemi.

C'est dans l'attaque des ouvrages de campagne de toute nature que les gros calibres ont la supériorité la plus marquée. On conçoit, en effet, qu'un mur ou un parapet peut être traversé par un boulet de 12, sans l'être par un boulet de 8.

Contre les parapets en terre, les obus, à cause de leur explosion, sont bien préférables aux boulets. Ils doivent être, dans ce cas, tirés à forte charge pour que leur explosion se fasse à une plus grande profondeur, et qu'ils produisent une dégradation plus prompte. Ils pourront aussi quelquefois, surtout si l'ouvrage est un peu grand, être avantageusement tirés à faible charge ; leur trajectoire, plus courbe, les fera entrer dans l'ouvrage où leur explosion devra jeter d'autant plus de désordre et de découragement que les défenseurs y seront plus nombreux et plus accumulés.

Contre des villages ou des maisons, les obus peuvent, en y mettant le feu, déterminer seuls la retraite ou la prise de l'ennemi ; mais souvent on a intérêt à ne pas brûler un poste que l'on veut occuper ou à ne pas incendier un village qui doit servir de passage. Alors il s'agit de pénétrer de la maçonnerie, de battre, de traverser des murs ; les boulets ont la supériorité sur les obus.

CHAPITRE VIII.

ARTILLERIE DANS LES BATAILLES.

Les batailles de notre temps ne ressemblent guère à celles du temps de Turenne et de Condé ; à cette époque chaque armée était rangée, aussi régulièrement que le terrain le permettait, sur deux lignes avec une faible réserve en arrière du centre : l'infanterie était au milieu ; la cavalerie aux ailes. Dans la plupart des batailles de Turenne, la première ligne de la cavalerie charge et met en désordre celle de l'ennemi qui l'attend de pied ferme ; la victoire désunit la cavalerie de Turenne, elle est repoussée par la seconde ligne de l'ennemi, qui est battue à son tour par la seconde ligne de la cavalerie française. Quand toute la cavalerie est ainsi engagée, c'est une scène confuse où les rangs ne se conservent plus ; chacun se bat pour son compte. L'infanterie, qui voit sa cavalerie battue, prend le parti de la retraite, et elle est faiblement poursuivie par les vainqueurs, parce que le défaut d'ordre, le manque de moyens de manœuvrer empêchent de diriger tous les efforts individuels vers un seul but ; la victoire est peu décisive. La cavalerie seule suit l'ennemi à quelque distance ; l'armée victorieuse couche sur le champ de bataille. Quelquefois, comme à Rocroy, l'infanterie s'obstine à résister ; entourée alors par la cavalerie et l'infanterie, elle est taillée en pièces ou prisonnière.

Une bataille de ce temps était donc une action facile à concevoir, presque impossible à diriger. Les troupes, faute de moyens de manœuvrer, ne pouvant faire avec ordre que des mouvements simples, n'étaient pas susceptibles d'exécuter, pendant l'action elle-même, des combinaisons compliquées. Aussi voit-on le plus souvent le général en chef renoncer, pendant la bataille, à la direction de toute son armée, pour combattre à la tête du centre ou d'une des ailes.

Dans ces batailles, l'Artillerie cherchait ses positions, pendant que l'armée se rangeait; elle ouvrait la scène par son feu. Aux ailes, le mouvement de la cavalerie la masquait très-promptement; au centre, celle des deux infanteries rivales qui restait sur la défensive pouvait en tirer protection jusqu'à la fin; celle qui prenait l'offensive était privée du soutien des pièces, qui, à cette époque, n'exécutaient presque jamais aucun mouvement. Le rôle de l'Artillerie était peu décisif; on pouvait avoir raison de dire qu'elle était un accessoire et non une arme.

Aujourd'hui les choses se passent tout autrement. Une bataille est devenue, par les changements qui se sont opérés dans l'art de la guerre, une action plus compliquée, sur laquelle le génie du général a une influence beaucoup plus grande.

Le perfectionnement des manœuvres, donnant aux troupes plus de liberté de mouvements, permet de diriger plus facilement tous les efforts vers un même but. Aussi, le plus souvent le général s'occupe-t-il de l'ensemble, sans commander au combat aucun corps particulier.

Les troupes plus mobiles n'ont plus le même besoin de se placer sur des lignes continues. Occupant, de distance en distance, les points favorables, elles défendent les intervalles par la crainte du danger qu'elles feraient courir à l'ennemi s'il s'y engageait. A cause de cette raison et de la diminution de profondeur de l'ordre habituel des troupes, l'action se passe le plus souvent, même à nombre égal, dans un espace plus grand qu'autrefois. Le perfectionnement des armes à feu, de l'Artillerie surtout, fait combattre les troupes de plus loin: on se fusille plus, et l'on s'aborde moins; il en résulte beaucoup d'incertitude sur la disposition des forces de l'ennemi et sur ses projets.

L'immense consommation de munitions d'une armée actuelle rend sa communication, avec son parc et ses places de dépôt, une affaire de première nécessité. La moindre interruption dans cette communication peut compromettre la sûreté de toute l'armée. Cette considération influe beaucoup sur les combinaisons employées dans les batailles, sur le choix des points importants à attaquer ou à défendre, que l'on a appelés les clefs du champ de bataille.

Une bataille n'est plus un engagement sur une longue ligne sans interruption, mais bien une série d'engagements sur des points souvent fort distants les uns des autres. On comprend que, si l'on parvient à obtenir du succès sur un point, et que, faisant entrer une grande quantité de troupes par l'intervalle que la défaite de l'ennemi laisse ouvert, on lui fasse craindre de voir des forces considérables s'établir sur sa ligne de communication ou de retraite, on l'obligera, eût-il sur beaucoup d'autres points un commencement de succès, à les abandonner pour venir combattre sur le lieu où doit se décider son salut ou sa ruine. Voyons maintenant ce qu'il y a de caractéristique dans la manière de Napoléon, qui servira longtemps de modèle.

Avant de former son plan de bataille, il attend que les troupes qui sont à proximité de l'ennemi lui donnent une connaissance assez exacte des dispositions de son adversaire pour qu'il puisse juger son projet; il ne se hâte pas d'envoyer à ses lieutenants les secours qu'ils lui demandent avec instance; il n'attache pas toujours une grande importance au commencement de succès que l'ennemi peut avoir contre eux; il sait que souvent à la guerre on s'exagère le nombre de troupes que l'on a à combattre et que chacun croit avoir toute l'armée ennemie sur les bras. Quand enfin il ne lui reste plus de doute sur les positions des forces ennemies, il forme son plan d'attaque. Ce plan consiste le plus souvent à faire de grands efforts pour emporter un ou deux points déterminés par son génie, qui voit tout le parti que l'on en peut tirer. C'est d'après cette détermination qu'il met en mouvement ses troupes disponibles.

Si toutes ses combinaisons sont fondées sur la plus savante stratégie, la tactique qu'il emploie pour les exécuter a quelque chose de particulier.

Il semble que, son point d'attaque déterminé, il doive employer de suite toutes les forces dont il peut disposer pour que le succès soit prompt et certain. Ce n'est cependant pas ce qu'il fait : il commence l'attaque par une portion seulement de ses troupes. Le succès leur est difficile ; malgré tout leur courage et des sacrifices énormes, souvent elles n'y parviennent pas ; mais tous ces efforts ont forcé l'adversaire à mettre beaucoup de monde en action. Napoléon envoie de nouvelles troupes au secours des premières, jusqu'à ce que l'ennemi ait engagé ses dernières réserves ; pourvu qu'à ce moment il ait encore des troupes fraîches, il est sûr du succès. Les réserves font un dernier effort sur le point décisif, l'emportent, et passent en colonne par la trouée faite dans la ligne ennemie. Une partie prend en flanc et à revers les positions latérales, l'autre marche vers la ligne de retraite ou de communication de l'armée, ou du moins de quelques-uns des corps de l'armée ennemie. C'est alors que le général ennemi, qui voit le danger, envoie partout l'ordre de la retraite. C'est aussi le moment où, de toutes parts, les troupes françaises prennent vivement l'offensive ; celles qui sont éloignées du point décisif sont fort étonnées de voir fuir un ennemi qui, tout à l'heure, les faisait reculer, et dont les succès précédents ne font qu'augmenter le danger. La victoire est ainsi souvent remportée sans que, sur les trois quarts de la ligne, les différents corps français en puissent voir ou connaître la cause.

Nous l'avons vu, d'après la répartition et l'organisation actuelle de l'Artillerie dans nos armées, cette arme prend part à toutes les actions si compliquées et si diverses qui composent une bataille. On doit comprendre maintenant quel discernement et quelle profonde connaissance de la guerre exige son emploi de la part des généraux qui dirigent ses réserves ou qui mettent en action ses masses.

Vouloir imiter partout la conduite du général Sénarmont à Friedland, serait souvent causer de grands revers. Les développements que nous avons donnés pour éclairer les diverses combinaisons de l'Artillerie avec les deux autres armes prouvent combien les batteries sont utiles aux divisions auxquelles elles sont attachées; les en priver serait souvent entraver leur action. On ne peut le faire que quand l'Artillerie doit, à elle seule, déterminer le succès. Les batteries de réserve sont ordinairement destinées à jouer ce rôle brillant, sans qu'il soit besoin d'enlever aux divisions leur Artillerie.

Si l'acte de vigueur du général Sénarmont eût été fait le matin par l'Artillerie du maréchal Lannes, s'il eût été fait à l'heure où il eut lieu, mais à la gauche, par l'Artillerie du maréchal Mortier, au lieu d'être utile, il eût été nuisible.

Ce n'est donc pas parce qu'il a réuni trente-huit pièces de canon pour les faire agir sur le même point, que le général Sénarmont a décidé le gain de la bataille, mais parce qu'il a su saisir le moment et le point où il fallait le faire.

Cet exemple, et une foule d'autres, prouvent que l'Artillerie ne doit plus seulement combattre pour aider l'action des deux autres armes, mais que, bien dirigée, elle peut agir seule et réussir souvent là où les deux autres armes échoueraient. Il est rare que, quand il y a un point d'attaque bien déterminé, elle ne puisse pas y assurer le succès; mais ce ne sera pas sur ce point seulement qu'elle sera utile ou nécessaire; sur tous les autres elle pourra, conduite avec habileté, rendre des services moins brillants, mais aussi essentiels; car, sans la résistance sur ces points, on pourrait être obligé d'abandonner l'attaque principale, celle qui doit amener de grands résultats.

L'action de l'Artillerie dans une bataille est si multiple, si variée, que la relation bien faite d'une seule bataille pourrait peut-être, si elle était assez exacte et assez détaillée, fournir des exemples ou des applications de presque tous les principes de sa tactique.

CHAPITRE IX.

AVENIR DE L'ARTILLERIE.

Nous l'avons déjà dit, les guerres si longues et si remarquables de la Révolution et de l'Empire n'ont introduit, dans l'organisation et les manœuvres de l'infanterie et de la cavalerie, aucun changement, aucune amélioration sensible. On serait tenté, si l'on ne savait pas que l'esprit humain marche toujours, de croire que ces deux armes sont arrivées à un point de perfection où elles doivent rester stationnaires. L'Artillerie, au contraire, a déjà fait des progrès d'une grande importance; s'il lui reste encore beaucoup de difficultés à lever, beaucoup de questions à résoudre, leur solution ne paraît pas impossible, et ses efforts continuels, les travaux actuellement entrepris doivent lui faire espérer qu'elle parviendra bientôt à de nouveaux résultats.

Quelle influence les progrès obtenus jusqu'à ce jour doivent-ils avoir sur l'emploi de l'Artillerie dans la guerre de campagne? ses progrès à venir doivent-ils encore faire augmenter le nombre des pièces, en augmentant aussi la consommation des munitions?

On ne peut, sur ces questions, que hasarder des conjectures; avant de les énoncer, nous devons faire quelques remarques sur les progrès que cette arme a faits depuis la paix.

L'accroissement de mobilité que donne a l'Artillerie son nouveau matériel est un avantage incontestable. Nous avons cité de nombreux faits d'armes dans lesquels le succès était dû à sa mobilité; d'autres où les revers avaient pour cause l'impossibilité où elle était de franchir les obstacles qu'elle rencontrait sur son passage. Il ne peut rester aucun doute à ce sujet.

Si personne ne conteste l'utilité de la mobilité du matériel actuel, tout le monde n'est pas d'accord sur les avantages que présentent les nouvelles manœuvres auxquelles les batteries sont exercées. Beaucoup d'officiers, surtout parmi ceux qui ont fait la guerre à une époque où ces manœuvres étaient inconnues, les regardent comme donnant à l'arme du brillant dans les parades, mais comme à peu près inutiles à la guerre. L'examen des faits que nous avons rapportés, de ces beaux faits d'armes des compagnies d'Artillerie à cheval de la République, l'examen des mouvements de l'Artillerie en grandes masses sur les champs de bataille de l'Empire, doivent suffire pour montrer combien une pareille opinion est erronée. Si de tels faits ne suffisaient pas pour le démontrer, le raisonnement pourrait venir en aide à l'expérience.

Sans doute, et c'est là la grande objection contre les manœuvres de l'Artillerie, le terrain des champs de bataille permettra très-rarement l'exécution correcte, littérale, des mouvements décrits dans les théories. A la guerre, les intervalles des pièces ne peuvent pas être fixes et sont subordonnés à la nature du terrain et à la position de l'ennemi; les choses s'exécuteront encore, sous ce rapport, comme elles s'exécutaient précédemment; seulement, au lieu de longues explications à faire à chaque chef de pièce ou de section pour lui indiquer le mouvement que les pièces doivent exécuter, un seul commandement indiquera à chacun le but que le commandant de la batterie se propose;

et chaque pièce, si le terrain s'oppose à l'exécution correcte de son mouvement, choisira, pour arriver au but qu'elle connaît, le chemin qu'elle juge le plus court, ou la position qu'elle trouve préférable.

Les manœuvres ne sont le plus souvent pas autre chose pour l'infanterie ou la cavalerie ; leurs mouvements ne peuvent pas s'exécuter correctement ; mais ces armes gagnent néanmoins beaucoup de temps à la connaissance de leurs manœuvres. Souvent la nature du terrain entraine un désordre momentané ; mais chacun, connaissant le but auquel on veut atteindre, vient prendre la place qu'il doit avoir, et le désordre est bientôt réparé.

C'est un avantage de ce genre que l'Artillerie doit retirer de la pratique de ses manœuvres, et cet avantage est plus important qu'on ne pourrait le penser. Que l'Artillerie ait à craindre d'être attaquée quand elle sera en marche pour se porter d'un point à un autre du champ de bataille, si elle ne sait pas le temps qui lui est nécessaire pour se mettre en batterie et tirer sur l'ennemi, son danger sera fort grave. Elle ne pourra pas s'exposer à être prise sans résistance ; il faudra qu'elle soit protégée. En lui inspirant de la confiance, la diminution du temps nécessaire à ses préparatifs de défense lui donne le moyen d'agir avec beaucoup plus d'indépendance, d'étendre le cercle de son action.

Ce qui vient d'être dit pour une seule batterie devient bien plus frappant lorsqu'il s'agit de la réunion d'un grand nombre de batteries. Que de temps, d'explications, de déplacements, il fallait précédemment à celui qui commandait, pour faire comprendre aux commandants des batteries les mouvements qu'ils devaient exécuter, l'ordre dans lequel ils devaient se placer ou se mouvoir ! Chacun d'eux n'ayant, pour arriver au but qui lui était indiqué, aucun moyen précis, devait employer celui qui lui venait le premier à la pensée. Il avait besoin de le faire comprendre aux lieutenants sous ses ordres, et ceux-ci à leurs chefs de pièce. Il fallait, pour ainsi dire, que chacun créât une théorie pour le mouvement qu'il voulait faire exécuter. Que de difficultés, de lenteurs, de désordres dans cette exécution! et si l'ennemi venait à changer de position avant que le mouvement fût fini, toute cette peine était perdue.

Si l'Artillerie a su souvent surmonter toutes ces difficultés et se mouvoir sur les champs de bataille, si le général Sénarmont, si le général Drouot ont su à Friedland, à Ocana, à Wagram, à Hanau, à Craonne, exécuter des mouvements rapides, gloire leur en soit rendue. Ils ont montré ce qu'à l'avenir les généraux d'Artillerie pourront faire dans les batailles. Si à la bataille d'Albuhera le général Ruty avait pu faire manœuvrer plus rapidement son Artillerie, il n'aurait pas seulement sauvé l'armée d'une déroute, il aurait fait remporter la victoire.

Le perfectionnement de nos obusiers est un progrès incontestable, mais que l'expérience de la guerre peut seule faire apprécier à sa juste valeur. La suppression du calibre de 4 est aussi une modification importante qui élève le calibre moyen employé en campagne.

Revenons à la première question. Quel sera, pour l'avenir, le résultat de tous ces changements? L'augmentation de mobilité, la facilité des manœuvres, doivent fournir un plus grand nombre d'occasions où l'on pourra faire usage de l'Artillerie. D'un autre côté, le perfectionnement des obusiers, l'élévation du calibre moyen employé en campagne, sont autant de causes qui augmentent la puissance de l'Artillerie, et l'on se demande si cette arme n'est pas destinée à prendre dans les armées une plus grande extension; si les pièces doivent devenir plus nombreuses, ou si seulement la consommation des projectiles doit continuer à augmenter comme elle n'a pas cessé de le faire jusqu'à présent.

L'Artillerie, nous l'avons déjà dit, sera toujours incapable de se suffire à elle-même ; ses marches auront toujours besoin de protection. Si elle devenait trop considérable, relativement aux deux autres armes, elle paralyserait leurs mouvements. Ce que l'on dit de l'arme elle-même, de ses batteries, est, à bien plus forte raison, vrai pour ses munitions. Des parcs trop considérables ralentiraient la marche de l'armée, qui serait constamment obligée de leur subordonner ses mouvements. Pour qu'une armée puisse exécuter de grandes entreprises, il y a donc toujours une limite que le nombre de pièces et la quantité de munitions ne doivent pas dépasser. Cette limite a-t-elle été atteinte dans les dernières guerres? Il est probable que oui, qu'elle a même été dépassée à la fin de l'Empire; car les pièces n'étaient plus suffisamment gardées, ni les parcs suffisamment couverts. Deux cent cinquante mille coups de canon tirés en cinq jours à Vachau et à Leipsick ne nous ont pas rendus vainqueurs, et le désastre qui a suivi a été principalement causé parce que les munitions ont manqué, et que les voitures ont occasionné des encombrements. En nous rappelant les grands effets produits à Friedland par trois mille six cents coups, à Ocana par moins de deux mille, nous devons voir que c'est bien moins le nombre des coups que la manière de les employer qui fait gagner les batailles.

Si le nombre des pièces et des munitions ne peut pas être augmenté, la manière de les employer peut toujours être perfectionnée. Il faut, pour cela, que les beaux exemples que nous avons cités deviennent des règles de conduite.

Il nous reste cependant à ce sujet une observation à faire, c'est qu'il peut y avoir des perfectionnements à introduire pour le transport des munitions dans les armées, soit en améliorant les caissons pour les traîner avec moins de chevaux, soit en perfectionnant sur ce point l'organisation des armées, de telle manière que le même nombre de voitures mieux réparties soit plus facilement couvert par les troupes et gêne moins leurs mouvements.

En résumé, les perfectionnements de l'Artillerie doivent la conduire à ne pas tirer dans toutes les occasions qui se présenteront, mais à choisir ces occasions de manière à ne consommer ses munitions que pour produire des résultats positifs. Elle arrivera peut-être à ne plus servir de prélude insignifiant aux combattants, en attendant qu'ils en viennent plus sérieusement aux mains, mais, au contraire, à ne commencer à agir que dans l'instant décisif. En un mot, les perfectionnements de l'Artillerie tendront, du moins nous le croyons, à en faire de plus en plus une arme de réserve.

NOTES.

NOTE A.

Introduction de l'Artillerie à cheval dans l'armée française. — Mémoires du général Lafayette. — Tirailleurs.

Dans la partie historique de cet ouvrage, il a été dit que c'est au commencement des guerres de la Révolution que les premières campagnes d'Artillerie à cheval ont été formées dans l'armée française; mais nous n'avons donné aucun détail sur les hommes et les idées qui y ont conduit. Cette innovation ayant eu, pour l'armée française, une grande importance, nous allons rapporter les détails que nous avons trouvés sur ce sujet dans les Mémoires du général Lafayette. On y lit (1) :

« Pendant son voyage en Prusse, Lafayette avait particulière-
» ment étudié l'Artillerie à cheval, et n'ayant pas pu en obtenir
» l'introduction avant la Révolution, ce fut un des résultats du
» pouvoir qu'elle lui donna, ainsi qu'au comité de l'Assemblée
» constituante, qui adopta les mêmes vues. Deux compagnies
» furent créées : l'une à l'armée de Luckner, commandée par le
» capitaine Chanteclair, qui avait servi sous Lafayette en Virginie;
» l'autre à l'armée de Lafayette, sous le capitaine Barrois. Les
» pièces de 8 furent substituées à celles de 3, qui était le calibre
» prussien. On aime à retracer l'origine d'une institution qui a
» rendu de si grands services à nos armées. »

Le général Lafayette ne se borna pas à faire décider qu'il serait créé des compagnies d'Artillerie à cheval; quand il eut, en 1792, le commandement d'une armée, il pressa vivement la formation de ces compagnies et l'augmentation de leur nombre. Il écrivait, le 21 avril 1792, à M. de Grave, ministre de la Guerre (2) :

---

(1) Lafayette, *Mémoires*, tome III, page 297.
(2) *Mémoires*, tome III, page 430.

« On me dit que la formation de l'Artillerie à cheval souffre
» des difficultés. Permettez, monsieur, à un homme qui a causé
» sur cet objet avec le feu roi de Prusse, le prince Henri, le duc
» de Brunswick, le général Müllendorf, avec les maréchaux de
» Landon et de Lascy, enfin, avec les principaux généraux de
» Prusse, d'Autriche et d'Allemagne, qui a bien examiné et bien
» réfléchi sur cette institution ; permettez-lui de représenter que
» la prompte formation d'une *Artillerie à cheval* est un des plus
» grands services que le ministre de la Guerre puisse rendre à
» l'armée française. »

C'est aussi dans l'armée du général Lafayette que l'Artillerie à cheval obtint son premier succès. Il écrivait, le 11 juin 1792, à M. Servan, ministre de la Guerre (1) :

« Ce matin les ennemis ont attaqué en force mon avant-garde,
» qu'ils espéraient, sans doute, surprendre ou couper ; mais,
» averti à temps, M. de Gouvion a renvoyé ses équipages sur
» Maubeuge, et a commencé, en se repliant, un combat où son
» infanterie était continuellement couverte par des haies, et où
» les colonnes ennemies ont beaucoup souffert du feu du canon,
» et particulièrement de quatre pièces d'Artillerie à cheval sous le
» capitaine Barrois.... J'ai fait marcher les troupes en avant, et
» les ennemis nous abandonnant le terrain, une partie de leurs
» morts et quelques blessés se sont retirés sur leurs anciens
» camps. Nous avons dépassé d'une lieue celui de l'avant-garde,
» qui a repris tous ses postes.... Nous avons fait quelques pri-
» sonniers, et je n'ai aucune connaissance que nous en ayons
» perdu. »

Ces premiers succès de la compagnie Barrois firent bientôt créer de nouvelles compagnies d'Artillerie à cheval. Le général Lafayette écrivait, le 22 juin 1792, à M. de Lajard, ministre de la Guerre (2):

« Je vous recommande, mon cher Lajard, avec la plus vive
» instance, de former tout de suite mes compagnies d'Artillerie à

---

(1) Lafayette, *Mémoires*, tome III, page 437.
(2) *Mémoires*, tome III, page 440.

» cheval. Je voudrais en avoir au moins quatre : une à l'avant-
» garde, une à la réserve et deux à chaque aile. J'en recevrais
» encore davantage avec plaisir ; mon goût pour cette arme est
» encore augmenté depuis le succès avec lequel nous nous en
» sommes servis à Grisvelle ; et si j'avais à me battre dans la posi-
» tion étendue que j'occupe, je suis bien sûr que les quatre pièces
» que j'ai seraient d'une grande utilité. Je balançais d'abord entre
» des pièces de 8 et de 4 ; mais j'ai reconnu par l'expérience que
» celles de 8 et les obusiers sont très-préférables. »

Enfin, il écrivait encore, le 25 juin 1792, à M. de Lajard :

« Nous avons dans les canonniers un déficit vraiment effrayant ;
» c'est cependant notre seul point de supériorité sur les Prussiens.
» Soignez aussi l'Artillerie à cheval, c'est une arme excellente. Le
» roi de Prusse amène, dit-on, six cents canonniers à cheval ; du
» moins M. Dumouriez me l'a mandé sur une lettre de M. Keller-
» mann. Je voudrais que toutes nos pièces de 8 et tous nos obu-
» siers fussent servis par des canonniers montés. »

On voit que c'est au général Lafayette, plus qu'à tout autre homme, que l'armée française doit cette institution de l'Artillerie à cheval qui, après avoir rendu d'immenses services dans la guerre défensive, prit une si glorieuse part aux succès de la guerre offensive. Mais ce n'est pas là le seul bienfait que l'armée dut au général Lafayette : ses Mémoires nous montrent encore l'origine d'une innovation d'une autre nature, qui a eu une notable influence sur l'art de la guerre. Nous voulons parler de l'extension donnée dans les combats au feu des tirailleurs.

On lit dans les Mémoires de Lafayette (1) :

« Ils (les trois généraux, Rochambeau, Luckner et Lafayette)
» s'occupèrent aussi à donner aux manœuvres de paix une direc-
» tion plus militaire. Lafayette en introduisit une dont le prin-
» cipe, particulièrement favorable à l'ardeur, à la prestesse et à
» l'intelligence françaises, a, depuis, été généralement adopté ;
» c'est celui de couvrir les masses agissantes d'un rideau de tirail-
» leurs, prêts à y rentrer ou à poursuivre leurs avantages. Les

---

(1) *Mémoires*, tome III, page 296.

» auteurs espagnols attribuent le gain de la bataille de Pavie à une
» manœuvre de ce genre du marquis de Pescaire, qui lança
» quinze cents arquebusiers voltigeurs, sans ordre, mais bien
» exercés, au milieu de l'ordonnance française. Cette circonstance
» et l'opinion du duc de Guise sur le parti qu'on pourrait tirer de
» ce genre de guerre contre les masses invincibles de l'infanterie
» suisse et les reîtres, se trouvent très-bien rapportées dans le
» vingt-septième Discours de Brantôme, sur les commandants
» espagnols. »

Nous avons eu occasion de parler du fait d'armes des arquebusiers espagnols à la bataille de Pavie. Voici les reflexions que fait Brantôme à ce sujet (1) :

« Il se dict donc que le dict marquis (de Pescayre) gaigna
» cette bataille (de Pavie) avec ses harquebuziers espaignolz, con-
» tre tout ordre de guerre et ordonnance de battaille, mais par
» une vraye confusion et désordre.

» C'est assavoir que quinze cens harquebuziers des plus adroicts,
» des plus pratiquez, rusez, et surtout des plus ingambes et dispos,
» furent desbandez par le commandement du dict marquis de Pes-
» cayre, lesquels (voicy les propres mots), enseignez par de nou-
» veaux preceptes du marquis, et pratiquez aussi par leur longue
» expérience, sans ordre aucun, s'estendoient par escadres par
» tout le camp, donnant des tours et fesant des voltes deçà delà,
» d'une part et d'autre, avecques une grand vitesse; et ainsi ilz
» trompoient la furie des chevaux, de façon que ceste nouvelle
» mode de combattre, non jamais ouye et fort esmerveillable,
» cruelle pourtant et misérable. Ces harquebuziers empeschoient,
» avecques un grand advantage, la vertu de la cavalerie françoise
» qui se perdit du tout; car les hommes joincts ensemble, fesant
» un gros, estoient portez par terre par si peu d'excellens et braves
» harquebuziers. Ceste confuse et nouvelle forme de combat se peut
» imaginer et représenter mieux que descrire; et qui l'imaginera
» bien, la trouvera belle et utile; mais il faut que ce soient des har-

---

(1) *Œuvres complètes du seigneur de Brantôme*. Paris, 1822, tome I page 225.

quebuziers très bons et triez sur le volet (comme on dict), et surtout bien conduicts.

« Sur quoy j'en fis un jour ce conte à ce grand feu M. de Guise dernier, qui le trouva très-beau et bon ; et se mettant en discours avecques moy, me fesant cet honneur, me dit qu'il y songeoit fort, et que c'estoit un vray moyen pour attraper et desfaire un bataillon de cinq ou six mille Souysses, qui font tant des mauvais, des braves et des invincibles, quand ils sont serrez dans leur gros. Et me dict que, pour bien pratiquer cet exemple que je viens alleguer sur ceste battaille, il voudroit avoir quinze cens jeunes soldats, pratiquez un peu pourtant, Basques, Biscains, Provançaus, Biarnois, Gascons et Espaignolz, bien legers de viande et de graisse, maigrelins, dispos et bien ingambes, et qui volassent des pieds (comme l'on dict) ; point de mousquets sur eux, sinon de bonnes harquebuzes de Milan, pas trop renforcées pour la pesanteur, mais assez moderement et de beau calibre, de bonne trempe pour ne crever ; car il vouloit surtout que la pouldre fust bonne et fine pour bien tirer d'assez loing, et faire bonne faucée : surtout aussi point d'espée au costé de peur d'un embarras, empeschant la legereté ; mais au lieu d'espées de grandes dagasses, comme j'ai veu d'autres fois nos enfans perdus en porter.....

« ... Par telle sorte, me disoit mon dict sieur de Guise, auroit-il raison de ces grands et gros bataillons de Suysses qu'il perceroit à jour et larderoit d'harquebuzades comme canards. Il en pourroit faire de mesme sur les reistres, qui font tant des mauvais, selon les lieux advantageux qui se rencontreroient.....

» Aujourdhuy ces messieurs les comperes (les Suysses) se sont advisez de flancquer leurs bataillons d'harquebuzerie, ce qu'ils n'avoient faict du temps passé ; mais ils ne pourroient faire grand mal à ces braves et dispos harquebuziers que j'ai dict : leurs jambes ne sont pas si legeres ni vollantes que les autres que je viens de dire.....

» Voilà le discours que mon dict sieur de Guise me fit cet honneur de m'adresser. Nous parlasmes encor de ce que nous avons bien eu et avons encore aujourdhuy, nos enfans perdus ; mais

« ils ne servent qu'à attaquer quelques escarmouches legeres avant
» les battailles, et lorsqu'elles se sont acostées et meslees, ils se re-
» tiroient vers les bataillons.....

» Et pour plus ample confirmation de ce bel exploict de ceste
» harquebuzerie espaignole, j'ay ouy conter à aucuns anciens, et
» si l'ay leu dans les *Annales de Bouchet*, qu'après ceste bataille,
» madame la regente, très-sage et advisée savoysienne, envoya
» par toute la France, et principalement ez bonnes villes, tant
» de frontieres que autres, des commissaires, maistres des re-
» questes et autres, pour leur recommander leur debvoir, leur
» fidelité, la conservation et vigilance sur leurs places, et en-
» tr'autres choses surtout, qu'ils eussent à se pourveoir et garnir
» de bons harquebuz, armes seules et propres dont les ennemis
» s'en estoient si bien pourveus et aydez à defaire le roy et son
» armée en ceste bataille. A quoy obeyrent les villes et le pays,
» non pour en user, mais pour en faire leur provision seulement ;
» car ils demeurèrent longtemps sans s'en pouvoir accomoder,
» tant ils aymoient leurs arbalestes. Du despuis, il y a environ
» soixante ans, ils s'en sont si bien accomodez qu'ils en font
» leçon aux autres. »

Pour bien comprendre les alternatives de l'emploi, à la guerre,
des tirailleurs, l'extension qu'ils prennent à certaines époques
pour disparaître presque complétement par intervalles, il faut
remonter un peu haut et analyser les faits.

Toute arme de jet, en donnant à l'homme qui en est pourvu
l'avantage de pouvoir atteindre son ennemi à distance, lui offre
l'inconvénient de pouvoir manquer de projectiles. Cette arme, qui
exige toujours un certain temps de préparation, laisse désarmé pendant cet intervalle le soldat qui la porte, et ce soldat reste à la merci
de son ennemi rapproché, si cet ennemi porte une arme de main.

Dans l'antiquité, les deux peuples les plus célèbres, les Grecs
et les Romains, eurent deux espèces d'infanterie: l'une appelée
infanterie légère, combattait en tirailleurs avec des armes de jet;
l'autre, plus lourde, parce qu'elle était pourvue d'armes défensives, tirait sa force de son arme de main. L'arme de main eut,
chez ces deux peuples, une importance bien plus grande que

l'arme de jet. Ces deux nations furent souvent inférieures, sous ce dernier rapport, aux peuples étrangers qu'elles eurent à combattre; mais toujours leur infanterie, solide et sachant se mouvoir avec ordre, finit par leur donner la supériorité. Pourtant dans les derniers siècles de la puissance romaine, les armes de jet prirent une influence plus grande sur le sort des combats.

L'infanterie avait jusque-là fait la principale force des armées; mais l'art de l'équitation fit chez certaines nations des progrès notables, et les cavaliers furent couverts d'armures que les progrès des arts métallurgiques permirent de fabriquer avec assez de solidité pour qu'elles pussent résister aux armes de jet. Alors le cavalier prit sur le fantassin une grande supériorité. La masse et l'impétuosité du cheval et du cavalier devinrent une force trop considérable pour que le fantassin pût y résister.

Cependant les armes de jet faisaient aussi des progrès, et sans parler de ce qui se passait ailleurs, nous avons vu dans notre Occident les archers anglais lancer leurs flèches avec une force et une adresse qui les rendirent tellement redoutables, que les chevaliers furent contraints de mettre pied à terre, au moment du combat, pour ne pas courir le danger de tomber sous leurs chevaux à la merci des archers. Le ressort en acier que l'on apprit à fabriquer donna à l'arbalète une force plus grande encore que celle des arcs; mais en même temps la machine se compliquait, et son service devenait plus lent.

L'introduction d'un principe de force différent de l'élasticité avait donné lieu à des armes nouvelles qui étaient employées concurremment avec les anciennes; et l'art de la fabrication des armes défensives faisait de nouveaux efforts pour lutter contre l'art des armes de jet.

Les archers et les arbalétriers pourvus d'armes qui ne leur donnaient aucune force en ligne, ayant d'ailleurs besoin de la liberté de leurs mouvements pour choisir une position favorable soit à l'attaque, soit à leur défense personnelle, combattaient en tirailleurs. La cavalerie s'aperçut qu'avec de l'ordre et de l'ensemble, en dirigeant successivement sur ces hommes faibles, pour un combat corps à corps, quelques cavaliers unis et marchant avec ordre, elle aurait assez bon marché de ces tirailleurs, quand ils ne seraient pas couverts par un obstacle inaccessible aux chevaux. Alors elle remonta à cheval et reprit une certaine supériorité. Mais les Suisses opposèrent à ces gendarmes bardés de fer, hommes et chevaux, des masses profondes d'infanterie armées de piques, qui résistèrent pendant un siècle à tous les efforts des gendarmes.

Alternativement ainsi, les armes de jet et celles de main avaient pris la prééminence, quand les perfectionnements des armes à feu permirent de lancer de petits projectiles avec une grande vitesse à laquelle les armes défensives ne purent plus résister, bien qu'elles fussent devenues si pesantes, que les hommes qui les portaient en étaient accablés. Alors les soldats, pourvus d'armes à feu qui d'abord avaient combattu exclusivement en tirailleurs, devinrent plus nombreux et prirent place dans la ligne de l'infanterie avec ceux qui avaient des armes de main.

La cavalerie elle-même, tout en adoptant un ordre plus profond qui donnait une plus grande facilité et une plus grande rapidité à ses manœuvres, adopta les armes de jet qui ne lui furent pas favorables. L'infanterie prit, presque partout, la supériorité sur la cavalerie.

Les armes de jet, dont le service fut facilité par des perfectionnements successifs, acquirent de plus en plus d'importance et d'extension. Les combats commencèrent à se décider à distance, et les armes de main devinrent moins souvent utiles; ce qui conduisit à l'idée de donner à l'arme à feu la propriété de la pique en introduisant dans le canon du mousquet un fer terminé en pointe. Cette idée perfectionnée conduisit à notre baïonnette à douille, et le fusil, arme de jet et arme de main en même temps, devint la seule arme de l'infanterie. Alors on apprit au soldat à se servir de son arme à rangs serrés sans altérer l'ordre nécessaire pour résister de près à l'ennemi et pour mobiliser les troupes. L'usage des tirailleurs diminua d'autant plus que la cavalerie, revenue à l'idée de ne pas compter habituellement sur son feu, apprit à se mieux mouvoir avec vitesse et régularité.

Les choses en étaient là quand, chargé d'organiser son armée qui avait un excellent code de manœuvres, mais qui n'en avait encore que peu d'habitude, Lafayette eut l'idée d'habituer ses troupes à se couvrir, toutes les fois qu'elles se portaient en avant, d'un rideau de tirailleurs. La guerre démontra bientôt tout l'avantage de cette innovation qui, consacrée par le succès, fait aujourd'hui partie essentielle de l'art de la guerre.

Dans les premières campagnes de la Révolution, nos troupes, peu manœuvrières, avaient besoin de s'aguerrir; heureusement, la grande extension que les généraux ennemis donnèrent aux fronts de leurs armées affaiblit leur action et la rendit peu décisive. Nos soldats, intelligents, se dispersèrent en tirailleurs, et sachant trouver de petits postes favorables, obligèrent bientôt les lignes ennemies à détacher aussi des tirailleurs pour les combattre.

Les troupes en ligne restèrent à d'assez grandes distances pour ne pouvoir se nuire; les tirailleurs entretinrent leur fusillade sans amener un résultat prompt, et il fallut renouveler les premiers tirailleurs et régulariser ce moyen de guerre qui ne cessa pas d'être employé, même quand la guerre, animée par le génie de Napoléon, donna lieu à des actions plus décisives. Alors les tirailleurs servirent à protéger les colonnes attaquantes et à en éloigner le feu de l'infanterie ennemie.

Ce qui distingue la nouvelle phase de l'emploi des tirailleurs, c'est que cet emploi ne résulte plus d'une distinction de deux infanteries, l'une pourvue d'armes de jet, l'autre pourvue d'armes de main; mais seulement de ce fait, important à comprendre aujourd'hui pour diriger les innovations, que le tir du soldat libre de ses mouvements est bien plus efficace que le tir du soldat placé dans le rang: 1° parce qu'il est moins incommodé par la fumée; 2° parce qu'il trouve plus facilement à s'abriter; 3° parce qu'il choisit son but et prend son temps bien mieux que quand il est dans le rang.

Ces avantages appartenaient aux tirailleurs dans tous les temps; mais ce qui distingue ceux du nôtre, c'est que toute l'infanterie étant apte à en faire successivement le service, ils ne se trouvent jamais manquer là où l'on en a besoin, et surtout que nos tirailleurs qui savent reprendre promptement leur ordre, reprennent aussitôt toutes les propriétés attachées à l'infanterie régulière pourvue d'armes de main, et n'ont pas d'infériorité pour un combat rapproché, comme cela avait lieu pour les tirailleurs des temps passés.

On voit, par ce qui précède, que, pendant le peu de temps de son commandement, le général Lafayette rendit à l'armée et à la France deux services de la plus haute importance, qui semblent indiquer des qualités militaires éminentes, qu'aucun écrivain n'a encore signalées. Lafayette est un homme que le temps grandira; sa gloire appartient à la France : il n'est pas sans intérêt d'en constater les titres, et il suffit, pour cela, de citer les lettres qu'il écrivit, pendant son commandement, aux divers ministres de la Guerre.

Il écrivait, le 25 juin 1792, à M. Lajard (1) :

« Un premier point essentiel est de garnir complétement toutes
» les places. Il y a eu beaucoup de négligence à cet égard, et j'ai
» été obligé de faire pour Longwy et Montmédy d'assez mauvais
» marchés, qui n'auraient pas eu lieu si l'on avait pris un système
» général.

» *La place de Verdun, que l'on s'obstine à regarder comme de*
» *troisième ligne, et qui devient par le fait le point le plus im-*
» *portant de mon commandement, doit attirer toute votre atten-*
» *tion, et je crois que nulle dépense ne doit être épargnée pour la*
» *fortifier et l'approvisionner.* M. de Bousmard la connaît fort bien,
» et cet officier, quoiqu'il fût aristocrate à l'Assemblée consti-
» tuante, sert avec autant de zèle et de loyauté que de talent. »

La guerre ayant été déclarée par le Gouvernement français, le général Lafayette reçut des ordres pour agir avant que son armée fût en état de se mettre en campagne. A la réception de ces ordres, il écrivit de Metz, le 25 avril 1792, à M. de Grave, ministre de la Guerre :

« Lorsque je vous priais, monsieur, si la guerre était indispen-
» sable, de ne la déclarer que quand nous serions prêts, je
» prévoyais que cette déclaration nous mettrait dans l'alternative

---

(1) *Mémoires*, tome III, page 441.

» ou d'être prévenus par les ennemis, ou de les prévenir avec
» des moyens incomplets.

» Votre courrier m'ayant porté la proposition du roi à l'As-
» semblée, je n'ai plus songé qu'à tirer parti de l'état actuel, et
» mon premier soin a été d'apprendre cette nouvelle aux trou-
» pes, qui l'ont reçue avec les cris de *vive la nation ! vive le roi !*

» C'est hier que les dernières instructions du conseil me sont
» arrivées, entre quatre et cinq heures du soir, par un aide de
» camp de M. Dumouriez.

» Nous étions, comme vous savez, convenus que je formerais
» d'abord un camp de six mille hommes sur la Moselle; qu'ensuite,
» aussitôt que la formation des bataillons et des équipages de
» guerre le permettraient, nous réunirions à Dun le corps d'ar-
» mée assiégeant avec son Artillerie, et qu'après y avoir passé
» quelques jours, cette armée, ainsi mise ensemble, se porterait
» à Givet.....

» Je serai le 28 à Givet, avant aucune troupe, et j'y aurai été
» précédé par M. de Gouvion; je crois, monsieur, qu'on ne peut
» guère faire plus avec moins de moyens..... »

Il écrivait au même ministre, le 2 mai, de Givet :

« Depuis mon départ de Metz, monsieur, vous avez reçu mes
» demandes. Je vous dois un compte général de mes mouvements.

» Les nouvelles instructions du conseil m'arrivèrent par l'aide
» de camp de M. Dumouriez, le 24 au soir. Ce changement de
» lieux et d'époques nécessitait des efforts d'autant plus difficiles,
» que nous manquions de beaucoup de moyens, et qu'il fallait
» transporter à 56 lieues ceux que nous avions.

» Le 25 fut employé à tenir prêtes 38 pièces de canon qui,
» grâce à l'activité de M. de Rissan, le furent dans vingt-quatre
» heures. Pendant ce temps, on réunit les chevaux indispensables
» pour lesquels le zèle des corps administratifs, de la municipa-
» lité et des citoyens de la ville et des environs suppléa à nos
» besoins; nous nous procurâmes également des mortiers et au-
» tres objets nécessaires.

» Le 26, je fis partir, sous les ordres de M. de Narbonne,
» maréchal de camp, l'Artillerie avec trois compagnies et demie

« du régiment d'Auxonne, et successivement toutes les troupes
« les moins éloignées de Givet reçurent l'ordre de s'y rendre avec
« célérité.

« Vous m'aviez mandé, monsieur, d'être le 30 à Givet. La
« crainte de manquer à ce rendez-vous, sur lequel M. le maré-
« chal Rochambeau avait calculé son mouvement, m'y fit porter
« par des marches forcées. *Il paraîtra extraordinaire que le con-
« voi d'Artillerie et les troupes aux ordres de M. de Narbonne
« aient fait une route de 56 lieues, souvent mauvaise, sur la-
« quelle on n'avait pas eu le temps de prévoir leur passage,
« et par une chaleur excessive, dans le court espace de cinq jours.
« Le reste des troupes a été également exact au rendez-vous, et
« leurs fatigues ainsi que leurs privations n'ont paru affliger que
« moi.*

« Il en est de même de notre situation au camp de Rancennes,
« où nous manquons de beaucoup d'objets nécessaires, et où per-
« sonne ne se plaint.

« Le 29 au matin, nos patrouilles ont poussé celles de l'ennemi.
« Le 30, M. Lallemand, colonel, avec le 11ᵉ régiment de chas-
« seurs à cheval, s'est porté à Bouvines à moitié chemin de Namur,
« où deux ou trois hussards autrichiens ont été tués et quatre pris.

« Le 1ᵉʳ mai, M. de Gouvion, maréchal de camp, a pris poste
« à Bouvines avec une avant-garde de trois mille hommes. La
« veille au soir, j'avais appris, par M. le maréchal de Rocham-
« beau, que M. de Dillon et M. de Biron se repliaient. J'ai reçu
« depuis une lettre de M. de Biron, m'annonçant sa rentrée à
« Valenciennes, et celle où vous m'apprenez les atrocités com-
« mises à Lille.

« L'infâme conduite qu'on a tenue envers les prisonniers de
« guerre exige, monsieur, une vengeance exemplaire; ce n'est
« pas l'ennemi qui la demande, c'est l'armée française. L'indi-
« gnation que nous avons tous éprouvée m'autorise à dire que
« de braves soldats répugneraient trop à combattre, si le sort
« de leurs ennemis vaincus devait être livré à de lâches canni-
« bales.

« D'après les nouvelles de l'armée du Nord, j'ai attendu au

« camp de Rancennes les objets d'indispensable nécessité dont
« nous manquons encore, soit pour faire mouvoir les troupes,
« soit pour leur conservation. Mon avant-garde est toujours à
« Bouvines..... »

Un peu après ces événements, Rochambeau, ayant quitté son commandement, fut remplacé par Luckner, qui dut tenter une invasion du côté de la Belgique maritime. Cette entreprise ne réussit pas, et le gouvernement, sans en prévenir Lafayette, et en partie pour donner satisfaction à Luckner, qui préférait être employé dans les parties allemandes de la France, changea les départements primitivement assignés aux généraux. Lafayette allait avoir à défendre la gauche de la frontière, depuis les côtes de la Manche jusqu'à Montmédy, tandis que Luckner devait commander de Montmédy au Rhin.

Le général Lafayette avait le commandement de l'armée de gauche, quand il montra par sa conduite et ses dépêches une admirable intelligence de la guerre, car les opérations qui eurent lieu après lui vinrent confirmer toutes ses prévisions.

Il écrivait le 8 juillet 1792, à M. de Lajard, ministre de la Guerre :

« ... On répand le bruit que les ennemis pénétreront par la
« Flandre; mais je crois que ce sont eux qui le font courir, car
« ce n'est pas là leur chemin, et le maréchal pense comme moi,
« qu'un très-petit corps peut y suffire pour manœuvrer entre les
« places. »

M. d'Abancourt, nommé ministre de la Guerre le 23 juillet, écrivait trois jours après au général Lafayette, pour lui témoigner des inquiétudes au sujet de son mouvement sur Montmédy, concerté avec le maréchal Luckner, tandis que les Impériaux venaient d'occuper Bavay. Lafayette lui répondit :

« Longwy, ce 29 juillet 1792, l'an IV de la Liberté.

« Lorsque le conseil du roi, souhaitant donner à M. le maréchal
« Luckner le commandement de l'armée du centre et de celle du
« Rhin, a voulu que je prisse celui de l'armée de gauche, je pou-
« vais, en ne pensant qu'à mes intérêts personnels, me borner à
« la défense de Dunkerque à Givet.

» Mais comme toutes les dépêches ministérielles et toutes les nouvelles nous annonçaient que les ennemis coalisés sous le duc de Brunswick se portaient sur le Rhin, et devaient probablement envahir cette partie-ci de la frontière, je n'ai plus consulté que mon zèle, et je ne me suis pas refusé au désir de M. le maréchal Luckner pour étendre mon commandement jusqu'à Montmédy. Je sais bien, monsieur, que cette étendue de frontière avait été souvent refusée par M. le maréchal de Rochambeau, qui cependant avait droit de s'attendre alors au commandement d'une armée disponible de cinquante mille hommes.

» Ce général a dit souvent, dans les comités de l'Assemblée constituante, au ministre et dans les conférences militaires, qu'il y avait de l'importance à s'étendre de Dunkerque à Montmédy, et jamais il n'avait consenti à aller plus loin que Sedan, qu'il n'occupait que par un camp retranché de trois à quatre mille hommes.

» Quant à moi, qui attendais les principales forces des ennemis dans cette partie-ci, et qui ne croyais pas si facilement qu'on parait le faire à l'enlèvement des places de Flandre, lorsqu'un général un peu intelligent peut, à la tête d'un corps détaché, y jeter des garnisons avant l'investissement, je m'étais porté vers Montmédy avec la majeure partie de mes forces pour être à même de donner la main à M. le maréchal Luckner; j'ai même poussé jusqu'ici en attendant son arrivée, et M. le maréchal m'en a remercié.

» Je vous déclare, monsieur, que parfaitement impassible aux clameurs, aux calomnies et aux raisonnements de ceux qui n'entendent pas le métier de la guerre, je ne me détournerai pas, pour les éviter, d'un quart de lieue de la route que je crois la plus utile à la chose publique.

» Je suis persuadé, monsieur, que vous pensez de même et que ce sentiment deviendra la base des instructions que j'attends.

» J'ai proposé à M. le maréchal Luckner de laisser à Sedan six mille hommes retranchés, et d'étendre mon commandement jusqu'à cette place; mais il tient beaucoup à ce que j'aille jus-

« qu'à Montmédy, et la réponse que j'en ai reçue depuis que je
» lui ai communiqué votre lettre est positive à cet égard. Il est
» bien sûr que, tant que les choses resteront dans l'état actuel, je
» ne puis empêcher les ennemis de s'avancer sur la frontière de
» Flandre, d'y prendre des postes, de courir le pays, d'inquiéter
» les départements voisins, ce qui, nécessairement, excitera dans
» la capitale des clameurs et des alarmes. M. le maréchal Luckner
» et moi avions pensé que cet inconvénient était moins fâcheux
» que de ne pas porter la majeure partie des deux corps, appelés
» armées, sur la frontière de Montmédy à Longwy.

» Il est vrai qu'à présent M. le maréchal est à portée d'occuper
» les postes importants, et qu'il sera vraisemblablement renforcé
» avant le commencement des grandes opérations du duc de
» Brunswick.

» On a beaucoup parlé de changement de troupes de l'armée
» du Nord avec celle du centre, et personne n'a dit qu'il n'y
» avait que deux petites marches de différence entre l'armée de
» M. Luckner et la mienne, et qu'il aurait sûrement fallu plus de
» deux jours pour réorganiser les deux armées. Il n'y a pas eu
» d'ailleurs une seule garnison changée.

» Il est une observation que je dois ajouter; c'est que, si les
» ennemis tentaient de percer par la trouée de la Capelle, je suis
» ici fort loin de pouvoir m'y opposer; mais encore une fois,
» M. le maréchal Luckner et moi avions cru que le plus pressé et
» le plus important était de venir ici. Vous vous étonnez, mon-
» sieur, de ce que la gauche de mon commandement n'est pas
» pourvue de tout; un plus long séjour dans le ministère vous
» instruira de la pénurie de nos moyens, de l'insuffisance de notre
» organisation pour ces diverses parties.

» A présent, monsieur, que vous connaissez le résultat de la
» conférence tenue à Valenciennes entre M. Luckner et moi, la
» situation des frontières, celle des ennemis, et la répugnance
» qu'éprouve M. le maréchal à me laisser éloigner de lui, je vous
» prie de me fixer d'une manière précise les limites de mon com-
» mandement, et l'étendue de la frontière que je dois défendre. Je
» placerai à l'extrémité de cette frontière, quelle qu'elle soit, un

» corps retranché de six mille hommes pour servir de point d'ap-
» pui à la défensive de l'armée du centre..................

» Si vous jugez à propos que ma frontière s'étende de Dunkerque
» à Givet et Rocroy, je placerai six mille hommes à Givet, et me
» porterai avec le reste des troupes à portée des trouées par les-
» quelles l'armée des Pays-Bas pourrait s'avancer vers Paris.

» Si vous fixez ma frontière à Sedan, je placerai le camp de
» six mille hommes à Sedan, laissant M. Arthur Dillon avec un
» corps détaché du côté de Valenciennes, me portant moi-même
» vers des points qui me paraîtront les plus exposés. Je pourrai
» même rapprocher M. Dillon de moi, ou me rapprocher de lui
» suivant les circonstances.

» Si, au contraire, ma frontière doit s'étendre jusqu'à Mont-
» médy, il faudra que la Flandre reste abandonnée à peu près aux
» forces actuelles qui la défendent; car je ne serais pas à portée
» d'y aller arrêter ou combattre les ennemis; mais ils auront
» devant eux des places dans lesquelles on doit jeter à temps des
» garnisons suffisantes.

» Je vous prie, monsieur, de m'envoyer une décision précise,
» parce qu'il est temps que les généraux d'armée sachent quelle
» frontière ils ont à défendre et sur quelles troupes ils peuvent
» compter..... »

Le général Lafayette écrivait à son aide de camp M. de la Colombe, qu'il avait envoyé à Paris :

« De Brouelle, près de Sedan, le 3 août 1792, l'an iv de la Liberté

» Je reçois, mon cher la Colombe, votre lettre par Bureau de
» Pusy; elle m'annonce un courrier qui n'est pas arrivé; elle
» m'annonce aussi que ma frontière s'étendra de Dunkerque à Gi-
» vet. C'est bien sans doute ce qu'il y a de plus commode pour
» ma responsabilité; mais je vous observerai que, dans la lettre
» que je vous ai écrite, il s'agissait de s'étendre jusqu'à Sedan,
» c'est-à-dire d'avoir dans mon commandement tout le département
» des Ardennes.

» Voici quels étaient mes deux motifs principaux : d'abord, il
» est à croire que le duc de Brunswick essayera de percer avec son

« armée principale, entre la Moselle et la Meuse. Nos armées ne
» sont pas en état de le combattre de front, à moins qu'elles ne se
» renforcent extraordinairement. Qu'avons-nous donc à faire?
» Tomber sur les flancs de l'armée combinée, couper ses commu-
» nications, et la forcer, pour cheminer en avant, à venir nous
» combattre sur un terrain que toutes les ressources auront
» fortifié. Vous remarquerez que la position de Sedan, en étendant
» son camp retranché, est la plus commode pour le général de
» l'armée du Nord, qui se destine à remplir cet objet, et l'exécu-
» tion de cette partie du plan de campagne demande trop de tact
» pour être indifféremment confiée à tout le monde.

» Un autre motif très-déterminant est l'obstination du maréchal
» Luckner sur ce point. Il veut absolument que j'aille jusqu'à
» Montmédy, ce qui n'est pas raisonnable, puisque j'aurais à
» défendre toute la trouée de Carignan, et que je ne pourrais, en
» aucune manière, m'occuper de celle de la Capelle; mais ce
» serait bien pis si on lui donnait à garder jusqu'à Givet, et je suis
» persuadé qu'alors il écrirait à l'Assemblée nationale et au roi
» pour offrir sa démission. Dans cette embarrassante circonstance,
» mon cher la Colombe, je crois que le ministre peut mettre la
» totalité du département des Ardennes dans mon commandement,
» pourvu qu'il soit bien reconnu que ma frontière se borne à Sedan,
» et que la défense de Montmédy, Verdun et tout le département
» de la Meuse appartient au maréchal Luckner...............

» Je répète encore que si, pour ma responsabilité, il y a quelque
» avantage à n'aller que jusqu'à Givet et Rocroy, la chose pu-
» blique demande que ma surveillance s'étende jusqu'à Sedan. Il
» peut y avoir des circonstances, à l'entrée du duc de Brunswick,
» qui exigent que les manœuvres de Sedan ne soient pas dirigées
» par un maladroit........................... »

Enfin, le général Lafayette écrivait encore à M. d'Abancourt,
ministre de la Guerre :

« Au quartier général de Brouelle, ce 4 août 1793, l'an IV de la Liberté.

» Vous m'avez écrit, monsieur, le 27 juillet, pour me reprocher
» de m'être avancé au delà de Givet, et particulièrement d'avoir

» marché jusqu'à Montmédy. Vous regardez la frontière de Dun-
» kerque à Givet comme m'étant particulièrement confiée, et mes
» mouvements sur la droite de Givet comme laissant dans un dan-
» ger actuel et inquiétant la frontière du nord ; vous paraissiez
» alarmé sur la position des ennemis à Bavay, et la situation de
» nos places, qui, je l'avoue, ne m'a pas inquiété un seul instant,
» parce que j'ai vu dans le mouvement sur Bavay une feinte, dans
» la position de nos places et la facilité d'y jeter une garnison,
» tous les motifs possibles d'être rassuré.

» Une seconde lettre de vous, du 27 juillet, me témoigne les
» mêmes inquiétudes sur ce mouvement des ennemis à Bavay, et
» sur celui que j'ai fait vers Montmédy, dont l'ennemi a profité.
» Vous vous plaignez avec raison de la dissémination de nos forces
» sur la frontière du nord, qui rend faibles toutes les parties.

» Une troisième lettre du 30 juillet me parle encore des inquié-
» tudes que donne l'établissement des ennemis dans la ville de
» Bavay, et de celles de Maubeuge et d'Avesnes, inquiétudes
» avant lesquelles on aurait peut-être bien fait de s'informer si les
» ennemis avaient une seule pièce de canon de siége.

» A ces différentes lettres, monsieur, j'ai répondu, et, le 27
» juillet, je vous ai rendu compte des motifs qui m'avaient porté
» à me rapprocher de la frontière menacée. Je savais que le duc
» de Saxe ne pouvait, avec ses moyens actuels, nous prendre nos
» places, ni occuper de ces positions dont un ennemi peut pro-
» fiter pour la suite de la campagne, et je n'étais pas sûr, à beau-
» coup près, que le duc de Brunswick ne profitât pas de la situa-
» tion de cette frontière-ci pour s'y procurer des avantages. Nous
» avons pensé, d'ailleurs, M. le maréchal Luckner et moi, que,
» puisque la force ennemie était sur le Rhin, j'aurais toujours le
» temps de revenir en Flandre.....

» .....Vos deux lettres, celles du 1ᵉʳ août, ne répondent point
» à cette demande, que j'ai pris la liberté de vous faire, savoir :
» quelle est la frontière que le roi confie à ma surveillance, et
» quelle place se trouve à l'extrémité de ma droite? C'est ensuite
» à moi qu'il appartient de combiner les moyens de défense pour
» cette frontière, et de me concerter avec M. le maréchal Luck-

» ner pour s'opposer aux entreprises des ennemis; mais, avant
» tout, j'ai besoin de savoir précisément jusqu'où mon comman-
» dement s'étend.....

» ..... Jusqu'à présent, monsieur, vos prédécesseurs, depuis
» M. de Narbonne jusqu'à M. de Lajard inclusivement, avaient
» laissé aux généraux d'armée une grande latitude. Il est plus
» commode pour leur responsabilité de ne l'avoir pas; mais alors
» ils ont besoin de recevoir des ordres très-précis.

» Puisque l'Assemblée nationale et le roi soumettent les dispo-
» sitions militaires aux inquiétudes que les départements témoi-
» gnent, même sur des bruits vagues, et que le roi m'ordonne
» d'employer *tous les moyens pour détruire ces inquiétudes*, j'en
» conclus que je ne dois pas, dans le cours de cette campagne,
» lever le camp de Maulde, et je désire savoir combien de batail-
» lons et escadrons le roi veut y laisser. Je vous observerai que
» votre lettre du 27 juillet se plaignait *de la dissémination des*
» *troupes qui rend faibles toutes les parties et contribue à jeter*
» *l'alarme.* A présent, il paraît que c'est leur réunion qui jette-
» rait l'alarme, car on ne les réunirait pas sans abandonner des
» points occupés. »

Nous pourrions multiplier des citations, qui toutes prouveraient la netteté des vues du général Lafayette, sa haute intelligence de la guerre, la justesse et la promptitude de ses résolutions.

Nous trouvons donc chez lui les connaissances, les facultés d'esprit nécessaires aux généraux. Mais la force d'âme est, l'histoire en offre la preuve, bien plus encore que la force de l'intelligence, la qualité qui fait les grands hommes de guerre; or, quel homme a montré plus de fermeté d'âme, plus de constance, plus d'héroïsme que le général de la garde civique de 1789, plus que le prisonnier d'Olmütz? Ajoutons encore, qu'habitué à lutter contre les tourmentes populaires, à conduire des troupes irrégulières, passionnées et peu aguerries, sans épouser jamais leurs colères ou leurs faiblesses, Lafayette était plus propre que personne à diriger, à conduire à la victoire nos jeunes volontaires des premiers temps de la Révolution. En se demandant quelle carrière il eût pu parcourir s'il avait résisté au généreux entraînement qui le porta à se dévouer pour une cause perdue même à ses yeux (1), on se prend à regretter amèrement qu'il n'ait pas cru pouvoir se renfermer dans l'accomplissement de ses devoirs militaires et oublier, pour un temps, son rôle politique. Sans doute il eût conquis sur les champs de bataille un ascendant moins fragile et plus indépendant des révolutions de parti, et cette influence fût tournée tout entière au profit de la patrie. Tout accroissement de pouvoir pour Lafayette donnait à la Révolution une garantie de moralité, et pouvait peut-être épargner à la France une partie de ces crimes que nous pouvons comprendre, mais que nous ne devons pas excuser, car ils pèsent aujourd'hui sur nos têtes, et nuiront bien longtemps encore aux progrès de nos institutions, à la cause de la liberté!

NOTE B.

Notice historique sur l'organisation divisionnaire et sur la répartition de l'Artillerie dans les armées.

Nous avons exposé brièvement, dans la partie historique de cet ouvrage, la formation de nos armées en divisions, ou, comme on l'a appelée, l'organisation divisionnaire. Les questions d'organisation générale des armées sont d'une telle importance qu'il n'est pas inutile d'exposer, avec détails, les transitions successives par lesquelles il a fallu passer pour arriver à la formation actuelle.

Nous avons dit que sous Louis XIV il n'y avait, dans les armées en campagne, aucune division, aucun commandement permanent;

---

(1) Lafayette écrivait, le 22 juin 1792, à M. de Lajard, ministre de la Guerre:

« ... Tous ces objets, mon cher Lajard, quoique bien intéressants, » le sont moins encore que notre situation politique. C'est sur elle que doi- » vent se porter les efforts de tous les bons citoyens. Il n'y en a pas un que » je ne tente plutôt que de voir la liberté, la justice et la patrie sacrifiées » à des factions. Mon combat avec eux est à mort, et je veux le terminer » bientôt; car dussé-je les attaquer seul, je le ferai sans compter ni leur » force ni leur nombre. »

seulement, un jour de bataille, le plus ancien lieutenant général commandait l'aile droite de l'armée; le second l'aile gauche; le troisième le centre; le quatrième l'aile droite de la seconde ligne; le cinquième l'aile gauche; et le sixième le centre. S'il y en avait un plus grand nombre, comme cela eut lieu souvent sous Louis XV, ils redoublaient selon leur ancienneté. La distribution des postes et des commandements se faisait de même pour les maréchaux de camp, qui étaient placés sous les ordres des lieutenants généraux. Dans les règlements de 1788, rédigés par le *Conseil de la guerre*, fut introduite la *division*, mais différente encore de celle qui a été établie depuis.

« L'armée (1) sera partagée en un nombre de divisions d'infanterie et de cavalerie proportionné à la quantité de troupes de chaque arme.

» Chaque division d'infanterie sera composée d'un nombre à peu près égal de brigades de première et de seconde ligne.

» Elles seront nommées une fois à l'ordre au commencement de la campagne, et cela ne changera plus, à moins que le général ne juge à propos d'ordonner qu'il soit fait un nouvel ordre de bataille.

» Chaque division sera commandée par un lieutenant général qui sera nommé pour toute la campagne, et aura sous lui autant de maréchaux de camp que de brigades.

» Au cas que le lieutenant général commandant la division fût absent, l'officier général le plus ancien de la division la commandera, sans que ceux de la division la plus prochaine puissent en aller prendre le commandement, à moins d'un ordre exprès du général. »

On voit comment les commandements des généraux furent rendus permanents, en évitant que l'absence d'un seul général vînt changer les commandements de tous ceux du même grade moins anciens. Cependant, après cette amélioration, le service général appelé *service de jour*, celui des marches, des gardes, des avant-postes, n'appartenait pas aux généraux divisionnaires, mais

---

(1) Règlement provisoire de l'infanterie en campagne, de 1788.

il restait, comme auparavant, centralisé pour toute l'armée par un lieutenant général et plusieurs maréchaux de camp de *jour*.

La division de 1788 n'avait pas encore ce qu'il fallait pour s'administrer séparément, et pour pouvoir, au besoin, se suffire à elle-même. C'est en 1793 que, sur le Rapport fait à la Convention par Dubois-Crancé, les divisions de l'armée reçurent, en principe, à peu près l'organisation qu'elles ont conservée depuis. Voici un extrait de ce Rapport :

« *États-majors.* — Les principes et l'expérience s'accordent à
» démontrer que, soit pour la célérité des manœuvres et leur
» intelligence, soit pour la surveillance de toutes les parties de
» police et d'administration des armées, il faut, indépendamment
» des états-majors généraux, un lieutenant général par division,
» et un maréchal de camp par brigade. Il faut également, par
» division, un adjudant général, faisant les fonctions de maré-
» chal des logis, deux adjoints pour aides, et un commissaire des
» guerres. Il résulte de cette disposition, aussi sage que simple,
» que, de quelque manière que les circonstances obligent d'em-
» placer les troupes de la République, qu'elles soient toutes en
» campagne ou qu'elles occupent des places de guerre, elles se-
» ront toujours accompagnées des agents supérieurs destinés à
» l'exécution de toutes les opérations militaires, au maintien de
» la police, et à la surveillance de leurs besoins. »

C'est en vertu des lois rendues à la suite de ce Rapport que les lieutenants généraux prirent le nom de généraux de division, et les maréchaux de camp celui de généraux de brigades.

On voit que les divisions ne furent pas composées des trois armes. Dans la pratique comme dans les règlements, il y eut des divisions d'infanterie, des divisions de cavalerie, et aussi des divisions mixtes composées de cavalerie et d'infanterie.

L'organisation de l'Artillerie ne fut pas adaptée tout de suite à l'organisation divisionnaire. On sait que, sous Louis XV, il avait été donné des pièces aux bataillons d'infanterie. D'après l'ordonnance de 1774 sur le service de l'Artillerie en campagne, ces pièces durent bien suivre les bataillons, mais elles furent servies par des canonniers du corps de l'Artillerie.

« L'Artillerie sera divisée en deux parties, dont l'une sera distribuée aux bataillons d'infanterie dont l'armée sera composée; l'autre le sera, en conséquence des ordres du général de l'armée, en deux ou trois réserves qui seront placées à la droite, à la gauche et au centre de la ligne d'infanterie. L'Artillerie de chaque réserve sera nécessairement partagée en divisions de huit pièces de même calibre, afin de pouvoir attacher une compagnie à chacune de ces divisions et donner deux pièces à chaque escouade. Les obusiers seront placés à la réserve du centre, ou à celle de l'une des ailes, s'il n'y a point de réserve au centre.

» Il sera affecté désormais deux pièces de canon à chacun des bataillons d'infanterie qui entreront en campagne, à l'exception de ceux de la maison du roi; mais ces pièces ne seront plus servies, à l'avenir, par des sergents et soldats desdits bataillons, Sa Majesté dérogeant à cet égard à toutes les ordonnances antérieures. Il sera nommé, au commencement de la campagne, le nombre nécessaire de compagnies du corps royal pour le service desdites pièces de canon. Les capitaines de ces compagnies seront aux ordres des commandants des brigades d'infanterie auxquelles elles seront attachées. »

On voit qu'à cette époque les canons attachés à l'infanterie furent mis sous les ordres des *brigadiers*, officiers qui avaient un commandement permanent sur les deux régiments formant leur brigade; tandis que les maréchaux de camp et les lieutenants généraux n'avaient point de troupes qui restassent sous les ordres particuliers de chacun d'eux. Remarquons que tous les obusiers devaient être réunis sur un même point.

Lorsqu'en 1788 le *Conseil de la guerre* entreprit de réorganiser tout notre état militaire il eut à s'occuper d'adapter à la nouvelle organisation de l'armée celle de l'Artillerie. Mais la Révolution survint et les travaux du Conseil de la guerre furent interrompus. D'ailleurs, le général Gribeauval mourut, et ce ne fut pas par lui que fut élaboré le règlement concernant le service du corps de l'Artillerie en campagne du 1er avril 1792; d'après ce règlement, ce fut au régiment que furent attachés les canons de l'infanterie.

« L'Artillerie de campagne sera distinguée en canon de réserve
» et en canon de régiment. L'Artillerie de réserve sera composée
" de canons de 12, de 8 et de 4, et obusiers de 6 pouces : le ca-
" non de régiment sera du calibre de 4. Ces bouches à feu seront
» formées en divisions de huit canons ou obusiers du même cali-
» bre, et chaque division sera servie par une compagnie de canon
" niers. Les compagnies attachées au canon de réserve seront
" renforcées par des soldats auxiliaires pris dans l'infanterie.
» Les divisions de canons de 12, de 8 et des obusiers seront
" partagées sur le front de l'armée et derrière la seconde ligne, en
" trois ou quatre réserves composées chacune de différents cali-
» bres. »

Ces obusiers ne sont plus réunis sur un même point, en une seule réserve, mais ils sont cependant répartis en divisions d'Artillerie de huit pièces, et non entremêlés avec les canons dans la même compagnie.

Les troupes de l'Artillerie, quoiqu'elles eussent pris, sous Gribeauval, beaucoup d'extension, n'étaient cependant, en 1789, que de huit à neuf mille hommes. Lorsqu'en 1793 nos armées prirent un accroissement prodigieux, les troupes de l'Artillerie devinrent insuffisantes, et on leur retira le service du canon des régiments qui avaient pris le nom de demi-brigades.

« ..... Il sera attaché (1), à chaque demi-brigade, six pièces
» de canon du calibre de 4 avec tous les attirails nécessaires ; et
" pour le service de ces pièces il sera formé, par chaque demi-
» brigade, une compagnie de canonniers volontaires, composée
» comme celle des grenadiers. »

Pendant l'an III, l'Artillerie des demi-brigades fut réduite à une pièce par bataillon. Dans le cours de cette année, les brillants succès de l'Artillerie légère firent porter à neuf le nombre des régiments de l'Artillerie à cheval. Comme à la même époque les fabrications des armes de toute espèce dont le corps de l'Artillerie est chargé, avaient pris une prodigieuse extension et occupaient une grande quantité d'officiers instruits, et que les régiments d'Artille-

(1) Décret relatif à l'organisation de l'armée, du 21 février 1793.

rie à cheval avaient attiré les autres, on fut obligé, par les circonstances, de faire entrer dans les régiments d'Artillerie à pied un assez grand nombre d'officiers qui n'avaient pas acquis par des études préparatoires les connaissances nécessaires à la pratique du métier d'officier d'Artillerie. Une loi du 18 floréal an III les fit sortir de ce corps.

Cette pénurie d'officiers et de soldats instruits au service de l'Artillerie fut la cause de l'affaiblissement momentané que nous avons signalé dans l'Artillerie à pied. Cet exemple, qui ne doit pas être perdu, montre qu'il est nécessaire de préparer, comme on le fait depuis ce temps, pendant la paix, un assez grand nombre d'officiers d'Artillerie, pour ne pas manquer pendant la guerre d'hommes qui ne peuvent pas s'improviser, parce qu'ils ont besoin de connaissances pratiques qu'une étude longue et patiente peut seule donner.

Lorsqu'on put disposer d'un assez grand nombre d'officiers et de soldats d'Artillerie, on supprima le canon des demi-brigades, presque aussi embarrassant qu'utile, et l'on attacha l'Artillerie aux divisions, comme elle l'est aujourd'hui. Mais il y eut toujours et il reste encore une grande incertitude sur le rapport à établir entre le nombre de bouches à feu attachées aux divisions et le nombre de celles qui doivent rester en réserve.

Répartie dans les divisions, l'Artillerie est moins embarrassante et alourdit moins la marche de l'armée, mais elle est moins utile un jour de bataille. Réunie en réserve, l'Artillerie, qui peut alors produire des effets plus importants et plus décisifs, offre l'inconvénient d'être bien moins défendue dans ses marches et d'agglomérer, dans un petit espace, une énorme quantité de chevaux qu'on a peine à nourrir. Parvenir à une organisation qui donne les avantages de la réserve pour les batailles sans ses inconvénients dans les marches, présente une question importante qu'il serait fort utile aujourd'hui d'étudier et de résoudre.

Note C.

Sur l'emploi des obusiers.

Dans l'histoire de l'Artillerie de campagne, nous n'avons pu que fort rarement distinguer l'effet produit par les obusiers de celui qui était produit par les canons. Cela tient au mélange de ces deux espèces de bouches à feu dans les mêmes batteries, mélange dont nous allons faire voir les inconvénients.

L'obus est un projectile plus coûteux que le boulet; son poids plus considérable fait que l'obusier a dans son approvisionnement moins de coups à tirer que le canon du calibre correspondant. D'un autre côté, l'obus n'a pas toujours un effet supérieur à celui du boulet. Pourtant, lorsque la batterie se trouve en présence de l'ennemi, elle use de tous ses moyens; elle tire avec ses six pièces. Si l'effet est favorable à l'obusier, elle regrette de n'en pas avoir six au lieu de deux; si l'obusier n'a dans ce cas aucun avantage, il serait à désirer que les deux obusiers fussent remplacés par des canons, qui auraient plus de munitions et des munitions moins coûteuses, à leur disposition.

Avec les batteries actuelles, il n'est pas aussi facile de réunir sur le même point tout l'effet des six pièces, que si la batterie était composée de bouches à feu de même espèce; or nous avons vu que c'est par la concentration de son feu que l'Artillerie produit de grands résultats. Une autre raison qui fait désirer d'avoir sur le même point des pièces de même espèce et de même calibre, c'est que le tir de l'une rectifie immédiatement celui des autres.

L'idée de répartir les obusiers dans toutes les batteries ne paraît venir ni de l'un des Vallière, ni de Gribeauval; on doit cependant chercher la raison qui a pu y conduire au commencement des guerres de la Révolution.

C'est qu'alors l'obusier de Gribeauval n'avait qu'une très-faible portée, un tir fort incertain, peu de solidité; que, s'il n'avait pas été protégé par des canons, il n'aurait jamais pu lutter contre l'Artillerie de l'ennemi qui serait par conséquent venue entraver son emploi dans les circonstances même où il était le plus avantageux. Comment, en effet, aurait-on pu isoler et faire combattre seules des bouches à feu inférieures à toutes celles de l'ennemi, et qui n'auraient, à cause de cela, inspiré aucune confiance à ceux qui s'en seraient servis.

Mais ces raisons, bonnes pour l'obusier de Gribeauval, n'existent plus depuis qu'on est parvenu à donner aux obusiers, avec leurs grandes charges, une justesse de tir au moins égale à celle des canons pour toutes les distances auxquelles on doit s'en servir, et qu'ils prétendent, par leurs éclats, à l'avantage dans une lutte contre les canons.

Il semble donc que l'on devrait aujourd'hui composer chaque batterie d'une seule espèce de bouche à feu, et réunir toujours les obusiers en batteries séparées. Telle serait, en effet, notre opinion, s'il ne se présentait pas une difficulté résultant de l'organisation actuelle des divisions de l'armée et du nombre des batteries attachées à ces divisions.

En principe, ce n'est pas chaque batterie, mais chaque division de l'armée qui a besoin d'avoir des obusiers. Chaque division doit, en effet, pouvoir combattre seule; il faut donc qu'elle puisse surmonter toute sorte d'obstacles, et comme il s'en présente contre lesquels les obusiers sont beaucoup plus efficaces que les canons, il lui faut des obusiers.

La proportion des obusiers en usage chez nous est du tiers des bouches à feu; les perfectionnements obtenus feront-ils augmenter cette proportion? cela est possible, cela est même probable; mais on doit attendre que l'expérience le décide.

Il faudrait, pour pouvoir former une batterie d'obusiers dans chaque division, que chaque division eût trois batteries de six bouches à feu. Ce nombre trois a été proposé pour base de toute organisation, parce qu'il permet d'avoir deux éléments en ligne et un en réserve. Si cette idée que l'on dit adoptée chez les Russes l'était chez nous, la batterie d'obusiers devrait être celle de réserve; dans chaque division, elle accourrait chaque fois qu'il y aurait, sur un point, un obstacle sérieux contre lequel ses coups pourraient produire de l'effet, et il est probable qu'elle rendrait de grands services. Mais, comme nous ne devons pas ici nous jeter dans des idées de réformes impraticables, puisqu'elles ne dépendent pas de l'Artillerie, nous ne proposerons aucun changement dans l'organisation des batteries de division, toutes les fois que le nombre de ces batteries ne s'élèvera pas à trois. Mais si la réunion des obusiers en une seule batterie dans chaque division peut offrir des obstacles, aussi longtemps du moins que la batterie restera composée de six bouches à feu et qu'on ne croira pas devoir la réduire à quatre, il n'en est pas de même pour les batteries de réserve de l'armée ou des corps d'armée. Pour celles-ci, il nous paraît y avoir tout avantage à séparer les bouches à feu suivant leur nature, comme on les sépare par calibre, et à former des batteries de 8, des batteries de 12, des batteries d'obusiers de 15 centimètres et des batteries d'obusiers de 16 centimètres, sans rien changer aux rapports adoptés par ces différentes espèces de pièces ou de calibre.

Ce n'est pas pour la réserve seulement que nous proposerons de former des batteries d'obusiers; nous proposerons d'en donner aux divisions de cavalerie. Si l'on veut lire avec attention les chapitres relatifs à la combinaison de l'Artillerie avec la cavalerie, on y verra que dans presque toutes les circonstances les obusiers ont une grande supériorité sur les canons. Contre la cavalerie, c'est un fait universellement reconnu. L'infanterie pour combattre la cavalerie est obligée de se former en ordre profond ou de se mettre sous la protection de couverts naturels ou artificiels, et pour l'y attaquer, l'obus aura sur le boulet tout avantage. Dans ces batteries, qui n'ont que deux caissons d'infanterie, on pourrait ajouter quatre caissons de munitions qui diminueraient le défaut inhérent aux obusiers de n'avoir à leur disposition qu'un petit nombre de coups à tirer.

Ce qui précède peut se résumer dans ces deux propositions :

Diviser toutes les bouches à feu de réserve en batteries composées chacune d'une seule espèce de bouches à feu de même calibre.

Donner des batteries d'obusiers aux divisions de cavalerie.

NOTE D.

Sur les manœuvres et les évolutions des batteries.

Nous avons parlé des services que l'habitude des manœuvres et des évolutions de batteries devait rendre à l'arme, et du haut degré de perfection auquel les règlements faits sur ce sujet étaient rapidement parvenus. Nous croyons pourtant pouvoir signaler quelques lacunes, qui ont été volontairement laissées, faute peut-être d'avoir fait assez attention à ce qui se passera à la guerre.

Dans l'exposé qui précède le dernier règlement, il est dit que :
« les exercices des batteries attelées vont en partie au delà des be-
» soins réels de la guerre, et doivent être à cet égard considérés,
» à l'exemple de ce qui se passe dans l'infanterie et la cavalerie,
» comme l'étude d'une branche de service compliquée, qu'il est
» utile d'étendre au delà de ses applications ordinaires, afin que
» les circonstances les plus difficiles ne présentent rien d'inconnu,
» rien qui soit capable de surprendre ou d'entraîner à des fautes
» graves. »

On a cependant rejeté des manœuvres la colonne par pièce, pour n'adopter que la colonne par section, la seule pour laquelle on puisse n'occuper en longueur que l'étendue de la ligne de bataille; or il est facile de faire voir qu'on s'est ainsi ôté la faculté d'exécuter, comme manœuvres, une foule de mouvements dont le besoin se fera souvent sentir. Combien de fois n'arrivera-t-il pas que l'Artillerie devra se mettre en bataille ou en batterie immédiatement à la sortie d'un bois, d'un village, d'un défilé quelconque, qui ne permet de passer que sur une pièce de front? Et cependant la théorie actuelle ne donne aucun moyen de le faire.

Ce serait donc combler une lacune que d'ajouter une note pour dire que, quand la batterie est en colonne par pièce, ce que l'on doit éviter le plus possible, on la met en bataille ou en batterie face en avant, face en arrière, à droite, à gauche, sur la droite ou sur la gauche, aux mêmes commandements que lorsqu'elle est en colonne par section.

Il arrivera souvent que le terrain s'opposera à l'exécution correcte du mouvement; mais l'énoncé seul du commandement indiquera à chaque pièce le point où elle doit arriver, et elle choisira le chemin qui pourra l'y conduire le plus promptement.

Dans la relation de la bataille de Hanau, on a vu que le général Drouot engagea l'Artillerie en colonne par pièce dans un chemin d'où elle ne devait sortir que pour se former sur la droite en batterie; pourquoi la théorie actuelle ne permet-elle pas l'exécution de ce mouvement? Ce n'est point, au reste, une innovation dans les manœuvres que de donner à une colonne, plus longue que l'étendue de la ligne de bataille, les moyens de se former immédiatement en bataille. L'escadron a, pour manœuvrer en colonne par peloton, le même intérêt que la batterie pour employer la colonne par section; et pourtant, non-seulement il emploie la colonne par quatre, qui a, comme la colonne par pièce, une longueur double de l'étendue du front; mais il a aussi la colonne par deux et par un, et chacune d'elles a les moyens de se mettre immédiatement en bataille dans tous les sens.

Passons à une seconde observation. La théorie actuelle dit que toutes les fois que chaque caisson ne suivra pas sa pièce, on laissera vide, dans la colonne, la place qui serait occupée par le caisson manquant. Nous avons vu qu'en campagne il était fort souvent utile d'éloigner les caissons des pièces pour les mettre à l'abri pendant le tir; si, à ce moment, la batterie a besoin d'exécuter sans aucune perte de temps un mouvement rapide, les pièces se porteront en avant et les caissons viendront après. Cette séparation des caissons et des pièces, qui n'a jamais lieu dans les manœuvres de paix, sera donc très-fréquente en campagne.

La théorie donne, pour ce cas, la règle la plus simple; mais cette règle ne sera pas toujours la plus avantageuse. Si la batterie est en colonne par pièce, et que chaque pièce serre sur celle qui la précède, sans laisser vide la place du caisson qui manque, non-seulement on a une colonne moins longue dans laquelle les commandements sont, chose importante, plus facilement entendus; mais cette colonne a la longueur même de la ligne de bataille, au lieu d'une longueur double, et peut être mise immédiatement en bataille ou en batterie à droite ou à gauche.

C'est là une chose qui n'est pas sans importance, parce que l'Artillerie est souvent obligée de se mouvoir sur un front d'une seule pièce, soit à travers champs à cause des défilés, soit sur des chemins qui manquent de largeur, et que cette arme, qui est complètement paralysée tant qu'elle est en mouvement, a le plus grand intérêt à se mettre le plus promptement possible en batterie.

Ainsi, si l'on avait à exécuter aujourd'hui la manœuvre que fit exécuter à Hanau le général Drouot, on pourrait, comme lui, engager dans le chemin dérobé à la vue de l'ennemi, toutes les pièces sans leurs caissons, serrées à un pas de distance; puis leur faire exécuter ensemble le mouvement à droite en batterie, au lieu du mouvement sur la droite en batterie, qu'il leur fit exécuter; cela permettrait de contre-battre de suite l'Artillerie ennemie avec toutes les pièces à la fois, pour éviter le sacrifice des premières batteries qui, s'offrant seules à la vue de l'ennemi, furent écrasées par un feu très-supérieur.

Le cas que nous venons de citer n'est pas le seul où il soit utile de ne pas laisser vide la place du caisson manquant; la difficulté qu'éprouve à se faire entendre le commandant d'une batterie rendrait encore cela souvent préférable dans l'ordre en colonne par section.

La théorie pourrait, je crois, sans inconvénient, en laisser la faculté dans la colonne par section, en admettant les déploiements.

Les additions que nous proposons aux manœuvres de batterie pourraient être très-brièvement rédigées : elles ont exclusivement pour objet de rapprocher les manœuvres de paix de leurs applications à la guerre.

NOTE E.

Sur l'organisation du personnel de l'Artillerie.

Nous avons vu que, pour donner à l'Artillerie l'habitude des manœuvres, on avait modifié la compagnie qui était l'unité dans son organisation, et que l'on avait placé pour la paix comme pour la guerre, sous les ordres des mêmes officiers, non plus seulement les servants et le matériel des pièces, mais aussi les chevaux et les hommes destinés à les conduire.

Nous avons dit que c'était un perfectionnement duquel on pouvait se promettre des résultats notables, mais que pourtant il entraînait des inconvénients; ce sont ces inconvénients, qu'une expérience de dix années a fait reconnaître, que nous allons signaler pour tâcher d'y remédier.

L'homme essentiel de l'Artillerie, celui sans le courage, le sang-froid et l'intelligence duquel elle ne peut rien faire, c'est le servant.

Dans les batteries montées, les servants sont à pied et vivent avec les conducteurs qui sont des hommes de cheval. Le fantassin porte généralement envie au cavalier; ce sentiment doit être ici augmenté par un contact et des discussions continuelles. Le servant a une paye moins forte que le conducteur, et, quoiqu'il ait moins de travail que lui, cette infériorité de solde tend à le rendre moins content de son sort.

Dans nos régiments actuels, les soins du cheval, les instructions qui y sont relatives absorbent, en grande partie, le temps et l'attention des officiers. Les manœuvres de cavalerie ou de batteries attelées sont les plus brillantes du métier, celles dont on s'occupe avec le plus de plaisir; elles exigent d'ailleurs beaucoup de temps, et, par toutes ces raisons, nuisent à l'instruction des servants. Ceux-ci ne sont plus les hommes d'élite de l'Artillerie; on oublie, pendant la paix, qu'ils en sont la base fondamentale.

Quand une batterie sur pied de guerre est isolée, en route ou en cantonnement, c'est pis encore. Les soins des officiers et des sous-officiers suffisent à peine pour trente voitures et deux cents chevaux. En route, les servants, presque abandonnés à eux-mêmes, sachant qu'il y a derrière eux des voitures qui pourraient les porter, marchent mollement et laissent des traînards. Au gîte, en cantonnement, les servants restent dans l'oisiveté, tandis que les conducteurs ne sont souvent pas assez nombreux pour donner aux chevaux tous les soins désirables.

Enfin, on voit nos servants à pied tendre à devenir aujourd'hui ce que furent ceux de la République, quand l'extension de l'Artillerie à cheval fut portée à l'excès; époque à laquelle les canonniers à pied, suivant les expressions du général Foy, restèrent paysans et devinrent raisonneurs.

D'autres inconvénients sont plus graves encore. Pour égaliser autant que possible le sort des deux espèces d'hommes qui composent la batterie, chacune d'elles est indifféremment appelée à fournir les brigadiers et sous-officiers. Mais aussi qu'arrive-t-il? le brigadier qui sort des servants se voit pendant longtemps inférieur pour l'instruction à cheval, aux conducteurs qu'il a à commander. La plupart du temps, il devient sous-officier sans savoir bien monter, et c'est une instruction qu'il n'aura pas acquise complétement avant d'avoir son congé.

Un inconvénient aussi grave fait le plus souvent préférer les conducteurs aux servants pour l'avancement, ce qui tend encore à démoraliser ces derniers.

Si le brigadier sort des conducteurs, l'inconvénient, pour être moins apparent, n'en est pas moins grave. Il saura monter à cheval, et bientôt sera en état de remplir les fonctions de son grade dans les manœuvres; mais pour l'instruction d'Artillerie proprement dite, il restera d'une ignorance qui, nous devons le dire, dépasse souvent toute croyance, et qui deviendrait à la guerre, dans certaines circonstances, une chose fort grave.

Dans les batteries à cheval, les inconvénients ne sont pas aussi grands; mais le conducteur est jaloux du servant à cheval qui, classé par le seul fait du hasard, touche la même solde et n'a qu'un cheval à soigner et à conduire. Ces batteries intercalées avec les autres, dans les mêmes régiments, participent comme elles aux inconvénients de l'extrême complication de service qu'amènent trois espèces de soldats différents dans le même corps.

Qu'on ne conclue pas, de tout ce qui précède, que nous blâmons l'idée de l'organisation actuelle; c'était, nous le croyons, une transition utile et peut-être nécessaire.

Le remède que nous proposons est bien simple, du moins à énoncer, et l'idée n'en est pas nouvelle : c'est de monter les servants sur les sous-verges, et de n'avoir pour la guerre de cam pagne qu'une seule espèce de batterie, et dans chaque batterie qu'une seule espèce d'homme, le canonnier monté.

Une batterie montée, sur le pied de guerre, est composée de deux cent douze hommes et deux cent quatre chevaux. Ainsi tous les canonniers pourraient être montés à l'exception de huit, qui seraient destinés à remplacer les malades.

L'uniformité qui existerait pour tous les canonniers d'une batterie et d'un régiment ferait disparaître, pour les servants, la jalousie et la démoralisation dont nous avons parlé. Le brigadier, ayant reçu, avant sa promotion, toute l'instruction du canonnier, serait promptement en état de remplir toutes ses fonctions; il en serait de même du sous-officier. Enfin, en route, en campagne, en cantonnement, on pourrait disposer de tous les hommes suivant le besoin, soit pour les travaux de l'Artillerie, soit pour les soins des chevaux.

Dans les régiments, la complication, qui est la conséquence des trois espèces d'hommes, disparaîtrait; le service serait beaucoup simplifié; les sous-officiers, moins fatigués, auraient plus de temps à consacrer à leur instruction; les chevaux pourraient être mieux soignés, et les détails de leur service perfectionnés.

La batterie à cheval aurait aussi l'avantage d'avoir, à la guerre, beaucoup moins de chevaux, leur grande quantité n'est pas seulement une gêne, à cause des soins qu'ils exigent et de la difficulté de se procurer des fourrages, mais encore parce que les chevaux des servants offrent beaucoup de prise au feu de l'ennemi.

Un autre avantage du système proposé, c'est que les deux chevaux d'un même couple n'auraient plus qu'une seule espèce de harnachement, celui qu'ont actuellement les porteurs. L'Artillerie n'aurait plus qu'une seule espèce de cheval, le cheval de selle et de trait, c'est-à-dire le cheval qui a l'avant-main aussi développé que l'arrière-main, mais qui a plus de corps et de membres que de taille, plus de solidité que de vitesse.

Avec l'organisation proposée, les inconvénients dont nous avons parlé disparaîtraient. Examinons si elles n'en feraient pas naître d'autres plus grands.

On peut d'abord objecter que les deux canonniers qui conduisent, chacun séparément, les deux chevaux du même couple, pourront, ne mettant pas dans leurs mouvements assez d'ensemble, se contrarier l'un l'autre, et diriger plus mal la voiture que lorsque ces deux chevaux étaient conduits par le même homme.

Ces deux chevaux seraient accouplés, non pas, comme aujourd'hui, par une longe ayant action sur le mors, mais en attachant ensemble les deux longes du licol ordinaire. De cette façon, les deux chevaux ne pourraient jamais, quelle que fût l'inattention des canonniers, se séparer assez pour entraîner des inconvénients graves. Du reste, l'un des deux canonniers, celui de gauche, étant constamment guide, la difficulté qu'éprouveraient les deux conducteurs pour agir avec ensemble, ne serait pas plus grande qu'elle ne l'est pour les cavaliers marchant par deux dans le peloton. Il semble donc qu'ils pourraient facilement en acquérir une habitude suffisante; c'est, du reste, une épreuve facile à faire.

Je crois que cette méthode, non-seulement ne rendrait pas plus difficile, mais faciliterait, au contraire, la conduite de la voiture. Actuellement, le conducteur est loin d'être complètement maître de son sous-verge, car fort souvent il ne peut pas l'empêcher de s'éloigner jusqu'à l'extrémité de la longe, ni le ramener près de lui quand il est éloigné. Il ne peut pas toujours non plus l'empêcher d'agir par à-coup et de casser ses traits, ce qui serait, à la guerre, un grand inconvénient. Le canonnier, monté sur le sous-verge harnaché et bridé comme le porteur, pourrait corriger ces défauts.

Une autre objection peut être tirée de l'augmentation de fatigue éprouvée par les chevaux de la batterie, qui porteraient directement tous les servants aujourd'hui à pied ou montés sur des chevaux autres que ceux de trait; et l'on dira qu'il vaudrait encore mieux les faire monter habituellement sur les coffrets, quoiqu'il soit reconnu qu'il y aurait à cela un grand inconvénient.

Dans une partie, soit des régiments, soit des batteries de l'Artillerie, on a l'habitude, en route, de faire changer de cheval chaque jour au canonnier conducteur, c'est-à-dire qu'il monte aujourd'hui l'un de ses deux chevaux, demain l'autre. D'autres régiments ou d'autres batteries ont une habitude différente: le même cheval reste toujours porteur pendant toutes les routes et toutes les manœuvres. Nos règlements ne prescrivent pas de faire le changement de cheval par jour; ils admettent donc que le même cheval est toujours le porteur. Eh bien, on n'a qu'à compulser les registres des régiments et des batteries, on y verra, dans les pertes de chevaux, que les porteurs ne sont pas morts dans une proportion plus forte que les sous-verges. Les porteurs suffisent donc à leur service et peuvent traîner nos voitures en même temps qu'ils portent le cavalier. L'augmentation de fatigue n'est pas, en effet, aussi grande que l'on pourrait l'imaginer; voici pourquoi : dans le cheval monté, c'est le devant qui porte la plus grande partie du poids, c'est le devant qui fatigue le plus. Quand un cheval est au trait, il prend, pour tirer, un point d'appui sur le collier, et les traits servent à soutenir une partie du poids de l'avant-main. C'est ainsi que le cheval monté peut être soulagé, avoir moins d'efforts de jarret à faire pour tirer son fardeau; car le cavalier augmente la masse du cheval qu'il monte et lui donne la facilité de traîner un plus lourd fardeau.

Je ne prétends pas, toutefois, que le poids qu'a à traîner le cheval d'Artillerie et le poids du canonnier qui monte ce cheval, soient dans un rapport tel, que la fatigue de ce cheval soit diminuée quand il porte le canonnier; je veux seulement faire voir que l'expérience a prouvé que le cheval pouvait suffire à ce service : de deux chevaux, l'un le fait, l'autre peut le faire également.

Il en résulterait, au reste, un avantage dont nous devons parler : il arrive actuellement, contrairement à ce que l'on pourrait croire, que le porteur chargé, excité d'ailleurs par le canonnier qui n'a qu'un léger mouvement de jambes à faire pour le presser, tire beaucoup plus que le sous-verge, qui souvent ne fait que se balancer dans ses traits; mais le porteur est mal placé pour mener seul le fardeau que les deux chevaux devraient tirer par moitié; sa fatigue en est augmentée. Il y aura donc avantage pour lui à ce que tout soit symétrique des deux côtés du timon.

Examinons maintenant la partie de l'objection qui consiste à dire qu'il serait moins fatigant pour les chevaux de traîner les hommes montés sur les coffrets.

C'est sans doute un avantage incontestable que de faire arriver les canonniers frais et dispos sur le champ de bataille ; ils y font bien plus vivement leur service, et c'est là un des avantages des batteries à cheval. Si l'on n'a pas voulu étendre cet avantage aux batteries montées, c'est qu'il a été reconnu que ce serait donner aux canonniers qui ne sont pas chargés des soins à donner aux chevaux, des habitudes de paresse préjudiciables, et augmenter la fatigue des chevaux. D'ailleurs, si les chevaux peuvent, sans grand inconvénient, traîner, dans nos manœuvres de polygone, les pièces et les caissons, quand les servants sont montés sur les coffres, il n'en sera pas de même quand les caissons seront chargés, et qu'il s'agira d'aller vite, non pas sur des chemins, mais dans des terres labourées, où l'accroissement du poids de la voiture, faisant enfoncer les roues, augmente, pour les chevaux, la difficulté et la fatigue du tirage bien plus que ne peuvent l'augmenter les canonniers montés sur des sous-verges.

Une autre objection est celle-ci : trois canonniers sur les sous-verges de la pièce, trois sur ceux du caisson, et le brigadier à cheval, ne donnent que sept hommes pour le service de la pièce, et il en faut neuf.

Cette objection n'est pas grave, car sept hommes pourraient suffire ; mais les canonniers qui sont montés sur les chevaux du milieu de la pièce et du caisson, peuvent mettre pied à terre. On aura le même nombre d'hommes que dans l'état actuel des choses, pour servir la pièce, et il y en aura moins exposés au feu de l'ennemi.

Nous aurons, au contraire, un avantage important quand, les caissons étant à l'abri à une certaine distance, la batterie devra se porter rapidement à une nouvelle position sans attendre les caissons ; dans la pratique, ce cas se présentera souvent. Dans les batteries montées actuelles, trois hommes seulement peuvent monter sur le coffret de l'avant-train. Dans notre système, il faut joindre à ces hommes les trois canonniers qui sont montés sur les sous-verges ; le nombre devient suffisant pour servir les pièces avec vivacité.

Le conducteur de droite ne pourrait pas monter à cheval par

la gauche, ni avoir son sabre pendant de ce côté : la difficulté n'est pas grande. Les canonniers seraient exercés à monter à droite comme à gauche; une légère modification dans le ceinturon leur permettrait de faire tomber, à cheval, le sabre du côté droit.

On peut aussi objecter que tous les canonniers étant à cheval, il ne restera personne pour éloigner, des pièces en marche, les tirailleurs ennemis.

Nos pièces, en marche, doivent être protégées par d'autres troupes, nos servants ne doivent pas s'en écarter; cependant il est utile, nécessaire même que, dans beaucoup de cas, les canonniers puissent servir à éloigner l'ennemi; mais rien ne nous empêche alors de faire mettre pied à terre aux canonniers de droite, qui auront un pistolet ou même un mousqueton de cavalerie dans leur fonte, si on le juge utile pour cet objet.

Si des hommes à cheval peuvent avoir plus d'efficacité, que le terrain leur soit favorable, on dételera deux des six chevaux qui sont à chaque voiture; c'est une opération bientôt faite, et les canonniers pourront charger à cheval les tirailleurs ennemis. Enfin, dans un cas désespéré, où la batterie ne peut pas se mouvoir et doit combattre tout entière pour son salut, on pourra faire combattre tous les canonniers à cheval, ce qu'ils ne peuvent pas faire actuellement, puisque les conducteurs, ayant les deux mains occupées à conduire leurs chevaux, sont dans l'impossibilité de se servir de leurs armes.

Pense-t-on que la mobilité des batteries organisées comme on le propose serait moindre que celle des batteries à cheval ? c'est, ce me semble, une erreur; car, si dans le système actuel, les canonniers peuvent aller plus vite, les pièces ne le peuvent pas, les vitesses des voitures étant subordonnées à celles des porteurs qui sont plus fatigués actuellement qu'ils ne le seraient si tout était symétrique des deux côtés du timon.

Nous devons cependant convenir que les batteries qui serviront avec la cavalerie, allant plus habituellement aux allures vives, auront besoin de quelques chevaux de rechange de plus que les autres.

On peut encore faire une nouvelle objection et dire : Vous vous plaignez que l'instruction actuelle des canonniers à pied n'est pas suffisante pour toutes les circonstances, et vous voulez qu'ils aient encore à apprendre de nouvelles manœuvres, celles du cheval.

Les canonniers, devenus tous conducteurs, seront dans le même cas que les canonniers des régiments d'Artillerie à cheval d'autrefois, n'ayant qu'un cheval à soigner et à panser. Ils auront de plus que ceux-là à apprendre la conduite des voitures, mais on les fera un peu moins escadronner; cela reviendra au même.

Ainsi, l'instruction qu'ils pourront acquérir peut se juger d'après celle des canonniers à cheval de cette époque, et on ne s'est jamais plaint que leur instruction ne fût pas suffisante pour la guerre de campagne. L'histoire nous a montré quelle gloire ils y ont acquise. Pour la guerre de siége, ils ont aussi été souvent employés avec succès. Là les officiers ne manquent ordinairement pas ; il n'est pas nécessaire que l'instruction du canonnier soit très-grande, mais il n'en est pas de même pour la défense des places, qui exige, de la part des sous-officiers et des canonniers, une grande habitude et la connaissance parfaite des travaux de construction, des manœuvres de chèvre et de force, du pointage, de l'emploi des différents tirs, des diverses charges, de la confection des munitions, etc.

Dans l'état actuel de nos régiments, l'instruction des canonniers est loin de pouvoir remplir ce but; celle des sous-officiers qui font un temps de service très-court, parce que très-peu restent au delà du temps de leur premier congé, est encore plus en souffrance que celle des canonniers. Il faut donc, dans tous les cas, un remède à ce mal.

Le remède est, je crois, de créer un ou deux régiments à pied, qui ne feront point comme les autres des manœuvres de batterie, qui n'auront aucun cheval et, ne s'occupant que des objets spéciaux à l'Artillerie, pourront en instruire beaucoup mieux leurs canonniers et leurs sous-officiers.

L'emploi des compagnies de ce régiment ne serait pas aussi restreint qu'on pourrait le croire; aux armées, elles seraient employées dans les parcs, dans les siéges, et mises dans toutes les places qu'on craindrait que l'ennemi n'attaquât, dans toutes celles, par exemple, que l'armée en retraite laisserait derrière elle.

Au reste, avec l'ordre et la simplicité qui succéderaient à l'extrême complication des régiments actuels, on peut croire que tous les canonniers pourraient acquérir en Artillerie une instruction égale à celle des servants d'aujourd'hui.

Une dernière objection peut être tirée de l'augmentation de la dépense. Nous devons encore l'apprécier.

A la guerre, la suppression des chevaux des servants à cheval serait une économie qui, en supposant toutes les batteries à cheval sur le pied de guerre, serait de plus de deux mille chevaux.

Pendant la paix, il ne faut pas songer à diminuer le nombre actuel des chevaux; ainsi, sous ce rapport, il n'y aura pas d'économie, tandis que la transformation des canonniers à pied en canonniers à cheval occasionnera une augmentation de dépense. Elle est par homme et par jour de 4 centimes pour la masse, 10 centimes pour la solde; total, 14 centimes. Il y a par batterie, sur le pied de paix, 50 canonniers dans ce cas. Les quatorze régiments d'Artillerie ont 136 batteries montées. 365 jours à 14 centimes donnent 51^f,10 par an pour chaque homme. 136 batteries à 50 canonniers donnent 6 800 canonniers, auxquels doit s'appliquer l'augmentation. A 51^f,10, ils produisent par an une augmentation de dépense de 347 480 francs.

Les quatorze régiments d'Artillerie avaient en chevaux sur le pied de paix, avant la dernière loi (1), qui a augmenté l'effectif, un total de 3 148 chevaux de selle, 4 032 de trait; total, 7 180.

La loi dont nous avons parlé augmente l'effectif du nombre de chevaux nécessaire pour mettre dix batteries sur pied de guerre. En supposant qu'elles soient toutes des batteries montées, cela fait 2 040 chevaux. L'effectif de paix est donc aujourd'hui de 9 220 chevaux qui, répartis entre les 168 batteries existantes, donneraient 56 chevaux par batterie.

Mais, si l'on voulait ne pas augmenter la dépense, on pourrait

---

(1) Du 11 avril 1838.

laisser le nombre des régiments le même, et en avoir treize à cheval et un à pied. La dépense que nous avons portée serait diminuée de $\frac{1}{14}$, et l'augmentation ne serait plus que de 322560 francs par an.

Le nombre des batteries étant diminué de 12, cela donnerait environ 4 chevaux de plus à chaque batterie, qui serait alors composée d'un effectif de 96 hommes et 60 chevaux, nombres qui sont dans un rapport convenable pour que toutes les instructions puissent se faire avec facilité, et qu'une batterie détachée puisse se suffire à elle-même.

On voit que l'organisation que nous proposons, dont on n'aurait pas pu avoir l'idée à l'époque où les chevaux qui conduisaient les pièces n'appartenaient pas à l'arme, n'est devenue praticable que depuis la dernière loi qui a augmenté l'effectif des chevaux de l'Artillerie pendant la paix.

L'augmentation de chevaux que donne cette loi fait, dans le système actuel, augmenter le nombre des conducteurs, c'est-à-dire l'effectif en hommes de la batterie. Dans notre système, il resterait ce qu'il était avant la loi.

Le nombre des chevaux est de 2040, pour lesquels il faut 1020 hommes; leur suppression ferait une diminution de dépense au moins égale à l'augmentation due à la transformation des canonniers, dont la dépense est un peu plus forte que celle que nous avons donnée, parce que l'habillement et l'équipement coûtent un peu plus pour le canonnier monté que pour celui qui ne l'est pas.

En résumé, il serait, je crois, possible de mettre à exécution le système proposé sans augmenter le budget de l'Artillerie, et il y aurait surtout une grande facilité à l'essayer d'abord pour une seule batterie.

Ces notes ayant bien plutôt pour objet de soulever des questions que de les résoudre, nous ajouterons encore quelques mots: Dans l'organisation actuelle, la batterie composée, sur le pied de guerre, au moins de 212 canonniers, 204 chevaux et 30 voitures, nous paraît trop forte pour être à la fois unité de manœuvre comme le bataillon ou l'escadron, et unité d'administration comme la compagnie. L'expérience fera peut-être reconnaître la nécessité de réduire la batterie, et il se présente pour cela deux moyens:

ne composer la batterie que de quatre pièces, ce qui diminuerait d'un tiers tous ses éléments. Alors à une division ordinaire d'infanterie seraient attachées trois batteries, et il y aurait tout avantage à réunir les obusiers pour en former la batterie de réserve de la division. On peut aussi diminuer l'effectif de la batterie sans changer le nombre de ses bouches à feu; il suffit, pour cela, d'en séparer une portion de ce qui constitue la réserve de la batterie. Alors on pourrait centraliser dans la division, sous un même commandement, tous les caissons d'infanterie, quelques-uns des caissons des pièces et la plupart des affûts de rechange, des forges et des chariots de batteries.

Cela reviendrait à former un *petit parc de division* pour alléger les batteries qui iraient y renouveler leur matériel et leurs munitions. Ce petit parc, qui serait chargé de distribuer les munitions aux troupes et au canon, ainsi que d'effectuer les réparations au matériel, communiquerait seul avec le parc de réserve du corps d'armée ou avec le grand parc. Il ne faudrait cependant pas mettre la batterie hors d'état de se suffire quelque temps à elle-même, et elle devrait toujours conserver le moyen d'exécuter les réparations les plus urgentes.

FIN.

TABLE DES MATIÈRES.

HISTOIRE ET TACTIQUE DES TROIS ARMES.

	Pages.
AVANT-PROPOS.	1
CHAPITRE PREMIER. — Depuis l'invention de la poudre jusqu'à la mort de Henri IV.	1
CHAPITRE II. — Depuis la mort de Henri IV jusqu'au système Vallière.	73
CHAPITRE III. — Depuis le système Vallière jusqu'au système Gribeauval.	112
CHAPITRE IV. — Système Gribeauval.	145
CHAPITRE V. — Guerres de la Révolution.	155
CHAPITRE VI. — Guerres de l'Empire.	221
CHAPITRE VII. — Changements effectués dans l'Artillerie depuis la fin des guerres de l'Empire.	267
CHAPITRE VIII. — Guerre de l'Algérie.	274

ESSAI SUR LA TACTIQUE DES TROIS ARMES.

CHAPITRE PREMIER. — Les trois armes.	289
CHAPITRE II — Emploi de l'Artillerie relativement au terrain.	295
CHAPITRE III. — Artillerie avec infanterie.	325
CHAPITRE IV. — Artillerie avec cavalerie.	342
CHAPITRE V. — Artillerie avec infanterie et cavalerie.	360
CHAPITRE VI. — Artillerie seule.	371

Chapitre VII. — Artillerie dans la défense et dans l'attaque de la fortification de campagne.................... 390
Chapitre VIII. — Artillerie dans les batailles............ 400
Chapitre IX. — Avenir de l'Artillerie.................. 405

NOTES.

Introduction de l'Artillerie à cheval dans l'armée française. — Mémoires du général Lafayette. — Tirailleurs....... 411
Notice historique sur l'organisation divisionnaire et sur la répartition de l'Artillerie dans les armées............, 430
Sur l'emploi des obusiers........................ 436
Sur les manœuvres et les évolutions des batteries......... 439
Sur l'organisation du personnel de l'Artillerie...... 441

FIN DE LA TABLE.

ERRATA.

Page 38, ligne 26; *au lieu de* avec l'Artillerie; à la tête de huit mille Suisses, *lisez :* avec l'Artillerie, à la tête de huit mille Suisses.
Page 60, ligne 12; *au lieu de* Potot, *lisez :* Polet.
Page 86, dernière ligne; *au lieu de* Bramer, *lisez :* Banner.
Page 87, ligne 7; *au lieu de* le roi de Saxe, *lisez :* l'électeur de Saxe.
Page 124, ligne 14; *au lieu de* d'Anthouin à Fontenay, *lisez :* à Fontenoy.
Page 161, ligne 7; *au lieu de* la petite Gaëte, *lisez :* la petite Gette.
Page 165, ligne 28; *au lieu de* à l'affaire de Wateloo, *lisez :* Waterlo.
Page 184, ligne 9; *au lieu de* Haader, *lisez :* Staader.
Page 186, ligne 16; et page 187, lignes 5 et 7; *au lieu de* la Mury, *lisez :* la Murg.
Page 187, ligne 29; *au lieu de* Maloch, *lisez :* Malsch.
Page 192, ligne 26; *au lieu de* de Riberach, *lisez :* de Biberach.
Page 196, ligne 6; *au lieu de* Stassay, *lisez :* Starray.
Page 210, ligne 31; et page 211, ligne 18; *au lieu de* Parturana, *lisez :* Pasturana.
Page 216, ligne 27; *au lieu de* exposaient des inconvénients, *lisez :* exposaient à des inconvénients.
Page 251, ligne 22; *au lieu de* assiégaient Badajoz, *lisez :* assiégeaient.
Page 265, ligne 11; *au lieu de* au combat de Mornant, *lisez :* Mormant.
Page 291, ligne 16; *au lieu de* Scheidlitz, *lisez :* Seidlitz.
Page 319, dernière ligne; *au lieu de* la Trébia, *lisez :* de Novi.

www.ingramcontent.com/pod-product-compliance
Lightning Source LLC
Chambersburg PA
CBHW072107220426
43664CB00013B/2032